教育部哲学社会科学系列发展报告
MOE Serial Reports on Development in Humanities and Social Sciences

中东地区发展报告

（2017—2018）

在中东推进“一带一路”建设的风险及应对

Reports on Middle East Development (2017–2018)

The Risks of Belt & Road Construction in the Middle East and Countermeasures

刘中民　孙德刚 / 主编

世界知识出版社

图书在版编目（CIP）数据

中东地区发展报告. 2017—2018：在中东推进“一带一路”建设的风险及应对 / 刘中民主编. —北京：世界知识出版社，2018. 9
ISBN 978-7-5012-5858-1

Ⅰ. ①中… Ⅱ. ①刘… Ⅲ. ①经济发展—研究报告—中东—2017-2018 ②政治—研究报告—中东—2017-2018 ③“一带一路”—国际合作—研究报告—中国、中东—2017-2018 Ⅳ. ①F137. 04 ②D737 ③F125. 537

中国版本图书馆CIP数据核字（2018）第228078号

书　　名	**中东地区发展报告（2017—2018）** **在中东推进“一带一路”建设的风险及应对** Zhongdong Diqu Fazhan Baogao (2017—2018) Zai Zhongdong Tuijin “Yidai Yilu” Jianshe de Fengxian ji Yingdui
作　　者	刘中民　孙德刚 / 主编
责任编辑	贾如梅
责任出版	赵　玥
出版发行	世界知识出版社
地址邮编	北京市东城区干面胡同51号（100010）
网　　址	www.ishizhi.cn
电　　话	010-65265923（发行）　010-85119023（邮购）
经　　销	新华书店
印　　刷	北京朝阳印刷厂有限责任公司
开本印张	720 × 1020毫米　1/16　26印张
字　　数	523千字
版次印次	2018年11月第一版　2018年11月第一次印刷
标准书号	ISBN 978-7-5012-5858-1
定　　价	79.80元

本书由上海外国语大学中东研究所组织编写

目 录

摘 要 / 7

主题报告 在中东推进“一带一路”建设的风险及应对

在中东推进“一带一路”建设的政治和安全风险及应对 刘中民 / 3
在伊朗推进“一带一路”建设的风险及应对 韩建伟 / 16
在沙特推进“一带一路”建设的风险及应对 包澄章 / 31
在埃及推进“一带一路”建设的风险及应对 赵 军 / 49
在以色列推进“一带一路”建设的风险及应对 刘中民 王 晋 / 58
在阿联酋推进“一带一路”建设的风险及应对 喻 珍 / 73
在阿曼推进“一带一路”建设的风险及应对 余 泳 / 87

专题报告一 中东地区热点问题

沙特与卡塔尔断交危机的原因及影响 孙德刚 / 103
中东库尔德问题的新发展 汪 波 许 超 / 117
特朗普执政以来的美伊关系 潜旭明 / 132
后“伊斯兰国”时代的国际反恐形势 王 震 / 141

专题报告二　大使观中东

中阿关系行稳致远的新起点
——评中阿合作论坛第八届部长级会议 .... 李成文 / 159
复杂多变的中东地区局势 .... 刘宝莱 / 164
卡塔尔断交危机及其对地区形势的影响 .... 高有祯 / 177

专题报告三　中东地区形势与中国中东外交

当前中东地区格局的冷战化趋势及其影响 .... 刘中民 / 187
2017年的西亚地区形势 .... 包澄章 / 194
2017年的北非地区形势 .... 赵　军 / 213
2017年的中国中东外交 .... 刘胜湘　柯炎廷 / 225

专题报告四　中东主要国家发展报告

2017年沙特阿拉伯的政治、经济与对外关系 .... 丁　俊 / 243
2017年海湾五国的政治、经济与对外关系 .... 余　泳 / 257
2017年埃及的政治、经济与对外关系 .... 李　意 / 272
2017年约旦的政治、经济与对外关系 .... 章　远 / 284
2017年阿尔及利亚的政治、经济与对外关系 .... 舒　梦 / 301
2017年苏丹的政治、经济与对外关系 .... 姜恒昆 / 314
2017年伊朗的政治、经济与对外关系 .... 韩建伟 / 332
2017年土耳其的政治、经济与对外关系 .... 邹志强 / 349

2017年以色列的政治、经济与对外关系 …………………………………… 钮 松 / 366

Abstract……………………………………………………………………………………384

Contents ……………………………………………………………………………………387

Table of Contents

***Keynote Report*: Risks in Advancing "The Belt and Road Initiative" in the Middle East and Countermeasures**

Political and Security Risks in Promoting "The Belt and Road Initiative" in the Middle East and Countermeasures (LIU Zhongmin)......3

Risks in Promoting "The Belt and Road Initiative" in Iran and Countermeasures (HAN Jianwei)......16

Risks in Promoting "The Belt and Road Initiative" in Saudi Arabia and Countermeasures (BAO Chengzhang)......31

Risks in Promoting "The Belt and Road Initiative" in Egypt and Countermeasures (ZHAO Jun)......49

Risks in Promoting "The Belt and Road Initiative" in Israel and Countermeasures (LIU Zhongmin, WANG Jin)......58

Risks in Promoting "The Belt and Road" Initiative in the United Arabic Emirates and Countermeasures (YU Zhen)......73

Risks in Promoting "The Belt and Road" Initiative in Oman and Countermeasures (YU Yong)......87

***Special Report No.1*: Hot Issues in the Middle East**

The Dynamics and Implications of Saudi-Qatar Diplomatic Discord (SUN Degang)......103

New Development of the Kurdish Issue in the Middle East
(WANG Bo, XU Chao) 117
The US-Iran Relation under the Trump Administration (QIAN Xuming) 132
International Anti-terrorism in the Post-"ISIS" Era (WANG Zhen) 141

Special Report No.2: **The Middle East in the Eyes of Ambassadors**
A New Maintaining Sustainable Start of Sino-Arab Relations
— Comments on the 8th CASCF Ministerial Meeting (LI Chengwen) 159
The Complicated and Changeable Conditions in the Middle East (LIU Baolai) 164
The Qatar Diplomatic Crisis and Its Impact on Regional Situations
(GAO Youzhen) 177

Special Report No.3: **Regional Situation in the Middle East and China's Diplomacy for the Middle East**
The Tendency of "Cold War" of the Current Regional Situation
in the Middle East and Its Impact (LIU Zhongmin) 187
The Situation of West Asia in 2017 (BAO Chengzhang) 194
The Situation in North Africa in 2017 (ZHAO Jun) 213
China's Diplomacy in the Middle East in 2017 (LIU Shengxiang, KE Yanting) 225

Special Report No.4: **Development Reports on Major Middle Eastern Countries**
Politics, Economy and Foreign Relations of Saudi Arabia in 2017 (DING Jun) 243
Politics, Economy and Foreign Relations of Five Monarchies in the Gulf Area
in 2017 (YU Yong) 257
Politics, Economy and Foreign Relations of Egypt in 2017 ((LI Yi) 272
Politics, Economy and Foreign Relations of Jordan in 2017 (ZHANG Yuan) 284
Politics, Economy and Foreign Relations of Algeria in 2017 (SHU Meng) 301
Politics, Economy and Foreign Relations of Sudan in 2017 (JIANG Hengkun) 314
Politics, Economy and Foreign Relations of Iran in 2017 (HAN Jianwei) 332

Politics, Economy and Foreign Relations of Turkey in 2017 (ZOU Zhiqiang).......349
Politics, Economy and Foreign Relations of Israel in 2017 (NIU Song).................366

Abstract...384
Contents...387

摘 要

《中东地区发展报告》(2017—2018)以“在中东推进‘一带一路’建设的风险及应对”为主题，分析了在中东地区推进“一带一路”建设面临的风险及应对策略，并对伊朗、沙特、埃及、以色列、阿联酋、阿曼六个“一带一路”建设重点国家的风险及对策进行了深入的研究。在宏观研究方面，报告重点分析了中东地区层面的政治和安全风险。在政治风险方面，报告主要对大国博弈、地区政治和沿线国家国内政治三个层面的风险进行了分析，并提出中国应加强中美相互理解与战略互动，避免介入地区大国地缘政治对抗，根据不同国家政治风险差异精准施策等对策。在安全风险方面，报告重点讨论了地区冲突和恐怖主义的安全威胁，并提出中国应客观准确评估中东地区安全风险，运用新安全观对中东地区进行安全塑造，创造性运用不干涉内政原则、推动中东问题的政治解决，帮助中东国家增强安全能力建设，增强中国在中东的适度军事存在等对策。在国别研究方面，报告选择伊朗、沙特、埃及、以色列、阿联酋、阿曼六个相对稳定、具备推进“一带一路”建设基本条件的国家进行了专题研究，其基本判断是这些国家国内政局基本稳定、对“一带一路”倡议响应积极，但也在政治、经济、社会、法律等领域面临程度不等的风险。各专题报告还针对不同国家的不同风险提出了具体的应对策略。

专题报告“中东地区热点问题”主要围绕2017年以来对中东地区格局有重要影响的重大议题进行了研究，其内容主要包括沙特与卡塔尔断交危机的原因及影响、中东库尔德问题的新发展、特朗普执政以来美国与伊朗关系的新变化、后“伊斯兰国”时期的国际反恐形势等热点问题。

专题报告“大使观中东”主要以中国前驻中东国家大使的独特视角对中东形势进行观察。报告“中阿关系行稳致远的新起点”对中阿合作论坛第八届部长级会议取得的丰硕成果进行了总结，并对未来中阿关系的发展前景进行了展望。报告“复杂多变的中东地区局势”侧重分析了中东国家转型和地区热点问题的发展概况；“卡塔尔断交危机及其对地区形势的影响”对卡塔尔断交危机这一年度热点问题的演变、根源和影响进行了深入分析。

专题报告“中东地区形势与中国中东外交”为本发展报告的常设栏目，体现本报告对中东地区和次区域宏观形势的重视。报告首先以中东地区格局的冷战化为视角，对沙特与伊朗对抗的形成发展、主要表现及影响进行了分析，在此基础上报告对2017年中东地区两个次区域——西亚和北非地区的政治、经济和安全形势进行了归纳和分析，最后对2017年的中国中东外交进行了总结，并对未来中国中东外交的机遇和挑战进行了前瞻。

专题报告“中东主要国家发展报告”也是本发展报告的常设栏目和特色，彰显本报告对主要国别形势的重视。报告分别对沙特阿拉伯等海湾六国、埃及、约旦、阿尔及利亚、苏丹、伊朗、土耳其、以色列等主要地区国家的政治、经济形势和与对外关系的发展变化进行了系统的研究和分析。

关键词：中东地区；“一带一路”；热点问题；地区形势；国别形势

主题报告

在中东推进“一带一路”建设的风险及应对

在中东推进“一带一路”建设的政治和安全风险及应对

刘中民①

摘要：本文对在中东地区推进“一带一路”建设的政治风险和安全风险进行了客观分析，并对如何应对进行了思考。在政治风险方面，本文主要对大国博弈、地区政治和沿线国家国内政治三个层面进行了分析，并提出中国应加强中美相互理解与战略互动，避免介入地区大国地缘政治对抗，根据不同国家政治风险差异精准施策等对策。在安全风险方面，本文重点讨论了地区冲突和恐怖主义的安全威胁，并提出中国应客观准确评估中东地区安全风险，运用新安全观对中东地区进行安全塑造，创造性运用不干涉内政原则、推动中东问题的政治解决，帮助中东国家增强安全能力建设，增强中国在中东的适度军事存在等对策。

关键词：中东；“一带一路”；政治风险；安全风险；对策思考

伴随“一带一路”建设的深入推进，关于“一带一路”的学术研究和政策研究不断深化和拓展。在此过程中，关于中东与“一带一路”建设的研究也取得了不少成果，并主要表现为宏观研究和国别研究两大领域。宏观研究侧重于“一带一路”建设在中东推进的态势、利弊因素分析、产能合作等问题；国别研究主要集中于中东国家对“一带一路”的反应和认知、中国与中东国家围绕“一带一路”建设的合作及影响因素等问题，涉及的国别主要包括作为整体的阿拉伯国家、沙特等海湾阿拉伯国家和埃及，以及伊朗、土耳其等主要国家。但是，以上两类研究都对在中东推进“一带一路”建设的风险缺乏较为系统、

① 刘中民，上海外国语大学中东研究所教授。

深入的研究，并突出表现为在分析“一带一路”建设的可行性、必要性、发展现状与态势时十分乐观自信，而研究风险时又存在大而化之、罗列现象、过于悲观、对策研究薄弱等缺陷。基于此，本文选择中东地区最为突出的政治风险和安全风险进行客观分析，并对如何应对进行思考。

一、在中东推进“一带一路”建设的政治风险及应对

“一带一路”建设的政治风险可以从宏观和微观两个维度进行分析，宏观维度主要指“一带一路”建设在全球、地区和国别政治层面的风险，如大国博弈、地缘政治、沿线国家国内政治风险；微观维度主要指作为“一带一路”建设核心主体的企业所面临的政治风险，有学者对其进行了如下界定：当由政治因素引起的不连续性出现于商业环境中，导致国际投资的利润潜力或资产损失的任何类型的政治事件（例如战争、恐怖活动、政府变化、第三国干预、交易控制和投资限制等）都可视为企业参与“一带一路”建设的政治风险。[①] 基于本文主要把“一带一路”视为新时期中国统筹国际国内两个大局的重大安排，因此主要从宏观维度对政治风险进行分析，并主要侧重大国关系、地区政治和沿线国家国内政治三个层面。

（一）在中东推进“一带一路”建设的政治风险

1.大国关系层面的政治风险

在大国关系层面，中国面临的核心问题在于在中东推进“一带一路”建设是否会引起中美关系的紧张或对抗。美国对中国在中东推进“一带一路”建设主要有先后两种反应。首先，在“一带一路”倡议提出初期，美国担心中国通过“一带一路”建设扩大在中东的存在，并对美国在中东的领导权构成威胁，“挑战美国在亚洲、非洲和中东地区的影响力”。[②] 其次，伴随中国“一带一路”倡议“共商、共建、共享”原则进一步明确，美国舆论多认为中国在中东推进“一带一路”建设并不会对美国构成威胁，并主张加强中美在中东事务上的合作。例如，美国兰德公司的报告《中国在中东：谨慎的龙》（*China in the Middle East: The Wary Dragon*）认为，尽管中国在中东日趋活跃，但包括“一

① 黄河、Starostin Nikita:《中国企业海外投资的政治风险及其管控——以“一带一路”沿线国家为例》，载《深圳大学学报》（人文社会科学版）2016年第1期，第94页。

② 《美媒:“一带一路”将挑战美国在亚非及中东影响力》，http://world.huanqiu.com/exclusive/2015-04/6186201.html。

带一路”建设在内的中东政策对美国在中东的利益并不构成威胁；为确保中东的稳定，美国应该欢迎中国更多介入中东事务，应采取新思维和新方式，通过与中国和地区国家的合作保护美国在该地区的关键利益。[①] 美国著名中东问题专家奥特曼（Jon B. Alterman）认为，在过去二十年，随着中国在世界舞台的地位上升，中国越来越多地参与中东事务。但中国的直接参与主要是在能源、贸易、基础设施建设和工程承包等经济领域。从根本上说，美国与中国在中东地区不存在天然的冲突，两国在安全、稳定和贸易等领域存在共同利益。即使中美之间存在竞争关系，中国在很长时期内也难以对美国构成挑战。“中国在中东地区的实力要赶上美国，可能还需要数十年的时间。”[②]

从中东问题与中美关系的现实来看，自中国2013年提出和推进“一带一路”倡议以来，适逢美国奥巴马政府在中东进行战略收缩，避乱求稳、慎用武力、可控型领导、战略减负和责任承包构成了美国中东战略的总体特征，其具体表现是美国对干预中东事务的意愿和能力明显下降；更加重视通过外交谈判解决中东热点问题；更加重视通过多边外交发挥地区盟友和西方盟友的作用。[③] 在此背景下，中美双方在维护地区稳定、反恐等方面都拥有广泛的合作空间。但双方围绕地区热点问题尤其是叙利亚问题也存在着较严重的分歧，并突出表现为美国的干涉主义与中国不干涉内政原则的矛盾。

在推进“一带一路”建设的过程，中国与中东国家在互联互通、产能合作、人文交流等领域取得了许多进展；中国已与十余个中东国家建立或巩固了战略伙伴关系，中东国家也积极参与了“亚洲基础设施投资银行”和“丝路基金”等机制建设。[④] 尽管美国战略界有部分精英仍对此心存疑虑，但客观而言，中国在中东推进“一带一路”建设并未引发中美之间的严重对抗，其根本原因在于“一带一路”建设以发展促安全的理念和方式，在某种程度有助于维护中东地区的稳定，这与美国中东战略并无实质性矛盾。在打击索马里海盗、维和

---

① Andrew Scobell, Alireza Nader, *China in the Middle East: The Wary Dragon*, the RAND Corporation, Santa Monica, 2016, pp.1-2.

② Jon B. Alterman, *The Other Side of the World, China, the United States, and the Struggle for Middle East Security,* Washington: Center for Strategic and International Studies, 2017, pp.6-8, p.16.

③ 刘中民:《三大特点与三大矛盾：2014年的美国中东战略和总体特征》，载《世界知识》2015年第4期，第44—45页。

④ 在亚投行57个创始成员国中，有10个中东国家，分别是伊朗、约旦、科威特、阿曼、卡塔尔、沙特阿拉伯、土耳其、阿联酋、埃及、以色列；中国与阿联酋、卡塔尔设立了共计200亿美元共同投资基金，主要投资中东传统能源、基础设施建设、高端制造业等。

等安全事务中，中美“双方一直基于共同利益寻求发展建设性关系”，[①] 美国没有干预中国与巴基斯坦（包括建设瓜达尔港口）建立密切关系，也没有干涉中国在吉布提建设海军补给设施。[②] 因此，相对于亚太和其他地区，中东地区是因“一带一路”建设引发中美关系紧张程度较小的地区，这是中国应该正视的现实，也应成为中国在中东推进“一带一路”建设的信心所在。当然，伴随“一带一路”建设在中东的推进以及中国对中东事务参与的扩大，美国始终存在既希望中国发挥更大作用，又担心中国挑战其中东霸权的战略猜忌。

2. 地区格局层面的政治风险

在地区格局层面，地区大国争夺中东事务主导权的地缘政治博弈是影响中国在中东推进“一带一路”建设的重要因素。中东地区是当今世界区域一体化发展最为落后的地区，虽然有阿盟、海湾合作委员会等地区组织，但它们均不具备提供地区公共产品的能力，导致中东地区既没有具有领导能力的地区领袖，也缺乏有效的地区合作机制，进而使中国在中东地区推进“一带一路”建设缺少可以倚重的核心国家和地区合作机制。中国在中东推进“一带一路”建设，恰逢2011年“阿拉伯之春”以来沙特、伊朗、土耳其等地区大国的地缘政治博弈不断加剧，“中东的地缘政治对抗正在什叶派势力伊朗、逊尼派激进势力沙特阿拉伯和逊尼派温和势力土耳其三大力量之间展开。”[③]

首先，以伊朗与沙特为核心的两大阵营的民族和教派对抗以及地缘政治博弈日趋固化。过去几年来，沙特与伊朗围绕叙利亚、也门等热点问题展开了持续的博弈。2016年以来，沙特与伊朗断交危机导致双方的对抗公开化、阵营化，双方对抗的态势呈现出龃龉不断但又不会走向战争的“新常态”。[④] 客观而言，教派矛盾只是双方矛盾的表象，其实质在于争夺地区主导权的地缘政治矛盾和民族矛盾、教派矛盾的叠加。但是，双方的对抗却有尖锐化和长期化的风险。以沙特为首的海湾国家试图通过“什叶派阴谋论”激活地区教派冲突，通过强化逊尼派同盟，对伊朗和什叶派势力进行打压和孤立。而伊朗也将什叶

---

① Andrew Erickson, “More Willing and Able: Charting China’s International Security Activism,” Center for a New American Security, May 2015, http://www.cnas.org/sites/default/files/publications-pdf/CNAS_MoreWillingAndAble_final.pdf.

② Jon B. Alterman, *The Other Side of the World, China, the United States, and the Struggle for Middle East Security,* Washington: Center for Strategic and International Studies, 2017, p.17.

③ Evangelos Venetis, *The Struggle between Turkey and Saudi Arabia for the Leadership of Sunni Islam*, Athens: Hellenic Foundation for European and Foreign Policy, 2014, p.3.

④ 刘中民：《中东地区形势的回顾与前瞻》，载《国际关系研究》2016年第1期，第21页。

派作为动员中东什叶派对抗沙特和西方的一种软实力工具，[①]“以教派为基础的联盟是伊朗确保其影响力为数不多的手段之一”。[②] 2017年6月美国总统特朗普访问沙特以来，美国通过强化塑造伊朗威胁进一步加剧了沙特与伊朗的矛盾，而沙特在美国唆使下挑起阿拉伯国家与卡塔尔的断交危机，其根本目标之一仍在于削弱伊朗，并导致阿拉伯世界进一步分裂。

其次，土耳其基于谋求大国地位、争夺地区主导权、国内库尔德问题等多重目标四面出击，但其大国雄心严重受挫，而国内政治与社会转型的危机也在不断加剧。近年来，土耳其在巴以问题上与以色列龃龉不断，在叙利亚问题上与伊朗角力，在穆斯林兄弟会问题上与埃及塞西政权对抗，在库尔德问题上与伊拉克、叙利亚冲突不断，在叙利亚问题和打击“伊斯兰国”问题上与俄罗斯不断变脸。[③] 2016年以来，土耳其深受未遂政变、库尔德问题、恐怖袭击频发等问题的冲击，其外交政策已经趋向谨慎和内敛。在未遂政变和推行总统制等重大政治事件不断发生，以及恐怖袭击、难民问题频繁冲击社会稳定的背景下，世俗与宗教、国家与社会、威权与民主、军队与政府、西方与东方等诸多复杂关系构成了土耳其转型过程中面临的主要问题，并使土耳其的政治、社会和外交都存在脆弱性和不确定性。[④]

最后，传统地区大国权势异位，其力量重组远未到位，但埃及和以色列的地位仍不容小觑。从埃及、沙特、伊朗、土耳其、以色列五大地区支点国家的力量对比态势看，除上述伊朗、沙特、土耳其三强争夺地区主导权的复杂态势外，埃及因国内动荡和经济不振地位大降，但塞西政权正在谋求重振埃及地区大国地位，其内外政策渐趋理性，其成为地区大国的基础依然存在；以色列自中东变局以来不断被边缘化，在巴以问题上的政策更加顽固保守，但其安全环境大幅改善，经济和科技实力雄厚，使其成为中东地区大国中的另类稳定国家。

3. 沿线国家国内政治层面的政治风险

2011年中东变局以来，转型与动荡并存构成了中东国家的典型特点。总

---

① Mehdi Khalaji, “Yemen’s Zaidis: A Window for Iranian Influence,” The Washington Institute, February 2, 2015, http://www.washingtoninstitute.org/policy-analysis/view/yemens-zaidis-a-window-for-iranian-influence.

② Daniel Byman, “Sectarianism Afflicts the New Middle East,” *Survival: Global Politics and Strategy*, Vol. 56, No.1, 2014, p.80.

③ 参见唐志超：《俄罗斯与土耳其关系的内在逻辑与发展趋势》，载《西亚非洲》2017年第2期，第3—24页。

④ 参见刘义：《埃尔多安“新土耳其论”与“土耳其模式”的危机》，载《阿拉伯世界研究》2017年第1期，第3—15页。

体看来，中东国家可以划分为陷入严重动荡和冲突的国家、艰难转型的国家，以及在沉重压力下寻求转型的国家，但它们均存在不同程度的动荡，因而使其作为“一带一路”的合作对象国都存在着程度不等的政治风险。

首先，叙利亚、伊拉克、利比亚、也门等构成了陷入严重动荡和冲突的国家，目前尚处于内部冲突（教派冲突、族群冲突、部族冲突、政府与反政府力量对抗等）、外部干预、极端恐怖势力猖獗（“伊斯兰国”和“基地”组织等极端力量活动的重点区域）等多种危机之中，其政治、经济与社会重建遭遇严重挫折，安全环境十分险恶。

其次，艰难转型的国家主要以埃及和突尼斯为代表，即在中东变局中以相对和平的方式实现政权更迭的国家。它们基本上已通过选举和制度建设初步完成国家体制重建，并致力于发展经济、改善民生，打击恐怖主义，维护社会安定等经济与社会重建，但世俗与宗教势力对抗、经济复苏缓慢、失业率居高不下、极端势力活动猖獗等问题仍十分突出。

第三，在沉重压力下寻求转型的国家。海湾和北非阿拉伯国家如沙特、阿尔及利亚、苏丹等，虽然在中东变局中未发生政权更迭和严重动荡，但都不同程度地面临高失业、高通胀和低增长等经济困难和政体脆弱等问题。特别值得注意的是沙特，低油价导致的沉重财政压力，外交上军事干预也门、挑起卡塔尔断交危机等激进行为，都使沙特内政外交面临严峻挑战，沙特一旦陷入严重动荡，将严重威胁地区稳定。此外，曾经作为中东现代化样板的土耳其也陷入了深刻危机。经济增长放缓、恐怖袭击频发、外交困境加深以及2016年未遂政变的发生，都表明土耳其正义与发展党执政以来的十余年繁荣稳定正在走向终结。当前，土耳其政治与社会矛盾十分尖锐，并有可能陷入经济衰退和政治动荡的双重困境。

但是，在正视中东国家政治风险的同时，也要看到中东国家由乱而治的可能和寻求发展和稳定的努力和诉求。首先，许多中东国家都制定了长远发展规划，探索推动经济与社会发展和稳定的治理之道。① 例如土耳其提出“2023百年愿景”，沙特提出“2030愿景”规划，阿联酋制定“2021战略规划”，卡塔尔制定“2030国家发展规划”，都是中东国家寻求改革和发展的集中体现。其次，在经历“阿拉伯之春”以来的剧烈动荡后，寻求发展、维护稳定已成为中东国家和人民的共同愿望，尤其是阿拉伯国家追求发展和稳定的愿望更加强

① 王林聪：《中东安全形势新变化对我国推进“一带一路”的影响》，载张廉、段庆林、王林聪、杨巧红主编：《中国—阿拉伯国家经贸发展报告》（2016），北京：社会科学文献出版社2017年版，第33页。

烈。有民意调查显示，无论是阿拉伯民众还是知识精英，都强烈渴望国家实现政治稳定和经济发展。例如，一项名为《阿拉伯舆情指数》的调查显示，对“阿拉伯之春”持积极态度的阿拉伯民众的比例已经从2013年的61%下降至2015年的34%。2016年的《阿拉伯青年调查》数据显示，53%的阿拉伯青年认为“稳定比民主更重要”，持相反态度的比例仅为28%。[①]

因此，中国在中东推进“一带一路”建设与阿拉伯国家强烈的发展诉求存在高度的契合性。2016年1月，中国政府发布的《中国对阿拉伯国家政策文件》以“一带一路”建设为主轴，全面规划了“中阿全方位、多层次、宽领域合作格局”，即坚持共商、共建、共享原则，推进中阿共建“一带一路”，构建以能源合作为主轴，以基础设施建设和贸易投资便利化为两翼，以核能、航天卫星、新能源三大高新领域为突破口的“1+2+3”合作格局，推动务实合作升级换代。[②] 文件还围绕产能合作、投资合作、贸易、能源合作、基础设施建设、航天合作、民用核领域合作、金融合作、经贸合作机制和平台建设提出了一系列可操作性的方案和举措。

（二）应对政治风险的若干对策思考

第一，在大国关系层面，中国应加强中美在中东事务上的相互理解与务实合作，避免因中东事务和“一带一路”建设导致的中美关系紧张或对抗。

首先，中国应对参与中东事务的能力进行准确定位，并争取美国的理解。中国应通过多做解释工作使美国认识到中国在中东推进“一带一路”建设，以及参与中东事务的角色定位是发挥建设性作用，而不是谋求控制和主导作用，更不是挑战美国的中东霸权。这也正如习近平主席所言：“我们在中东不找代理人，而是劝和促谈；不搞势力范围，而是推动大家一起加入‘一带一路’朋友圈；不谋求填补‘真空’，而是编织互利共赢的合作伙伴网络。”[③] 事实上，美国战略学界也十分清楚，在中东地区，“中国的战略一直是适应现有环境，而不是取而代之。……中国不谋求形式上的帝国统治，中国也不谋求意识形态霸权。”[④]

---

① 包澄章：《阿拉伯世界对中东剧变的认知变化与反思》，载《阿拉伯世界研究》2016年第6期，第70页。

② 《中国对阿拉伯国家政策文件》，载《人民日报》2016年1月14日。

③ 习近平：《共同开创中阿关系的美好未来——在阿拉伯国家联盟总部的演讲》，载《人民日报》2016年1月22日。

④ Jon B. Alterman, *The Other Side of the World, China, the United States, and the Struggle for Middle East Security,* Washington: Center for Strategic and International Studies, 2017, p.22.

其次，加强中国与美国围绕中东事务的务实合作。双方应进一步加强中美战略对话机制下的中东事务磋商机制建设，切实加强双方在热点问题、反恐、反海盗等领域的磋商与合作，共同维护中东地区稳定。

最后，塑造有利于中美围绕中东事务进行合作的舆论环境。在中东事务与中美关系的问题上，中美双方舆论界都不同程度地存在零和博弈的思维，中国舆论多强调利用中东动荡对美国的战略牵制作用，而美国多强调中国力图削弱美国对中东事务的主导权。因此，双方都应避免从零和博弈的角度看待中东事务对中美关系的影响，积极寻求中美在中东的利益汇合点。

第二，在中东地区格局层面，妥善处理与地区大国的关系，避免卷入中东的地缘政治争端，并加强风险研判。

从中东地区格局层面看，中国推进“一带一路”建设面临的难题在于如何在各派力量之间尤其是沙特阵营和伊朗阵营之间进行平衡，双方的阵营分化势必给“一带一路”建设带来巨大的风险。[①] 但同时也要看到，沙特与伊朗的对抗具有代理人竞争的特点，双方并不会走向全面的冲突。针对这种风险，我国应尽量在沙特与伊朗之间保持平衡，避免卷入二者的政治争端。我国应以“一带一路”建设和能源、经贸合作稳固我国与沙特、伊朗关系的根基，但应加强对沙特和伊朗内政与外交风险和危机的研判；我国应适度增加对伊朗的战略投入，将伊朗纳入我国中东、南亚与中亚外交的全局中加以统筹，在“一带一路”建设、上海合作组织扩容、参与阿富汗战后重建、防范极端主义和恐怖主义等方面加强与伊朗的合作。此外，埃及、土耳其和以色列也是中国在中东推进“一带一路”的重要支点国家，但埃及的政治风险依然很高，土耳其政治动荡有进一步加剧的可能，应进行充分的研究和预警。

第三，面对“一带一路”沿线中东国家的政治风险，中国应根据风险程度的差异精准施策，继续在中东推进“一带一路”建设。

首先，海合会国家、伊朗、以色列为较安全的国家，应是中国在中东推进互联互通、贸易投资便利化、金融合作、产能合作的重点对象国，并以高铁、新能源、航天、核能、高端制造业为重要合作领域。其次，在埃及、突尼斯等已经逐步趋于稳定的转型阿拉伯国家，中国应重点推进与民生关系密切的经贸与投资合作项目，并配合适当的经济援助和优惠贷款，助力转型阿拉伯国家的社会稳定。《中国对阿拉伯国家政策文件》在社会发展领域推出了一系列合

① 王林聪：《中东安全形势新变化对我国推进“一带一路”的影响》，载张廉、段庆林、王林聪、杨巧红主编：《中国—阿拉伯国家经贸发展报告》（2016），北京：社会科学文献出版社2017年版，第33页。

作计划，更多着眼于解决当前阿拉伯国家经济与社会发展面临的严重困难，其目标是通过发展项目合作与力所能及的援助，“帮助阿拉伯国家改善民生、提高自主发展能力”。[①] 最后，对于伊拉克、叙利亚、也门、利比亚等动荡国家，在政治上劝和促谈的同时，中国应积极支持和参与其经济重建，为将来推进“一带一路”建设创造条件。

二、在中东推进“一带一路”建设的安全风险及应对

在中东推进“一带一路”建设面临的安全风险既包括地区冲突等传统安全威胁，也包括恐怖主义、海盗、跨国犯罪等非传统安全威胁，以及源自中东的极端主义、恐怖主义在我国周边地区扩散、渗透乃至向国内输入产生的安全威胁。限于篇幅所限，本文主要讨论地区冲突和恐怖主义两大最突出的风险。

（一）以地区冲突和恐怖主义为主的安全威胁

1. 地区冲突对“一带一路”建设的安全威胁

中东地区冲突频发是殖民主义历史遗产、西方频繁进行武力干涉、民族与宗教矛盾复杂、中东民族国家构建和国家治理存在严重问题等内外因素交互作用的产物，并突出表现为内部冲突、国际冲突、大国军事干涉等地区热点问题。中东变局以来，新老热点问题的相互交织与复杂联动，构成了中东热点问题的典型特征。近几年来，叙利亚内战、伊拉克危机、利比亚战争及其后遗症、也门内部冲突以及沙特空袭胡塞武装、打击“伊斯兰国”的反恐战争、南北苏丹冲突等新生的地区冲突频仍，以及巴以冲突、库尔德问题等传统热点问题的升温和复杂化，都是中国在中东地区推进“一带一路”必须面对的安全风险。

地区冲突对“一带一路”的威胁突出表现为部分国家和地区处于严重的冲突之中，使得作为“一带一路”交汇地区和中枢环节的中东难以完整纳入建设规划之中，同时也可能使联通东亚和欧洲的丝路腹地出现“梗阻”现象。例如，法国学者埃里·梅桑（Thierry Meyssan）认为，叙利亚冲突将使中国进入地中海的“丝绸之路”被部分切断。[②] 此外，在地区安全中发挥建设性作用，增强

① 王林聪：《中东安全形势新变化对我国推进“一带一路”的影响》，载张廉、段庆林、王林聪、杨巧红主编：《中国—阿拉伯国家经贸发展报告》（2016），北京：社会科学文献出版社2017年版，第33页。

② 《法国专家：叙利亚冲突令“丝绸之路”与地中海隔开》，http://news.china.com/international/1000/20160923/23624637.html。

中国提供地区安全公共产品的能力，同时为“一带一路”建设塑造地区安全环境，则成为中国外交面临的长期性挑战。

2. 恐怖主义和极端主义对“一带一路”建设的安全威胁

恐怖主义的强势反弹和极端主义的泛滥构成了威胁“一带一路”建设最典型的非传统安全威胁。近几年来，“伊斯兰国”已取代“基地”组织成为国际恐怖主义的核心，其现实威胁主要包括：首先，“伊斯兰国”的泛滥使东地中海地区的民族国家体系面临严峻挑战，并对中东乃至整个伊斯兰世界的民族国家体系构成潜在威胁。其次，在国际反恐联盟打击下，“伊斯兰国”采取内线阵地战与外线袭扰战并重的策略，导致全球恐怖主义进入新的活跃期。最后，极端分子与难民问题相交织且不断外溢，构成全球治理和地区治理的难题。在意识形态上，“伊斯兰国”特别强调建立所谓“哈里发国家”，顽固坚持反对什叶派的极端思想，强调打击“远敌”（西方）和“近敌”（世俗的阿拉伯政权及其支持者）并重的“进攻性圣战”，这种宗教极端主义对于极端分子具有巨大的蛊惑力。①

恐怖主义和极端主义泛滥对“一带一路”建设的威胁主要包括：首先，许多中东国家恐怖袭击频发，使基础设施、互联互通、产能合作等“一带一路”建设项目面临严重安全风险。② 其次，恐怖主义泛滥使中国在中东的海外工程承包项目、企业人员、海外侨民等海外利益安全面临严峻威胁。最后，“一带一路”建设促进了我国与中东地区的经贸往来和人员交流，但也使极端主义势力利用经贸与文化交流对我国进行渗透的风险扩大。伴随“伊斯兰国”等极端组织在我国周边中亚、南亚和东南亚地区的组织扩张和意识形态渗透，极端主义向我国边疆地区渗透和输入风险随之扩大，并威胁我国的边疆稳定和意识形态安全。

（二）应对安全风险的若干对策思考

第一，要坚持唯物辩证法的两点论，客观准确地评估中东地区的安全风险。一方面，要正视中东变局加剧地区动荡和恐怖主义威胁严重等地区性安全风险；另一方面也要看到转型阿拉伯国家“乱后求治”、③ 中东重大安全问题

① 详尽论述参见刘中民、俞海杰：《“伊斯兰国”的极端主义意识形态探析》，载《西亚非洲》2016年第3期，第41—61页。

② 杨光：《在中东共建“一带一路”的经济与安全视角》，载杨光主编：《中东发展报告》（2015—2016），北京：社会科学文献出版社2016年版，第25页。

③ 李伟建：《中东安全局势演变特征及其发展趋势》，载《西亚非洲》2015年第6期，第5页。

政治解决步伐加快（如叙利亚危机政治解决的可能性加大）、打击“伊斯兰国”国际合作加强等积极性因素的出现。[①] 长期以来，中国舆论界热衷于报道中东地区冲突、恐怖袭击等轰动性新闻，使中国社会对中东大部分国家和地区保持稳定的情况知之甚少，这是必须正视和解决的问题，也应成为中国与中东国家通过加强民间、媒体等人文交流加以解决的问题，真正通过“民心相通”夯实“一带一路”建设的民意基础。

第二，倡导中国的新安全观，对中东地区进行安全理念塑造，掌握安全话语主导权。“一带一路”倡议本身就是以发展促安全的新型安全理念，并明显区别于西方民主输出和军事干涉的安全治理模式。因此，中国要着眼长远，“倡导在中东实践共同、综合、合作、可持续的安全观，支持阿拉伯和地区国家建设包容、共享的地区集体合作安全机制，实现中东长治久安与繁荣发展。”[②] 这也恰如习近平主席所言：“面对重重挑战和道道难关，我们必须攥紧发展这把钥匙。唯有发展，才能消除冲突的根源”；[③] “中东动荡，根源出在发展，出路最终也要靠发展。”[④] “一带一路”倡议是中国以发展促稳定、促安全理念的集中体现，在很大程度上契合中东国家寻求发展和稳定的核心诉求。因此，中国应积极在中东地区倡导新型安全观，掌握中东安全建设的话语权。

第三，创造性运用不干涉内政原则，积极劝和促谈，积极贡献“中国方案”和“中国平台”。不干涉内政原则是中国参与中东事务的基石，是中国赢得中东国家信任，保持外交主动性的根本保障。“中国不可能卷入地区国家冲突，甚至结盟或选边站队，而是要在中东地区劝和促谈，发挥增进地区和解与和平的作用。”[⑤] 在具体的外交实践中，中国既要勇于就中东问题贡献“中国智慧”，提出“中国方案”，提供“中国平台”；又要继续遵循不干涉内政原则，处理好不干涉内政与建设性介入的关系。在中东热点问题上发挥建设性作用，既是对中东和平与安全的贡献，也是为“一带一路”建设塑造安全环境。例如，

---

① 王林聪：《中东安全形势新变化对我国推进“一带一路”的影响》，载张廉、段庆林、王林聪、杨巧红主编：《中国—阿拉伯国家经贸发展报告》（2016），北京：社会科学文献出版社2017年版，第30—32页。

② 《中国对阿拉伯国家政策文件》，载《人民日报》2016年1月14日。

③ 习近平：《谋共同永续发展做合作共赢伙伴——在联合国发展峰会上的讲话》，载《人民日报》2015年9月27日。

④ 习近平：《共同开创中阿关系的美好未来——在阿拉伯国家联盟总部的演讲》，载《人民日报》2016年1月22日。

⑤ 杨光：《在中东共建“一带一路”的经济与安全视角》，载杨光主编：《中东发展报告》（2015—2016），北京：社会科学文献出版社2016年版，第25页。

中国在伊核谈判过程中发挥了包括美国都不得不承认的重要建设性作用，不仅有利于中国在伊朗推进“一带一路”，而且也使“一带一路”的地区安全环境有所改善。

第四，坚持中国特色的反恐政策，以帮助中东国家增强安全能力建设、加强双方去极端化合作为重点，彰显中国标本兼治的反恐理念和反恐政策。2014年极端组织“伊斯兰国”组织兴起以来，国际社会形成了美国、俄罗斯和地区国家沙特主导的三大反恐力量，以空袭的方式打击“伊斯兰国”，并且围绕打击“伊斯兰国”和叙利亚问题展开了复杂的博弈。在此背景下，西方要求中国军事打击“伊斯兰国”的呼声不断高涨。例如，有法国学者指出，“叙利亚战争加大了恐怖主义传播的威胁。中国应该保障‘丝绸之路’全程的安全并向叙利亚冲突地区派遣本国军舰，以对抗恐怖主义威胁。”[①] 但是，由于反恐斗争背后的复杂政治博弈以及中国在中东军事存在缺失等因素的制约，军事介入中东反恐对中国而言根本不具现实可能性。但这并不意味着中国在反恐问题上袖手旁观，而是要从自身的实际出发发挥建设性作用。

在中东反恐问题上，中国承诺“支持阿拉伯国家的反恐努力，支持阿拉伯国家加强反恐能力建设”；加强同阿拉伯国家的反恐交流合作，建立长效安全合作机制，加强政策对话和情报信息交流，开展技术合作和人员培训；搭建双多边宗教交流平台，倡导宗教和谐和宽容，探索去极端化领域合作，共同遏制极端主义滋生蔓延。[②] 2016年，习近平主席在埃及阿盟总部的讲话中做出了更加具体的承诺：在中阿合作论坛框架内召开文明对话与去极端化圆桌会议，组织100名宗教界知名人士互访；加强中阿网络安全合作，切断暴力恐怖音视频网络传播渠道，共同参与制定网络空间国际反恐公约；提供3亿美元援助用于执法合作、警察培训等项目，帮助地区国家加强维护稳定能力建设。[③] 这一切都是中国参与中东反恐合作的具体体现，也应继续成为中国参与中东反恐的努力方向，这有助于弥补西方军事反恐方式的不足，避免采取“头痛医头、脚痛医脚、以暴制暴”的方式，而“一带一路”建设的重要内容就是通过帮助沿线国家加快经济社会建设、缓解社会矛盾，[④] 增强中东国家的治理能力，这无疑

---

① 《法国专家：叙利亚冲突令“丝绸之路”与地中海隔开》，http://news.china.com/international/1000/20160923/23624637.html 上网时间：2017年1月25日。

② 《中国对阿拉伯国家政策文件》，载《人民日报》2016年1月14日。

③ 习近平：《共同开创中阿关系的美好未来——在阿拉伯国家联盟总部的演讲》，载《人民日报》2016年1月22日。

④ 包澄章、孙德刚：《“伊斯兰国”组织与中东恐怖主义治理新理念》，载《理论视野》2016年第2期，第61页。

是通过标本兼治达到弱化和消除恐怖主义、极端主义的长久之计。

第五，以国际维和、反海盗等方式积极参与中东地区安全机制建设，增强中国军事力量在中东的适度存在，服务于“一带一路”沿线安全和海外利益的保护。伴随中国海外利益的不断拓展和国际责任的增加，合理运用军事力量维护中国海外利益，承担国际维和、护航、救援等国际责任的需求不断加大，中国军事力量的适度海外军事存在[①]已经成为无法回避的课题。当前，亚丁湾和索马里海域护航编队、国际维和部队和海外军事培训项目等构成了中国海外军事存在的具体形式，它们既出于维护中国海外经济、能源和侨民安全的考量，又是在联合国框架下参与全球治理的重要手段。从“一带一路”建设的现实和长远需求出发，中国应循序渐进地增强海外军事存在及海空军远程投送能力建设，加强“一带一路”沿线尤其是“海上丝绸之路”沿线的补给基地建设，增强维护海外利益和履行国际责任的能力建设，更好地为“一带一路”建设保驾护航，并为中东地区安全提供中国特色的国际公共产品。

---

①　详尽论述参见孙德刚:《论新时期中国在中东的柔性军事存在》，载《世界经济与政治》2014年第8期，第10页。

在伊朗推进“一带一路”建设的风险及应对

韩建伟[1]

摘要：伊核协议签署之后，中伊经济关系不断加深，中国在伊朗的利益不断拓展，由此带来的安全风险也明显增加。当前伊朗国内政治局势基本稳定，但影响政局不稳的因素也很多，具体包括四个方面：2017年年底至2018年年初，伊朗多地发生民众抗议，未来存在再次发生动荡的可能性；伊朗崛起引发了地缘政治危机，使得中东形成以沙特为首的逊尼派和以伊朗为首的什叶派阵营对抗的新冷战格局；伊朗经济有所恢复，但是带有极大的脆弱性；伊朗的投资和进出口贸易法律不够健全。这些都为中国在伊朗推进“一带一路”建设增添了风险。为了更好地服务于“一带一路”建设和促进中伊经贸合作的发展，中国需要针对伊朗存在的风险做出有效的应对。相关政府机构要进一步为中资企业提供法律保护及政策支持，而中资企业也需要对伊朗制度及环境作更深入的了解，化解可能发生的安全风险。

关键词：伊朗；“一带一路”；风险评估；政策建议

自伊核协议签署之后，趁西方对伊朗的部分制裁解禁之际，不少中国企业赴伊朗开拓市场，与此同时，中伊贸易也在深入发展。伊朗是“一带一路”沿线上的重要支点国家，但伊朗仍属于投资风险较高的国家之一。中国相关机构及企业应该对伊朗政治形势、国际环境、经济态势、相关制度和法律法规进行详细的了解，积极规避风险及可能的损失。

---

① 韩建伟，上海外国语大学中东研究所副教授。

一、伊朗国内政局的潜在风险及应对

伊朗政治是否稳定，事关在伊朗推进“一带一路”的大局和未来谋划。伊朗独特的政治制度既有维护政权稳定的一面，同时也带有明显的弱点。

（一）伊朗政治体制的主要特征

第一，伊朗属于政教合一的政治体制，带有神权政治的威权主义特征，也具有一定的民主性、灵活性和适应性。“伊朗政治制度具有鲜明的双重性：传统主义和现代主义。它似乎把两种看似水火不相容的政治价值取向奇特地融合在一起，但在实践之中也存在着矛盾。”[①] 国家实权掌握在可以任职终生的最高领袖及其周围的宗教保守派手里，总统仅是国家第二号政治人物。总统和议会都是每四年举行全民直接选举，总统只能连任两届。民选的总统往往成为民众意志的主要诉求对象。但是由于总统缺乏实权，民众的改革愿望经常落空，导致不定期的街头抗议事件时有发生。

第二，伊朗没有成熟的政党政治。总统和议会不是按照党派进行选举，没有执政党和在野党的区分，总统也不是执政党的代表人物，这是与西方成熟的议会政治的明显区别。派系政治成为霍梅尼去世后伊朗政治的主要特点。伊朗存在众多的政治派系，它们在不同的时期经常分化组合，甚至出现交叉重叠的现象。大体来说，拉夫桑贾尼时期的主要政治派别有务实派、民粹派、保守派；而哈塔米时期主要分为改革派、务实派与保守派；到内贾德时期又有新保守派、传统保守派和改革派的划分；而到鲁哈尼时期则主要分为温和保守派（又称务实派）和强硬保守派。[②] 温和保守派继承了先前改革派大部分的改革主张，但是推进方式变得温和而不是激进。伊朗的派系斗争十分激烈，经常围绕总统和议会大选展开角逐。派系政治总体上不利于伊朗政治的稳定，但是当前基本在合法框架下进行斗争。

第三，伊朗政府中的“国中之国”现象突出，导致不能形成高效的决策机制，降低了政府的治理能力。以伊斯兰革命卫队、慈善基金会为代表的准政府组织，直接隶属于最高领袖，凌驾于政府之上。伊斯兰革命卫队是伊朗对外输出革命的主要组织，是反美、反西方的坚强堡垒。该组织可以绕过政府执行相

---

① 李春放：《论伊朗现代伊斯兰政治模式》，《历史研究》，2011年第4期，第144页。

② 吴冰冰：《论伊朗最高领袖更新换代问题》，《国际政治研究》，2010年第3期，第81—83页。

对独立的军事和外交政策。如伊朗试射导弹计划很大程度上是伊斯兰革命卫队决定的行动，并没有经过伊朗政府的正式批准，但外界一般将其视为伊朗政府的行为。

第四，伊朗国家机器对社会的控制比较严密。以伊斯兰革命卫队为代表的军方强硬派，是宗教保守派的主要支持力量，也直接参与大量经济活动，对国内局势实施严密的监控。此外，隶属于革命卫队的民兵组织——巴斯基（Basij），人数庞大，负有监督社会舆论和惩罚违反教法行为的责任。除了威慑性力量，伊朗也建立了维稳的救济体系，尤其是长期向民众提供基本消费品的补贴制度，对维持低收入者的生活水平和维护社会稳定发挥了重要作用。但是，由于补贴制度造成价格扭曲和资源浪费，自内贾德以来伊朗政府一直试图改革这一制度，因此引发的社会风险也不容小觑。

（二）当前伊朗政治形势的风险及应对

在西亚北非陷入动荡之后，伊朗部分地区虽曾发生过骚乱，但并未引发如突尼斯、埃及、利比亚等国足以推翻现政权的大规模动乱，也没有像叙利亚那样陷入长期内战。伊朗核问题导致的国际制裁虽给其带来了深重的危机，但核问题在某种程度上也是伊朗决策层转移国内矛盾、调动民众同仇敌忾、一致对外的有效手段。因此，制裁虽重创了伊朗经济，却并未削弱甚至在某些方面还增强了伊朗现政权的合法性。在2013年和2017年的大选中，温和保守派鲁哈尼当选及连任，是伊朗政治民主和民意的反映，也确保了伊朗政局继续保持稳定。

但是，伊朗政权又带有明显的脆弱性，在过去多次发生街头抗议运动，具有代表性的有1997年因哈塔米改革引发的学生抗议运动；2009年因不满总统大选结果而爆发的“绿色运动”，以及2017年底因物价飞涨而引发的大规模骚乱。实际上，局部地区小规模的抗议活动也时有发生。

在伊核协议签署之后，伊朗政治曾经一度看上去要比过去稳定。2018年1月，《经济学人》在“伊朗国家风险评级报告”中将该国政治风险下调为CCC级，而在2015年7月为CC级。CCC仍然属于中高风险级别。《经济学人》认为，当下鲁哈尼政府面临的主要挑战有：不定时发生的动荡、鲁哈尼阵营与保守反对派之间的分化、美国对伊朗逐渐收紧的制裁、伊核协议可能的破裂、与沙特的紧张关系等。[①]

---

① Economist Intelligence Unit, “Iran Risk”, http://country.eiu.com/article.aspx?articleid=486535432&Country=Iran&topic=Risk&subtopic=Credit+risk&subsubtopic=Overview，登录时间：2018年3月21日。

2017年年底的骚乱发生在鲁哈尼高票当选刚刚半年之际，反映出深藏于伊朗国家内部的许多问题仍然十分严峻。在20世纪90年代，民众对民主和自由的期待与失望情绪是导致政权不稳定的主要原因。而在饱受十年制裁之后，经济衰退、民生艰难日益成为影响政权稳定的主要根源。综合来说，当前及未来影响伊朗政治不稳定的因素主要包括以下几个方面：

第一，经济与民生问题是考验伊朗政权稳定性的关键因素。伊朗经济长期增长乏力，年轻人比例太高而失业率居高不下，通货膨胀严重降低了人民的购买力，汇率持续贬值，出口主要靠石油支撑。伊朗经济总体上处在发展中国家的中下游水平，未来经济振兴之路仍将漫长而曲折。

第二，民众对自由民主及多元文化的追求。伊朗政治体制虽然属于神权政治，但社会状况与30年前相比已经大相径庭。2017年，伊朗人口达到8090万，其中城市人口6030万，乡村人口2060万。[①] 伊朗已经是一个高度城市化的国家，受过教育的城市人口，借助全球互联网平台，广泛接触了世界多元文明，社会世俗化和多元化趋势日渐明显，尤其是年轻人改革求变的愿望更为强烈。如果政府无力振兴经济，解决好年轻人的失业和生活保障问题，伊朗政权的稳定性将会受到极大的威胁。

第三，派系斗争会影响政权的稳定。派系斗争是伊朗政治的常态。在过去20年里，不同派系有各自支持力量，轮流坐庄。务实派、改革派主要依靠中下层民众及有改革倾向的知识分子和部分官员支持；保守派，尤其是强硬保守派主要依靠最高领袖和宗教界、军事安全系统的支持。鲁哈尼是改革派与强硬保守派之间的桥梁，但有时也并不为两个派别所认可。鲁哈尼的连任暂时满足了大多数民众的意愿，但政治体制的脆弱性并未得到根本改观。伊朗政治还存在“第二任期咒语”现象[②]——即当同一个人连任总统之后，在第二任期不仅难出政绩，甚至会出现重大失误，最终被对手派别所取代，哈塔米、内贾德都是如此。鲁哈尼能否破解“第二任期咒语”值得期待。如果其第二任期在改善外交、发展经济方面达不到预期，具有改革倾向的派别赢得下一届大选的可能性会大幅度下降。不过，强硬保守派能否顺利回归，还要依靠最高领袖的身体状况。哈梅内伊年事已高，其健康状况也十分引人关注，最高领袖的换代问题也是未来伊朗政局的一大变数。

第四，伊朗经济社会改革面临的阻力十分强大。在当前政治体制下，促进

---

① Central Bank of Islamic Republic of Iran (CBI), “Economic Trend 1396”, p.1, https://www.cbi.ir/simplelist/AnnualReview_en.aspx，登录时间：2018年2月21日。

② 李国富：《展望伊朗总统鲁哈尼第二任的内外政策》，《当代世界》，2017年第7期，第55页。

经济发展并辅之以配套的改革能够在各派之间达成共识，而社会层面的改革则不容乐观。即使在经济领域，各派也很难在具体的改革方式上达成一致意见，尤其是要面对既得利益集团的阻扰。在内贾德时期，伊斯兰革命卫队大肆扩张了其经济影响力，涉足能源、金融、电信、大型工程等领域。① 从2014年起，鲁哈尼政府处理了一批经济领域的犯罪案件，改革矛头直指伊斯兰革命卫队。② 但是，鲁哈尼政府对限制革命卫队仍显得无能为力，这与政府本身缺乏实权有着密不可分的关系。因此，未来伊朗的经济改革可能会引发尖锐的派系斗争。

总之，尽管当前伊朗政权能够维持稳定，但是其脆弱性和不稳定性不容忽视。中国赴伊朗投资兴业的企业和个人日渐增多，他们必须对伊朗的政治和安全风险保持高度警惕。中国政府及驻伊朗机构应该针对伊朗再次发生动荡制定预案，增强保护中国侨民人身安全及中资企业财产安全的能力。虽然伊朗对中国公民的态度总体上比较友好，但中国政府应该注意扶持安保公司在伊朗的发展，而不能把自身安全主要寄托于当地政府的保护。

二、伊朗外部地缘政治安全风险增加及应对

受民族、教派矛盾及地缘政治等因素的影响，伊朗面临的外部环境十分复杂艰险。核协议给伊朗带来的红利也没有维持多久，协议签署后的两年多来，伊朗外部环境经历了从部分缓和到重新恶化的过程，这种局面的形成有主客观两方面的原因。

第一，从主观方面看，伊朗的大国情结使其对外战略表现出极强的进攻性。

伊核协议签署之后，伊朗马上趁机扩张地区势力，极大地改变了中东地缘政治格局。“伊朗崛起”引起了宿敌沙特阿拉伯、以色列的高度警惕与仇视。沙特强烈反对伊核协议，认为伊核协议不仅没有消除伊朗制造核武器的能力，还会帮助伊朗改善经济，打破地缘政治平衡。因此，沙特的首要目标是尽可能遏制伊朗的影响力。③ 自2015年下半年起，沙伊两国在也门内战、石油减产、

---

① Hesam Forozan and Afshin Shahi, “The Military and the State in Iran: The Economic Rise of the Revolutionary Guards,” *Middle East Journal*, Vol. 1, Winter 2017, pp.77-81.

② Elisheva Machlis, “The Islamic Republic: A Bastion of Stability in the Region?” *Middle East Critique*, Vol. 25, No. 4, 2016, p.358.

③ Athina Tzemprin, Jugoslav Jozic, Henry Lambare, “The Middle East Cold War: Iran-Saudi Arabia and the Way Ahead,” *Croatian Political Science Review*, Vol. 52, No. 4-5, 2015, pp.197-198.

教派斗争、叙利亚内战、卡塔尔断交危机等问题上缠斗不休，并大有继续升级之势。中东日益形成以沙特为首的逊尼派阵营与以伊朗为首的什叶派阵营，两大阵营的新冷战格局正逐渐成型。

第二，从客观方面看，美国和沙特政府变动，特朗普和萨勒曼政府都执行强硬反伊政策，是导致伊朗地缘政治环境恶化的主要外部条件。

尽管奥巴马政府曾经试图改善与伊朗的关系，但是美伊关系改善的希望很快因特朗普的上台而破灭。特朗普坚定的反伊立场和对伊核协议的否定态度，使两国关系重新走向紧张和对抗。自2017年年初以来，美国政府以各种借口对伊朗实施制裁，使伊核协议给伊朗带来的红利大打折扣。2017年5月，特朗普首访中东重新强化了与沙特、以色列的盟友关系，而共同的目标是遏制伊朗。从2017年下半年，围绕伊核协议的存废，美伊两国不断交锋。虽然特朗普在2018年1月12日在向美国国会报告伊朗遵守核协议情况时并未宣布退出核协议，但也没有承认伊朗遵守该协议，并声称这是“最后一次”。随着国务卿蒂勒森突然被解职，美国退出伊核协议的可能性将大大上升。因为蒂勒森是美国政府中伊核协议的主要捍卫者，屡次劝告特朗普不要退出核协议，但关于两人不合的传闻也由来已久。[①] 随着蒂勒森的去职，特朗普扫除了退出核协议的主要障碍。同时，特朗普还向欧盟施加压力，使得欧盟各国面临选边站队的尴尬处境。英法德也于2018年3月18日向欧盟提交了一份拟制裁伊朗的文件，以伊朗试射导弹、支持叙利亚为由向伊朗施加压力。[②]

沙特政局的变化也增加了伊朗的压力和地缘政治风险。2017年6月沙特突然易储，新王储穆罕默德·本·萨勒曼对内推进疾风暴雨式的改革，对外则执行强硬的反伊朗政策，导致沙伊关系进一步恶化。更为引人注目的是，沙特从2017年10月份起开始高调发展核能，虽然声称是民用目的，但也引起了不少猜疑。2018年3月，王储萨勒曼更是宣称，若是伊朗研发核能，那么沙特也会跟进。[③]

如果未来美国退出伊核协议，中东两极化的态势会更加明显。自俄罗斯强势介入中东局势以来，出于对抗美国的需要，伊朗与俄罗斯结为亲密的准同盟

---

① 《特朗普为何突然解除蒂勒森职务？外媒：两人看法分歧多》，参考消息网，2018年3月14日，http://www.cankaoxiaoxi.com/world/20180314/2258325.shtml，登录时间：2018年3月25日。

② 《英法德提议欧盟对伊施加新制裁，意在向美传递信息》，新华网，2018年3月18日，http://www.xinhuanet.com/world/2018-03/18/c_129831401.htm，登录时间：2018年3月22日。

③ 《中东开启核军备竞赛？沙特王储称若伊朗拥核将跟进》，参考消息网，2018年3月25日，http://m.cankaoxiaoxi.com/mil/20180325/2259497.shtml，登录时间：2018年3月25日。

关系。据报道，伊朗很有可能在2018年5月份加入由俄罗斯主导的欧亚经济联盟。[①] 以俄罗斯和伊朗为首的什叶派阵营与美国和沙特为首的逊尼派阵营将会进一步走向抗衡。2018年3月，英国驱逐俄罗斯外交官的事件引发了一系列连锁效应，欧盟国家集体支持英国驱逐俄外交官。[②] 俄罗斯与欧盟国家的关系持续恶化，而俄伊同盟可能会危及伊朗与欧盟国家的友好关系，导致欧盟对伊朗的态度更加强硬。果真如此，伊朗将面临更加复杂的外部环境，不利于该国经济建设和政治稳定。

另外，伊朗未来也有可能面临恐怖袭击的威胁。2017年6月8日，伊朗议会和霍梅尼墓地遭到恐怖主义的袭击，这也是伊朗本土首次遭到恐怖分子的袭击。“伊斯兰国”组织一直把消灭什叶派作为最重要的目标之一，因而伊朗是“伊斯兰国”试图攻击的主要对象。伊朗对伊拉克、叙利亚的反恐行动也给予了大力的支持。虽然作为准国家形态的“伊斯兰国”已经不复存在，但是世界反恐形势并不乐观，也不排除伊朗再次遭遇恐袭的可能，

从经济风险角度分析，西方对伊朗的制裁不能完全解除甚至有可能再度加大，将对伊朗经济的恢复和发展产生重要影响，并阻碍伊朗融入全球经济的步伐，也将继续成为外资和技术顺利进入伊朗的障碍。在美国不断单方面追加制裁的情况下，中资企业进入伊朗面临较大的风险：一是容易被列入美国制裁黑名单；二是国际支付很可能会被冻结，导致交易成本上升甚至蒙受巨大损失。

从外交风险来看，以沙特为首的逊尼派与以伊朗为首的什叶派两大阵营的对立，会增加中国外交在该地区运作的难度。伊朗已申请加入上合组织，伊朗如加入自然会增强上合组织的实力，但可能会直接触发该地派系矛盾和地缘政治裂痕，引起沙特等海湾国家的强烈不满。伊朗参与“中巴经济走廊”建设的愿望也很强烈，但也使中国面临如何平衡与沙特关系的挑战。

面对伊朗的地缘政治风险，中国既要做好风险研判，还要注意平衡与沙特等国家的关系。一方面，中国开展对伊投资或贸易一定要考虑到美伊关系恶化带来的各种风险，做好充分研判，尤其是不涉足可能招致美国制裁的行业，并规避与受美国制裁的伊朗公司及实体个人发生经济往来，在资金转账问题上应该准备多套备选方案以防出现意外。另一方面，要把中伊关系放到中国中东整体外交的大框架下考虑，保持平衡是第一选择，尤其是不能影响与沙特等逊尼

① 中华人民共和国驻伊朗伊斯兰共和国经济商务参赞处：《伊朗或将于今年5月加入欧亚经济联盟》，http://ru.mofcom.gov.cn/article/jmxw/201803/20180302722441.shtml，登录时间：2018年3月25日。

② 《欧盟宣布召回驻俄罗斯大使》，新华网，http://www.xinhuanet.com/2018-03/23/c_129836550.htm，登录时间：2018年3月25日。

派国家的关系。

三、伊朗经济的基本特征及主要风险与应对

在鲁哈尼政府的治理下，伊朗经济取得了一定程度的发展，尤其是通货膨胀实现了历史性的下降，汇率的贬值速度得到了有效的抑制。但迄今为止，伊朗的经济形势仍然难言乐观。

第一，解禁之后，伊朗经济整体上有所恢复，但并没有获得十分迅速的发展。

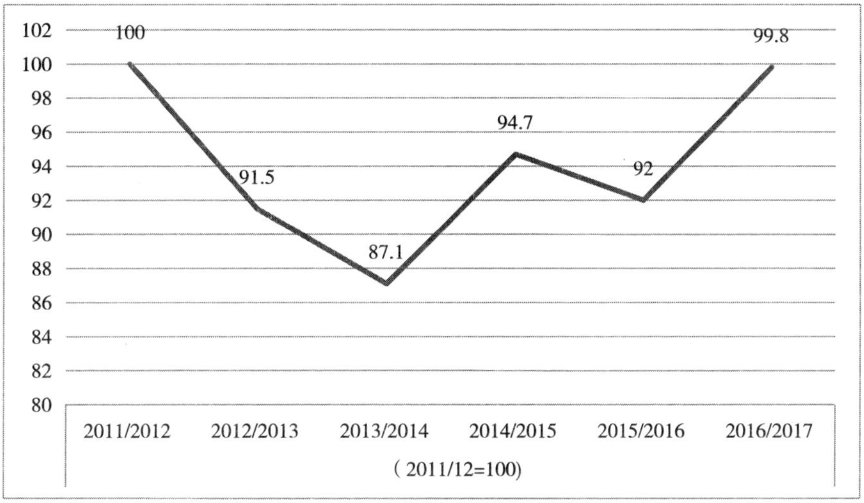

图1　2011/12—2016/17年度伊朗大型制造业生产指数（2011/12=100）

数据来源：CBI, “Annual Review 1393”, p. 11; “Annual Review 1395”, p.11，https://www.cbi.ir/simplelist/AnnualReview_en.aspx，登录时间：2018年2月21日。

图1显示了多国联合制裁后期对伊朗经济造成的影响。2012年后，伊朗工业产值大幅度下降，至2013/14年度跌至谷底，之后企稳回升。2016/17年度无疑是工业复苏最快的一年。伊朗工业的复苏覆盖能源、钢铁、汽车制造、采矿、轻纺、制衣、电子产品等诸多领域。在解禁之后，伊朗还加大了对外宣传本国旅游资源的力度，旅游业也开始发展，带动了酒店业的繁荣。与此同时，伊朗开始大规模进行基础设施建设，包括高速铁路、大型建筑、电子通讯等行业。伊朗的农业发展也比较平稳，农产品出口有所扩大。伊朗政府也在大力发展农业机械化种植。

2017年以来，伊朗对外贸易有所增长，其中与欧盟成员国贸易额增长最快。欧盟高级代表莫盖里尼称，签署伊核协议后，2017年上半年伊朗与欧盟的贸易同比增长了94%。[①] 伊朗海关总署公布，2017年3月21日至2018年2月19日期间伊朗的非石油产品出口量同比增长4.96%，而伊历去年（1395年）非石油产品海外销售额比前年下降了14.9%。[②] 由此可以看出，尽管与欧盟贸易比较活跃，但是伊朗非石油出口增长率并不是很高，而且波动性很大。受制裁尚未完全解除的影响，伊朗对外贸易带有较大的局限性，其主要的出口对象有中国、欧盟、韩国和土耳其等。

第二，鲁哈尼执政以来，通胀水平持续下降，但是仍维持在9%—10%左右的水平。

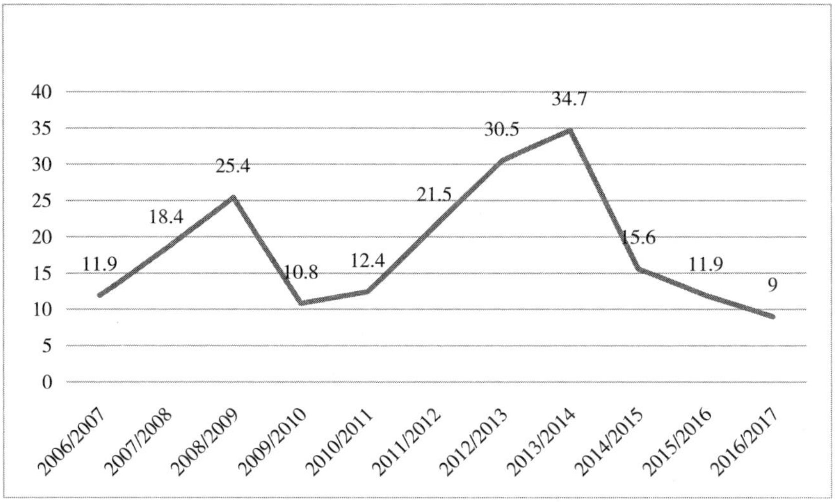

图2 2006/2007—2016/2017年度伊朗通货膨胀率（%）

数据来源：CBI, "CPI and Inflation", http://www.cbi.ir/Inflation/Inflation_en.aspx，登录时间：2018年2月23日。

① 中华人民共和国驻伊朗伊斯兰共和国经济商务参赞处：《莫盖里尼称欧盟与伊朗贸易增长94%》，http://ir.mofcom.gov.cn/article/jmxw/201712/20171202686340.shtml，登录时间：2018年3月20日。

② 中华人民共和国驻伊朗伊斯兰共和国经济商务参赞处：《伊朗伊历前十一个月非石油出口增长近5%》，http://ir.mofcom.gov.cn/article/jmxw/201803/20180302719680.shtml，登录时间：2018年3月20日。

图2显示，在2009—2014年之间，伊朗通货膨胀率呈现恶性上扬的态势，这是内贾德治理经济不力及制裁所带来的后果。自鲁哈尼执政以来，一直把降低通货膨胀率作为改善民生的关键大事来抓，取得了明显的效果。从2014年起，国内物价指数增长放缓，通货膨胀率稳步下跌。2016年后，通胀率已经跌到10%以下。制裁的解除、经济的恢复、供应的增加及民心的稳定，都有利于通货膨胀率的下降。但是，伊朗当前的通胀水平依然不低，未来能否稳定在既有水平也存在较大的不确定性。

第三，未来伊朗货币贬值的风险依然较大。

维持汇率稳定是鲁哈尼政府另一项重要的任务，也与降低通货膨胀的目标相辅相成。图3显示，自20世纪90年代以来，伊朗货币里亚尔已经贬值了30多倍。2013—2014年之间，货币贬值呈现指数式上升的态势。2015年伊核协议签订后，伊朗货币贬值的速度有所下降，但贬值趋势并未停止。当前，伊朗里亚尔币值稳定的基础依然十分脆弱，外汇长期短缺和国内外突发政治事件都容易导致汇率的波动。从长期来看，里亚尔币值和汇率的稳定取决于经济能否良性发展，政治能否保持稳定及外汇短缺的局面能否改善等因素。

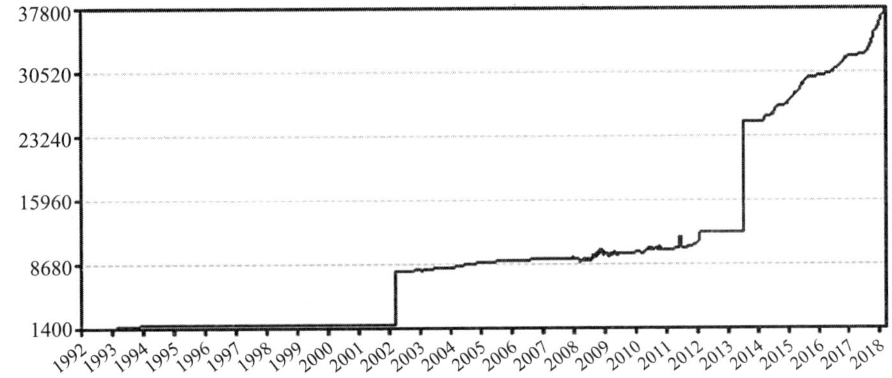

图3 1992—2018年伊朗里亚尔兑美元汇率

注：最小值1,439（1992年3月25日）；最大值37,695(2018年3月14日)。

数据来源：CBI, “Foreign Exchange Rate”, http://www.cbi.ir/ExRates/rates_en.aspx，登录时间：2018年2月23日。

第四，伊朗的劳动力就业市场仍然面临巨大的压力，失业率（尤其是年轻人）偏高。

伊朗一直拥有大量失业的人口，这与经济长期不景气及年轻人比例太高都存在密切关系。图4显示，过去10年伊朗的失业率都在两位数以上（见图4）。伊核协议签署以来，虽然伊朗经济有所发展，但是对解决就业并没有多大帮助，根本原因还是非石油经济发展不足，无法容纳太多的劳动力。在失业人群中，12—24岁年轻人失业率是最高的，其次是12—29岁的年轻人，失业率都在25%以上；就业性别差异也很大，女性失业率基本是男性的2倍。

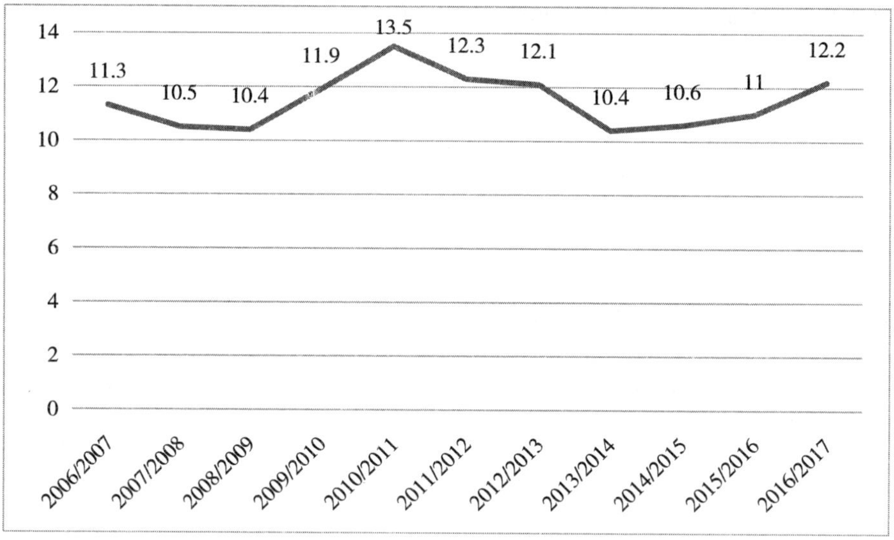

图4　伊朗2006/07—2016/17年度失业率（%）

数据来源：Statistical Center of Iran, “A Selection of Labor Force Survey Result”, 1394, p.7; Summer1395, p.5, https://www.amar.org.ir/english/Statistics-by-Topic/Labor-force, 登录时间：2018年2月19日。

在伊朗经济发展的背景下，中国企业获得了更多的商机。中国目前仍然保持着伊朗第一大贸易伙伴国的地位。中国海关发布数据显示，2017年中伊贸易较上年增长19%。中国对伊出口同比增长13.3%；中国自伊朗进口同比增长25%。[①] 伴随“一带一路”建设的推进，中国在伊朗承建的大型项目也越来越多，对伊直接投资也在迅速增加。中伊经济联系的加深客观上更需要中国研判

① 中华人民共和国驻伊朗伊斯兰共和国经济商务参赞处：《2017中伊贸易增长19%》，http://ir.mofcom.gov.cn/article/jmxw/201802/20180202713401.shtml，登录时间：2018年3月20日。

伊朗经济的潜在风险，尤其需要防范伊朗通货膨胀和货币贬值的风险。根据伊朗法律，外国居民及投资者不能在伊朗当地银行开设外汇账户，必须兑换成当地货币方可进行储蓄，外国公民储蓄需获得当地合法居民身份。[①] 在伊朗，截止目前外汇仍无法自由出入，需通过中转行代理。中资企业应密切关注伊朗里亚尔走势，积极规避货币风险。另外，伊朗并非成熟市场经济国家，国内绝大部分生活物资、生产物资、耐用消费品等均受到价格管制，当伊朗本币贬值、遭遇通货膨胀时，如企业欲提高产品售价，需事先获得政府批准。这就需要中资企业注意与当地政府建立联系与沟通机制，避免在价格调整问题上遭遇阻力。

四、伊朗投资贸易法律法规特点、风险及应对

总体来看，伊朗法律法规较为健全。但自伊斯兰革命后，伊朗对原有法律进行了较大程度的修订，宗教色彩较浓，对法律的解释因人而异，法规经常变化，这就增加了外来投资商在伊朗经营的难度。

（一）伊朗投资相关法律特点及其风险应对

2002年，为吸引外国投资，伊朗政府修改并出台了新的《鼓励和保护外国投资法》，设立了自由工业贸易区、经济特区，工业特区、保税区等，各区都制定了不少优惠政策。从法律规定来看，外来投资者与本国投资商享有同等的地位和权利，但相关配套政策并不够完善，在签证、工作许可、居住许可、社保费、所得税等方面的制度并不健全，因此经常令外来投资商蒙受损失。在伊朗投资面临的法律风险主要有以下两个方面。

第一，外籍人员在伊居留比较困难。

伊朗《劳工法》第五章规定，外籍人员只有取得授权其入境工作的签证及工作许可才能在伊朗工作。伊朗负责评估审核发放工作准证的机构是“雇佣外国公民技术专家委员会”。[②] 由于伊朗国内失业率较高，政府对引进外籍劳工持较消极态度。根据规定，外国员工与伊朗本地员工的比例至少应达到1∶3，

---

① 中华人民共和国驻伊朗伊斯兰共和国经济商务参赞处：《伊朗金融行业概况》，http://ir.mofcom.gov.cn/article/ddfg/whzhch/201706/20170602599169.shtml，登录时间：2018年3月20日。

② 中华人民共和国驻伊朗伊斯兰共和国经济商务参赞处：《伊朗外商投资法律制度中阻碍吸引外资的几个因素及其规避方法分析》，http://ir.mofcom.gov.cn/article/ddfg/tzzhch/201107/20110707636807.shtml，登录时间：2018年3月22日。

即每进入伊朗市场一名外国人，至少要另外聘用三名伊朗人。伊朗国内有的省份对雇员本地化的比例要求甚至比上述规定更高。[①] 因此，对于雇佣当地人的风险成本，中资企业在进入之前应进行充分评估。

第二，伊朗还没有形成完善、透明的引进外资的合理制度。

伊朗制定的《鼓励和保护外来投资法》提供了引进外资的基本框架和政策，但在实践中，伊朗各地区的不同行业又都制定了外资准入的门槛和细则，使得伊朗引进外资的法律制度分散而缺乏统一的认同标准。对法律条款的解释也带有主观性，常因人因时因地而异。如伊朗政府内阁会议决议、各地方政府出台的管理文件中都有一些对外资准入或本地化经营的限制条件。上述具有法律效力的各层级规范相对分散，有些规范性文件不透明，地方产业政策“朝令夕改”，很不稳定。[②] 这些因素都应该引起中资企业的高度重视。

为了吸引外来投资，2015年11月，伊朗出台了“新石油合同”（IPC）基本框架。“新石油合同”与旧版“回购”合同相比，无疑具有更大的吸引力。但该合同的细节还有待完善，伊朗还会随着合同的具体执行过程对具体条款进行补充和修订。问题关键在于，合同里有一些细节存在似是而非的解释，这就需要在投标之前要对该合同所涉及的细节条款进行细致的研究。中资企业尤其需要注意，“新石油合同”要求从招标和谈判阶段起就要确定当地合作伙伴并按伊方要求组建合作公司，因此在选择合伙公司方面需要提前物色，多方考量；关于有因提前终止条款，中方应坚持无论项目是否进入生产期，一律按公平或预期合理收益原则以适当方式及时补偿，而不再等伊方或其指定的第三方完成所有开发并投产后才得以获得补偿；关于技术转移和管理本土化，具体需要什么技术转移目前仍未明确；关于采办和分包，要跟踪“新石油合同”下伊方对采办和分包的严密控制是否有所放松。[③]

（二）伊朗进出口法律特点及风险应对

伊朗海关和伊朗航运协会对进口货运要求非常苛刻。出口到伊朗的货物稍有不慎就会给出口商造成意想不到的巨大损失，所以出口伊朗的外贸公司必须

---

① 中华人民共和国驻伊朗伊斯兰共和国经济商务参赞处：《伊朗劳工规定》，http://ir.mofcom.gov.cn/article/ddfg/laogong/201709/20170902642798.shtml，登录时间：2018年3月22日。

② 中华人民共和国驻伊朗伊斯兰共和国经济商务参赞处：《伊朗外商投资法律制度中阻碍吸引外资的几个因素及其规避方法分析》，http://ir.mofcom.gov.cn/article/ddfg/tzzhch/201107/20110707636807.shtml，登录时间：2018年3月22日。

③ 刘青：《伊朗新石油合同模式解读与法律风险分析》，《当代化工研究》，2017年第3期，第179—180页。

了解伊朗相关的进出口法律法规制度。

在商品发出之前，出口公司必须详细了解伊朗的清关法规，如关税制度、进口单证、进口管制等规定。对伊朗限制或禁止进口的商品，尤其要紧密跟踪。大体来说，伊朗进出口商品可分下列三类：1.允许商品，根据规定无需取得许可即可出口和进口的商品；2.限制商品，需取得许可才能进口和出口的商品；3.禁止商品，依照伊斯兰教义（根据买卖和消费信用）或根据法律被禁止进口和出口的商品。另外，伊朗的进口项目规定在每年伊历元旦（3月21日）由工矿贸易部颁布。该规定将进口货物分为4等：授全权的、有条件授权的（若干部门决定的）、未授权的、禁止的（按伊斯兰的法律和规定禁止进口的）货物。由于“进口规定”不断变化，因此需要提前向主管的“采购供应中心”进行咨询。① 在中国商务部网站上，明确列出了12类伊朗禁止进口的商品种类，而2017年伊朗又新增了21种被禁止进口的科技产品。② 因此，中国出口商在出口之前，要充分了解伊朗进出口规定的新变动，以防造成不必要的损失。

由于伊朗进出口政策复杂多变，清关、出关程序不够透明，在中伊贸易中已发生且最容易出现的风险主要分以下几种：一是中方到货后，伊方蓄意延迟付款或延期提货的风险；二是伊方订制货品，但等到货后有意压价的风险；三是以制裁为借口，伊方编造托收银行信息骗款的风险；四是伊方指定海外第三方账户付款的风险；四是通过伊朗地下钱庄收付款的风险等等。③ 中国进出口商在有商品出口伊朗之前，必须对上述及其他可能出现的风险进行充分的了解，尽量选择信誉好、与我国存在友好往来记录的伊朗企业合作。在制裁尚未完全解除，尤其是伊朗的国际金融业务没有完全恢复的情况下，中国进出口商应尽可能走正规的渠道规避风险和损失。

五、余论

不论从地理位置、人口资源、综合国力来说，伊朗都是中东地区举足轻重的国家，但同时也是中东碎片化地缘政治中的矛盾聚焦点。这个国家的未来

---

① 中华人民共和国驻伊朗伊斯兰共和国经济商务参赞处：《伊朗对外贸易法规》，http://ir.mofcom.gov.cn/article/ddfg/waimao/201709/20170902642794.shtml，登录时间：2018年3月20日。

② 中华人民共和国驻伊朗伊斯兰共和国经济商务参赞处：《伊朗将21种产品列入禁止进口目录》，http://ir.mofcom.gov.cn/article/u/201707/20170702609002.shtml，登录时间：2018年3月21日。

③ 中华人民共和国驻伊朗伊斯兰共和国经济商务参赞处：《贸易纠纷案例提示风险》，http://ir.mofcom.gov.cn/，登录时间：2018年3月21日。

发展势必不会一帆风顺，而且存在较大的不确定性，因此也很难对伊朗未来走向进行十分准确的评估。但从近期来看，谋求稳定与发展是伊朗政府的主要目标，中国与伊朗存在对接发展的机遇是确定无疑的。

中伊双边进出口贸易、投资和工程承包已经向更加深入的方向发展。从投资的方面讲，中资企业在伊朗的石油天然气、汽车制造、高铁及基础设施承建等领域已取得了不错的成绩。最有代表性的案例如奇瑞汽车与伊朗本土公司的合作已取得了突出的业绩，成为伊朗当前三大主要汽车生产商之一。伊朗钢铁业也在寻求外来投资，这为中国钢铁业先进富裕产能进入伊朗提供了契机。其他的如采矿业、游戏业、旅游业、农业等都为中资企业带来了发展的机会。但随着中国在伊朗利益的广泛延伸，愈发暴露出中国在伊朗的利益保护机制相对滞后的缺陷。

从2000年中伊之间签署《关于相互促进和保护投资协定》至2016年，中伊又陆续签订了10个保护中国企业投资利益的法律文件，涉及石油贸易、植物保护和免疫合作、运输、海关合作及司法协助等领域。[①] 中国应该继续推动与伊朗加强在相关合作领域的立法，从制度层面上保护中资企业的利益。而对于这些法律文本，中资企业应该认真研读，熟悉其中的关键条款以维护自身利益。而当前存在的一个突出问题是中国十分缺乏熟悉伊朗本土法律且精通当地语言的人才和机构，因此不能为中资企业提供有关伊朗的法律咨询与服务。中国政府应该支持鼓励这类法律咨询机构的发展。

此外，中资企业要防止无序竞争，避免资源内耗，应首先在国内实现资源整合或者协调，共同协商进入伊朗的策略。一方面，应与已进入伊朗的中资企业进行多方沟通和联系，确保获得伊朗市场最全面的有效信息；另一方面，与相关政府部门及保险、银行、法律机构保持充分的接触，保证出现问题时及时解决，避免损失。另外，中资企业应进一步加强与伊朗当地中国商会的联系，形成以中国政府为后盾，以当地商会为依托，有序竞争、互相扶持的中资企业群体。最后需要强调的是，中资企业要注重在伊朗当地软实力的构建和文化传播。当前伊朗国内存在对日益增多的中国人群体及中资企业的排斥和敌视态度，中资企业负有传播中国文化的责任，尤其是要让伊朗人认识到中国在帮助发展当地经济、解决失业问题上的贡献。

---

① 中华人民共和国驻伊朗伊斯兰共和国经济商务参赞处：《伊朗对中国企业投资合作有何保护政策》，http://ir.mofcom.gov.cn/article/ddfg/tzzhch/201711/20171102672655.shtml，登录时间：2018年3月21日。

在沙特推进“一带一路”建设的风险及应对

包澄章[①]

摘要：沙特是中国在中东地区推进“一带一路”建设的重要合作伙伴。近年来，两国依托各类双边和多边机制，不断深化战略伙伴关系与务实合作。与此同时，沙特内政外交政策经历重大调整，使其面临诸多潜在风险。在政治方面，王室内部权力结构变动、王储穆罕默德个性化决策风格为沙特政治注入了不确定性。在经济方面，政策不确定性因素、制度不健全、地区紧张局势都制约着沙特经济的可持续发展。在安全方面，本土恐怖主义、境外恐怖分子“回流”、胡塞武装越境袭击严重威胁着沙特国内安全。在宗教方面，教派冲突升级、宗教保守势力阻扰改革、宗教极端主义泛滥对沙特社会安全持续构成威胁。未来中国可通过完善与沙方高层的政治沟通渠道、创新中沙现代职业教育合作模式、健全对沙特国内安全的评估体系等措施，来应对上述风险。

关键词：沙特；“一带一路”；政治风险；经济风险；安全风险；宗教风险

沙特是伊斯兰世界的核心国家[②]和二十国集团（G20）成员国中唯一的阿拉伯国家，是中国在中东地区推进“一带一路”建设重要的合作伙伴[③]，也是中国发展与伊斯兰国家战略关系重要的支点国家。

---

① 包澄章，上海外国语大学中东研究所副研究员。

② 沙特官方在“2030愿景”中将“沙特作为阿拉伯和伊斯兰世界核心国家的重要地位”作为该愿景的首要支柱。参见“Vision 2030: Kingdom of Saudi Arabia,” *Saudi Vision 2030*, p.6, http://vision2030.gov.sa/sites/default/files/report/Saudi_Vision2030_EN_2017.pdf, 登录时间：2017年12月2日。

③ 郝亚琳：《习近平会见沙特王储继承人穆罕默德》，新华网，2016年8月31日，http://www.xinhuanet.com/politics/2016-08/31/c_1119488925.htm，登录时间：2017年10月7日。

一、中国在沙特推进"一带一路"的现状

2008年6月，中国和沙特建立了战略性友好关系。2012年1月，两国决定在战略框架内进一步提升双边关系水平。2016年1月，两国决定将双边关系提升为全面战略伙伴关系。① 这都为中国在沙特推进"一带一路"建设奠定了较坚实的基础，双方围绕"一带一路"建设的合作也取得了不少成就。

（一）机制建设

当前，中国和沙特主要依托中阿合作论坛框架下的多边合作机制、中国—海合会战略对话机制、中国文化部下设的"一带一路"文化交流合作机制以及中沙高级别联合委员会框架下的双边合作机制等开展各领域合作。

首先，中阿合作论坛框架下的一系列合作机制为中国同包括沙特在内的阿拉伯国家加强对话与合作提供了机制性平台，其主要包括部长级会议、高官委员会会议、中阿企业家大会暨投资研讨会、中阿关系暨中阿文明对话研讨会、中阿友好大会、中阿能源合作大会、中阿新闻合作论坛、中阿互办艺术节、中阿卫生高官会议、中阿北斗合作论坛等。

其次，中国—海合会战略对话机制为增强中国同沙特等海合会成员国的战略互信、深化经贸合作、密切人文交流提供了制度保障，为加快中国与海合会自贸区谈判奠定了战略基础。② 2010年6月、2011年5月和2014年1月，中国同海合会成员国先后举行了三轮战略对话。

再次，中沙高级别联合委员会为实现"一带一路"倡议与"沙特2030愿景"对接、中国与沙特加强政策沟通和协调合作提供了制度保障。2016年8月，两国成立中沙高级别联合委员会（以下简称"中沙高委会"）。中沙高委会下设六个分委会，即政治外交分委会，"一带一路"重大投资合作项目和能源分委会，贸易和投资分委会，文化、科技和旅游分委会，安全合作分委会和军事合作分

① 参见《中华人民共和国和沙特阿拉伯王国关于加强合作与战略性友好关系的联合声明》(2008年6月21日)、《中华人民共和国和沙特阿拉伯王国联合声明》(2012年1月16日)、《中华人民共和国和沙特阿拉伯王国关于建立全面战略伙伴关系的联合声明》(2016年1月19日)，中国外交部，http://www.fmprc.gov.cn/web/ziliao_674904/1179_674909/default_4.shtml，登录时间：2018年1月2日。

② 2014年1月17日，中国国家主席会见了出席中国—海合会第三轮战略对话的海合会代表团，强调双方是"政治互信高、经贸合作实、人文交流密的好兄弟、好朋友、好伙伴"。参见郝亚琳：《习近平会见海湾阿拉伯国家合作委员会代表团》，新华网，2014年1月17日，http://www.xinhuanet.com/politics/2014-01/17/c_119021511.htm，登录时间：2017年10月18日。

委会，覆盖政治、外交、经贸、能源、文化、安全、军事等多个领域。自中沙高委会成立以来，两国已联合召开了多次高委会和分委会会议（见表1）。此外，在经贸领域，中沙政府间还建立了经贸联委会机制，协调两国经贸合作。

最后，中国文化部下设的文化交流合作机制为中国和沙特在“一带一路”框架下丰富人文交流与合作提供了重要平台。2016年12月，中国文化部发布《文化部“一带一路”文化发展行动计划（2016—2020年）》，提出健全“一带一路”文化交流合作机制、完善“一带一路”文化交流合作平台、打造“一带一路”文化交流品牌、推动“一带一路”文化产业繁荣发展和促进“一带一路”文化贸易合作五大重点任务。①

2016年8月30日，时任中国国务院副总理、中沙高级别联合委员会中方牵头人张高丽和沙特副王储兼第二副首相、国防大臣、中沙高级别联合委员会沙方牵头人穆罕默德·本·萨勒曼在北京共同主持中沙高委会首次会议。双方签署了《中国政府和沙特政府关于成立中沙高级别联合委员会的协定》（以下简称“《协定》”）和《中国政府和沙特政府高级别联合委员会首次会议纪要》，并达成17项协议及谅解备忘录。② 同年12月12日，沙特王储穆罕默德·本·萨勒曼主持内阁会议，会议通过《协定》。③

表1　中沙高委会成立以来举行的双边会议

会议名称	时间	地点	会议主持	会议主要内容
中沙高委会政治外交分委会首次会议	2016年8月29日	中国北京	中国外交部副部长刘振民、沙特外交部双边事务次大臣詹达尼	在共建“一带一路”框架内对接发展战略，深化能源、工程承包、产能等领域合作，扩大在国际地区事务中的协调，推动中沙全面战略伙伴关系不断发展。④

① 《文化部“一带一路”文化发展行动计划》(2016年12月28日)，文外发〔2016〕40号，中华人民共和国文化部，http://zwgk.mcprc.gov.cn/auto255/201701/t20170113_477591.html，登录时间：2017年10月19日。

② 《中沙高委会首次会议通过17项协议》(阿拉伯文)，载《中东报》,2016年8月31日，http://alturl.com/syzkv，登录时间：2017年10月9日。

③ 《中沙高委会四大主要任务》(阿拉伯文)，麦加网,2017年1月6日，http://alturl.com/utyhg，登录时间：2017年10月9日。

④ 《外交部副部长刘振民和沙特外交部双边事务次大臣詹达尼共同主持中沙高委会政治外交分委会首次会议》，中国外交部，2016年8月30日，http://www.fmprc.gov.cn/web/wjb_673085/zygy_673101/liuzhenmin_673143/xgxw_673145/t1393013.shtml，登录时间：2017年11月2日。

续表

会议名称	时间	地点	会议主持	会议主要内容
中沙高委会“一带一路”、重大投资合作项目和能源分委会第一次会议	2016年8月29日	中国北京	中国国家发展改革委副主任宁吉喆、沙特能源、工业和矿产资源部大臣法利赫	实现“一带一路”与“2030愿景”对接，扩大双方在能源和工业领域的合作。①
中沙高级别联合委员会文化、科技和旅游分委会第一次会议	2016年8月29日	中国北京	中国文化部副部长丁伟、沙特阿拉伯通讯社社长阿卜杜拉	深化中沙文明对话和思想交流，两国文化科技旅游分委会各主管部门加强双边项目合作，深化业务联系与合作。②
中沙高级别联合委员会贸易和投资分委会首次会议	2016年8月29日	中国北京	中国商务部副部长钱克明、沙特商业投资部次大臣哈格巴尼	加强中国与沙特贸易合作和相互投资。③
中沙高委会首次会议	2016年8月30日	中国北京	中共中央政治局常委、国务院副总理张高丽， 沙特副王储兼第二副首相、国防大臣穆罕默德·本·萨勒曼	在共建“一带一路”框架内加强两国发展战略对接，推动双方产能和装备制造、能源、贸易、投资、金融、科技、人文、安全等各领域合作，打造中沙全方位立体合作新格局。④

① 《中沙两国不断拓展合作内容》，载《中国经济导报》2016年8月31日，第A01版。

② 《中沙高级别联合委员会文化、科技和旅游分委会第一次会议在京举行》，中国文化部网站，2016年8月30日，http://www.mcprc.gov.cn/whzx/whyw/201608/t20160830_463281.html，登录时间：2017年11月4日。

③ 《8月29日，钱克明副部长与来访的沙特商业投资部次大臣哈格巴尼共同主持召开中沙高级别联合委员会贸易和投资分委会首次会议》，中国商务部网站，2016年9月1日，http://qiankeming.mofcom.gov.cn/article/collection/201609/20160901385019.shtml，登录时间：2017年11月5日。

④ 侯丽军：《张高丽和沙特王储继承人兼第二副首相、国防大臣穆罕默德主持中沙高级别联合委员会首次会议》，新华网，2016年8月30日，http://www.xinhuanet.com/2016-08/30/c_1119480612.htm，登录时间：2017年10月19日。

续表

会议名称	时间	地点	会议主持	会议主要内容
中沙高级别联合委员会安全合作分委会首次会议	2016年8月31日	中国北京	中国公安部副部长孟宏伟、沙特内政部次大臣萨利姆	加强中沙执法安全合作关系；加强在反恐、网络安全、执法能力建设和打击跨国犯罪等领域的务实合作，为两国经贸和人员往来保驾护航。[①]
中沙高委会第二次会议	2017年8月24日	沙特吉达	中共中央政治局常委、国务院副总理张高丽，沙特王储穆罕默德·本·萨勒曼	建立能源领域一揽子合作机制；推进安全合作，深化国际协作，进一步提升两国全面战略伙伴关系水平。两国政府计划建立200亿美元的联合投资基金，以50∶50的比例分担风险和利润。[②]

（二）合作现状

2013年，中国首次成为沙特最大贸易伙伴。2015年，沙特加入亚洲基础设施投资银行（简称“亚投行”）。自2000年至2015年，沙特连续16年成为中国最大原油供应国，[③] 连续多年成为中国在西亚地区第一大贸易伙伴。[④] 2016年9月26日，中国开通人民币对沙特货币里亚尔的直接交易，为两国货币流通奠定了坚实基础。2017年，中沙双边贸易额近500亿美元，140多家大型中资企业在沙特承揽合作项目，涵盖能源、矿产、港口、路桥、通信等领域。[⑤] 中沙现有合作机制为促进“一带一路”充分对接沙特“2030愿景”和“2020国家经济转型计划”提供了保证。两国初步形成了以能源合作为主轴，以基础设

① 《中沙高级别联合委员会安全合作分委会首次会议在京举行》，中国中央政府门户网站，2016年8月30日，http://www.gov.cn/xinwen/2016-08/30/content_5103708.htm，登录时间：2017年11月1日。

② 《中沙高委会成果丰硕，拟建立200亿美元投资基金》，中国驻吉达总领事馆经济商务室，2017年8月28日，http://jedda.mofcom.gov.cn/article/jmxw/201708/20170802634119.shtml，登录时间：2017年11月5日。

③ 《王毅外长接受沙特〈中东报〉书面采访稿》，中国外交部，2017年3月15日，http://www.fmprc.gov.cn/web/wjbzhd/t1445880.shtml，登录时间：2017年9月20日。

④ 周�、宦翔：《沙中全面战略伙伴关系前景广阔——访沙特驻华大使图尔基·阿尔马迪》，载《人民日报》2017年03月16日，第21版。

⑤ 王波：《财经观察：沙特经济多元化举措初见成效》，新华网，2018年3月15日，http://www.xinhuanet.com/fortune/2018-03/15/c_1122543958.htm，登录时间：2018年3月19日。

施建设、贸易和投资便利化为两翼，以核能、航天卫星、新能源三大高新领域为突破口的“1+2+3”合作格局。[①]

中国和沙特经济互补性强，在能源、基础设施建设、制造业、信息技术、金融、投资和文化教育七大领域合作潜力巨大。

在能源领域，中沙之间保持着长期稳定的能源合作关系。2017年3月，中国国家主席习近平在接见来华访问的沙特国王萨勒曼时强调，中国是沙特可靠稳定的原油出口市场，双方应共同打造能源领域一体化合作格局。[②] 2017年，中国从沙特进口原油5218万吨，[③] 同比上涨2.31%。[④] 当前，中沙两国除在传统能源领域开展合作外，正逐步探索新能源领域的合作。沙特方面提出，沙特除帮助确保中国的能源安全外，将更加深入地整合到中国石油领域的所有环节，包括原油存储、炼油、零售、油气设备制造、油服和研发等。[⑤]

在基础设施建设领域，中沙合作具有互补性优势。一方面，中国企业在海外工程承包领域处于全球领先水平，在成本控制、按时交付、工程质量等方面的突出能力受到普遍认可，在高铁等领域拥有自主创新技术。另一方面，沙特的国际建筑工程承包市场庞大，国内绝大多数大型建筑工程项目均由外国企业承包。目前，中沙双方已确定第一批产能与投资合作的30个重点项目，总金额约550亿美元，其中已有8个项目开工建设，22个项目正在开展前期工作。[⑥] 近年来，两国正在探索基建领域的“三方合作”模式。2016年1月习近平主席访问沙特期间，双方就“丝路基金”与沙特国际电力和水务公司签署了关于共同开发阿联酋及埃及电站的谅解备忘录。

---

① 王波：《专访：中国和沙特“一带一路”合作向全方位迈进——访中国驻沙特大使李华新》，新华网，2017年5月12日，http://news.xinhuanet.com/world/2017-05/12/c_1120964502.htm，登录时间：2017年11月2日。

② 李忠发、郝亚琳：《习近平同沙特国王萨勒曼举行会谈 一致同意推动中沙全面战略伙伴关系不断取得新成果》，新华网，2017年3月16日，http://www.xinhuanet.com/politics/2017-03/16/c_1120641501.htm，登录时间：2018年1月7日。

③ 自2016年以来，俄罗斯取代沙特，连续两年成为中国最大的原油供应国。

④ Chen Aizhu, “UPDATE 1-Russia Notches up Second Year as Top Oil Supplier to China,” *Reuters*, January 25, 2018, https://af.reuters.com/article/angolaNews/idAFL4N1PK2ID, 登录时间：2018年2月7日。

⑤ 仝晓波、卢奇秀：《能源局副局长李凡荣：中阿能源合作的3点建议！》，载《中国能源报》2016年10月31日，第3版。

⑥ 《中沙产能与投资合作论坛在沙特阿拉伯吉达举行》，中国国家发展改革委员会网站，2017年8月24日，http://www.ndrc.gov.cn/gzdt/201708/t20170824_858708.html，登录时间：2017年11月4日。

二、当前沙特国内主要风险评估

自2015年1月沙特国王萨勒曼以79岁高龄登基以来，沙特内政外交出现重大转向。萨勒曼国王一改传统的“兄终弟及”继承制度，通过两次废黜王储，立其子穆罕默德·本·萨勒曼为王储。近年来，沙特内政外交政策经历重大调整，引发了国内和地区局势一系列连锁反应。当前，沙特国内面临的潜在风险主要集中在政治、经济、社会、宗教四大领域。

（一）政治风险

经过两轮废黜与重立王储的政治运作，萨勒曼国王不仅完成了指定未来接班人的目标，也打破了沙特传统的“兄终弟及”继承制度。当前，沙特国内的政治风险主要体现在以下几个方面。

1. 权力结构变动引发王室内部争端

萨勒曼父子通过更改王位继承制度，发动自上而下的反腐运动，替换国民卫队、王室办公厅、情报总局、内政部、经济和计划部、石油部等关键部门负责人，将军事、政治和经济大权集中到王储穆罕默德一人手中。这一强化集权的过程既打压了政治对手和异己势力，也改变了长期以来沙特王室内部各派系通过执掌不同部门形成的权力平衡结构。自萨勒曼国王上台以来，沙特王室已经挫败了数起政变企图[①]，穆罕默德王储在日渐全方位掌控国家权力的同时，也不得不面对因大规模整肃运动导致的王室成员不满的局面，沙特王室内部权力平衡的打破或将成为未来萨勒曼父子统治的重要挑战。

2. 王储个性化的决策风格为沙特政治注入不确定性

穆罕默德王储的年轻形象和行事风格迎合了占沙特人口70%的30岁以下青年对国家进行现代化改革的期望。但穆罕默德的强悍个性和草率行事风格，亦增加了沙特政治的不确定性。在外汇储备不足5000亿美元的情况下，时任国防大臣的穆罕默德采取了出兵也门的决定，此后又先后做出与卡塔尔断交、鼓动黎巴嫩总理哈里里辞职（未遂）等外交决策，导致在西亚地区沙特与伊朗博弈的范围不断扩大。穆罕默德还计划斥资5000亿美元打造“尼尤姆”高

---

① Dipanjan Roy Chaudhury, “How Saudi Princes’ Arrest Averts Coup in Oil-rich Kingdom,” *The Economic Times*, November 13, 2017, https://economictimes.indiatimes.com/news/international/world-news/how-saudi-princes-arrest-averts-coup-in-oil-rich-kingdom/articleshow/61620734.cms, 登录时间：2017年12月8日。

科技新城，也面临执行和融资方面的困难，配套法律和投资环境的不完善也易造成国际投资者“望而却步”。与此同时，沙特国内劳动力结构失衡、年轻人失业率居高不下、外汇储备不足等社会经济问题未得到根本性解决，穆罕默德·本·萨勒曼关于“‘尼尤姆’新城的功能并不是为沙特人创造就业”[①] 的言论更是引发了国内外的批评。国内经济社会问题积重难返和王储穆罕默德个性化决策风格等因素的叠加，为沙特政治注入了诸多不确定性。

3. 沙特与伊朗关系恶化

自“阿拉伯之春”以来，巴林乱局、也门战争、沙特和伊朗断交、卡塔尔断交危机、黎巴嫩哈里里辞职风波等事件，都反映了沙特和伊朗围绕地区领导权的斗争持续升级的现实。在沙特看来，伊朗在西亚地区构建的“什叶派联盟”持续扩张，不断在巴林、也门、黎巴嫩、伊拉克等沙特邻国及沙特东部省什叶派聚居区“煽风点火”，对沙特构成了严重威胁。特朗普上台后，重新巩固与沙特的盟友关系和遏制伊朗成为美国中东政策的重点之一。沙特为扭转颓势以进攻性外交与伊朗开展多线代理人斗争，进一步加剧了沙伊对抗。中国同沙特开展合作时，可能会受到沙伊关系恶化所造成的负面影响。

（二）经济风险

2016年4月，沙特政府推出“2030愿景”这一国家中长期发展战略，着力推行经济改革、打造多元经济、提升社会活力、促进对外开放和吸引国际投资。近两年来，沙特在经济领域取得了一系列标志性成果，包括首次向外国投资者开放股市，放宽外国公司对工程服务、批发和零售行业的所有权限制，对香烟、饮料开征特殊商品税等。[②] 目前，沙特计划将其国家石油公司、全球第一大石油生产商——沙特阿美（Saudi Aramco）上市，并出售5%的股份。然而，在内外因素的作用下，沙特经济仍面临政策不确定性、制度不健全、地区局势紧张等因素的制约。

1. 沙特国内经济不确定性上升

首先，沙特经济持续低迷。自2014年6月以来，国际油价呈现下行走势，导致沙特石油收入锐减，经济增长持续放缓，2015年3月沙特介入也门战事后更是深陷巨额财政赤字的困扰。在石油减产政策和经济改革措施的作用下，

---

① Glen Carey, Vivian Nereim and Christopher Cannon, “Sun, Sea and Robots: Saudi Arabia’s Sci-Fi City in the Desert,” *Bloomberg*, October 26, 2017, https://www.bloomberg.com/graphics/2017-neom-saudi-mega-city/, 登录时间：2017年10月29日。

② 王自励：《内外隐忧倒逼沙特“戒石油瘾”转型 中国企业机遇何在》，财新网，2017年8月17日，http://international.caixin.com/2017-08-17/101131785.html，登录时间：2017年11月6日。

2017年上半年沙特财政赤字从2016年的790亿美元缩减至193.8亿美元，但同期注入的外国资本不升反降。据沙特统计局数据显示，2017年第一季度沙特GDP同比下降0.5%，自2009年金融危机以来首次出现负增长。

其次，经济弊病制约沙特经济的可持续发展。近年来沙特推行大规模、激进式的经济改革，但经济结构单一、巨额财政补贴、青年群体高失业率等长期困扰沙特政府的经济沉疴尚未得到根本性解决，制约了沙特经济的可持续发展。自萨勒曼国王上台以来，沙特政府多次缩减或取消政府补贴、提高税费、叫停“阿卜杜拉国王经济城”等一批大型基础建设项目，这些政策的实施使得沙特民众的实际收入大幅缩水。与此同时，沙特国内15至24岁青年失业率长期处于30%的高位（见表2），为沙特经济和社会注入了不稳定因素。

表2　沙特主要经济指标

	2015年	2016年	2017年
人口（万）	3102	3174	3238
GDP（亿美元）	6518	6464	7074
人均GDP（美元）	21095	20318	21120
GDP年增长率（%）	4.11	1.67	-0.74
年通胀率（%）	2.2	3.5	3
失业率（%）	5.6	5.7	5.5
15—24岁青年失业率（%）	29.1	30.8	32.6
出口额（亿美元）	2035	1835	2133
出口增长率（%）	-40.6	-9.8	16.2
进口额（亿美元）	1746	1401	1368
进口增长率（%）	0.5	-19.8	-2.4

数据来源：“Saudi Arabia,” *IMF*, http://www.imf.org/en/Countries/SAU#countrydata; “World Bank Open Data,” *World Bank*, https://data.worldbank.org/; “Population,” General Authority for Statistics, https://www.stats.gov.sa/en/854-0, 登录时间：2018年5月8日。

再次，经济改革政策成效短期内难以显现。尽管“2030愿景”提出经济多元化的政策，但短期内沙特难以摆脱单一的经济结构，即使石油减产政策能够在一定程度上提振油价，但美国页岩油及欧洲新能源革命令沙特经济受到严重冲击。能源行业收入缩水和经济改革政策成效不彰，使沙特的经济转型面临更多不确定性，经济颓势难以在根本上得到扭转。

最后，国际社会对沙特经济预期和信用评级持续走低。2017年7月，国际货币基金组织（IMF）将2017年沙特GDP增长率预期从0.4%下调至0.1%，将沙特非石油行业的增长预期从2.1%下调至1.7%，因为2016年沙特相关行业的实际增长率只有0.2%。[①]2016年4月，全球知名评级机构"惠誉"将沙特主权信用评级从AA降至AA–，为2004年以来首次下调沙特评级；2017年3月，"惠誉"再次将沙特的评级下调至A+。

2. 沙特经济转型缺乏有效的制度保障

《2017—2018年全球竞争力报告》指出，当前在沙特从事商业活动面临的主要问题包括：限制性劳动法规、融资渠道有限、劳动力受教育程度不足和职业道德欠佳、政策不稳定、税率问题、政府官僚机构效率低下、税务法规不完善、创新能力不足、外汇法规不健全、腐败严重等。[②] 具体来说，制约沙特经济发展的制度弊端主要包括以下几个方面。

首先，官僚阶层特权等因素导致沙特政府效率低下。为改善政府行政效率低下的局面，沙特王储穆罕默德·本·萨勒曼在政府部门推行改革，启用年轻人担任要职。一方面，沙特国内缺乏现代化管理人才，使得经济改革计划的执行面临困难和不确定性；另一方面，沙特建立在亲缘关系基础之上的经济模式短期内无法改变，官僚特权阶层等利益集团固化的局面难以根本性扭转。

其次，沙特经济缺乏透明度。国内腐败问题严重、[③] 制度保障匮乏和长期以来形成的经济传统等因素导致沙特政府决策透明度只位列全球第48位，政

---

① 宋博奇：《沙特GDP八年来首现负增长》，中国经济网，2017年7月2日，http://intl.ce.cn/specials/zxgjzh/201707/02/t20170702_23975100.shtml，登录时间：2017年11月6日。

② Klaus Schwab, *The Global Competitiveness Report 2017-2018*, World Economic Forum, p. 252, http://www3.weforum.org/docs/GCR2017-2018/05FullReport/TheGlobalCompetitivenessReport2017%E2%80%932018.pdf, 登录时间：2017年11月9日。

③ 2017年11月，沙特国王萨勒曼发布国王令，成立最高反腐委员会，随即发起大规模反腐行动，以涉嫌腐败和洗钱等犯罪行为为由，逮捕了包括沙特首富瓦利德·本·塔拉勒在内的11名王子、4名现任大臣和38名前政府官员，抓捕人数共计200余人。沙特总检察长在反腐行动声明中称，过去几十年间，因系统性腐败被滥用的国有资金高达1000亿美元。参见韩晓明：《沙特反复七天抓了两百余人》：载《环球时报》2017年11月11日，第8版。沙特官员称，沙特每年8%—10%的预算因腐败而被贪污。参见Robert Satloff *et al.*, "The Middle East through Gulf Eyes: Trip Report from Riyadh, Muscat, and Abu Dhabi," *The Washington Institute for Near East Policy*, December 18, 2017, http://www.washingtoninstitute.org/policy-analysis/view/the-middle-east-through-gulf-eyes-trip-report-from-riyadh-muscat-and-abu-dh, 登录时间：2018年2月2日。

府透明度在海合会成员国中位列倒数第二。[①] 根据“透明国际”公布的“2017年清廉指数”（Corruption Perceptions Index 2017），沙特政府清廉指数在全球180个国家中排名第57位。[②]

最后，法律制度不完善。沙特国内实行以《古兰经》和“圣训”为法源的伊斯兰教法，不设宪法。在伊斯兰教法原则的具体适用上，沙特法院享有极大的自由裁量权。驻沙外国企业通过法律手段解决商业纠纷，或面临诉讼程序繁、周期长、执行难等困难，诉讼程序的拖延会使胜诉的一方“虽胜尤败”。[③] 法律制度的不完善，使得外国投资者在沙特境内开展投资时，难以获得有效的法律保护，极大地降低了营商便利度。《2018年全球营商环境报告》（Doing Business 2018）显示，沙特的营商环境便利度在全球190个国家中仅位列第92位。[④] 为实现沙特经济可持续发展、鼓励企业家赴沙投资和增强沙特国际竞争力，沙特于2016年颁布新《公司法》，赋予股东大会和董事会在职责界定和公司发展战略决策等方面更大的权力，[⑤] 但沙特企业董事会效率在全球仅位列第62位。[⑥]

3. 地区紧张局势导致沙特军费开支持续高涨

首先，伊朗的崛起加剧沙伊地区竞争。2015年7月伊朗核问题全面协议达成后，经济发展内外环境的改善使伊朗经济逐渐回暖。制裁解禁后的伊朗积极发展对外贸易、吸引投资、开展经济合作、增加石油产量，引发了海湾产油国尤其是沙特的担忧。沙特和伊朗围绕地区领导权的争夺不断升级，两国关系持续恶化。

---

① 海合会成员国政府透明度国际排名由高到低依次为阿联酋（10）、卡塔尔（15）、巴林（26）、阿曼（37）、沙特（48）、科威特（104）。参见Klaus Schwab, *The Global Competitiveness Report 2017–2018*, pp.252-253。

② *Corruption Perceptions Index 2017*, Transparency International, February 21, 2018, https://www.transparency.cz/wp-content/uploads/Corruption-Perceptions-Index-2017.pdf，登录时间：2018年3月1日。

③ 商务部国际贸易经济合作研究院、中国驻沙特阿拉伯大使馆经济商务参赞处、商务部对外投资和经济合作司:《对外投资合作国别（地区）指南：沙特阿拉伯（2017年版）》，商务部走出去公共服务平台，第56—57页，http://fec.mofcom.gov.cn/article/gbdqzn/upload/shatealabo.pdf，登录时间：2018年2月3日。

④ World Bank, *Doing Business 2018: Reforming to Create Jobs*, October 31, 2017, p. 4, http://www.doingbusiness.org/~/media/WBG/DoingBusiness/Documents/Annual-Reports/English/DB2018-Full-Report.pdf，登录时间：2017年11月8日。

⑤ 《沙特政府颁布新〈公司法〉》，中国驻吉达总领馆经商室网站，http://jedda.mofcom.gov.cn/article/jmxw/201605/20160501316817.shtml，登录时间：2017年11月8日。

⑥ World Bank, *Doing Business 2018: Reforming to Create Jobs*, p.4.

其次，沙特深陷地区冲突难以脱身。自2015年3月领导多国对也门胡塞武装进行军事打击以来，沙特军费开支持续上升。2018年沙特国防预算高达2100亿沙特里亚尔（约合560亿美元），较2017年增长了10.03%；预计2017年沙特的实际军费开支高达2240亿里亚尔（约合597亿美元），比预算超出17.4%。[①] 与此同时，叙利亚危机、卡塔尔断交、黎巴嫩总理哈里里辞职等事件引发的地缘政治紧张，至今余波不断。沙特在外交上的“四面出击”所花费的巨额军费开支不仅加大了沙特经济的压力，也为伊朗在地区的进一步扩张提供了空间。

最后，特朗普政府中东政策的调整加剧地区安全环境恶化。特朗普上台后，将遏制伊朗、巩固与盟友关系作为美国中东政策的总基调，加剧了沙伊之间的矛盾。受上述因素的影响，地区冲突和地缘政治紧张局势使得近年来沙特军费预算持续高企，进一步加重了沙特经济的压力。

表3　2009—2018年沙特国防预算（单位：亿美元）

年份	2009	2010	2011	2012	2013	2014	2015	2016	2017	2018
国防预算	247.60	271.47	291.19	351.69	425.58	484.57	491.16	477.60	508.95	560.00
年增长率	/	9.64%	7.26%	20.78%	21.01%	13.86%	1.36%	–2.76%	6.56%	10.03%

数据来源：Craig Caffrey, “Saudi Arabia Increases Defence Budget”。

（三）安全风险

在安全方面，近年来沙特本土恐怖主义、境外恐怖分子“回流”、胡塞武装越境袭击对沙特国内安全构成的威胁呈现上升趋势。

1. 本土恐怖主义威胁

经济与和平研究所发布的《2017年全球恐怖主义指数》数据显示，在全球受恐怖主义影响最严重国家的评级中，2017年沙特恐怖主义指数为5.808，受恐袭影响程度为中等偏上。[②] 在地区层面，沙特的恐怖主义指数居伊拉克（10）、叙利亚（8.621）、也门（7.877）、土耳其（7.519）、利比亚（7.256）、埃及（7.17）、苏丹（6.453）之后，中东国家中位列第8位；在全球层面，沙

① Craig Caffrey, “Saudi Arabia Increases Defence Budget,” *Jane's 360*, December 21, 2017, http://www.janes.com/article/76607/saudi-arabia-increases-defence-budget，登录时间：2018年1月8日。

② Institute for Economics and Peace, *Global Terrorism Index 2017*, p.10; Institute for Economics and Peace, *Global Terrorism Index 2016*, November 2016, p.10, http://visionofhumanity.org/app/uploads/2017/02/Global-Terrorism-Index-2016.pdf, 登录时间：2018年5月1日。

特在受调查的136个国家中位列第26位，较2016年上升了6位。与此同时，沙特境内资助恐怖主义的个人和慈善组织，也对沙特社会安全构成了重要威胁。受恐怖主义、地区冲突、教派政治等一系列因素的影响，沙特国内遭受暴力恐怖的频率和受袭遇难人数呈现上升趋势（见表4和表5）。

表4　2009—2016年沙特国内恐袭事件死亡人数①

年份	2009	2010	2011	2012	2013	2014	2015	2016
死亡人数	5	/	3	3	1	18	107	106

表5　2016年以来沙特国内主要恐怖袭击事件②

日期	地点	袭击方式	伤亡情况
2016年			
1月5日	东部省盖提夫	汽车纵火	无人员伤亡
1月29日	东部省阿和萨（Al-Ahsa）伊玛目里达清真寺	自杀式炸弹袭击	4人死亡，18人受伤
2月8日	利雅得阿齐齐亚区（Al-Azizia）	汽车炸弹袭击	无人员伤亡
2月27日	卡西姆省	枪击	1人死亡，6人受伤
4月4日	阿尔卡吉省	简易爆炸装置	1人死亡
4月6日	利雅得	枪击	1人死亡
4月16日	东部省盖提夫	枪击	无人员伤亡
4月30日	东部省阿赫萨	简易爆炸装置	无人员伤亡
6月27日	东部省盖提夫	枪击	1名交警死亡
6月30日	利雅得	刀刺	1人死亡，2人受伤

① Institute for Economics and Peace, *Global Terrorism Index 2017*, November 2017, p.39, http://visionofhumanity.org/app/uploads/2017/11/Global-Terrorism-Index-2017.pdf, 登录时间：2017年12月9日。注：因对恐怖袭击的定义不同，经济与和平研究所统计的恐怖袭击不包括胡塞武装的越境炮弹袭击。

② Institute for Economics and Peace, *Global Terrorism Index 2017*, p.10; Institute for Economics and Peace, *Global Terrorism Index 2016*, p.10.

续表

日期	地点	袭击方式	伤亡情况
7月4日	麦地那先知清真寺检查口	自杀式炸弹袭击	4名保安死亡，5人受伤。
	吉达美国领事馆附近	自杀式炸弹袭击	1名袭击者当场死亡，2名安全人员受伤。
	东部省盖提夫什叶派清真寺	自杀式炸弹袭击	无人员伤亡
7月12日	亚赞省	地雷	1名边防部队警卫
8月1日	吉赞镇	（胡塞武装）越境炮击	4人死亡，3人受伤（平民）
8月16日	哈贾省	（胡塞武装）越境炮击	7人死亡，
8月18日	东部省盖提夫	枪击	1人死亡
9月4日	吉赞镇	（胡塞武装）越境炮击	1人死亡，2人受伤
9月18日	东部省首府达曼	枪击	2名警察死亡，
10月9日	吉赞镇	（胡塞武装）人员袭击	25人死亡
10月20日	吉赞镇	（胡塞武装）越境炮击	2人死亡
10月30日	东部省盖提夫	枪击	1名警察死亡，1人受伤
2017年			
1月7日	利雅得市郊	枪击	2名袭击者死亡，1人受伤
1月21日	吉达	自杀式炸弹袭击	2名袭击死亡
2月5日	利雅得西部穆扎赫米耶（al-al-Mazahmiya）镇军事基地	（胡塞武装）地对地导弹袭击	无伤亡
3月8日	利雅得	枪击	2人死亡（其中1人为袭击者）
5月12日	东部省盖提夫	枪击	2人死亡，10人受伤
5月16日	东部省盖提夫	火箭推进榴弹袭击	1人死亡，5人受伤
6月1日	东部省盖提夫	汽车炸弹袭击	2人死亡，1人受伤
6月11日	东部省盖提夫	简易爆炸装置	1人死亡，2人受伤
6月23日	麦加	自杀式炸弹	1名袭击者死亡，11人受伤
7月4日	东部省盖提夫	简易爆炸装置	1人死亡，3人受伤

续表

日期	地点	袭击方式	伤亡情况
7月6日	东部省盖提夫	简易爆炸装置	1人死亡，6人受伤
7月14日	东部省盖提夫	枪击	1人死亡，1人受伤
8月3日	东部省盖提夫	公车枪击	1人死亡，1人受伤

2. 境外恐怖分子“回流”的风险

当前，西亚地区恐怖组织的“去中心化”趋势凸显，恐怖组织借助分支力量壮大扩张，突出表现为过去数年间“伊斯兰国”组织在利比亚、埃及西奈半岛、沙特、也门、阿尔及利亚、阿富汗、巴基斯坦、尼日利亚、北高加索等国家和地区建立了37个以“省”（*Wilayat*）为单位的分支组织机构。同时，恐怖分子在不同恐怖组织和地区间的流动呈现加剧态势，突出表现为“伊斯兰国”实体遭受剿灭后，盘踞在叙利亚和伊拉克的恐怖分子加速“回流”至母国或加入当地其他恐怖组织。据统计，2015年至2017年7月间，全球50个国家的2.8万余名武装分子加入了“伊斯兰国”组织，突尼斯、沙特、俄罗斯、土耳其、约旦五国加入“伊斯兰国”的人员数量占该组织外籍武装人员总数的60%以上。[①] 其中，近2500名沙特籍武装人员加入了“伊斯兰国”组织。[②] 2017年11月和12月，伊朗、伊拉克和俄罗斯先后宣布“伊斯兰国”组织被彻底剿灭，该组织恐怖分子成规模集体“回流”的风险正在加剧，或将对沙特社会安全构成严重威胁。

3. 胡塞武装越境袭击

自2015年3月沙特领导多国联军军事介入也门危机以来，胡塞武装频繁向沙特境内发射炮弹予以回击。2017年11月4日，胡塞武装首次向沙特首都利雅得国际机场方向发射弹道导弹，被沙特防空部队拦截并摧毁。7日，胡塞武装威胁将向沙特和阿拉伯联合酋长国的机场、港口及其他重要区域发起更多导弹袭击。沙特担忧，叙利亚境内“伊斯兰国”实体力量被击溃后，经过叙利亚战场“洗礼”的黎巴嫩真主党武装可能回到国内，部分已经南下进入也门境内同胡塞武装联合作战。早在2016年2月，沙特军队发言人便敦促黎巴嫩阻止真主党向也门和叙利亚派遣“雇佣军”，但真主党领导人哈桑·纳斯鲁拉对此多

① Institute for Economics and Peace, *Global Terrorism Index 2017*, p.64.

② Ian Bremmer, “The Top 5 Countries Where ISIS Gets Its Foreign Recruits,” *Time*, April 14, 2017, http://time.com/4739488/isis-iraq-syria-tunisia-saudi-arabia-russia/，登录时间：2017年11月7日。

次予以否认。[①] 在此背景下，近年来频繁对沙特进行越境炮击的胡塞武装，对沙特境内重要基础设施、安全部队和平民构成的安全威胁将继续上升。

（四）宗教风险

宗教本身不是风险，但宗教因素在与政治、经济和安全领域不稳定因素的互动过程中，可能转化为宗教风险。当前，沙特面临的宗教风险主要包括以下几种形式。

1. 教派冲突

西亚伊斯兰国家间的教派冲突本质上是教派认同被高度政治化后成为地区大国进行决策和动员的工具，并参与地区大国争夺地区领导权所引发的政治冲突，突出表现为“阿拉伯之春”以来沙特和伊朗利用教派政治在巴林、叙利亚、伊拉克、也门、黎巴嫩等地区国家开展代理人竞争。沙特国内的什叶派穆斯林数量约占人口的10%至15%，东部省是沙特什叶派穆斯林主要的聚居区，该省盖提夫市历来是沙特国内教派冲突和什叶派族群抗争最严重的地区。2011年“阿拉伯之春”、2016年什叶派宗教人士尼米尔被处决、2017年什叶派宗教人士穆罕默德·哈比卜被当局逮捕等事件，都在盖提夫当地引发了大量什叶派民众以反对教派歧视为由的抗议事件。与此同时，沙特当局对什叶派的高压政策也造成什叶派武装不时发动针对安全部队的暴力袭击。

2. 宗教保守势力

近年来沙特推出“2030愿景”、整顿宗教警察、兴建“尼尤姆”新城、赋予妇女驾车权利、推动伊斯兰教温和化、成立娱乐总署等现代化改革举措，都遭到了国内极端保守宗教势力的强烈抵制。[②] 宗教警察是沙特境内以抵制西方文化为目标的群体，隶属于沙特“劝善惩恶协会”，其职责主要是在沙特社会督促民众按照保守教义进行着装、在公共场合严格分离两性、督促穆斯林做礼拜等。沙特国内的宗教警察一度拥有包括逮捕权、审讯权、起诉权在内的诸多

① “Lebanon Must Act on Hezbollah in Yemen, Says Saudi,” *Al Arabiya*, February 24, 2016, http://english.alarabiya.net/en/News/middle-east/2016/02/24/Yemeni-govt-says-have-evidence-Hezbollah-is-involved-in-backing-the-Houthis.html; Ellen Francis and Laila Bassam, “Lebanon’s Hezbollah Denies Sending Weapons to Yemen,” *Reuters*, November 20, 2017, https://www.reuters.com/article/us-mideast-crisis-syria-nasrallah/lebanons-hezbollah-denies-sending-weapons-to-yemen-idUSKBN1DK22D，登录时间：2017年12月19日。

② James Dorsey, “Saudi Ultra-Conservatives Take Anti-Reform Stand on Women’s Sports,” *International Policy Digest*, April 30, 2017, https://intpolicydigest.org/2017/04/30/saudi-ultra-conservatives-take-anti-reform-stand-women-s-sports/, 登录时间：2017年12月9日。

权力。2016年4月，沙特政府颁布条例，撤销宗教警察的执法权，削弱了宗教警察以宗教名义干涉社会事务的权利。

3. 宗教极端主义

宗教极端主义泛滥是当前沙特面临的最突出的宗教风险之一，其不仅威胁沙特社会安全，而且对沙特与他国关系造成压力。长期以来，沙特保守的宗教环境为宗教激进主义和宗教极端主义的滋生提供了土壤。宗教极端势力利用沙特内部权力失衡、发展失调、治理失范的现实以及保守宗教势力宣传的反西方思潮，逐渐发展出一套强调暴力抗争的政治话语，试图通过对穆斯林进行所谓的“正统性”改造来“净化伊斯兰教”。2017年，中东地区反恐行动取得阶段性胜利，核心力量受到剿灭的“伊斯兰国”组织正将巩固和维系极端意识形态作为该组织及其分支当前及未来一段时间的首要任务。沙特国内受宗教极端思潮蛊惑加入极端组织或从事暴恐活动的人员正呈现低龄化趋势，国内外宗教极端势力利用社交媒体招募沙特青年的现象也日益突出。

近年来，沙特政府加强了在教育系统和宗教机构进行去极端化运动的力度。2017年10月，沙特王储穆罕默德·本·萨勒曼誓言摧毁极端主义意识形态，提出回归“温和伊斯兰”的主张。11月，穆罕默德王储在“伊斯兰军事反恐联盟”（IMCTC）首次防长会议上强调将加强军事、政治、金融和安全合作，共同打击极端主义和恐怖主义。在“后伊斯兰国”时代，宗教极端主义及其煽动的暴力思潮仍将对沙特的社会安全构成长期威胁。

三、对策建议

沙特的政治、经济、安全和宗教风险及其交织影响，对中国在沙特推进“一带一路”建设构成了现实挑战。这里就如何应对上述风险提出以下几点建议。

（一）完善与沙方高层的政策沟通渠道

中沙关系对中国发展与海合会国家、阿拉伯国家、伊斯兰国家的合作关系具有重要的引领作用。当前，中国正在全面深化改革，沙特也启动了全方位改革。因此，完善与作为中沙高委会沙方牵头人的穆罕默德王储之间的政策沟通渠道，同时最大程度地避免卷入沙特和伊朗之间的地缘博弈和代理人竞争，是中国在沙特推进“一带一路”建设的关键。在这方面，中国应继续推进落实中沙高委会会议和分委会会议达成的各项协议，确保政策延续性，同时加强对沙特王储私人办公室主任巴德尔·阿赛卡尔（Bader al-Asaker）等王储身边人士的公共外交，确保中沙高层政策沟通渠道的畅通。

（二）创新中沙现代职业教育合作模式

劳动力受教育程度不足是当前沙特营商环境的“硬伤”之一。加强技术培训和职业教育，符合当前沙特提振经济、促进青年就业的现实需求。中国和沙特可创新职业教育办学模式，中国可考虑由中国教育国际交流协会牵头，探索同沙特合作办学的新模式，首先在沙特沿海城市试点中沙职业教育项目，通过1—2年短期制职业教育和技术培训，培养契合沙特市场需求和劳动就业的技术工种，提升沙特本国青年的就业率。待项目成熟后，中沙双方可考虑进一步合办中沙职业教育学院，创新两国现代职业教育合作模式。

（三）健全我国对沙特国内安全的评估体系

中国在沙特推进“一带一路”建设，既需要重视联合我驻沙机构、企业和国内研究机构共同对沙特国内安全进行风险评估，也需要加强与沙特在去极端化领域的合作。一方面，可探索智库学者赴沙特进行调研的“旋转门”新机制，通过入驻中国驻沙使馆和当地企业进行实地调研，依托沙特智库和调研机构等联合开展研究项目，尤其要加强对沙特境内恐袭高发地区地形、气候和环境的研究，逐步建立起“政府—企业—智库”三位一体安全评级体系，分级、分批确立我在沙特推进“一带一路”建设的重点省市和重大项目。另一方面，中国应在中阿合作论坛、中国—海合会战略对话、中沙高级别联合委员会等框架机制下，进一步开展中国与沙特在去极端化方面的经验交流，同时加快中东小语种反恐人才、专业反恐情报搜集员、反恐情报搜集分析员等与反恐情报体系建设配套的人才建设。

在埃及推进“一带一路”建设的风险及应对

赵 军[①]

摘要：塞西执政以来，埃及政治和社会形势进入平稳期，稳定与发展已成为埃及社会最广泛的共识，稳中求变、变中求进、进中求效已成为埃及政府推进国家有效治理的主线。但是，经济疲软、社会结构性矛盾和恐怖主义泛滥等不同程度地影响着埃及国家稳定和社会的整体发展水平。中国与埃及已建立“全面战略伙伴关系”，双方有长期友好的历史和坚实的合作基础，埃及也是配合“一带一路”建设最为积极的国家之一。但是，由于埃及周边特殊的地缘政治环境以及2011年动荡后国内问题的积重难返，都使中国在埃及推进“一带一路”建设仍面临政治、经济、安全和法律风险。长期来看，中国如果能将“一带一路”倡议与埃及“2030愿景”内容实现战略性对接，既有利于解决我国部分产能过剩问题，也能为推进“一带一路”在埃及乃至北非地区的有效落实树立典范。短期来看，由于在埃及推进“一带一路”建设存在诸多实际棘手问题，对我国政府和国内项目投资者来说，仍需在全面细致的评估基础上，做出正确判断和应对。

关键词：埃及；“一带一路”；风险；政策建议

埃及是“一带一路”的交汇点，也是“一带一路”建设地缘上难以绕开的重要国家。当前，“一带一路”倡议已成为中埃战略合作与对接的主线。虽然埃及政治、经济、安全形势复杂多变，对“一带一路”落实形成巨大挑战，但埃及整体形势存在回旋空间，中国可以抓住发展机遇，巧妙规避风险，在“一

---

① 赵军，上海外国语大学中东研究所副教授。

带一路”框架下扎实推进各领域的务实合作。

一、埃及国内形势基本情况

塞西执政以来，埃及政治和社会形势进入平稳期，稳定与发展已成为埃及社会最广泛的共识，稳中求变、变中求进、进中求效已成为埃及政府推进国家有效治理的主线。2017年埃及在政治稳定的前提下，继续在深化改革中谋求发展。2018年3月，塞西在埃及总统大选中，以压倒性优势战胜竞争对手穆萨，取得大选胜利，为进一步实现埃及的政治稳定和经济发展奠定了基础。但是，经济疲软、社会结构性矛盾和恐怖主义泛滥等不同程度地影响着埃及国家稳定和社会的整体发展水平。

（一）社会矛盾有所缓和，但结构性矛盾并未消解

据《武装冲突地点及事件项目》资料统计，2017年1—12月，埃及共发生社会集体抗议和骚乱事件共175次，[①] 涉及搬迁、努比亚人的回迁权落实、（外国）学生津贴福利、工资待遇问题、对社会治安不满、穆斯林与基督徒冲突、食品短缺、油价上调与车费上涨、新闻自由，等等。与2016年相比（2016年1—12月共发生233次），社会集体抗议和骚乱事件次数大幅度下降。应该指出的是，埃及社会矛盾有所缓和很大程度上是埃及政治高压的结果，如埃及政府根据《紧急状态法》《游行示威法》和《新闻法》等相关规定，将埃及记者发起的抗议塞西“还岛”[②] 等行动提前扑灭等。当前，埃及社会的结构性矛盾并未彻底解决，如食品的供求矛盾、通货膨胀导致的生活水平下降、穆斯林同科普特基督徒之间的矛盾等，仍是影响社会稳定的重要潜在威胁。

（二）经济形势趋稳，但仍存在严重问题

2017年埃及政府重点启动《2030愿景》战略规划和工业中期规划中的具

---

① Armed Conflict Location & Event Data Project, Africa 1997-Present(December 31,2017), https://www.acleddata.com/data/, 登录时间：2018年2月25日。

② 2016年4月，埃及政府在沙特国王萨勒曼访问埃及期间与之达成协议，将位于亚喀巴湾和红海交接处的蒂朗岛和塞纳菲尔岛两岛“归还”沙特，埃及将因此获得来自沙特的200亿美元援助，此举遭到埃及民众强烈不满。6月，埃及地方行政法院对该协议进行裁决，认定协议无效，但代表埃及政府的国家诉讼机关不服判决并提出上诉。11月埃及国务委员会行政法院再次判定，将“红海二岛”归还沙特的协议无效。2017年1月，埃及国务委员会行政法院终审裁定此前埃及政府签署的有关蒂朗、塞纳菲尔两岛归属沙特的协议无效。

体项目落实，通过大力整顿公务员腐败、重新组阁、实施《新投资法》等等举措，为深化经济市场化改革奠定基础，同时提升了埃及政府信用度，使投资环境有所改善，为国家大型重点项目吸引外资创造条件。世界经济论坛《2017—2018年全球竞争力报告》显示，埃及在全球最具竞争力的137个国家和地区中，排名第100位，较前两年有所上升，效率指数提升至第87位。但埃及基本需求仍然较大，排名为106位，创新和市场成熟度指数仅排名第101位，创新和商业环境成熟度处于低位。①

2017年埃及经济核心指标没有出现根本改观，经济疲软，国内市场动力不足。埃及的铁路速度慢、高速公路少、港口设施陈旧、电力短缺等基础设施仍然难以充分支持经济发展。高失业率、高通胀率、高赤字率、低增长率和低外汇储备仍是当前制约埃及经济发展的主要因素。2017年埃及失业率12.2%，通货膨胀率高达23.5%。② 2016年11月—2017年10月，埃及核心CPI指数增长30.527%，普通商品通胀率为25.156%，蔬菜类价格上涨40.231%。③ 2016—2017财年，埃及赤字率虽有所改善，但仍高达9.8%，未脱离财政风险。截止2017年12月底，埃及外汇储备为340.2亿美元 ，虽较2016年同期有较大幅度增长，但外汇储备仍然较低。埃及增长率偏低，2017年GDP 增长率为4.1%。④埃镑对美元的汇率虽然呈现较为稳定的态势，但仍处在高位，1美元约兑换18埃镑左右（2016年4月前1美元兑换8—9埃镑）。⑤ 此外，埃及淡水资源严重依赖尼罗河的供应，但埃塞俄比亚正在尼罗河上游修建大坝，埃及经济发展还可能面临水资源短缺问题，一旦大坝建成，将会严重妨碍埃及经济发展。

埃及投资市场存在的主要问题依然严峻，包括法律和偿付体系缺乏稳定性和透明度；外汇短缺，拖欠款项现象屡见不鲜；就业体制僵化；在未经磋商的情况下突然变更商业规程的情况时有发生；合同违约频繁；清关过程存在问题；对外国企业进入埃及市场限制过多。世界银行发布的《营商环境2018》(Doing Business 2018) 显示，在190个国家和地区中，埃及从2017年的第122位下降到

---

① World Economic Forum, *The Global Competitiveness Report 2017-2018*, September 26,2017, https://www.weforum.org/reports/the-global-competitiveness-report-2017-2018，登录时间：2017年12月18日。

② CIA World Factbook, International Rankings of Egypt -2018, https://theodora.com/wfbcurrent/egypt/egypt_international_rankings_2018.html, 登录时间：2018年2月17日。

③ Egypt Central Bank, http://www.cbe.org.eg/en/MonetaryPolicy/Pages/Inflation.aspx, 登录时间：2017年12月18日。

④ CIA World Factbook, International Rankings of Egypt -2018, https://theodora.com/wfbcurrent/egypt/egypt_international_rankings_2018.html, 登录时间：2018年2月17日。

⑤ Egypt Central Bank, http://www.cbe.org.eg/en/Pages/default.aspx, 登录时间：2017年12月17日。

了第128位。[①] 2017年1月透明国际国别腐败指数排名显示，埃及的得分较去年低，在173个国家中位列第108位，属于腐败较为严重的国家。[②]

（三）恐怖主义泛滥，反恐形势严峻

首先，恐怖袭击次数飙升，袭击目标多样，造成重大伤亡。2017年可被称为“埃及的恐怖主义之年”，恐怖泛滥程度超过以往历史。2017年1—11月，埃及公开报道的恐袭事件就有131起，伤亡1000余人，[③] 袭击目标包括外国驻埃使馆、政府官员、安全人员、军人、基督徒、苏菲派穆斯林、外国游客、输油管道和外国在埃公司等。“耶路撒冷支持者”（又称“伊斯兰国西奈省”）仍是最具威胁的恐怖组织，仅在2017年4月、5月和11月发生的针对两座科普特教堂和一座清真寺的袭击，就造成了400余人死亡，其中阿里什地区清真寺受袭事件是埃及历史上伤亡最为严重的恐怖袭击，截至11月30日，已有311人死亡，122人受伤。[④] 除了“耶路撒冷支持者”外，“哈萨姆运动”（Hasam Movement）、“埃及革命旅”（Lewaa El-Thawra）和“伊斯兰军”（Jamaa Ansar al-Islam）等极端组织也较为活跃。其中“哈萨姆运动”在2017年9月和10月分别袭击了缅甸驻开罗大使馆和埃及国家安全部队，制造了埃及安全部队史上遭受最重大的恐怖袭击伤亡事件，至少54名士兵被伏击杀害。[⑤] 埃及政府已将“哈萨姆运动”认定为继“耶路撒冷支持者”之后最为危险的本土恐怖组织。

其次，2017年西奈半岛仍是恐怖活动的重灾区，但活动范围有所扩大，内外勾连更趋常态。大开罗地区、南西奈省、马特鲁省、代盖赫利耶省、南西奈省、新河谷省、亚历山大省以及伊斯梅利亚省等地也多次遭到恐怖袭击，且袭击次数较2016年有所上升。而活跃在利比亚的极端组织“卫兵”（Al-Morabitoun）有多名成员穿越广袤沙漠，跨越利比亚与埃及边境，进入西奈半岛，与盘踞在西奈半岛的“基地”组织分支联手发动恐怖袭击。“伊斯兰国”

---

① World Bank, Doing Business 2018, http://www.doingbusiness.org/~/media/WBG/DoingBusiness/Documents/Annual-Reports/English/DB2018-Full-Report.pdf，登录时间：2017年11月25日。

② Transparency International, Corruption Perceptions Index 2016, https://www.transparency.org/news/feature/corruption_perceptions_index_2016，登录时间：2017年11月26日。

③ Armed Conflict Location& Event Data Project, Realtime 2017 All Africa File, https://www.acleddata.com/data/realtime-data/，登录时间：2017年11月25日。

④ “Death Toll from North Sinai Mosque Attack Rises to 311 after Injured Man Dies on Wednesday”, http://english.ahram.org.eg/NewsContent/1/64/282450/Egypt/Politics-/Death-toll-from-North-Sinai-mosque-attack-rises-to.aspx，登录时间：2017年12月30日。

⑤ “At Least 54 Police Killed During Raid in Egypt, According to Officials”, *The Guardian*, October 21, 2017.

利比亚分支则为“耶路撒冷支持者”提供训练营地、资金和武器等支持。2017年8月，随着“伊斯兰国”在叙利亚与伊拉克瓦解，来自利比亚、马格里布地区和欧洲国家的外籍武装人员撤退到西奈半岛，已占到“耶路撒冷支持者”战斗人员的80%左右。①

当前，埃及全国还处于紧急状态，埃及政府在西奈半岛发起了代号为“烈士的正义”的反恐行动，击毙数百名恐怖分子，摧毁多处恐怖组织仓库和训练营地。埃及武装部队的地毯式搜索已将北西奈地区的恐怖组织逼到绝境，在西奈半岛渐成关门打狗态势。但是，已逃脱包围圈的恐怖分子正在设法向西部边境地区转移，试图逃往利比亚。埃及国家反恐委员会已宣布，恐怖分子的资金链已被成功切断。2017年11月30日，塞西下令要求军方、警方和内务部在三个月之内，恢复西奈半岛的安全秩序。就目前情况判断，此次埃及反恐战争倾全国之力，力度空前，已赢得了反恐战争的暂时胜利。但是，埃及境内恐怖主义面对如此高压态势，短期内可能进入蛰伏期，一旦放松高压，反弹可能性大。

二、中国在埃及推进“一带一路”建设的风险

中国与埃及已建立“全面战略伙伴关系”，双方有长期友好的历史和坚实的合作基础。同时，埃及也是配合“一带一路”建设最为积极的国家之一。但是，由于埃及周边特殊的地缘政治环境以及2011年动荡后国内问题的积重难返，使中国在埃及推进“一带一路”建设仍面临各种挑战和不确定性。

（一）政治风险

在国际层面，在中埃两国战略对接过程中，美国仍是最大的干扰因素。在地区层面，沙特与伊朗全线对峙，加剧了地区局势紧张和伊斯兰世界分裂，导致地区国家关系重组。由于地区秩序和格局重构易引发地缘政治冲突，从而给“一带一路”建设带来难以确定的政治风险。在中东的地缘政治角逐中，不仅埃及自身处于地区大国争夺的漩涡之中，埃及也被卷入了许多地区热点问题之中，进而使中国与埃及的经贸合作深受地缘政治紧张的影响。此外，因中国支持塞西政权带来的政治风险也不可忽视。当前中国为埃及的政治稳定提供了必要的经济援助和其他政治支持，这有可能使中国面临两大政治风险：一是在埃及恐

① Laura Scaife, *Social Networks as the New Frontier of Terrorism*, London and New York, Taylor & Francis Group,2017, p.149.

怖组织可能会通过打击中国在该地区的企业和人员来报复中国，从而使中国处于被动地位；二是有的恐怖组织以反政府武装的面目出现，西方国家及其反华人士会借民主、人权、人道主义等诟病中国，为中国与埃及的合作制造麻烦。

（二）经济风险

目前埃及力图通过采取积极的财政政策和宽松的货币政策刺激经济增长，同时从海合会国家、国际货币基金等获得大量经济援助，短期看来，埃及的经济风险略为下降，但埃及严重依赖外部援助，经济增长还存在严重的脆弱性，长期走势不容乐观。中国在埃及投资仍面临三大经济风险：一是商业环境风险仍然较高。埃及有较为完善的税收制度和优惠的引资政策，劳动力充足，但其配套的基础设施较差，特别是电力短缺的问题严重，加之政府办事效率低下、腐败突出，商业环境仍然较差。二是投资风险，包括政策缺乏连贯性；语言文化差异导致不少企业过度依赖中介机构；本币埃镑汇率波动带来的利润不稳，等等。三是埃及贸易保护主义上升风险。埃及是民族主义极强的国家，在当前经济不景气和对华贸易逆差严重的情况下，贸易保护主义有所抬头。2017年4月，埃及作为世界上最大的小麦进口国和俄罗斯小麦的最大进口国，突然决定暂停从俄罗斯进口小麦，固然有俄方的原因，但更多是埃及民族主义起作用的结果。

（三）安全风险

中国在埃及的利益面临五大安全风险，包括治安问题、政治动荡、绑架、意外事件和恐怖袭击。其中，恐怖主义带来的安全风险尤为严重。埃及恐怖主义泛滥给中国的经济、贸易、能源和投资带来了诸多不确定因素。例如，苏伊士运河是中国船只通航的重要通道，2013年曾发生恐怖分子袭击中国油轮事件。虽然极端组织“伊斯兰国”在国际社会合力打击下受到重创，但其“外线扩张”态势仍未得到有效遏制，仍对埃及安全构成重大威胁。随着“一带一路”建设项目的展开，极端组织或犯罪分子可能通过劫持中方人员以达到某种政治或经济目的。此外，随着中国在埃及利益的迅速拓展，更多的中国投资者、劳务人员、个体经营户和游客在埃及活动。由于他们流动性大、活动范围广，其遭受绑架、炸弹袭击等威胁的概率增加。

（四）法律风险

近些年来，埃及政局尽管趋稳，法律风险逐渐降低，但因政治动荡造成多项法律废止、修改或重新制定的问题十分突出，长期以来司法腐败仍然严重。塞西执政以来，埃及政府已颁布了包括《公司法》《招投标法》《资本市场法》《土地与不动产法》《保险法》《电力法》《海商法》《商法》和《新投资法》等与投资相关的法律，形成了较完善的投资法律体系。但在实施这些法律过程中，埃及已经暴露出外资保护意识淡薄、执法水平有限等问题，突出表现在两个方面：一是过于重视保护国家利益，损害投资者利益。在大多数案件中，埃及法院的倾向性都非常明显，都是废除原来的国有资产销售合同，要求对被出售的相关公司重新进行国有化。二是政府部门利益根深蒂固，相互间缺乏协调，不利于投资审批手续的统一与简化。尽管埃及政府反复提出“一站式”服务体系，简化手续，但由于期间埃及政府部门间利益难以协调，从来没有真正实施，导致2017年新投资法及其实施细则不得不重申予以落实。①

三、若干政策建议

基于上述分析，在埃及推进“一带一路”建设，挑战与机遇并存。长期来看，中国如果能将“一带一路”倡议与埃及“2030愿景”内容实现战略性对接，既有利于解决我国部分产能过剩问题，也能为推进“一带一路”在埃及乃至非洲地区的有效落实树立典范。短期来看，由于在埃及推进“一带一路”建设存在诸多实际棘手问题，对我国政府和国内项目投资者来说，仍需在全面细致的评估基础上，做出正确判断和应对。

（一）抓住战略机遇期

埃及对外战略正处于深刻调整期，与美俄关系依然存在不确定性。美国与埃及因人权问题龃龉不断；埃俄之间相互信任度有限，关系貌合神离。因此，中国应抓住战略机遇期，在推进“一带一路”建设过程中进一步完善双边机制建设和多边机制平台建设，充分利用双边各高级别联委会和分委会或多边机制平台等机构职能，紧密围绕《中埃关于加强两国全面战略伙伴关系的五年实施纲要》将两国战略对接具体到点、落实到地，为“一带一路”建设保驾护航。

① 吴卡：《埃及投资法的最新修订及其解读》，中国法学学术交流中心网站，http://www.clec.org.cn/lpapers/2015/3.pdf，登录时间：2018年1月4日。

（二）做好必要的准备工作

首先，相关政府部门和驻埃机构要获得和传递有关在埃投资的权威信息，帮助中国投资者做出正确判断。国内投资者对埃及投资兴趣有待提升主要有两个原因造成：一是对埃及政治安全稳定缺乏信心；二是对埃及国家战略缺乏了解。消除上述疑虑和困惑需要外交部、商务部、新华社等权威部门适当宣传，定期发布系统、正确而有效的信息。

其次，在项目选择上，结合《埃及工业与贸易发展战略（2016—2020）》、《埃及2030愿景》和中国九大产能过剩领域，选择重点项目，开展近期和长期投资合作，建议投资企业尽量少参与对埃及经济发展和拉动就业作用不大的楼堂馆所等娱乐和消费类项目，加强对制造业领域（如光伏、建材、汽车、纺织服装等）和基础设施领域（如高铁、港口、隧道挖掘、轻轨建设、高速公路等）投资和建设，积极促成相关企业（如国家电力、中建、海螺水泥、中港、吉利、中铁、中车等）加快和埃方的投资合作进程。必要时可动用“丝路基金”、“亚投行”等金融工具，选择重点项目予以直接支持。

再次，谨慎推进金融合作。当前埃及是外汇储备相对缺乏的国家，可采取以下方式推进金融合作：一是实行多元融资，破解资金瓶颈。以“亚投行”、“丝路基金”、金砖国家开发银行等多边机构为依托，形成“利益共享、风险共担”的决策机制；开发多种金融产品，如对外担保、混合贷款、丝路债券等，通过金融创新疏通融资管道。二是增加营业网点，完善金融机构在埃及的布局。中资商业银行在埃及网点少，中国金融机构“走出去”步伐严重滞后于企业，难以为企业提供持续全面的金融服务。三是了解金融法规，培育专门人才。

最后，投资者要充分利用埃及新投资法规定的各项优惠措施和便利程序，尤其是要积极考虑埃及政府积极鼓励的地区和产业投资；另外，当发生投资争议时，应首先积极诉诸埃及新投资法规定的各个新机构，以便及时得到解决。

（三）提升风险管控能力

在风险预防方面，中国要构筑危机管控机制，帮助企业预警和防范在埃投资风险；加强对埃及政治局势内在风险点的分析，为企业提供长期性的风险预警。

首先，加强国内外机构围绕埃及安全形势研究和评估的联动。国内应当设置相应的安全管理和处理机构，如建立专门从事对埃及安全形势跟踪研究和评估的专业机构，定期发布安全预警。在驻外机构方面，应建立安全保护联动机制，如建立中国使、领馆的协调机制，收集埃及安全信息，在紧急情况下协调行动，并对埃及中资企业机构和人员的安全工作进行一线指导和管理。

其次，加强中国与埃及的反恐协调与合作。在尊重主权和遵守国际规则的前提下，中国应对与中国重大利益相关的埃及安全问题采取“建设性介入”的政策，拓宽与埃及在安全问题上的多元沟通渠道，包括中国大使馆与埃及国家安全机构的沟通、中国领事馆与地方政府的沟通以及中国企业与当地民间团体的沟通。在中国经济利益集中、人员活动频繁和恐怖主义较猖獗的地区，中国应争取埃及政府给予军事和警察方面的重点保护。

最后，建立埃及中资企业和人员的联合防范机制。埃及的中资企业应设专门人员负责企业防范恐怖袭击及其他突发事件的工作，积极配合使、领馆定期对企业的外部环境进行安全评估。另外，根据当地安全形势尽可能雇佣当地保安或武装警察，以增强安全防护能力。对前往埃及的各类流动人员，相关机构应在其出国前进行安全教育，使他们能及时向其所在企业或领事馆上报活动信息等。

在以色列推进“一带一路”建设的风险及应对

刘中民　王　晋[①]

摘要：随着“一带一路”建设的不断推动，中以双方围绕“一带一路”建设的多领域合作成绩斐然，主要体现为经贸关系和资本合作更加紧密；基础设施建设合作成绩斐然；农业合作方兴未艾；“民心相通”不断扩大，机制日趋成熟。但是，由于以色列的安全环境十分复杂，巴以冲突的长期存在和2011年以来叙利亚危机的加剧，埃及西奈半岛严重动荡等因素都对以色列的国家安全构成了一定的威胁；以色列自身存在的政治、经济、社会安全隐患也不容小觑。针对中国在以色列推进“一带一路”建设面临的安全风险，中国要对中以共建“一带一路”面临的问题有清醒的认识；要进一步拓展在以色列的社会交往层次；进一步加强对驻以色列中国人员的组织协调；整合国内外资源，加强各行业、各部门对以色列的调研。

关键词：以色列；“一带一路”；风险评估；对策建议

作为“一带一路”沿线的重要节点国家，以色列的区位独特，社会稳定，经济繁荣，科技发达，是中国在中东地区推进“一带一路”建设的重要合作伙伴之一。近年来，中国和以色列高层互访频繁，地方交往活跃，并在多个领域取得了突出的成绩。随着“一带一路”建设的不断推动，双方围绕“一带一路”建设的多领域合作成绩斐然。

但是，由于中东地区动荡不安和地缘政治博弈不断加深，以及以色列内外环境的复杂性，中国在以色列推进“一带一路”建设也面临不少风险和挑战。

---

① 刘中民，上海外国语大学中东研究所教授；王晋，以色列海法大学政治科学学院博士候选人。

因此，本报告首先简要总结中以共建“一带一路”取得的成绩，然后重点分析在以色列推进“一带一路”建设面临的安全风险，并在此基础上提出相应的对策建议。

一、中以双方共建“一带一路”取得的成就

自1992年中以建交以来，双方的经贸关系呈迅速发展的态势。2013年“一带一路”倡议的提出为双方的经济合作提供了新的动力，并在经贸、投资、基础设施建设、农业、民间交往、人文交流等领域取得了显著的成绩。

（一）经贸关系和资本合作更加紧密

2005年11月，以色列正式承认中国完全市场经济地位，为双方经贸关系的发展提供了动力。近十余年来，中国和以色列两国经贸关系发展迅速，中国已成为以色列在亚洲的第一大贸易伙伴，也是以色列在全球范围内的第三大贸易伙伴。中国提出的“一带一路”倡议得到了以色列政府的积极响应，双边贸易额不断实现突破。2016年，中以双边贸易额113.5亿美元，其中我国出口81.7亿美元，同比下降5.1%，进口31.8亿美元，同比增长13.4%。2017年上半年，双边贸易额61.71亿美元，其中我国出口42.9亿美元，同比增长10.1%,进口18.81亿美元，同比增长33.6%。[①]

表1　中国与以色列建交以来的双边贸易额

年份	贸易额
1992	5000万美元
1996	4亿美元
2005	30亿美元
2010	50亿美元
2014	110亿美元
2016	114亿美元

数据来源：综合中华人民共和国商务部网站的信息

① 《中国同以色列的关系》，外交部，2017年8月，http://www.fmprc.gov.cn/web/gjhdq_676201/gj_676203/yz_676205/1206_677196/sbgx_677200/。

中国和以色列两国之间的贸易结构互补，以色列出口中国的产品以高新技术产品为主；中国出口以色列的产品主要以纺织品、手工制品、日用消费品和其他工业制品为主。一些中国品牌，比如华为、中兴、联想、海尔等，在以色列有一定的知名度。未来中国和以色列双边贸易额将进一步增长。一方面以色列日益认识到中国广阔的市场机遇，希望能够有机会与中国“做生意”的以色列人越来越多；另一方面，以色列的农业和科技以及创新能力，与中国正在进行的经济转型、结构调整和创新驱动等经济发展战略具有内在的契合性。因此，在“一带一路”倡议的引领下，随着越来越多的中国商品和品牌在以色列“生根”，以及以色列高新技术和创新模式不断进入中国，双方的贸易额仍有巨大的提升空间。

中以在资本领域的合作成就同样引人注目。近年来，中国资本开始收购以色列的公司和著名品牌，涉及化妆品、农产品、创新科技和风投基金等多个领域，而且多是针对以色列国内具有较大影响力的大企业进行的投资和收购，在以色列国内引起广泛的关注。

表2　2012年以来中资企业收购以色列企业与资本

中方出资公司	被投资和收购的以色列公司	涉及领域	收购时间
阿里巴巴集团	JVP Media Quarter	软件与网络安全	2015年5月
盛京集团	JVP; Viola; CPI; Vintage	风投基金	2015年3月
弘晖资本	Rainbow Medical	医疗卫生器械	2015年9月
赛领国际投资基金	Mobileye	人工智能	2013年5月
海思科药业集团	Micro System Technologies (MST)	医疗器械	2015年5月
上海巨人网络技术公司	Playtika	互联网	2016年8月
北京信威科技集团股份有限公司	Israel Space Communication Ltd	航天技术	2016年8月

数据来源：笔者整理

（二）基础设施建设合作成绩斐然

以色列国内交通状况相对滞后，加强基础设施建设的需求旺盛，这也为中以在“一带一路”倡议下围绕“设施联通”进行合作提供了巨大的空间。当前，中国企业如上海港务集团，中国港湾工程公司、中国铁建中土集团等单位，都纷纷参与到以色列的基础设施建设项目之中。其中中国上海港务集团获得了为期25年的海法港口的特许经营权，中国港湾工程公司获得了阿什杜德港新港口建设项目，中国铁建中土集团获得了特拉维夫轻轨项目的承建权。2017年4月，有6000名中国工人进入以色列，参与其基础设施工程建设，进一步提升了中国对以色列基础设施建设的参与水平。①

（三）农业合作方兴未艾

早在1993年，中以双方就在中国农业大学成立了中以农业培训中心，在北京郊区建立了示范农场，在山东、陕西、云南及新疆等地，建立了农业培植、花卉种植、奶牛养殖、节水旱作农业示范基地。近几年来，中国多个省市纷纷派代表团赴以色列考察农业，并与以色列建立了多个具体的农业合作项目，遍及北京、天津、上海、广东、江苏、安徽、福建、浙江、山东、四川、重庆、湖北、湖南、贵州、云南、海南、陕西、山西、河北、宁夏、新疆、黑龙江、辽宁等省市，重点是中国学习和引进以色列的农业节水灌溉技术、栽培和良种培育技术以及畜牧养殖技术等。以色列的农业技术不仅帮助中国农民获得了新农业品种，而且提高了农业产量，提升了生产效率。

（四）“民心相通”不断扩大，机制日趋成熟

在“一带一路”建设的带动下，中以民间交往规模不断扩大，合作机制更加成熟，“民心相通”的社会基础更加牢固。

近年来，赴以色列旅游的中国游客不断增多，签证手续和交通手段也更加便利。由于以色列高度重视中国旅游市场的巨大资源，过去数年历届政府都为吸引中国游客做出了巨大的努力。例如，以色列于2013年宣布接受非旅行社代理的个人旅游签证，并且简化了旅游签证的手续（由过去面签改为邮递材料办理）。在2016年第四季度，入境以色列的中国游客数量同比增加69%，增速居各国第一。② 中国也不断为加强双方往来创造更便利的条件。除了传统的中国国航、以色列航空开辟的往来北京与特拉维夫的直飞航班外，海南航空、国泰航空等先后开通了北京—特拉维夫和香港—特拉维夫往来航班，极大地方便了游客赴以色列旅游参观。

随着“一带一路”建设的推进，中以双方的文化教育交流也不断拓展。近

① 《以色列大使馆确认将引进6000名中国工人赴以工作》，环球网，2017年1月6日，http://world.huanqiu.com/exclusive/2017-01/9913758.html。

② 《2016年赴以游客数量创新高，中国市场贡献突出》，以色列时报，2017年1月10日，http://cn.timesofisrael.com/ 2016年赴以游客数量创新高，中国市场贡献突出 /。

年来，越来越多的中国留学生前往以色列学习交流。在2013年初，全以色列的中国留学人员（包括留学基金委资助、自费留学人员以及访问学者和短期交换等项目）大约只有180人左右，而到了2017年，这一数字已经接近1000人。中国赴以色列留学人员几乎涵盖了以色列的主要高校以及所有学科门类。一些以色列高校，如特拉维夫大学、耶路撒冷希伯来大学、海法理工大学、海法大学、巴伊兰大学、本-古里安大学、魏兹曼研究所等，与中国国内的多所高校建立了直接的合作关系，通过设立驻中国办事处以及"交换生"计划，吸引更多的中国学生留学以色列。此外，以色列各主要高校还积极创办研究生项目，并通过在中国的宣讲活动，吸引中国学生前往以色列留学。从2012年开始，以色列还为赴以色列学习的研究生和博士后设立专门奖学金，鼓励中国学生赴以色列留学。[①] 在2007年和2014年，中国先后在特拉维夫大学和希伯来大学开设了孔子学院，传播中国文化。此外，中国与以色列的科技创新合作不断加强，双方的企业和科研院所已经建立了一系列合作机制。

表3　中国高校与以色列高校的合作情况

中国高校	以色列高校	合作领域
清华大学	特拉维夫大学	医学；创新科技
中国人民大学	特拉维夫大学；巴伊兰大学	出版业
南京大学	特拉维夫大学	犹太研究
山东大学	特拉维夫大学	犹太研究
中国农业大学	耶路撒冷希伯来大学	农业技术
西北农林大学	特拉维夫大学；海法大学	农业技术
吉林大学	本-古里安大学	医学；信息技术；农业
汕头大学	以色列理工（海法理工）	数据处理；纳米技术；脑神经
华东师范大学	海法大学	特殊教育；心理学；统计学；计算机；脑神经

数据来源：笔者整理

二、"一带一路"倡议在以色列面临的风险

由于以色列的安全环境十分复杂，巴以冲突的长期存在和2011年以来叙利亚危机的加剧，埃及西奈半岛严重动荡等因素都对以色列的国家安全构成了

① 《以色列向中国学生提供奖学金》，《光明日报》，2012年5月7日，第8版。

一定的威胁；以色列自身存在的政治、经济、社会安全隐患也不容小觑。总之，周边的安全威胁和以色列国内的安全风险共同构成了在以色列推进“一带一路”建设的安全风险。

（一）巴以冲突长期化导致的安全风险

尽管当前以色列政局基本稳定，但由于巴以之间围绕边界问题、耶路撒冷问题、难民问题、犹太定居点问题存在严重矛盾，尤其是中东变局以来巴以问题被严重边缘化，中东和平进程严重受阻，这一切都决定了巴以冲突的复杂性、长期性、曲折性，进而使以色列仍无法摆脱由于巴以冲突长期存在导致的安全风险。

随着2005年以色列开始修建“隔离墙”工程，以色列受到的来自于巴勒斯坦极端分子的恐怖袭击次数和规模都大大下降，但是各类袭击事件仍是以色列面临的安全威胁，并有可能使中国在以色列的工程承包和人员安全面临直接或潜在的安全风险。

长期以来，以色列一直面临来自于加沙地区极端组织发射火箭弹袭击的威胁。随着极端分子火箭技术的提升，威胁的范围也不断扩大。在过去，以色列南部如红海海滨的埃拉特、内盖夫地区、阿什杜德港遭受极端分子火箭弹袭击的威胁最大。与此同时，来自加沙地区的火箭弹袭击往往能够直接打击以色列中部甚至北部地区，包括特拉维夫也在2012年成为袭击目标。尽管以色列的“铁穹”防空体系能够大体上拦截火箭弹袭击，但仍会对当地造成一定威胁。2016年5月5日，以色列在加沙南部地带发起打击“伊斯兰圣战组织”（杰哈德）、清除地下秘密通道的行动。由于在行动中遭到加沙武装人员炮击，引发了巴以自2014年8月停火以来最严重的交火。经由埃及调停，以色列军队于次日撤出了加沙地带。

另外，以色列也一直面临来自伊斯兰极端组织恐怖袭击的风险。负责国内安全事务的国家安全机构辛贝特总负责人在2016年末举行的一项颁奖仪式上表示，辛贝特在2016年共阻止了400多次恐怖袭击的发生。辛贝特的报告显示，2016年以色列的总体安全环境大幅改善，以色列本土发生的恐怖主义袭击总体上呈逐月减少的趋势，但2016年10月仍呈现出恐怖袭击高发的态势，共发生了153起恐怖袭击事件，其中约有1/3发生在耶路撒冷。①

① 《2016年辛贝特共阻止400多次恐怖袭击》，《以色列时报》，2017年1月1日，http://cn.timesofisrael.com/2016年辛贝特共阻止400多次恐怖袭击/。

表4　2016年以色列发生的恐怖主义袭击情况[①]

月份	袭击次数	月份	袭击次数
1	169	7	101
2	155	8	93
3	123	9	109
4	115	10	153
5	105	11	95
6	103	12	98

从未来的发展趋势看，基于巴以双方的尖锐矛盾和地区动荡导致巴以和平进程被严重边缘化，巴以冲突仍将在一定历史时期内长期存在。2016年1月，法国提出了促进巴以和谈的建议，表示如果未来几周内打破巴以僵局的努力无果，法国将宣布承认巴勒斯坦国，并提出尽快着手筹备一次有巴以双方以及美国、欧盟和阿拉伯国家参加的国际会议。然而以色列坚持巴以“双边谈判”和“直接对话”的立场，拒绝了这一建议。2016年10月13日，联合国教科文组织（UNESCO）通过了一项关于耶路撒冷圣殿山（巴勒斯坦称“尊贵圣地”）的决议，对以色列管理巴勒斯坦宗教场所的做法进行了谴责和批评，引发了以色列领导人的强烈反对，以色列政府也宣布暂停与联合国教科文组织的所有专业合作活动。

2016年12月23日，联合国安理会通过第2334号决议，谴责以色列在包括耶路撒冷在内的“被占领土”上修建定居点的行为，并要求以色列停止建设定居点活动。第2334号决议以14票赞成、1票弃权获得通过，其中美国投弃权票，引发了以色列的强烈不满。2017年12月，美国总统特朗普宣布“耶路撒冷为以色列首都”之后，巴勒斯坦民族权力机构主席阿巴斯宣布抵制美国主导的巴以和谈，使得巴以和平谈判陷入僵局，并且引发了巴勒斯坦民众的抗议示威浪潮。

（二）叙利亚动荡导致的安全风险

自2011年叙利亚内战爆发以来，以色列也面临着来自于叙利亚冲突“外

① Yoram Schweitzer, Aviad Mendelboim and Yotam Rosner, “Suicide Attacks in 2016: The Highest Number of Fatalities,” *INSS Insight,* No. 887, January 5, 2017, http://www.inss.org.il/publication/suicide-attacks-2016-highest-number-fatalities/.

溢”所造成的安全风险。

首先，叙利亚戈兰高地周边的冲突，偶尔会波及以色列境内。由于以色列北部的戈兰高地被开发成旅游目的地，戈兰高地以色列一侧的犹太定居点、“集体农庄”（基布兹）和“农业合作社”（莫沙夫）也在近些年面向中国招收“志愿者”，因此戈兰高地的中国游客受到来自于叙利亚冲突波及的风险也在不断增加。2016年11月27日，以色列国防军戈兰尼旅和“伊斯兰国”武装人员发生了短暂交火。这是“伊斯兰国”成立以来首次与以色列直接交火。28日，以色列空军对“伊斯兰国”在叙利亚境内的一处军事目标实施打击，以回应此前发生在戈兰高地的以军遭袭事件，防止极端武装对以色列造成安全威胁。2018年2月，以色列在戈兰高地击落一架伊朗无人机，造成以色列—叙利亚停火线地区边境紧张。

其次，活跃在叙利亚境内的一些伊斯兰极端组织，在过去几年中不断向以色列本土渗透，试图对以色列的目标发动袭击。2014年耶路撒冷老城就出现了极端组织“伊斯兰国”的宣传册，要求犹太人和外国人离开耶路撒冷。

第三，戈兰高地和黎巴嫩南部的什叶派武装团体，与以色列发生冲突甚至战争的风险不断增大。随着伊朗和俄罗斯先后介入叙利亚内战，来自黎巴嫩、阿富汗和伊拉克的什叶派武装团体，先后出兵叙利亚，一些什叶派武装也多次扬言要向以色列发动袭击。

以色列一直十分警惕伊朗及其支持的什叶派武装在叙利亚境内驻留，并努力阻止“真主党”和其他什叶派武装团体从叙利亚政府军和伊朗手中获得导弹和重型火炮等武器。以色列国防部长利伯曼（Avigdor Lieberman）在2017年7月警告称，以色列的下一场战争将会在“南北两个方向同时展开”，矛头直指叙利亚和黎巴嫩真主党。[①] 由于以色列在叙利亚问题上的强硬立场，导致其与叙利亚境内什叶派武装团体、黎巴嫩南部“真主党”冲突的概率大大增加。在当前情况下，以色列与叙利亚和黎巴嫩境内任何一个什叶派武装团体发生大规模冲突，都很可能演变为以色列与叙利亚、黎巴嫩什叶派各武装团体的战争，威胁以色列本土的安全，并波及在以色列的中国工程人员、留学生和在以华人。

（三）埃及西奈半岛动荡导致的安全风险

在埃及发生动荡之前，西奈半岛就已经成为许多极端组织和恐怖组织活动

① Adnan Abu Amer, “Has Israel Opened the Lebanese Front in its Battle with Hamas?” *Al-Monitor*, February 13, 2018, https://www.al-monitor.com/pulse/originals/2018/02/hamas-assassination-attempt-israel-lebanon.html.

的基地。2011年埃及动荡以来，西奈半岛的安全真空使其成为伊斯兰极端分子的重要栖息地，当地贝都因人也参与到暴力恐怖活动中，而“伊斯兰国”在西奈半岛的渗透和扩张，则对地区和国际安全构成了更为严重的威胁，其中最具威胁的当属“伊斯兰国”的西奈分支（Wilayat Sinai）——“耶路撒冷支持者组织”。

“耶路撒冷支持者组织”成立于2011年埃及动荡之后，是埃及目前实力最强、影响力最大的极端组织。[①] 2014年4月9日，美国国务院宣布“耶路撒冷支持者组织”为恐怖组织；4月14日，埃及开罗紧急事务法院也宣布“耶路撒冷支持者”组织为恐怖组织。同年11月10日，“耶路撒冷支持者组织”宣誓效忠“伊斯兰国”。自成立以来，该组织在中东地区广泛招募成员，吸引了很多来自阿拉伯国家的“志愿者”，其中包括参加过利比亚、叙利亚、阿富汗战争的“圣战”分子，但大部分成员为当地的贝都因人或埃及内陆的阿拉伯人。据估计，目前该组织大约有2000多名成员。“耶路撒冷支持者”的主要袭击目标之一就是以色列，并多在靠近以色列的拉法、祖维耶德以及阿里什等地活动，时常向以色列境内发射火箭弹，威胁以色列南部内盖夫地区。例如，2011年2月5日，西奈半岛的天然气管道遭受袭击，该组织宣布对这起事件负责；2011年8月18日，该组织袭击埃拉特，造成8名以色列平民和3名埃及安全人员死亡；2012年9月21日，该组织袭击以色列士兵，造成1人死亡。2015年7月16日，西奈半岛的极端武装用导弹袭击了在以色列和加沙地带交界处附近巡逻的埃及军舰，之后“伊斯兰国”宣布对此次袭击负责。

除“伊斯兰国西奈分支”外，西奈半岛还活跃着许多形形色色的极端组织。“大耶路撒冷地区圣战军舒拉委员会”成立于2012年，领导人为希沙姆·赛义德尼，它是一个包括驻扎在加沙地带数个圣战组织的伞状组织，主要在西奈半岛和加沙开展活动。该组织反对埃以和平条约，主要袭击目标为以色列。“西奈半岛圣战支持者组织”成立于2011年，创立者为曾是拉登私人医生的拉姆兹·马哈茂德，该组织已宣誓效忠“基地”组织。“马哈茂德·贾马尔网络”也成立于2011年，该组织与“基地”组织马格里布分支和阿拉伯半岛分支都有密切联系，并在利比亚建立了训练营。贾马尔曾表示，西奈半岛将成为对抗美国和以色列的前线阵地。[②]

① 参见刘中民、赵星华:《埃及西奈半岛极端组织浅析》，载《国际研究参考》，2015年第12期，第45—50页。

② 参见王晋:《“伊斯兰国”组织西奈分支的演进及影响》，载《阿拉伯世界研究》,2017年第2期，第52—64页。

由于《埃及—以色列和平协定》的规定，西奈地区由西向东被划分为A、B、C、D四个区域，埃及军队在这四个区域内部署的军事力量强度逐区递减，导致无法全面清剿西奈半岛的伊斯兰极端分子。2017年11月底，西奈半岛阿里什发生导致300多人死亡的严重恐怖袭击事件，这表明西奈半岛的安全环境在继续恶化，并有可能对以色列构成较严重的安全威胁。[①]

（四）以色列犹太极端组织和帮派犯罪带来的暴力风险

以色列国内活跃着一些犹太极端组织，如“防止圣地同化团体”（Lehava）和“卡赫”（Kach），往往会策划针对巴勒斯坦人、外国游客和以色列政府目标的袭击活动，直接或间接对在以色列的中国人构成安全威胁。由于这些犹太极端组织与以色列国内的一些正统犹太教社团存在联系，因此具有一定的政治和社会影响力。一些重大的节日集会，比如特拉维夫一年一度的夏季“同性恋大游行”，以及以色列境内的巴勒斯坦人宗教和聚居场所，往往成为犹太极端分子的袭击目标。过去数年中，以色列安全部门曾经抓捕多名犹太极端分子，阻止了多起针对巴勒斯坦人和在以色列的外国游客的袭击活动。此外，特拉维夫的一些街区，比如外籍非法劳工和非法移民滞留的罗马街，是以色列国内有名的帮派犯罪高发区，常常发生针对中国人的偷盗甚至暴力事件，威胁在以色列的中国公民人身安全。

（五）自然灾害引发的人身安全风险

以色列国土狭长，有着较为丰富的森林和海洋资源，也面临着自然灾害威胁。一些沿海城市，尤其是夏季，会时常发生游人溺水事故；而在2010年和2016年，海法先后发生了两次森林大火，造成全城市民被迫疏散转移，波及在海法的中国留学生和当地华人。[②]

2016年11月，在以色列发生了波及全国的严重火灾。此次火灾遍布全国的着火点多达220处，约1850英亩的森林和农田被毁，100余人因为吸入大量烟尘被送往医院。以色列警方认为这场火灾很可能是激进分子故意纵火所致，

---

① 关于西奈半岛的驻军情况，可以参见Assaf Orion, “Steadfast Vision, Flexible Implementation: The Multinational Force and Observers in Sinai,” *INSS Insight*, No.837, July 25, 2016, http://www.inss.org.il/publication/steadfast-vision-flexible-implementation-the-multinational-force-and-observers-in-sinai/?offset=18&posts=26&outher=Assaf%20Orion.

② 邱荔：《以色列海法火灾严重，中国大使馆连夜租大巴安全撤离学生》，观察者网，2016年11月25日，http://www.guancha.cn/society/2016_11_25_381875.shtml。

有以色列右翼领导人甚至将这场迫使75000名公民紧急疏散的火灾称作是“生态恐怖主义”，要求将纵火犯与恐怖分子同等对待。[①]

（六）企业投资与并购的安全风险

总的来说，以色列给予外资相对宽松的政策空间。以色列并未就外商投资专门立法，外国投资者赴以并购，无需经过专门的审查或批准。但是中国企业在以色列投资，需要了解以色列的具体国情和行业情况，尤其是涉及敏感领域的投资，要有清醒的风险意识。

首先，收购企业常面临企业员工罢工等社会问题。中国企业在收购以色列企业时，除了要得到被收购方以及以色列政府的许可之外，还需要考虑地方环境、社区满意度以及被收购企业劳工协会的因素。尤其是以色列劳工组织，往往具有极大的号召力，一些政府部门、大型企业和公共机构，在劳工组织的号召下举行罢工更是家常便饭。2011年，中国化工集团并购以色列马克西姆农业化工集团时，因担心中国化工集团从中国引进员工而导致以色列员工失业，马克西姆公司工会曾扬言要罢工以示抗议。最终在中国驻以色列使馆和以色列政府协调下，才避免了罢工的发生。

其次，通过注资和并购的方式，获得以色列创新科技并非易事。以色列政府通过经济部来资助国内的创新企业，受资助的创新企业不能在以色列境外开展生产活动，如果受资助公司计划转移控制权，需要向以色列政府提交申请；要转移相关的专利技术，也需要向以色列政府交纳罚金。在以色列国内制造业相对滞后，以及以色列国内市场相对狭小的背景下，中国资本收购受以色列政府资助的创新企业，可能会面临技术成果无法进入中国市场的窘境。

第三，投资以色列资源类、农业、通讯和其他敏感行业的企业需要非常小心。一方面，以色列国土狭小，投资和并购以色列矿产、安全和农业企业，往往容易引起舆论关注，影响投资和并购的实现；即使中国企业与以色列政府或相关大型企业签订了合作协议，仍可能受到来自于社会团体乃至司法力量的干预，最终导致投资和并购失败。另一方面，以色列国内对中国仍然持负面态度，来自中国的资本投资或者并购矿产、农业、通信等部门时，容易受到以色列社会和舆论的怀疑，并干扰并购进程。

第四，在一些敏感行业，以色列反垄断机关会对相关的外国投资企业进行

① “Arson worse than terrorism, Netanyahu says,” *Times of Israel,* November 26, 2016, http://www.timesofisrael.com/liveblog_entry/arson-worse-than-terrorism-netanyahu-says/.

审查。以色列对外国资本投资航空、海运、电信、广播、能源、旅游等领域有着一定的限制。比如在电信领域，以色列法律规定，外国资本在电信领域的最高出资比例不超过74%；对于固定电话领域的服务企业，3/4的董事会成员必须是以色列公民或者居民。中国资本投资和并购这些领域，需要格外谨慎。

（七）以色列政府变动频繁导致的投资风险

总的来说，以色列的政治环境相对较好，但是仍需注意以色列国内政治特点所带来的投资风险。以色列政治最大的特点是内阁制导致的政府不稳定，政府变动频繁。近年来，利库德集团虽牢牢掌控以色列政治的主导权，但其政府的局部变动也时有发生。

在2015年3月的以色列大选中，赢得多数席位的利库德集团联合库拉努党、犹太人家园党、圣经犹太教联盟、沙斯党等五个政党组成了右翼联合政府。该执政联盟在以色列议会120个席位中占61席，刚好达到以色列基本法规定的组阁席位，本雅明・内塔尼亚胡第四次出任以色列总理。由于此届政府的核心政党仍然是在过去近半个世纪中执掌以色列政坛的利库德集团，而内塔尼亚胡也是第三次连任总理，因此其内外政策保持了一定的延续性。

由于此届内阁在议会中的席位并未占据绝对优势地位，仅仅达到组阁的标准，因此政府仍然存在一定的不稳定性，很容易受到议员离职等事件的冲击。例如，2016年以色列政坛发生的最重要的事件之一就是原国防部长、利库德集团成员摩西・亚阿隆的辞职。亚阿隆的辞职不仅引发了内阁的扩大和改组，而且对右翼政治力量的分化也有一定的影响。又如，从2016年年末起，围绕阿莫纳定居点的对峙使得定居点问题在以色列国内政治中的重要性再度排上了首要地位。[①] 这一事件给内塔尼亚胡领导的右翼政党联合政府造成了极大的压力，因为拆除定居点一直以来都是左翼反对党派的要求，而广大的定居点支持者和右翼人士都希望政府能够在定居点问题上通过新的法令与左翼抗衡。定居点问题持续发酵并一直延续到2017年年初，以色列政府在巨大的国内外压力下促成了2月6日定居点合法化法案的出台。这些事件都表明以色列政府仍具有一定的不稳定性。

由于以色列政府更迭频繁，一些重要的政策往往缺乏连续性，朝令夕改，而政府内部不同党派之间相互掣肘和推诿严重，影响政策的制定和实施。比如

---

① 王晋:《阿莫纳定居点之争——重揭以色列社会的伤痕》,《以色列时报》, 2016年12月20日, http://cn.timesofisrael.com/ 阿莫纳定居点之争——重揭以色列社会的伤痕/。

中国和以色列关于派遣中国劳工进入以色列的谈判，也曾一度因以色列劳工部门和内政安全部门之间的“党争”而陷入僵局。此外，以色列政府中普遍存在官僚主义和规章制度不透明等问题，能源、航运、邮政、交通等行业和部门更是效率低下，是制约以色列国内社会经济发展的顽疾，也影响进入以色列的外资企业的效率。

三、应对安全风险的建议

总的来说，近些年来在以色列的中国投资、人员所面临的安全风险有所降低。一方面，以色列国内的安全环境大大改善。另一方面，在以色列的中国企业和人员的安全意识也不断提升。随着中国和以色列交往不断深入，尤其是2013年“一带一路”倡议提出以来，前往以色列投资、经商、旅游、工作和学习的中国人在前往以色列之前，多通过网络、书刊和媒体了解以色列的相关安全信息、相关政策和法律法规，做到了有备无患；中国驻以色列使领馆也积极帮助在以色列的中国企业和人员规避风险，保护合法权益。但是，鉴于在以色列推进“一带一路”建设仍面临不少安全风险和隐患，中国从认识上加强对风险的认知和评判，在实践上采取行之有效的措施进行防范依然十分必要。

（一）要对中以共建“一带一路”面临的问题有清醒的认识

在“一带一路”倡议的引领下，中国以色列双边关系取得了较大的进步，但是也面临一些问题。中国政府相关部门、企业和个人对此应保持头脑清醒，并不断加强认知。

首先，以色列政府对“一带一路”倡议的认知和对接仍不够积极。以色列至今仍没有出台相应的政府及议会决议与中国的“一带一路”倡议做出明确的战略对接。尽管以色列将中国视为重要的伙伴国家，但对中国依然缺乏了解，并始终将对美关系放置于外交政策的首要地位。[①] 2016年1月，以色列国家安全研究所主编并出版了《以色列战略调查2015—2016》一书，该书认为当前以色列社会对于中以两国在“一带一路”框架下进行更为密切的合作仍有疑问。国家安全研究所高级研究员奥戴德·埃兰和兹维·摩根在书中指出，在经

---

① 闵捷：《“一带一路”背景下中国与以色列的关系》，载刘中民、朱威烈、孙德刚主编《中东地区发展报告》（2015—2016），北京：时事出版社2016年版，第128页。

济层面，中国企业进入以色列市场相对容易，但以色列公司要进入中国市场则会遇到文化与经济上的障碍；在政治层面，包括不少政府官员在内的许多以色列人并不否认中以经济合作的成就，但对于中国向以色列的敌对国家出售武器以及对联合国中的反以提案很少予以否决表示不满，他们怀疑中国在以色列的投资是否是其更大计划的组成部分，并强调中以关系的发展要在不脱离以色列与美国政治、军事关系的基础之上进行。[①] 以色列学界和媒体对于中国持负面态度也大有人在，甚至对于“一带一路”倡议的目标持怀疑态度。

其次，中国对于以色列的认知存在过于乐观、客观认知相对不足等问题。围绕“一带一路”倡议，中国驻以色列媒体的宣传多偏重于其正面积极的方面，但对其存在问题的报道和分析相对不足，过高估计了中国在以色列的影响力，很大程度上误导了中国企业和公民对以色列的认知。

最后，中国和以色列的“一带一路”对接仍然受到“第三方因素”的影响。美国对于以色列政治、经济、社会的影响仍然居于主导地位，以色列观察中国的视角几乎完全取决于美国视角；中国长期以来在国际舞台上与阿拉伯国家一道，支持巴勒斯坦人民建立独立民族国家的正义立场，也使得很多以色列人对于与中国的合作心存芥蒂。

（二）进一步拓展中国在以色列的社会交往层次

中国驻以色列使领馆和驻外媒体代表，在保持与以色列官方和高层密切沟通的同时，也要积极关注周边国家和地区，尤其是埃及、巴勒斯坦（约旦河西岸和加沙地区）、约旦、黎巴嫩和叙利亚等国的最新态势，对于可能出现的战争和冲突风险要有所准备；在“不干涉内政原则”的前提下，中国驻以官方团体和人员，可以适当增加与以色列社会的交往。以色列国内社会较为开放，各种团体、党派、机构和社区关系盘根错节，中国驻以色列各个机构人员可以进一步主动接触各个领域的人士，扩展信息渠道，积极运用以色列媒体资源和社会资源，形成合力，化解可能出现的各类风险。

（三）进一步加强对驻以色列中国人员的组织协调

近些年来，以色列中国留学人员联谊会、以色列华人协会、以色列华人商会等团体先后建立，职能进一步完善；中国驻以色列使领馆对于海外中国人

---

① Oded Eran and Zvi Magen, “Israel and the Leading International Actors,” in Shlomo Brom and Anat Kurz, ed., S*trategic Survey for Israel 2015-2016*, Institute for National Security Studies, 2016, pp.31-38.

的保护越来越重视，使馆领事部与在以色列中国人员的互动不断增多。但是驻以色列使领馆对一些在以色列的中国劳工（尤其是非法滞留劳工）和赴以色列的中国游客（尤其是自助游）的情况难以完全掌握，这就要求驻以色列使领馆进一步做好沟通和协调工作，主动与以色列总工会、劳工部门、内政部、各高校、主要旅游公司等部门和机构加强沟通，完善在以色列中国人的数据信息，加强安全保护的机制建设。

（四）整合国内外资源，加强各行业、各部门对以色列的调研

一方面，中国驻以色列使领馆、国内中东研究机构、中国驻以色列媒体、在以色列的中资机构、在以色列的各中国人团体，可以进一步加强协调，深入地了解和汇总以色列社会、法制、政党、阶层的相关情况，通过媒体、书刊和网络形式，向社会及时发布以色列国内的最新情况。另一方面，中国政府相关部门要积极引导国内投资企业与以色列法律事务所对接，以规避诸多法律风险。目前多家以色列律师事务所已经与中国律师事务所开展了合作，国内企业可通过国内律师事务所，了解以色列目标市场和目标企业的情况。

在阿联酋推进“一带一路”建设的风险及应对

喻　珍 [①]

摘要：从国内政治经济和地缘政治方面看，在阿联酋推进“一带一路”建设的风险总体不大，但也有一定的潜在风险和具体的经营风险。当前，中国和阿联酋政府在推进“一带一路”建设方面达成了许多共识，但还需要双方加强战略对接、政策沟通和机制建设，利用阿联酋在区位、能源、港口、转口贸易等方面的优势，使阿联酋成为中国在海湾地区推进“一带一路”的战略支点。

关键词：阿联酋；一带一路；风险评估；政策建议

阿联酋是西亚地区的经济强国，地理位置优越，油气资源丰富，具备一定的工业基础，金融业和航运业发展潜力较大。尽管西亚北非局势持续动荡，2016年1月和2017年6月阿联酋与沙特等国分别同伊朗和卡塔尔断交，但其当前政局基本稳定。作为“一带一路”陆路和海路的交叉点，阿联酋是中国推进“一带一路”互联互通的重要节点和必经之路，阿联酋的东向政策（Look East policy）和“重振丝绸之路”理念[②]也与“一带一路”倡议具有高度契合性。本报告主要分析在阿联酋推进“一带一路”建设面临的政治、安全和经济风险，并就如何应对进行思考。

---

① 喻珍，湘潭大学海湾研究中心执行副主任。

② Ni Jian, “UAE and China Joining Hands for New Journey on Silk Road,” Khaleej Times, May 3, 2017, https://www.khaleejtimes.com/editorials-columns/uae-and-china-joining-hands-for-new-journey-on-silk-road.

一、阿联酋国内政治风险评估及建议

阿联酋的政治体制比较特殊，它是由七个酋长国组成的联邦国家，[①] 既带有联邦制国家的一些普遍特征，又带有阿拉伯君主制国家的政治特征。阿联酋的政治体制中既重视联邦政府的中央权力，又赋予了联邦内各酋长国各种自主权。阿联酋实行总统制，总统的每届任期为五年，经重新选举后可连任，没有严格的任期限制。阿联酋的最高权力机关是由七个酋长国的酋长组成的联邦最高委员会，联邦总统和副总统都由联邦最高委员会从委员会成员中选出。现任总统哈利法·本·扎耶德·阿勒纳哈扬（Khalifa Bin Zayed Al-Nahyan）在2004年11月继任阿布扎比酋长，随后当选为阿联酋总统。总理穆罕默德·本·拉希德·阿勒马克图姆（Sheikh Mohammed bin Rashid Al Maktoum）兼任联邦副总统、国防部长和迪拜酋长。

阿联酋国内没有合法政党，总统和议会不是按照党派进行选举，没有执政党和在野党的区分，总统也不是执政党的代表人物，与西方的议会政治存在不同之处。阿联酋联邦政府和七个酋长国的政治体系主要围绕联邦政府和各酋长国政府展开，不存在合法的政党政治。除政府之外，阿联酋国内的社会组织也承担部分社会公共职能：如1983年成立的阿联酋红新月会是其主要国内、国际慈善和援助机构；1975年成立的阿联酋妇女联合国结合了迪拜、沙迦等地的妇女协会，主要从事保护妇女、家庭和儿童等事务。

阿联酋政治当前相对稳定，为我国推进“一带一路”建设提供了良好的投资和政治环境。2010年年底“阿拉伯之春”以来，阿联酋被认为是海湾乃至整个中东地区国内局势最稳定的国家之一。由于阿联酋政府重视发展社会事业，为本国公民提供高福利，人民生活富足，所以公民对阿联酋政府的反对声音很少。

进入21世纪初期之后，阿联酋政府也面临国内外要求进行政治改革的呼声。2006年8月，阿联酋颁布新的议会选举法，规定作为咨询机构的联邦国民议会成员为40名，其中20名由各酋长国酋长根据名额分配来自主提名，最后由联邦总统任命；[②] 其余20名由指定的6596名阿联酋籍选民参加选举产生，最后获得选举资格的是456名候选人，其中包括65名女性。这一次选举中特意

① 1971年12月2日独立时，阿联酋由阿布扎比、迪拜、沙迦、富查伊拉、乌姆盖万和阿治曼六个酋长国组成；1972年2月10日，哈伊马角加入联邦。

② 仝菲：《阿拉伯联合酋长国现代化进程浅析》，载《西亚非洲》2010年第5期，第50—51页。

强调要对阿联酋女性赋权，[①] 最后产生的40名议员中有9名女性。[②] 这一次选举在联邦层面有74.4%的国民参与率。[③] 这一改革被视为阿联酋在民主改革道路上迈出的重要一步。2011年9月进行的第二届联邦国民议会选举的选举人登记达到了12万9274人，但最后投票率只有27.75%。2015年10月举行联邦国民议会选举的注册人数达到了22万4279人，其中48%是女性；最后的候选人是330人，其中包括74名女性。[④] 联邦国民议会的选举制的确促进了国民的政治参与，但这一咨询机构仍存在会议议题设置上的限制，以及联邦政府部长缺席质询会议等问题。[⑤]

阿联酋发生内部政权改组的可能性不大。阿联酋现任政府在2016年2月组成，目前共有内阁成员29人：联邦总统是阿布扎比酋长哈利法·本·扎耶德·阿勒纳哈扬，他于2004年分别当选为阿布扎比酋长和阿联酋总统后，连任至今；副总统兼总理是迪拜酋长穆罕默德·本·拉希德·阿勒马克图姆，自2006年当选并连任至今。现任哈利法总统一直被认为健康状况欠佳，对国家权力的掌控力度有限，而其同父异母的弟弟阿布扎比王储穆罕默德是位强势人物，思想活跃，他即位后或许会在政治改革方面有较大举措。而根据阿联酋的法律，联邦总统来自阿布扎比，副总统兼总理来自迪拜，哈利法总统的继承人问题将极大地影响未来阿联酋的政治局势。

2017年10月19日，阿联酋组成了第13届政府，这一届政府在2016年2月的第12届联邦政府[⑥] 的基础上调整了6位部长，新的内阁重组再次强调了“年轻化”，6位新部长中有5位的年龄在20至40岁之间，其中有3位是女性。新增的3个国务部门的部长包括：27岁的艾马尔·本·苏尔坦·阿尔·欧拉玛（Omar bin Sultan Al Olama）被任命为阿联酋第一任人工智能国务部长（Minister

---

① 阿联酋近年来高度强调在其国内促进性别平等和提高妇女权利。2015年5月，阿联酋成立了阿联酋性别平衡委员会（UAE Gender Balance Council），并树立了在2021年要位列全世界性别平衡的前25个国家的发展愿景。参见：The Official Portal of the UAE Government, “Women: Gender Balance”, https://government.ae/en/information-and-services/social-affairs/women.

② Kristian Coates Ulrichsen, *The United Arab Emirate*, p.57.

③ Ministry of State for Federal National Council Affairs, United Arab Emirates, “Federal National Council Elections 2006”, https://www.mfnca.gov.ae/en/areas-of-focus/elections/2006/.

④ The Official Portal of the UAE Government, “The Federal National Council” , https://government.ae/en/about-the-uae/the-uae-government/the-federal-national-council-.

⑤ Kristian Coates Ulrichsen, *The United Arab Emirates*, p.57.

⑥ 2016年2月的政府成员名单参见：《阿联酋第12届联邦政府成立》，中华人民共和国阿拉伯联合酋长国大使馆经济商务参赞处网站，2016-02-18，http://ae.mofcom.gov.cn/article/todayheader/201602/20160201257827.shtml.

of State for Artificial Intelligence），30岁的萨拉·宾特·尤素夫·阿米里（Sarah bint Yousif Al Amiri）担任负责尖端科技的国务部长；另外，玛丽亚姆·阿穆哈利（Mariam Al Muhairi）被任命为第一任食品安全部长（Minister of State for Food Security）。[①] 这些新部长职位的设立与《阿联酋2021远景规划》（UAE Vision 2021）中提出的发展可持续、多元化经济，以及建立知识型、高效率的经济模式的发展目标是一致的。[②] 这一届新政府的人员[③] 调整还包括：原卫生和社会预防部长阿卜杜·拉赫曼·阿勒·欧维斯（Abdul Rahman Al Owais）兼任联邦国民议会事务部国务部长；原联邦联邦国民议会事务部国务部长努拉·宾特·穆罕默德·卡阿比（Noura bint Mohammed Al Kaabi）担任文化和知识发展部长，并进入内阁；人力资源和本土化部长变为纳赛尔·本·朱马·勒萨尼·哈米利（Nasser bin Thani Juma Al Hamli）进入内阁；社会发展部长变为哈萨·宾特·伊萨·布胡马伊德（Hessa bint Essa Buhumaid）进入内阁；原基础教育事务部长，改为公共教育事务部长（Minister of State for Public Education），部长仍为贾米拉·宾特·赛利姆·穆海里（Jamee la bint Salem Al Muhairi）；原国务部长拉希德·本·艾哈迈德·本·法赫德（Rashid bin Ahmed bin Fahad）改为扎基·安瓦尔·努赛贝（Zaki Anwar Nusseibeh），非内阁成员。新一任内阁成员共31人，其中包括了9名女性成员。

虽然阿联酋联邦政府内阁在进行不断的改组，现在的内阁成员除了财政部长谢赫·哈姆丹·本·拉希德·阿勒马克图姆（Sheikh Hamdan bin Rashid Al Maktou）从1971年担任这一职务至今，其余的内阁成员都是在所谓的“后扎耶德时代”（“post-Zayed” era）[④] 进入内阁的，但更迭的内阁要员的继任者还是来自同样的几个家族。除了根据阿联酋的联邦总统来自阿布扎比，副总统兼总理来自迪拜的政治传统外，现在政府中的副总理兼内政部长、副总理兼总统事

---

① Khaleej Times, “Sheikh Mohammed Announces Young UAE Cabinet,” October 20, 2017, https://www.khaleejtimes.com/news/government/sheikh-mohammed-announces-young-uae-cabinet.

② 阿联酋的其他经济社会发展规划还包括《阿布扎比2030年经济远景规划》（Abu Dhabi Economic Vision 2030）、《迪拜2021年规划》（Dubai Plan 2021）、《阿联酋2071百年计划》（'UAE Centennial 2071）。参见商务部国际贸易经济合作研究院，中国驻阿联酋大使馆经济商务参赞处，商务部对外投资和经济合作司，《对外投资合作国别（地区）指南：阿联酋（2017年版）》，http://fec.mofcom.gov.cn/article/gbdqzn/upload/alianqiu.pdf，第21页。

③ 现在的阿联酋内阁名单见The Cabinet, United Arab Emirates, “Cabinet Members,” https://uaecabinet.ae/en/cabinet-members.

④ 2004年11月2日，阿联酋的开国总统谢赫·扎耶德·本·苏丹·阿勒纳哈扬（Sheikh Zayed Bin Sultan Al Nahyan）病逝之后，由其儿子谢赫·哈利法·本·扎耶德·阿勒纳哈扬（Sheikh Khalifa Bin Zayed Al Nahyan）继任总统。

务部长、教育国际合作部长等都来自统治阿布扎比的阿勒纳哈扬（Al Nahyan）家族；而总理兼国防部长，以及财政部长都来自统治迪拜的阿勒马克图姆家族。另外，任内阁与未来事务部长的穆罕默德·本·阿卜杜拉·卡尔卡维（Mohammed bin Abdullah Al Gergawi）和外交事务国务部长的安瓦尔·本·穆罕默德·卡尔卡什（Anwar bin Mohammed Gargash）都是迪拜重要的顾问或前行政官员。①

尽管阿联酋政局总体稳定，但也存在的一定的问题和风险。

首先，阿联酋的联邦制存在着一定的隐患。

阿联酋联邦政府的权力包括外交事务、防务和安全事务、邮政、电话和其他通讯服务，航空控制、飞机执照发放、教育、公共安全和货币发行、劳务关系管理、社会安全、银行业，以及界定各酋长国领土内的管辖权；同时，阿联酋宪法也给予了联邦内各酋长国以自治权，即没有写明归属于联邦权限的其余权力都归各酋长国的埃米尔掌控，各酋长国内的自然资源和其他财富都被视为归各酋长国自有，而不划归联邦。② 联邦的财政支出主要由阿布扎比、迪拜和沙迦三个酋长国来负担。阿联酋目前的联邦形式得以维持，很大程度是因为阿布扎比和迪拜的经济在七个酋长国中占绝对优势并负担大部分联邦财政，因此这两个酋长国的联邦政府政策和国内继承人问题都会影响整个联邦的稳定和未来政策走向。

进入21世纪初期，尤其是现任酋长穆罕默德·阿勒马克图姆即位后，迪拜被认为在国内和对外事务中表现出更多的自主性。阿联酋现任哈利法总统一直健康状况欠佳，对阿布扎比的国家权力的掌控力度有限；而阿布扎比的王储穆罕默德·本·扎耶德·阿勒纳哈扬（Mohammed bin Zayed Al-Nahyan）被视为其国内的实际统治者，围绕着他有一个被称为“法蒂玛的儿子”（Bani Fatima）的王子集团。③ 这位影响力还在不断上升的阿布扎比王储和阿联酋副总统、现总理穆罕默德·阿勒马克图姆间存在着密切的个人联系和公务合作，并曾在2009年的迪拜债务危机期间，促成阿布扎比向迪拜注资。④ 因此，如

① Kristian Coates Ulrichsen, *The United Arab Emirates: Power, Politics, and Policymaking*, Abingdon and New York: Routledge, 2017, pp.70-71.

② Ann Griffiths, *Handbook of Federal Countries*, Montreal: McGill-Queen's University Press, 2005, pp.361,362；仝菲：《阿拉伯联合酋长国现代化进程浅析》，第55页。

③ 即阿布扎比前任酋长和阿联酋前总统谢赫·扎耶德·本·苏丹·阿勒纳哈扬的第三任妻子所生的6个儿子，其中阿布扎比的现王储最为年长。参见Kristian Coates Ulrichsen, *The United Arab Emirate*, pp.70-71.

④ Ibid, p.7.

果阿布扎比王储在即位后对阿布扎比和阿联酋联邦进行较大的政治改革，尤其是进行更趋向于自由化的改革，可能遇到的阻碍将不是来自迪拜，而是在政治和社会各方面都更为保守的沙迦或其他酋长国。

其次，阿联酋经济状况恶化对政治稳定构成潜在威胁。

阿联酋现在相对稳定的政治和社会状况，最主要的原因是其巨额石油、天然气收入带来的高人均收入，以及政府给予国民的高福利。一旦高度依赖对外贸易的阿联酋国内经济状况恶化，无力支撑现在的高福利国民待遇，将面临国内政治动荡的风险。进入21世纪初期以来，阿联酋国内民众不乏要求更多地参与国家管理和建设，以及反对王室成员垄断涉及国家经济命脉行业的呼声，但多被政府不断提高国民福利的举措所弱化。在中东剧变席卷多个中东国家的2012年，阿联酋政府又一次通过增加国民福利的方式来维持社会稳定。在当年12月阿联酋建国40周年之际，哈利法总统发布法令成立一个27亿美元的基金为政府部门的职员加薪。这次加薪使得阿联酋联邦法院、卫生部任职的职员以及隶属教育部的老师工资将增加1倍，联邦政府高级职员工资增长35%，中级职员工资增长45%。哈利法总统还颁布法令划拨了2500块土地给阿布扎比低收入家庭，用于建住宅。[①] 从短期来看，阿联酋通过增加公民福利支出来维持社会稳定的方式非常有效，但也受到国际能源价格、世界经济形势，以及阿联酋经济可持续发展动力不足的影响，长期来看具有一定的脆弱性。

再次，外籍劳工问题也是影响阿联酋政治稳定的潜在风险。

从20世纪30年代开始，伴随着石油产业的兴起，阿联酋开始大量接受外籍劳工以补充自身劳动力资源的短缺，外籍劳工为阿联酋经济现代化的发展作出了重要贡献，促进了阿经济繁荣和城市化发展。但从1982年开始，由于国民经济增长明显放缓，特别是1986年国际油价骤降直接影响了国家出口收入，阿联酋的失业率和隐性失业率上升，向外国劳工支付工资、补贴以及向其家属提供服务设施和社会福利待遇造成的负担过重；更为紧迫的是，大量外国移民长期滞留，造成了阿人口结构上的急剧变化。尽管阿联酋在20世纪70年代推行“劳动力本国化”政策并在80年代采取收紧移民政策的举措，阿联酋的本国居民在人口总数中仍长期处于“少数居民”的地位：在阿联酋930万人口中，外籍人占比高达88.5%。大量外籍劳工的存在加剧了本国人与外籍劳工之间的对立和巨大工资差距，给国家的社会安定留下隐患。此外，不同国籍劳工集团之间的矛盾也是社会不安定的隐患。

---

① 全菲：《阿拉伯联合酋长国现代化进程研究》，北京：社会科学文献出版社，2013年版，第195页。

总之，阿联酋政局稳定，国内治安状况总体较好，短期内不会发生大规模动荡，是“一带一路”沿线国家中的低风险国家。阿联酋总体上对中国态度友好，即使发生外交纠纷，也不太会危及中国公民的生命和财产安全。但未来阿联酋政治局势依然存在变数，尤其是本国民众与外籍劳动力之间的矛盾突出。中国相关部门应为中资企业和劳工在当地工作、生活提供更多保障，制定领事保护应急预案。

二、阿联酋面临的地缘政治风险及对策建议

阿联酋奉行对沙特“一边倒”政策，在沙特与伊朗、卡塔尔的两次断交危机中，阿联酋都是沙特的追随者，进而使其卷入海湾地区的地缘政治博弈。

第一，阿联酋与伊朗的关系持续紧张。2016年1月2日，沙特宣布与伊朗断交之后，阿联酋政府随后宣布将阿联酋与伊朗外交级别由大使级降至代办级，同时减少伊朗在阿联酋的外交人员人数。在1月9日召开的海合会外长会议中，阿联酋和海合会其他4国支持沙特增强对伊朗的施压。

值得注意的是，阿联酋和伊朗两国虽然存在领土争端和政治矛盾，但在天然气领域有超过30年的合作，2008年伊朗国家石油公司同阿联酋的新月石油公司（Crescent Petroleum）签订了25年的天然气出口协议。[①] 阿联酋和伊朗两国也实现了高层互访。虽然阿联酋和伊朗还没有恢复大使级外交关系，但两国在2018年3月11日的坠机事件[②] 中保持了合作。

第二，卡塔尔外交危机持续带来的海合会动荡。2017年6月持续至今的卡塔尔断交风波是2017年世界范围内严重的外交危机之一。沙特、阿联酋和巴林同埃及和其他中东国家针对卡塔尔的断交、禁运、制裁，是海合会内部分裂的标志。除沙特关闭与卡塔尔的陆地边境外，阿联酋也禁止卡塔尔船只使用阿联酋的主要加油港口，迫使卡运输船只驶向更远的地方加油或者支付更高的价格，导致卡能源与大宗商品出口成本上涨。2017年6月23日，沙特、阿联酋、巴林和埃及四国通过科威特向卡塔尔转交旨在解决危机的13点要求，遭卡塔

① David Ramin Jalivand, “Iran’s Gas Exports: Can Past Failure Become Future Success?”, *Oxford Institute for Energy Studies NG78*, June 2013, https://www.oxfordenergy.org/wpcms/wp-content/uploads/2013/06/NG-78.pdf, p.8.

② 2018年3月11日，一架从阿联酋沙迦国际机场出发的飞机坠落在伊朗南部，造成11人遇难。参见Khaleej Times, “UAE to Support Iran Probe on Plane Crash,” March 13, 2018, https://www.khaleejtimes.com/nation/sharjah//uae-to-support-iran-probe-on-plane-crash.

尔拒绝，四国对卡塔尔的制裁持续至今。2017年11月，卡塔尔外交大臣在多哈强调，海湾危机中的断交国应承担海合会可能解体的责任。① 沙特、阿联酋等国家仍然指责卡塔尔“支持恐怖主义、干涉他国内政”，而卡塔尔也把这场断交危机解读为沙特、阿联酋等国对其内政的干涉，可见这场危机更严重影响了海合会的合作。

2017年12月5日，在科威特首都科威特城召开的第38届海合会首脑会议上，仅卡塔尔埃米尔和东道主科威特埃米尔作为首脑出席会议，其他四位海合会成员国首脑均缺席这次首脑会议。在峰会举行前数小时，阿联酋外交部宣布：阿联酋正与沙特设立一个“联合合作委员会”（Joint Cooperation Committee），旨在军事、政治、经济、贸易、文化等领域开展双边合作和协调，这被外界解读为阿联酋和沙特通过加强双边合作的方式来撇开海合会。②

此外，也门战局也使阿联酋面临一定的地缘政治风险。2017年12月3日，也门胡塞武装称，其用导弹攻击了阿联酋首都阿布扎比附近的一座正在建设中的核电站，阿联酋政府予以否认，但这一消息引发了外界对于也门战局对阿联酋安全的担忧。

在也门战事和卡塔尔断交危机持续发酵的情况下，中资企业进入阿联酋面临着一定的风险：一是阿联酋国内局势虽较为稳定，但不排除阿遭受来自也门的武装袭击带来的国内安全风险；二是进入2017年下半年，阿联酋作为中东地区物流和资金流避风港的作用因卡塔尔断交危机和其他地缘政治风险增加了不少变数。目前，阿联酋作为中东地区物流中心、贸易中心、金融中心、旅游中心的地位是否仍能保持稳固，需更多评估和研究。

此外，沙特、阿联酋等国与卡塔尔的断交风波仍在持续，卡塔尔连接阿联酋和阿曼的海湾地区第一条跨境液化天然气输送管道——“海豚管道线”，目前仍在正常运行，阿联酋表示出于“商业承诺”不会切断与卡塔尔的天然气贸易。但这一风波使在卡塔尔和阿联酋之间中转货物出现了转运难题。因此，中国应把阿联酋放到中国对中东整体外交的大框架下中加以统筹平衡，中国不仅要维持与阿联酋的战略伙伴关系，还需继续发展与卡塔尔、伊朗等其他海湾国家的关系。

---

① 《卡塔尔要求断交国承担海合会可能解体的责任》，新华网，2017-11-09, http://news.china.com/internationalgd/10000166/20171109/31647915.html.

② 《卡塔尔断交危机未解海合会峰会匆匆结束 - 新华网》，网易，http://news.163.com/17/1207/06/D51KMNKK00018AOQ.html.

三、阿联酋经济形势、风险评估及建议

受全球金融危机的影响，2009年11月底，迪拜政府宣布对政府控股的迪拜世界集团进行重组，标志着迪拜金融危机的开始。虽阿联酋经济从2009年开始恢复，但受2014年国际能源价格持续下降的影响，阿联酋最近两年的经济增长速度不断放缓。

根据世界银行的数据，受金融危机的影响阿联酋的GDP从2008年的3154.75亿美元骤减到了2009年的2535.47亿美元，2009年的GDP增长约为–5.24%。[①] 从图1中可以看出，虽然阿联酋的经济从2009年开始恢复，但后续又受到2014年开始的国际能源价格持续下降的影响，阿联酋最近几年的经济增长速度在不断放缓。

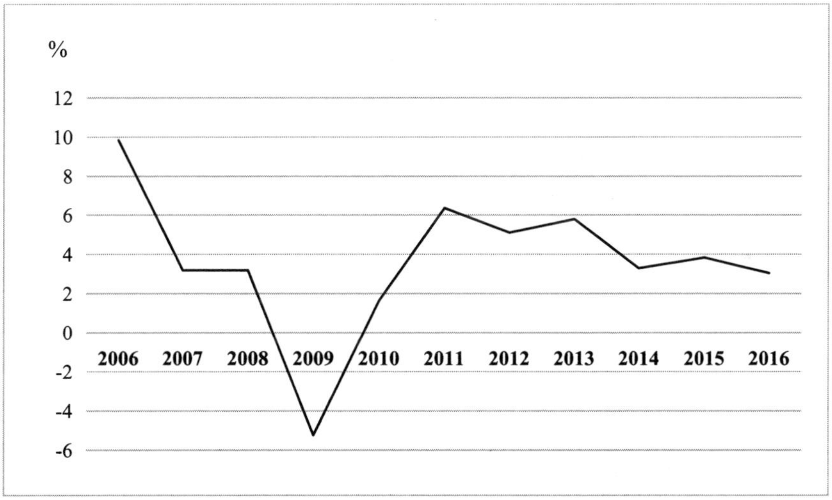

图1 2006—2016年的阿联酋GDP年均增长率

数据来源：笔者绘制，数据从The World Bank, “DataBank: World Development Indicators”数据库导出。

2016年阿联酋的经济增长速度约2.3%，要显著低于2010—2014年国际油

① The World Bank, “Data: United Arab Emirates,” https://data.worldbank.org/country/united-arab-emirates?view=chart.

价下跌前年均5%的年均增长。[①] 但该年阿联酋宏观经济在总体上有所回升，如其非石油部分的增速达到了2.7%，[②] 而油气领域的经济同期速度约为3%。[③] 近年阿联酋经济也被外界看好：2016年，阿联酋吸引投资项目占地区内投资项目的比例最高，为24%，共计298个投资项目，占地区内吸引外资总量的9%，为88亿美元。[④] 阿联酋被联合国贸易和发展会议（United Nations Conference on Trade and Development）选为2016—2018年间吸引外国直接投资的最有希望经济体，其全球竞争力指数（competitiveness index）也从2012年的第24位上升到了2016年的第16位。[⑤] 虽然迄今为止，阿联酋经济对石油资源依然存在较大的依赖，使得其国内经济随着国际油价表现出明显的波动性，但在阿联酋政府发展多样化经济、扩大贸易和增加非石油收入在国内生产总值中的比重的推动下，预计2018年，即使该国石油GDP增速仅为1.4%，当年的GDP总增速也将达到3%。[⑥] 其中，阿联酋经济总量最大的2个酋长国迪拜和阿布扎比在2018年的经济增长率将分别为3.3%和3.2%。[⑦] 总体而言，2016年以来阿联酋总体经济走向也趋于乐观。

第一，阿联酋的经济多元化仍在不断推进，已经取得显著效果。阿联酋已探明的石油储量为978亿桶，占世界石油储量的8.2%；阿联酋天然气储量约6.07万亿立方米，约占世界天然气储量的3.3%，所以阿联酋国民经济长期以石油生产和石油化工工业为主。[⑧] 为了逐步减少国家经济对石油的依赖，阿联酋在20世纪80年代制定了多元化发展的长期战略，促进了非石油经济的发展，并在21世纪初取得了显著发展。

---

① The World Bank, "GCC: Economic Outlook- April 2017," http://www.worldbank.org/en/country/gcc/publication/economic-outlook-april-2017.

② Central Bank of the UAE, "Annual Report: 2016," https://www.centralbank.ae/en/pdf/reports/CBUAEAnnualReport-2016_En_new.pdf.

③ The World Bank, "GCC: Economic Outlook- April 2017," http://www.worldbank.org/en/country/gcc/publication/economic-outlook-april-2017

④ 《阿联酋吸引外资和对外投资均居地区内首位》，中华人民共和国驻阿拉伯联合酋长国经济商务参赞处，http://dubai.mofcom.gov.cn/article/ddfg/tzzhch/201604/20160401304520.shtml。

⑤ Central Bank of the UAE, "Annual Report: 2016", pp.17,19.

⑥ Ibid, p.17.

⑦ 《国际货币基金组织预测阿联酋2018年经济增长预期为3.4%》，中华人民共和国驻阿拉伯联合酋长国经济商务参赞处，2017-11-14, http://ae.mofcom.gov.cn/article/jmxw/201711/20171102670165.shtml.

⑧ 仝菲：《阿拉伯联合酋长国现代化进程研究》，第20页。

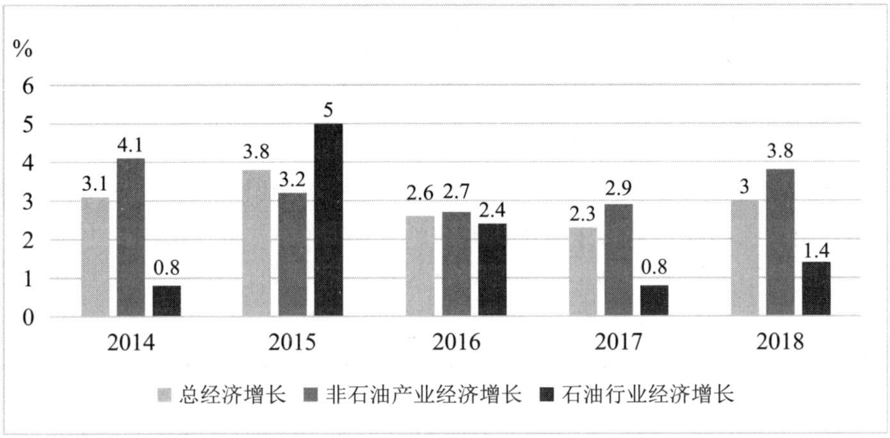

图2 2014-2018年阿联酋经济增长

数据来源：笔者绘制，资料来源于Central Bank of the UAE, “Annual Report: 2016”, p.17.

阿联酋主要的非石油经济包括建材、石化、旅游、金融、商贸物流等行业，其中商贸物流是目前阿联酋非石油经济中最活跃的领域。阿联酋2012—2014年的空运市场年增速为8.6%，预计未来5年仍将保持较好的增长势头，在2017—2021年将在原有基础上再达到4.8%的年增速。其中，迪拜国际机场2016年货运量为260万吨，同期增幅3.8%；这一数据2017年增长率预期为5%，而未来五年年均增长率为3.2%。阿布扎比机场2017年货运量预计增长12%，2018—2022年的年均增长率预计将为5.2%。在海运方面，阿联酋2016年货运量为2130万标准集装箱，2017年增长预期为5%，到2021年将增至2840万标准集装箱，其中哈利法港（Khalifa Port）将在未来5年保持13.5%的年增速。[①] 另外，世界旅游业理事会（World Travel & Tourism Council）的数据显示，2015年阿联酋旅游业收入约为1340亿迪拉姆，占其国内生产总值的4.2%，对国内生产总值直接贡献为649亿迪拉姆，当年游客消费总额260亿美元，相当于其服务出口总额的60%，服务货物出口总额的5.4%。预计在未来的十年内，阿联酋旅游业年均增长率将达到5.4%，直接贡献额将以5.7%的年均速度

① 《阿联酋物流业发展势头良好》，中华人民共和国商务部，2017-08-24，http://www.mofcom.gov.cn/article/i/jyjl/k/201708/20170802632614.shtml.

增长，到2026年经济贡献总量将达到1181亿迪拉姆。[①]

第二，阿联酋的国内投资有主权基金支持，市场潜在需求大，且新的贸易增长点仍主要集中在迪拜和阿布扎比。阿联酋拥有7个大型主权财富基金，其中3个在阿布扎比、1个在迪拜，1个在哈伊马角，外加1个联邦基金，基金总额超过1万亿美元。[②] 阿联酋积极利用主权财富基金支持城市规划，推动城市公共基础设施规模迅速扩展，多个大型项目正在启动建设，对建材产品有巨大需求，有望使阿联酋成为中东地区规模最大的建筑市场。2016年，阿联酋宣布《迪拜未来议程》（Dubai Future Agenda），支持迪拜的未来城市发展战略和研究项目，涉及的产业领域包括能源、交通和基建等。迪拜马克图姆国际机场周围正在建设的“迪拜南”（Dubai South）新城，面积145平方公里，建成后将成为2020年世博会和迪拜航空展的举办地，能容纳100万居民。而位于阿布扎比的马斯达尔城（Masdar City）第二期和第三期建设规划也正式启动。此外，2016年阿联酋投入19亿美元发展东部沿海地区民生基础设施，这些项目包括新住宅小区、道路、学校、医疗中心、政府办公设施等。2016年，阿联酋公共工程部实施了11个项目，其中10个为该部投资计划的一部分，还有1个引入了外部资金。同时该部正在实施26个住宅小区项目和148套独立住宅项目，正在研究总投资7.8亿迪拉姆的7个新建道路项目。[③]

迪拜和阿布扎布仍是上述基础设施建设的中心。其中，迪拜包揽了阿联酋70%以上非石油贸易，是阿联酋的贸易中心，也是整个中东地区乃至整个阿拉伯地区的再出口贸易中心，自身对基础配套设施的建设需求旺盛。同时，迪拜融旅游、贸易、金融于一体，是中东地区建材产品集散中心，可辐射北非、南欧、南亚及中东地区。这些因素推动迪拜成为阿联酋主要的建材产品需求和集散中心。而阿布扎比是中东重要的国际旅游城市，每年的新增建筑增长率超过25%，其进口的建材主要运用在建设酒店等项目上，因此也是阿联酋另一个重要的建材产品需求市场。[④]

第三，阿联酋金融服务业发达，发展总体向好，且监管缜密，处罚严格。阿联酋金融体系较开放，金融服务业发达。迪拜是阿联酋、中东地区，乃至伊

---

① 韩露，林梦，经蕊等:《阿联酋非石油经济的发展及中阿合作建议》，载《国际经济合作》，2017年第4期，第45页。

② 《阿联酋主权财富基金全球领先》，商务部，2015-06-19，http://www.mofcom.gov.cn/article/i/jyjl/k/201506/20150601018445.shtml。

③ 韩露等:《阿联酋非石油经济的发展及中阿合作建议》，第46—47页。

④ 同上，第47页。

斯兰世界的金融中心，在保持地区金融体系稳定中发挥着重要作用。截至2015年，阿联酋境内共有23家本地银行，26家外资银行，许多世界知名银行集团，如花旗银行、汇丰银行等也已在阿联酋开展业务。[①] 在全球流动性下降、油价下跌、世界经济发展不稳的形势下，阿联酋银行业也面临着银行股价下跌、成本收入比上升、股东平均权益率下降和资产平均收益率下降这四大挑战。但阿联酋银行业仍保持了总资产上升、资本充足率增加、净利润上升、较低的减损支出及不良贷款率下降等优势，这都是保持阿联酋银行业稳定发展的关键因素。

中国和阿联酋已有密切的贸易关系，阿联酋的基础设施建设、金融业等非石油行业也需要大量外国资本和技术支持；阿联酋政治较稳定，国内环境较安全，基础设施发达，立法较先进，是中东地区内外资投资最佳地点。这些都为包括我国“一带一路”建设在阿联酋的推进提供了机会。但是，除基础设施建设的传统优势之外，中国在阿联酋的石油、金融行业等多个领域面临其他国家，尤其是西方发达国家的竞争。中国商品及中资企业在阿联酋面临更多的竞争对手，以及适应当地法律法规、社会风俗等问题，使得我国进入阿联酋市场的压力仍在增大。

按照阿联酋现行法规，在阿境内设立公司或办事处，需由该国公民担任法定代理人或称保证人，且取得商业执照的前提是，必须有该国籍的合伙人。事实上，部分该国合伙人并不出资，而仅是充任名义上的合伙人，其应得的权利金或股利则事先在合资契约中约定。阿联酋对外商投资的限制还主要体现在《公司法》中。该法规定外资持股不得超过49%，但该限制不适用于其他海合会国家公民或由其他海合会国家公民全资拥有的实体。阿联酋现在只允许开设在其境内自贸区和金融自由区，以及阿布扎比全球市场中开设的企业由100%外资控股。在阿联酋雇用外籍劳工须由雇主向阿联酋劳动部门提出申请。在获得批准前，不得擅自雇佣外籍劳工。一旦雇员持入境许可进入阿联酋，雇主即须向移民管理局提交居留签证申请。中资企业在阿联酋雇佣中方工作人员将受到这些外籍劳工法律及其审批手续的限制。因此，对于雇佣阿联酋本地或其他国家工作人员的风险成本，中资企业在进入之前应充分评估。包括基础设施建设在内的工程承包是中资企业在阿联酋的重要业务，需要尤其注意阿联酋政府维护本国利益和扶持当地承包商的政策，很大程度上增加了外国公司在当地经营的难度和风险。

首先，在阿联酋开展业务，必须要有当地的代理人，因在公司资格预审

---

① 韩露等:《阿联酋非石油经济的发展及中阿合作建议》，第47页。

中，必须要由担保人出面签字并提供担保合同。因此，中国企业应慎重选择当地担保人，并对其资质进行详细考察。

其次，阿联酋法律规定外资公司在阿联酋承包工程不享受预付款，必须带资承包。因此，中资企业在阿联酋承包工程，务必要熟悉当地的法律法规，并量力而行。

再次，阿联酋对外资企业仍存在不公平的做法。从政策法规角度看，虽然阿联酋不存在对中资企业的歧视和差别性待遇，但阿联酋往往优先保障本国企业和公民的经济利益，并在投资等很多领域给予其他海合会国家以国民待遇。为吸引外资进入，阿联酋在不断调整政策以改善投资环境。但从总体来看，阿联酋对外资企业相对严苛的营商环境仍是阻碍外国投资的重要因素之一，中资企业对其应有充分的思想准备和预案。

最后，阿联酋当地企业对合同执行力度不强，突出地体现在当地的承包市场。中资企业应根据对阿联酋当地法律、法规、索赔、采购、市场经销等情况和各分包商的技术能力、资信情况的了解，结合自身的资金、人才、专业特长，制定在阿联酋市场上的经营方针和具体策略。2008年金融危机和迪拜债务危机以后，特别是2014年中期国际油价下降以来，阿联酋国内对于市场的担忧一直未平息，当地项目业主拖延、拖欠项目工程款的事件时有发生。这给包括中资企业在内的外资企业在阿联酋开展项目承包增添了更多风险，因此需要充分评估当地项目业主的资金实力和付款信誉，并在项目合同中详细规定项目款的结算方式和时间节点，以最大限度地规避回款风险。

在阿曼推进“一带一路”建设的风险及应对

余 泳[①]

摘要：“一带一路”沿线国家政局的稳定是保证该倡议顺利推进的必要前提。“一带一路”沿线地区的投资风险较高，其中政治风险是最大的潜在风险。近年来，阿曼政治和安全局势总体平稳，经济社会发展按照既定的规划在逐步实施。截至2017年，“一带一路”建设在阿曼已取得一定成效。本文认为，中国继续在阿曼推进“一带一路”建设面临的风险总体较小，但尚有一定的潜在安全风险和不确定性，必须未雨绸缪，加强研究和防范。

关键词：阿曼；一带一路；风险评估；应对策略

位于西亚地区的阿曼苏丹国（简称阿曼），是阿拉伯半岛最古老的国家之一，阿曼商人是第一批到达中国的外国商人。1978年中国与阿曼建交以来，双方关系一直平稳发展，阿曼对“一带一路”倡议的认知和认可程度很高，是首批支持并以创始成员国身份加入“亚投行”的国家，同时推出了一系列对接“一带一路”建设的规划和项目。中国继续在阿曼推进“一带一路”建设面临的风险总体较小，但尚有一定的潜在安全风险和不确定性，必须未雨绸缪，加强研究和防范。

一、“一带一路”建设在阿曼推进的基本情况

历史上的陆上和海上“丝绸之路”在中国和阿曼的经贸与人文交流方面发

① 余泳，上海外国语大学中东研究所副研究员。

挥过巨大作用。1978年5月25日双方建交后，两国关系发展顺利。近年来双方围绕各自的发展战略，不断拓宽各领域合作。作为丝绸之路沿线的重要一站，阿曼在中国推进的“一带一路”建设中发挥着重要作用，政策沟通、设施联通、贸易畅通、资金融通和民心相通工作都得到了积极拓展。

（一）政策沟通

1. 两国政治互信度高，高层交往密切

阿曼始终在涉及核心利益和重大关切问题上给予中国坚定支持。当代双方政治友好关系有三个经典案例：一是阿曼首都马斯喀特成为北京奥运火炬境外传递中唯一的阿拉伯国家城市；二是汶川特大地震灾害发生后阿曼政府在四川广元市建设了“阿曼援建村”；三是阿曼多次为中国在索马里海域海军护航编队在萨拉拉港实施综合补给、人员休整提供协助。[①]

2013年习近平主席提出“一带一路”倡议以来，双方高层交往密切。2017年12月，中国外交部部长助理陈晓东访问阿曼，分别会见阿曼外交事务主管大臣阿拉维、卡布斯苏丹经济规划顾问祖贝尔，并同阿外交部秘书长巴德尔举行两国外交部第十一轮战略磋商。阿方希望不断提升两国关系水平，积极参与“一带一路”建设，推动阿中关系取得更大发展。稍早前，中国全国人大副委员长艾力更、国务委员王勇先后访阿曼；阿曼外交事务主管大臣阿拉维、协商会议主席马瓦利先后访华。

2. 双方合作机制明确，阿方政治环境优越

中国已经与阿曼建立了战略伙伴关系的对话机制，双方每年都进行对话，一年在阿曼，一年在中国。双方还在“中阿合作论坛”、中国—海合会战略对话等合作框架下发展关系。2014年10月24日，亚洲基础设施投资银行（AIIB）21个首批意向创始成员国的财长和授权代表在北京共同签署《筹建亚投行备忘录》，其中包括阿曼政府代表——阿曼主权基金总裁。2017年4月，习近平主席在阿盟总部演讲时承诺的中阿改革发展研究中心成立，并已列入《上海服务国家“一带一路”建设发挥桥头堡作用行动方案》，该中心为中国和阿曼的官员和学者进行交流提供了又一平台。

阿曼现有的政治环境也比较有利于我推进“一带一路”建设。首先，近年来阿曼的政治稳定性较好。阿曼国家治理架构和路径等尽管因“阿拉伯之春”

---

① 参见中华人民共和国外交部网站：《中国同阿曼的关系》（2017年8月更新），http://www.fmprc.gov.cn/web/gjhdq_676201/gj_676203/yz_676205/1206_676259/sbgx_676263/。登录时间：2018年1月22日。

等原因做过修正，但总体上国内政治与社会处于平稳可控状态。其次，阿曼以《国家基本法》（相当于宪法）为蓝本体现其“参与性政治”特色，而且特别重视推行宽容性宗教政策，国内政治冲突和宗教矛盾产生的诱因相对较低。第三，阿曼的司法体系较为完备，为中国与阿曼进行各类合作提供了较强的法律保障。如阿曼设立了最高司法委员会、司法行政事务委员会、法律条款冲突裁决局以及沙里亚法院、普通法院和行政法院，另设有公证部门、和解委员会和公诉部等。

（二）设施联通

1. 阿曼区域地理位置较优越，是推进“一带一路”建设的重要一站

阿曼在地理上占据了霍尔木兹海峡的重要关口，扼守红海与阿拉伯海的地理要冲，其海岸线长度在阿拉伯国家中仅次于埃及。因此，阿曼是我国石油进口安全通道的重要一环，也是中国在中东开展经贸合作的辐射中心。阿曼海运发达，主要有7座港口，其中萨拉拉港2016年跻身全球港口百强中的第44位。早在2005年，中国就批准阿曼为本国公民出国旅游目的地国。中国与阿曼早在1983年4月就签署了民航运输协定，2016年12月，阿曼航空公司正式开通马斯喀特至广州的直航航班，这是两国开通的首条直航，每周四班，大大方便了两国民众的往来。

2. 双方基础设施和产能合作进展迅速

中国与阿曼的“互联互通”除了两国间直接的海运和航线外，很大程度上还取决于交通、物流与产业联动发展能力。阿曼现有的基础设施较为落后，尚没有实际建成的铁路，产能缺口和需求较大。加强交通与物流合作是“一带一路”推进的关键和发力点，其中参与有关园区和平台建设是最有效的方式。中国—阿曼（杜库姆）产业园占地面积11.72平方公里，分为重工业区、轻工业区、旅游休闲区三个部分，于2016年5月揭牌。2017年4月19日，产业园奠基典礼暨签约仪式在阿曼杜库姆经济特区举行。该园区是中国在西亚北非地区参建的第二个同类项目。2017年12月9日，阿曼工业署与广东佛山商务局签订“一带一路”产能合作战略协议，建立中阿产能合作平台，产能平台建成后可以依托阿曼辐射周边国家。

（三）贸易畅通

1. 两国经贸合作发展顺利

1989年，中阿两国成立了经贸联委会，迄今已举行了八届会议。阿曼已

成为中国在阿拉伯地区的第四大贸易伙伴，中国连续11年成为阿曼石油第一大进口国，也是阿曼主要进口来源国之一。近两年尽管受原油价格等因素影响，双方贸易总额有所下降，但中国自阿曼进口的原油量仍在增加，2016年为3506万吨，同比增长9.3%。我方出口主要为机电产品、钢铁及其制品、高新技术产品、纺织品等。

表1　2011—2017年9月中国与阿曼双边贸易统计　（单位：亿美元）

年份	总额	增幅（%）	中国出口	增幅（%）	中国进口	增幅（%）
2011	158.80	48.0	10.00	5.7	148.80	52.1
2012	187.90	18.3	18.10	81.5	169.70	14.1
2013	229.20	22.0	19.00	4.9	210.20	23.8
2014	258.58	12.7	20.65	8.6	237.93	13.1
2015	171.89	-33.6	21.17	2.5	150.72	-36.7
2016	141.70	-17.57	21.48	1.48	120.22	-20.1
2017（9月）	118.73	-	17.93	-	100.80	-

数据来源：表格由作者自制

有关研究显示，“一带一路”沿线国家贸易畅通指数评分排名中，阿曼属“良好型国家”，表明我与阿曼贸易往来正常并有潜力可挖（详见表2）。

表2　“一带一路”沿线国家贸易畅通指数评分排名（2016年数据摘录）[①]

级别	排名	国家	关税水平	非关税贸易壁垒	贸易条件指数	双边贸易额	双边投资协定	中国对该国直接投资量	该国对中国直接投资量	跨国贸易自由度	商业管制	总评分（标准化）	总评分
良好型国家	38	阿曼	0.92	0.78	0.36	0.82	1	0.15	0.41	0.29	0.68	6.8	6.39

① 北京大学海洋研究院：《“一带一路”沿线国家五通指数报告》，北京：经济日报出版社2016年版，第128页。

2. 双方投资、工程、劳务等合作项目不断推进

根据世界银行2017年10月31日发布的《2018年全球营商环境报告》，在190个经济体营商环境便利度排名中，阿曼位列第71，明显高于海湾地区的科威特、沙特和卡塔尔等国。2017年前三个季度，中国对阿曼的投资额为433万美元，我方吸引阿曼投资额为169万美元。尽管该类投资额绝对值并不显眼，但如果从近年中国对阿曼投资历史来看，双方的投资合作进展十分迅速。如中国—阿曼（杜库姆）产业园规划总投资700 亿元人民币，是外国投资者在阿曼投资建设的最大产业园。

表3　2008—2016 分年度中国对阿曼直接投资情况表[①]**（单位：万美元）**

类别	2008年	2009年	2010年	2011年	2012年	2013年	2014年	2015年	2016年
中国对阿曼直接投资流量	–2295	2624	1103	951	337	–74	1516	1095	462
中国对阿曼直接投资存量	1422	797	2111	2938	3335	17473	18972	20077	8663*

注：“*”表示该国家（地区）2016年末存量数据中包含对以往历史数据进行的调整。

中国有一定数量的中央企业长期在阿曼发展经营，近年也有不少民企和地方企业开始在阿曼投资兴业。中国公司在阿曼先后承建了高等级公路、市政污水管线改造、独立海水淡化厂、水泥厂生产线建设等重大工程和专营中国商品的商城等。2015年5月，三一集团与阿曼阿瓦穆集团就共同开发阿曼风电市场签署合作协议，这是三一集团首个“一带一路”合作项目，双方还就联合开采阿曼某矿产项目达成了初步意向。据商务部统计，2017年初在阿曼华人2000余人，其中中资机构900余人。[②] 2017年前三个季度中方与阿曼新签的承包合同额为10.89亿美元，完成承包工程合同额为5.99亿美元。

① 中华人民共和国商务部、国家统计局、国家外汇管理局：《2016年度中国对外直接投资统计公报》，第45页、第50页，2017年9月30日，http://fec.mofcom.gov.cn/article/tjsj/tjgb/201709/20170902653690.shtml。登录时间：2018年1月22日。

② 中华人民共和国商务部：《对外投资合作国家（地区）指南·阿曼（2017年版）》，第5页，http://fec.mofcom.gov.cn/article/gbdqzn/。登录时间：2018年1月23日。

表4　我部分长驻阿曼企业一览表①

序号	企业名称（中文）	企业名称（英文）
1	中油国际（阿曼）公司	Mazoon Petrogas(BVI)Ltd, Muscat Branch
2	BGP油气服务有限责任公司	BGP Oil & Gas Services LLC
3	长城钻井公司阿曼分公司	Great Wall Drilling Company Ltd. (Muscat Branch)
4	中国石油技术开发公司驻阿曼代表处	Sino Gulf Energy Enterprises LLC
5	中石化阿曼石油服务有限公司	SINOPEC PETROLEUM SERVICE CO.LLC
6	华为技术投资公司阿曼分公司	Huawei Tech Investment Oman Branch
7	山东电力建设第三工程公司	SEPCOIII Electric Power Construction Corp.
8	中铁18局有限公司马斯喀特分公司	China Railway 18th Bureau (Group) Co.,Ltd (Muscat Branch)
9	中国水利水电建设集团公司阿曼分公司	Sinohydro Oman Branch
10	中国建材进出口有限公司阿曼分公司	China National Building Material Equipment Co.,Ltd.(Oman Branch)
11	中国机械工业建设公司	China EMIIC Engineering & Construction LLC
12	中国水产总公司驻阿曼代表处	China National Fisheries Corp. Delegation in Oman
13	广东南洋渔业有限公司	Guangdong Nanyang Fishery Company, Ltd.
14	中国港湾工程有限责任公司	China Harbor Engineering Company
15	中兴通讯股份有限公司	ZTE Corporation(Sultanate of Oman)

（四）资金融通

1. 亚投行助力中国与阿曼的经济合作

阿曼是亚洲基础设施投资银行57个创始成员国之一。2016年底，亚投行对阿曼铁路系统准备项目及阿曼杜肯港商业码头和运营区发展项目发放了贷款，总额3.01亿美元，此系亚投行首次为港口及铁路领域项目提供贷款，更是

① 中华人民共和国商务部：《对外投资合作国家（地区）指南·阿曼（2017年版）》，参见第74页。

其首次向阿拉伯半岛国家提供贷款。这一项目既有助于中国的产能输出，优化阿曼的投资环境，也加强了中国与阿曼的经济合作与贸易往来。

2. 中国与阿曼开展了有效的金融合作

2017年8月，阿曼与中国开发银行、工商银行等中资金融机构签署了一笔五年期无抵押银团贷款，总额35.5亿美元。贷款金额从初定的20亿美元上调至35.5亿美元，这笔贷款是中资银行在阿最大规模贷款。通过这笔贷款，阿不仅完成了年内融资需求，以填补2017年财政赤字，还能满足年内部分到期贷款的偿还需求，具体业务将由阿财政部新成立的债务管理办公室自主安排。

（五）民心相通

1. 双方世代友好，民众欢迎"一带一路"倡议

2007年，中国—阿曼友好协会宣布成立。2010年，阿曼—中国友好协会正式成立。近年来，两国友协合作开展了一系列民间友好交流活动，增进了两国人民的相互了解和友谊。2016年3月和12月，中国阿拉伯友好协会会长艾力更和阿曼中国友好协会执委会主席哈立德·赛义迪分别率团互访。2016年4月27日，阿曼第一大阿拉伯语日报《阿曼日报》刊登中国国家主席习近平2016年1月在阿拉伯国家联盟总部发表的演讲，以及中国政府发布的对阿拉伯国家政策文件，使阿曼民众对中国新时期的中东政策，未来中国与阿拉伯国家关系发展蓝图、中阿共建"一带一路"前景等有了更加全面、准确、清晰的了解。阿拉伯国家驻华使团长、阿曼驻华大使萨阿迪是上海外国语大学中东研究所毕业的博士，他曾经自豪地说："从我2007年担任阿曼驻华大使起，中国就成了我的第二故乡。"他认为，"一带一路"倡议非常重要，受到了阿曼等国的欢迎，很多国家人民认为中国会给他们带来希望，阿曼也确实从"一带一路"倡议中得到了实惠，包括资金和技术等方面。[①]

2. 两国文化交流和民间交往活跃

2014年1月，作为中国和阿曼历史交往重要标志的阿曼"苏哈尔号"古船纪念碑完工，矗立在广州街头。近年来，我国艺术团多次赴阿演出，受到广泛欢迎。2015年1月，璀璨中华"欢乐春节"活动亮相阿曼艺术节，受到当地民众广泛关注和好评。2016年10月，苏丹卡布斯大学校长代表团访问了北京、上海等多所高校并商谈合作。2017年3月，宁夏职业技术学院迎来首批阿曼留

① 孙超:《在中国的十年——访阿曼驻华大使阿卜杜拉·萨阿迪》，载《中国发展观察》,2017年第12期。

学生，5年期间将总共培训1000名中国—阿曼（杜库姆）产业园阿方的工人。2017年10月，阿曼对中国公民实行有条件的落地签证。中国与阿曼双方还利用“中阿合作论坛”、中国—阿拉伯国家博览会以及智库交流等机制，不断加强文化交流和民间往来。

二、阿曼当前的政局及潜在的风险

（一）阿曼政治的特殊性

1. 国体政体的特殊性

阿曼采用现国名始于1970年9月18日，国家元首为苏丹。阿曼国土面积30.95万平方公里，现有人口409.2万，其中阿曼人230.3万，约占56.3%；伊斯兰教为国教，90%本国穆斯林属伊巴德教派。阿曼是世袭君主制国家，禁止一切政党活动；苏丹享有绝对权威，颁布法律、任命内阁、领导军队、批准和缔结国际条约，兼任首相和外交、国防、财政大臣。《国家基本法》相当于宪法，“阿曼委员会”由国家委员会（相当于议会上院）和协商会议（相当于议会下院）组成，内阁是苏丹授权的国家最高行政机构（成员全部由苏丹任命）。政府内设司法部、法务部、宗教基金和宗教事务部，分别主管司法、法律（含涉外协议、条约等）起草和修订及伊斯兰法有关事务。政府外设最高法院和公诉办公室，直接向苏丹负责。

2. 王位继承的特殊性

阿曼实行的是长子继承制，而不像其他海湾君主国设立王储。阿曼苏丹卡布斯·本·赛义德（Qaboos Bin Said Al-Said）出生于1940年，1970年登基执政至今但无子嗣，近年身体状况欠佳。根据《国家基本法》，阿曼王位由赛义德·本·苏尔坦家族的男性后代继承，这也就意味着卡布斯的继承人必须从其男性亲属当中挑选。其远方堂叔法赫德·本·赛义德（Sayyid Fahd Bin Mahmoud Al-Said）同为1940年生人，1994年以来一直担任阿曼内阁事务副首相（相当于政府首脑），经常代表卡布斯苏丹接见外宾和出国访问。2017年3月3日，卡布斯苏丹又任命63岁的堂弟艾斯阿德·本·赛义德（Sayyid Asa’Ad Bin Tariq Al-Said）为阿曼国际关系与合作事务副首相，他自2002年以来一直担任苏丹特别代表。

（二）阿曼潜在的政治和安全风险

1. 王位继承不确定性可能引发的风险

由于卡布斯苏丹身体健康不佳，阿曼随时都面临王位继承的现实问题，而继承人的不确定则无疑蕴藏着潜在的危机。阿曼现有的两名副首相，再加上遗产和文化大臣海塞姆·本·赛义德（Haitham Bin Tariq Al-Said)、苏丹的顾问和前海军司令谢哈布·本·赛义德（Sayyid Shihab Bin Tariq Al-Said）等都是实力派，理论上都有承继王位的可能，只不过新任的副首相在外界看来更有可能。另据外媒的信息，新任副首相的儿子赛义德·泰姆尔（Sayyid Taimur Bin Asad Bin Tariq Al-Said）也深受卡布斯苏丹的青睐。① 根据《国家基本法》和卡布斯苏丹的访谈，他去世后的继承人有两种产生方式：一是王室委员会协商挑选；二是如王室委员会不能达成共识，则由国防委员会从卡布斯封存在两处的遗嘱中所列两人中挑选一人。以上程序必须在三日内完成。

一般而言，家族世袭君主制国家内部总有盘根错节的利益关系，由哪一分支承继王位大权从来都是国之大事，阿曼赛义德家族概莫能外，其王位继承的不确定性无疑是阿曼政局的潜在隐患。不过，卡布斯苏丹执政近50年，治理国家的能力和已实行的各种制度建设，对今后阿曼的政局走向有着举足轻重的影响，颠覆性政治变局出现的可能性不大，最有可能产生变革的地方可能集中在经济发展方式和提高政府服务效率等方面。

2. 国际和地区形势可能引发的风险

首先，国际油气价格长期低迷对阿曼国内发展和稳定的影响。阿曼是典型的资源输出型国家，油气产业是国民经济的支柱，占国内生产总值（GDP）的41%，收入占政府财政收入的75%。2014年以来，国际油气价格长期低迷，石油输出国组织（OPEC）及其他主要产油国于2016年12月商定限产保价协议。阿曼作为非石油输出国组织成员国，也加入了这一行动。据外媒报道，这一限产协议将延长至2018年全年。油价长期低位运行使得阿曼不得不想方设法开源节流以应对财政困难，如减少公务部门的福利开支、大力发展非油气产业等；而限产的传导效应最后会影响到阿曼本已紧张的本土人员就业问题，并有可能引发阿曼社会不稳定。

其次，日益复杂的地区形势增加了阿曼内政外交的压力。卡布斯苏丹致力于“参与型政治”的国家治理实践，大力推行一系列经济发展计划，其主导思想是“收入多样化、产业多元化、就业国家化”，力图逐渐摆脱所谓“资源诅咒”型的单一产业经济。到目前为止，尽管未能完全使阿曼的整体发展快速见效，但毕竟是在其既有轨道上常态推进。但阿曼的地缘环境特殊，如今纷繁

---

① “Al Said - The Ruling Family,” https://www.globalsecurity.org/military/world/gulf/oman-leaders.htm, 2017-12-02. 登录时间：2018年1月27日。

复杂的地区形势能否使其置身地区动荡漩涡之外，无疑考验着阿曼的外交平衡能力。阿曼北与伊朗隔海相望，共同扼守海湾石油通道霍尔木兹海峡，西与沙特接壤，西南与也门相邻，西北与阿联酋相邻，而这四个国家都是当前中东乱局中的重要角色。一旦其中任一国引发的矛盾或冲突外溢到阿曼境内，其国内稳定和对外中正、平和的外交政策都将受到巨大冲击，内政外交风险会随之陡增。

最后，“后阿拉伯之春”与“后伊斯兰国”时代环境下的阿曼，面临着一系列地区外交与安全危机的挑战。2011年初，受西亚北非地区局势动荡影响，阿曼局部出现小规模示威游行活动。卡布斯苏丹迅速采取因应措施，使阿曼社会秩序逐步恢复正常。但2014年以来，海湾地区有关国家的三次“断交”事件（指2014年沙特、巴林、阿联酋召回驻卡塔尔大使，2016年沙特与伊朗断交，2017年沙特、巴林、阿联酋等国与卡塔尔断交）都有“阿拉伯之春”引发地区地缘政治变动的因素。因此，在“后阿拉伯之春”时代，阿曼能否挺过“转型之痛”而不发生剧烈动荡仍存在不确定性。而2014年崛起的“伊斯兰国”极端组织也使阿曼未能完全超然事外，并于2016年12月加入了沙特领导的伊斯兰国家反恐军事联盟，成为其第41个成员国。2017年底，多国宣布“伊斯兰国”被剿灭或击溃，但“11·24”埃及西奈清真寺恐袭事件表明，“伊斯兰国”仍具有巨大的破坏力。在所谓的“后伊斯兰国”时代，这一组织的极端思想和危险行为对阿曼这一伊斯兰国家的潜在影响和现实威胁都是可能产生的。

三、在阿曼推进“一带一路”建设面临的风险及对策建议

近年来，阿曼在中东地区国家中显得相对平稳和低调，我国除部分已在阿曼开拓业务的企业和国内专业研究人员，国内对阿曼的关注度较低，或者潜意识里觉得那里不会出现什么不利于我国的问题。而这种现象恰恰是讨论我国在阿曼推进“一带一路”建设所面临风险问题时首先需要澄清的认识，即任何一个投资兴业的地方都有各类风险存在，区别只是程度和表现形式不同而已，而阿曼周边环境十分复杂，更不可忽视其潜在的风险。

（一）政治风险及应对之策

我国在阿曼推进“一带一路”建设可能遭遇的政治风险可以从内外两个角度来理解。从内部来说，一方面是卡布斯苏丹年事渐高且健康状况不佳，阿曼王权能否顺利交接及其潜在危机，值得密切跟踪观察；另一方面是阿曼仍存在

社会稳定问题，包括青年失业率较高、外籍劳工待遇存在差别、低油价引发公职人员福利下降以及各地区发展不平衡等。从外部来说，一方面作为小国的阿曼已到了不得不在沙特和伊朗之间“选边站队”的时候，但无论如何平衡和巧妙应对，“选边”的结果都会冲击其现有的内政外交秩序；另一方面阿曼面临战火不断的邻国也门和龃龉不断的海合会风险外溢的压力，这些问题涉及教派之争、代理人战争、地区和域外大国的多重博弈，阿曼某种程度上只能被动接招。以上问题只要任何问题处理不好，或将引发相互之间联动传导，阿曼的政局都会受到极大影响，中国与阿曼各领域的交往合作也将受到损害。中方可从以下三个方面进行防范和应对。

（1）坚持传统友好，加强高层互访。从近年双方的高层交往来看，我方访问阿曼的领导层级似可进一步提高。同时，我国领导层还可运用与中东地区大国都交好的有利身份，在可能涉及阿曼关切的问题上给予其坚定支持。

（2）继续与阿曼高层保持经常性交往。阿曼虽禁止政党活动，但王室主要成员多担任相关要职，我国人大、政协和统战部门等领导可以经常性保持与其交往，特别是第二代、第三代在政坛的活跃人物，以熟悉他们的政治理念和办事风格。另外，也要在适当机会与阿军方高层加强交往。

（3）国内部委可积极协调前方使馆和经商处人员与国内智库开展调研工作。目前来看，国内对于阿曼政情的了解和研究有限，要么信息滞后，要么只是获取一点国外资料。前方人员有机会掌握一些动态，国内人员熟悉传统国情并具有专业分析能力，两相结合可以增强对阿曼这些小国政局走势的及时研判。

（二）经济风险及应对之策

阿曼虽然较早就意识到油气单一产业对国家发展的不利之处，也制定了一些规划和计划，但这一切都需要较长时间才能有转型之效。石油产业仍然是阿曼的经济支柱，国际油价低迷使其社会经济生活受到了明显影响，而且在海湾产油国中阿曼本身就不如其他国家富裕。受油价低迷、非油收入不振的共同影响，2017年财政赤字预计将达53亿里亚尔（1里亚尔≈2.6美元），为历史最高水平。[①] 2016年年底的消息显示，阿曼财政部已拖欠大量建筑行业承包商应付工程款近半年之久。建筑行业供应链长，中小企业数量多，很多公司都因此面临现金流严重不足的问题，如在短期内仍无法收回欠款，将不得不为此裁员或

① 《阿曼2016年创下历史最高财政赤字》，驻阿曼使馆经商处编译，2017年1月5日，http://om.mofcom.gov.cn/article/jmxw/201701/20170102496383.shtml。登录时间：2018年1月7日。

面临倒闭。

由于国家宏观经济形势欠佳和始终坚持本币与美元挂钩的汇率政策，阿曼央行被迫动用并不宽裕的外汇储备来稳定本币币值，其本币币值被做空的风险最近仍持续升高。2017年5月，评级机构标准普尔将阿曼长期和短期主权信用评级分别从BBB-和A-3下调至BB+和B，展望仍为负面。[①] 2017年9月，世界经济论坛发布的《2017—2018年全球竞争力报告》中，阿曼位列第62名，为海合会六国中最低。[②] 另外，很早就有规划并展开融资的连接海合会六国的铁路网项目，由于各种原因一再被推迟，最新的结果是从2018年延至2021年执行。以上数据说明，中国在阿曼推进"一带一路"建设面临着投融资、基建和园区建设等不同的经济风险。这里提出以下两点建议。

（1）中国的中央和地方企业、政府部门应加强对阿曼市场事务调研工作。调研首先需弄清项目来源和阿曼政府和企业的执行力，切不可为得到项目而轻易放弃标准；调研要摸清项目的市场前景或产出情况，如工程承包一般要先派专业人员在阿曼进行3个月的调研；调研要借助有资质的专业咨询机构，在综合各方面信息的情况下进入项目合作谈判。

（2）与阿曼的项目合作一定要讲究流程和手续。在国内进行项目论证，要以发挥自身优势和特色、促进"一带一路"建设尤其是产能合作为要义，严格执行项目送审程序，以免盲目投资；在阿曼接受项目、注册企业或其他任何合作事项，都必须遵循当地规定，逐条履行办事手续，以规避不必要的风险和损失。

（三）社会和法律风险及应对之策

社会和法律风险是指在阿曼可能面临的宗教文化、法律法规和社会环境等日常生活中的不适或冲突。首先，阿曼的国教为伊斯兰教，且穆斯林多属伊巴德教派，不属于主流的逊尼派，而中方在阿人员主要为非穆斯林，在日常生活或与阿人员交往时一旦不注意就容易冒犯对方的禁忌而造成不良后果。其次，尽管阿曼拥有相对较为完备的法律体系，其中相关的主要法律有《商业法》《代理法》《商标法》《专利法》《劳动法》《所得税法》以及对外投资、海关、环境等法规和政策，但都需要中资企业或中方人员认真了解其法律实践的具体情况。第三，阿曼夏季长达半年，气温常高达40℃以上；日常节假日较多，

① 《标普评级下调阿曼评级至BB+/B，展望负面》，驻阿曼使馆经商处编译，2017年5月18日，http://om.mofcom.gov.cn/article/jmxw/201705/20170502577856.shtml。登录时间：2018年1月23日。

② Klaus Schwab, *The Global Competitiveness Report 2017–2018*, World Economic Forum, p.ix.

7、8月份公职人员都要休假，且政府部门下午2:30就结束工作。因此阿曼的工作环境和日常工作惯例与国内差异过大，会使中方人员长时间不习惯，如无提前调研和准备，有可能导致效率低下而完不成任务。这里提出如下三点建议。

（1）要入乡随俗，守信用，重形象。尽管阿曼人总体上热情好客、宽以待人，但其宗教和日常禁忌不得冒犯，如最基本的禁酒、不吃猪肉、对女性一般不主动握手、不拍摄女性照片等。阿曼人同时也是很有文化底蕴的民族，应注意行为得体，讲究诚信。

（2）认真了解和掌握当地的法律法规和政策条文。对照投入项目的事前、事中和事后三个阶段，特别提醒需要注意阿方以下有关规定：外国投资者一般只能与当地企业以合资形式投资项目，如采取签订阴阳合同等方式来规避这一限制将来会有重大隐患；在阿曼注册企业应按一定比例雇用阿曼籍员工，如高科技行业的营销人员为100%，旅游饭馆为90%，石油天然气领域的生产或作业岗位为90%等；[①] 阿方规定禁止将危险垃圾、物质和其他污染物向洼地、水源地、地下水再生地等处排放，违者将处以罚款，逾期不交者将处以停止经营活动的处罚。

（3）在阿曼的企业（雇主）要注意两类人的使用问题。第一，针对国内务工人员，企业必须确保其持工作签证入境，而不是旅游签证或所谓短期访问签证，签证有效期一般为2年；雇期结束后要负责及时送出境外。第二，最好聘用阿曼籍公共关系专业人员，凭借其特有的人脉资源，负责与政府部门联系、打交道、办理各种手续等。

总之，目前阿曼尚无十分突出的安全风险，其经济转型需求也与“一带一路”倡议高度契合，双方在经贸投资等多个领域互补性强，我国政府和企业应精心谋划，抢抓机遇促成和阿曼进行更多有效的合作。但阿曼是一个特殊的国度，有其自身的独特性和地缘环境的特殊性，前方驻外机构和国内研究机构应加强跟踪和研判，为我国在阿曼推进“一带一路”建设提供政策指导和智力支撑。

① 中华人民共和国商务部：《对外投资合作国家（地区）指南·阿曼（2017年版）》，第48页，http://fec.mofcom.gov.cn/article/gbdqzn/。登录时间：2018年1月23日。

专题报告一

中东地区热点问题

沙特与卡塔尔断交危机的原因及影响

孙德刚[①]

摘要：2017年6月沙特与卡塔尔断交受到中东地区格局、美国特朗普政府中东政策的变化、沙特与卡塔尔安全利益取向的结构性矛盾等诸多因素的影响。卡塔尔试图在伊朗和沙特之间寻求超脱政策、扮演中立第三方的角色，引起沙特不满；卡塔尔支持穆斯林兄弟会、哈马斯，将“半岛电视台”作为政治工具，与伊朗密切合作，被沙特视为对其安全利益的损害；特朗普2017年首次出访选择中东，公开呼吁遏制伊朗，号召建立“中东版北约”，并向沙特出售了约1100亿美元的军火，打破了沙特和伊朗之间的军事平衡，以及沙特与卡塔尔之间的政治平衡。沙卡断交的更深层原因还在于两国的同质化——经济结构的相似性、政治诉求的趋同性、威胁认知的差异性和替代联盟的多元性，导致两国在“兄弟般友好关系”的表象下，安全合作貌合神离，竞争和博弈暗流涌动，结构性矛盾短期内难以调和。

关键词：沙特；卡塔尔；海湾合作委员会；阿盟；断交

海湾合作委员会（海合会）成立于1981年，其内部成员国拥有相似的文化价值、政治制度、意识形态和历史传统，其外部面临伊朗伊斯兰革命和两伊战争的共同威胁，一度形成了中东地区一体化程度最高的政治和安全联盟。然而，自成立之日起，海合会内部矛盾不断，甚至出现了2017年6月沙特、阿联酋、巴林联合埃及、也门、利比亚和毛里求斯等国家集体与卡塔尔断交的恶性事件。

沙特率众与卡塔尔断交的根源，学界见仁见智，大体有以下三种不同解读：一种观点认为，特朗普政府2017年访问沙特、并向沙特提供1150亿美元的

① 孙德刚，上海外国语大学中东研究所研究员。

军火，试图构建“阿拉伯版的北约”导致沙特和卡塔尔交恶。特朗普本人对事态发展起了推波助澜的作用，其2017年5月访问沙特以及与沙特等国在反恐、反伊朗两大议题上达成共识，是沙特毅然决定对卡塔尔“痛下杀手”的重要推动力量。这些学者认为，美国的中东政策调整打破了海湾地区的联盟体系，造成了海合会成员国在伊朗政策上的分歧，对沙特和卡塔尔关系造成了影响。①

第二种观点认为，阿联酋是沙特和卡塔尔外交危机始作俑者，尤其是阿布扎比酋长本·扎耶德认为，卡塔尔复制阿联酋迪拜和阿布扎比的发展模式，成为新的经济、贸易和航运中心，引起阿联酋的嫉恨，故阿联酋“公报私仇”，借助沙特打压卡塔尔，成为海湾搅局的“小斯巴达”。②

第三种观点认为，卡塔尔支持穆斯林兄弟会，利用“半岛电视台”鼓动埃及和海湾阿拉伯国家的反对派对抗政府，在沙特和伊朗之间奉行“骑墙政策”，威胁到了沙特等国的政权安全。③

事实上，2017年沙卡断交的深层原因在于两国经济结构的相似性、政治诉求的竞争性、威胁认知的差异性和替代联盟的多元性。

一、经济结构的相似性与两国“利益共同体”的弱化

沙特和卡塔尔在经济结构方面具有高度相似性，不仅难以形成利益共同体，反而在经济层面形成竞争关系。④ 首先，双方都拥有丰富的油气资源，油气出口是各自国民收入的主要来源。沙特是世界上第二大原油生产国，原油储量2670亿桶，占世界的25%，90%的国民开支和40%的国民生产总值来源于石油。卡塔尔天然气储量居世界第三位，和伊朗共有南帕尔斯油气田，两国天然气储量占世界的近一半。南帕尔斯天然气储量占世界的15.5%，成为卡塔尔和伊朗形成利益共同体的重要纽带。由于沙特、卡塔尔等海湾国家均是油气出口

---

① 《卡塔尔被“拉黑”，美国扮演啥角色》，载《解放日报》2017年6月8日，第3版；唐志超：《美国的中东伙伴危机持续加深》，载《世界知识》2017年第15期，第47页；Talmiz Ahmad, “Trump Doctrine’s First Casualty,” *Indian Express*, June 7, 2017.

② 丁隆：《阿联酋：搅动海湾的“小斯巴达”》，载《世界知识》2017年第16期，第60—62页。

③ 《从诸国与卡塔尔断交，看美国把中东带向何方？》，载《新民周刊》2017年第24期，第56—60页；刘中民、孙德刚：《8国“拉黑”卡塔尔，中东地区进一步走向碎片化》，载《新京报》2017年6月7日，第A04版。

④ Steffen Hertog, “The GCC and Arab Economic Integration: A New Paradigm,” *Middle East Policy*, Vol. 14, No. 1, 2007, pp.60-62.

大国，在贸易、投资、能源生产和定价等各方面合作程度相当有限。[①] 受此影响，海合会内部成员相互间贸易额非常小，进口仅占六国进口总额的18.34%和出口总额的20.1%，而沙特仅3.8%的贸易是在海合会成员国内部发生的。[②] 同样，卡塔尔最大商品进口国是中国（占比11.9%），其次是美国（11.3%）、阿联酋（9.0%）[③]、德国（7.7%）和日本（6.7%），最大商品出口国则依次为日本（25.4%）、印度（14.6%）、中国（8.4%）、阿联酋（6.8%）和新加坡（5.6%）。沙卡外交危机后，卡塔尔能够被断的只是贸易通道，而非货源。[④] 沙特和卡塔尔贸易额极为有限，主要为日用品，卡塔尔完全可以找到进口替代。

其次，沙特和卡塔尔都在进行经济转型，都提出了发展实体经济、再工业化、科技创新、优先发展港口、建立科技城等，两国发展战略也具有同构性。冷战结束后，阿联酋率先实现经济转型，摆脱对能源产业的依赖，大力发展非石油经济，成为地区航运、贸易和金融中心，尤其是阿联酋航空、迪拜港务成为世界级龙头企业。卡塔尔近年来也开始复制“迪拜模式”，重点发展的也是航空和港口。卡塔尔航空、多哈哈马德机场等对阿联酋区域地位造成了有力冲击，成为阿联酋的重要竞争对手，两国经济结构日益出现“同构性”。[⑤] 2011年，卡塔尔政府制定了国家首个五年发展计划（2011—2016），拟将卡塔尔建设成海湾地区的教育和医疗中心，以及比肩迪拜的金融中心和商业中心。目前，卡塔尔交通运输、媒体、金融和房地产领域已处于国际领先水平。未来卡塔尔经济发展目标是以非能源产业取代传统能源产业，使非能源产业成为带动国民经济增长的主要力量，大力发展港口运输、航天、金融、房地产、旅游、通信等服务业以及加工制造业，实现经济多元化发展，注重吸引外资和技术。[⑥]

如果说卡塔尔发展战略复制“迪拜模式”，沙特未来发展则在某种程度上是复制“卡塔尔模式”。2014年国际油价低迷和石油出口收入大幅下跌，倒逼沙特推动经济体制改革。时任沙特副王储穆罕默德·萨勒曼讲话指出：“我们

---

① Mohammed Nuruzzaman,“Conflicts between Iran and the Gulf Arab States: An Economic Evaluation,” *Strategic Analysis*, Vol. 36, No. 4, 2012, pp.548-551.

② Mohammed Nuruzzaman, “Politics, Economics and Saudi Military Intervention in Bahrain,” *Journal of Contemporary Asia*, Vol. 43, No. 2, 2012, p.368.

③ 主要是转口贸易，卡塔尔进出口商品经阿联酋前往或来自于中东、非洲、欧洲、东亚或南亚等。

④ 《卡塔尔外交危机：做得下去和做不下去的生意》，载《南方都市报》2017年6月23日。

⑤ 丁隆：《阿联酋：搅动海湾的“小斯巴达”》，载《世界知识》2017年第16期，第60—62页。

⑥ 姜英梅：《卡塔尔经济发展战略与“一带一路”建设》，载《阿拉伯世界研究》2016年第6期，第36页。

沙特已经对石油产生了严重依赖。未来我们不允许自己成为国际大宗商品价格波动和国外市场变化的受害者。”[①] 沙特的经济改革包括资源配置从依靠政府干预转向依靠市场支配；政府财政收入从依靠石油收入转向扩大非石油收入；产业结构从过度依赖石油经济转向新能源和矿业等多样化领域；企业所有制结构从国有化转向私有化；投资资金来源从本国资本转向国外投资；劳动就业从依靠外籍侨工转向“沙特化”。[②] 2016年，时任沙特副王储、现任沙特王储穆罕默德·萨勒曼力排众议，推出“2030愿景”（Vision 2030），试图通过科技创新摆脱对传统石油化工产业的依赖，发展多元经济，成为亚、欧、非枢纽。沙卡两国未来经济发展战略的高度相似性对当前卡塔尔区位优势也将产生重大冲击，两国“利益共同体”受到弱化，从而对两国联盟关系产生消极影响。

与卡塔尔和沙特经济结构高度同构化不同，巴林和沙特形成了互补性“利益共同体”，因而联盟更加牢固。巴林是贫油国，2016年公共债务占GDP的比例从上一年的60.3%上升到72%，财政遇到了较为严重的困难。沙特成为巴林最重要的外援大国，外援使巴林不仅维持了经济的正常运转，而且预防了政治危机的爆发。[③] 由于巴林油气资源储量有限，沙特慷慨地从阿布·萨法（Abu Saafa）油田向巴林输送了大量原油，以满足后者的消费需要。[④] 在沙特的大力支持下，巴林建成了世界上最大的炼油厂——巴林石油公司—锡特拉（BAPCO Sitrah），日产原油26.7万桶，仅1/6原油来自巴林本国，剩下的5/6的原油全部来自于沙特。沙特成为巴林最大的贸易伙伴，巴林26.7%的进口商品来自于沙特，而巴林和伊朗的贸易额仅占1%。[⑤] 沙特和巴林的利益共同体强化两国相互依存的军事联盟关系，与沙卡交恶形成鲜明对比。

二、政治诉求的竞争性与两国“政治共同体”的退化

除经济结构的相似性外，沙特和卡塔尔的政治诉求也具有竞争性，使两国

---

① Sean Foley, “When Oil Is Not Enough: Sino-Saudi Relations and Vision 2030,” *Asian Journal of Middle Eastern and Islamic Studies*, Vol. 11, No. 1, 2017, p.118.

② 陈沫：《沙特阿拉伯的经济调整与“一带一路”的推进》，载《西亚非洲》2016年第2期，第32页。

③ Economic Intelligence Unit, *Qatar*, London: Economic Intelligence Unit, 2017, p.30.

④ Eman Ragab, “Beyond Money and Diplomacy: Regional Policies of Saudi Arabia and UAE after the Arab Spring,” *The International Spectator*, Vol. 52, No. 2, 2017, p.42.

⑤ Mohammed Nuruzzaman, “Politics, Economics and Saudi Military Intervention in Bahrain,” *Journal of Contemporary Asia*, Vol. 43, No. 2, 2012, pp.368-369.

形成“政治共同体”的难度增大。两国同为逊尼派海湾阿拉伯国家，拥有丰厚的主权财富基金，都有拓展政治影响力、培养代理人的雄心与抱负。此外，两国同为美国在中东地区的重要盟友，都试图利用此优势提高在阿拉伯—伊斯兰世界的影响力，也都希望成为美国在海湾地区的枢纽、沟通伊斯兰世界和美国的桥梁和纽带。数十年来，在“以石油换安全”的基本逻辑下，沙特和美国形成了重要的相互依存关系；沙特获得大量美式武器、一度成为美国中央司令部前沿总部所在地，并获得美国在中东“桥头堡”的地位；沙特也巩固了自己在阿拉伯世界、伊斯兰世界尤其是逊尼派国家的地位，这种地位因沙特为麦加和麦地那两圣城守卫者的角色而进一步得以强化。① “9·11”事件后，美国将中央司令部的前沿总部从沙特迁往卡塔尔，关闭在沙特军事基地，而卡塔尔成为美国在中东最重要的军事基地东道国。沙特和卡塔尔在美国军事战略中的地位一升一降，加剧了沙卡两国的地缘政治竞争。

卡塔尔人口仅260万，从体量上来看是中东地区的小国，但近年来经济增长强劲，2013—2016年经济增长率分别为4.4%、4%、3.6%和2.7%，2017年预测为3.5%，国内生产总值估计达1678亿美元，人均国内生产总值达68184美元，不仅远远超过沙特，而且在海湾乃至世界上也遥遥领先。② 尽管卡塔尔从宗教影响力、经济总量等方面无法与沙特相提并论，但是1995年卡塔尔王储哈马德通过不流血政变上台后，试图把卡塔尔打造成海湾地区的“瑞士”，利用对外援助积极干预地区事务，试图成为继沙特和伊朗之后的“第三种力量”，与沙特形成了激烈竞争关系。

在政治上，卡塔尔实施“小国大外交”，积极调解巴以冲突、黎巴嫩内战、苏丹达尔富尔问题，与哈马斯、穆斯林兄弟会、伊朗甚至黎巴嫩真主党保持密切往来，开展“零敌人”外交，发挥“四两拨千斤”的作用，在沙特、伊朗、土耳其、以色列和埃及之间玩平衡。③ 2008年5月，在卡塔尔政府的大力斡旋下，黎巴嫩冲突各方达成《多哈协议》，为建立联合政府、恢复黎巴嫩和平与稳定铺平了道路；2010年年底“阿拉伯之春”爆发后，卡塔尔以援助为筹码，积极介入利比亚、叙利亚、也门和埃及内政，在中东转型国家培养代理人。④

---

① Kylie Baxter & Kumuda Simpson, “The United States and Saudi Arabia through the Arab Uprisings,” *Global Change, Peace & Security*, Vol. 27, No. 2, 2015, p.142.

② “Qatar-Economic Outlook,” *Middle East Monitor*, Vol. 54, No. 9, 2017, p.10.

③ Birol Başkan, *Turkey and Qatar in the Tangled Geopolitics of the Middle East*, New York: Palgrave Macmillan, 2016, pp.33-35.

④ BenedettaBerti &Yoel Guzansky, “Saudi Arabia’s Foreign Policy on Iran and the Proxy War in Syria: Toward a New Chapter?”*Israel Journal of Foreign Affairs*, Vol. 8, No. 3, 2014, pp.27-28.

有分析指出，2013 年叙利亚反对派推出的首位美籍“总理”实际上是由卡塔尔内定的。2017年，在卡塔尔和伊朗的调停下，叙利亚北部实施了部分什叶派居民和逊尼派居民的对等迁移。沙特对此显然不满，并对卡塔尔和伊朗的合作早已生厌。[①]

在文化上，卡塔尔修建伊斯兰艺术博物馆，提升在伊斯兰世界的文化软实力，结束沙特一家独大的局面；在体育赛事方面，卡塔尔成功举办亚运会并获得2022年世界杯足球赛举办权；在外交层面，卡塔尔多次承办国际和地区组织大会，包括召开每年一度的多哈论坛；在媒体层面，卡塔尔积极支持半岛电视台，提升卡塔尔的国际话语权，为阿拉伯世界各国的反对派颠覆现政权发挥了推波助澜的作用。[②] 半岛电视台每年获得卡政府超过4亿美元的拨款，驻全球各地的记者站增至60个，充当阿拉伯各国反对派和政治伊斯兰力量对外发声的最大平台，报道力度与效果远超西方主流媒体。[③] 卡塔尔软实力的综合提升，加上以援助为杠杆，提升了与沙特全面竞争的资本。

不仅如此，卡塔尔还积极培养穆斯林兄弟会、哈马斯等政治伊斯兰力量与沙特支持的伊斯兰力量相抗争。[④] 2012年8—12月，卡塔尔向埃及穆尔西政府提供50亿美元援助（含10亿美元无偿援助），同时向加沙的哈马斯提供4亿美元援助。[⑤] 叙利亚内战爆发后，沙特和卡塔尔均支持叙利亚反对派。由于反对派鱼龙混杂，两国逐渐选择了各自代理人。卡塔尔扶植叙利亚全国委员会中穆斯林兄弟会力量——不仅提供重要经济援助，而且提供了必要的武器装备，而沙特则支持全国委员会中萨拉菲派力量，如“伊斯兰军”（Jaysh al-Islam）。[⑥]

沙特在政治上也毫不示弱，并突出表现为2016年和2017年分别与伊朗和卡塔尔断交。为积极拉拢伊斯兰合作组织成员国，沙特向苏丹、索马里、吉布

---

① 唐见端：《沙特掌控下的阿盟宣布开除卡塔尔：卡塔尔究竟做了什么？》，载《文汇报》2017年6月7日，第6版。

② 马晓霖：《断交风暴：沙特聚众群殴卡塔尔的台前幕后》，载《华夏时报》2017年6月12日，第6版。

③ 王猛：《卡塔尔 VS 沙特：谁才是阿拉伯新时代的领头羊？》，载《世界知识》2013年第23期，第41页。

④ 马哈茂德加纳：《分析：海湾危机的影响以及哈马斯和卡塔尔关系对巴勒斯坦问题的影响》（阿拉伯文），巴勒斯坦新闻社，第6期，2017年。https://khbrpress.net/post/111989.

⑤ 王猛：《卡塔尔 VS 沙特：谁才是阿拉伯新时代的领头羊？》，载《世界知识》2013年第23期，第41页。

⑥ Kim Sengupta, “Saudi Arabia will be Infuriated by Qatar's decision to Resume Ties with Iran,” *Independence*, August 24, 2017.

提、埃及、利比亚、巴林、马尔代夫和塔吉克斯坦等国提供了大量援助。[①] 由于卷入地区纷争，长期以丰厚的石油美元著称的“土豪”沙特在财政上日渐捉襟见肘，外汇储备持续下降。截至2017年上半年，其外汇储备仅剩4900亿美元，为2011年5月以来最低水平。[②]

2017年6月沙特宣布与卡塔尔断交后，沙特利用自己的影响力，对卡塔尔采取经济封锁、政治孤立、外交打压的“组合拳”，并联合毛里塔尼亚、科摩罗、乍得、埃及、阿联酋、也门、巴林、利比亚、毛里求斯、马尔代夫10国与卡塔尔断交。此外，沙特利用与埃及的特殊关系，终止卡塔尔在阿盟的成员资格，并将卡塔尔逐出干涉也门内战的伊斯兰多国联军。[③] 随着沙特和卡塔尔矛盾的进一步激化，不排除今后沙特将卡塔尔从海合会逐出，相似的政治诉求导致两国离政治共同体渐行渐远。

三、威胁认知的差异性与两国“安全共同体”的淡化

1979年伊朗伊斯兰革命和1980年两伊战争的爆发，使沙特和卡塔尔意识到，海湾阿拉伯国家唯有抱团取暖、形成阿拉伯君主制国家的“神圣同盟”才能维护政权安全。[④] 海合会一度在地区安全一体化中表现出强大的凝聚力。然而，“阿拉伯之春”爆发后，沙特和卡塔尔对各自国家面临的主要威胁存在不同看法，甚至视对方为本国安全的威胁和潜在挑战，导致两国难以形成心心相印的“安全共同体”。

“阿拉伯之春”从北非蔓延到西亚后，沙特、阿联酋和巴林形成了共同安全观，并认为新时期君主制国家主要面临三类威胁：

第一，伊朗的威胁。沙特认为，来自伊朗的威胁主要包括：利用地区什叶派力量、干涉阿拉伯国家内政，包括2011年策动巴林街头政治，军事介入叙利亚内战、支持巴沙尔政府；2014年教唆也门胡塞武装推翻逊尼派哈迪政府，并长期“非法占据”阿联酋的大小通布岛和阿布穆萨岛。1783年以前，巴林曾是波斯统治下的领土，故巴林现政府视伊朗为头号威胁。“阿拉伯之春”以

---

① 卡迈勒·阿丁谢赫·穆罕默德·阿拉伯：《海湾危机对非洲的影响解读国家立场》（阿拉伯文），半岛电视研究中心研究报告，2017年第6期。http://studies.aljazeera.net/ar2017.

② 孙德刚：《沙特国王访俄中东外交“天平摇摆”》，载《新民晚报》2017年10月13日，第26版。

③ 马晓霖：《断交风暴：沙特聚众群殴卡塔尔的台前幕后》，载《华夏时报》2017年6月12日，第6版。

④ 艾哈迈德：《在变化的安全环境下的新战略平衡》（阿拉伯文），巴格达：学术界出版社2015年版，第98—148页。

来，中东地区沙特和伊朗军备竞赛升级，有学者称海湾将迎来战争的“4.0”版。[①] 2017年特朗普访问沙特、两国签订1150亿美元军火大单后，美国和俄罗斯分别宣布将向沙特出售“萨德”系统和“S-400”系统，伊朗加紧研发射程为2000公里的“霍拉姆沙赫尔”弹道导弹，海湾地区军备竞赛进一步升级。沙特外交大臣朱拜尔（Adel bin Ahmed Al Jubeir）指出：“伊朗是本地区最好战的国家，谋求地区霸权，并把其他国家的缓和姿态视为软弱可欺”；巴林驻英国大使法瓦兹（Fawaz bin Mohammed Al Khalifa）也认为：“伊朗支持下的什叶派武装是巴林、黎巴嫩、科威特和也门局势动荡的根源，这些武装也是伊朗扩张主义者的工具。”[②] 为共同应对也门胡塞武装，2015年阿联酋在厄立特里亚部署了军事基地，2017年2月在索马里兰部署了军事基地，2016年沙特与吉布提达成协议，宣布将在后者也部署军事基地，以从红海对岸打击胡塞武装。

相比之下，卡塔尔奉行“第三条道路”，乐见沙特和伊朗相互制衡。卡塔尔埃米尔塔米姆、沙特王储穆罕默德、阿布扎比酋长本·扎耶德虽都为年轻一代王室成员，但危险认知却迥异。卡塔尔并不认为伊朗对其构成了现实威胁。沙特东部省属于什叶派为主的地区，是沙特重要产油区；巴林70%的人口属于什叶派；阿联酋与伊朗有岛屿争端，而卡塔尔什叶派人口较少，并不担心伊朗构成的威胁。2017年5 月19 日，鲁哈尼再次当选伊朗总统，卡塔尔埃米尔塔米姆与其通话，表示希望与伊朗建立“超越以往”的密切合作关系。鲁哈尼对此给予积极回应。此后不久，卡塔尔新闻社援引埃米尔在一场军方庆典上的讲话，表示伊朗是“不容忽视的伊斯兰强国”，“对伊朗怀有敌意是不明智的”，一度引起沙特政界一片哗然。尽管卡塔尔政府称其受到了黑客攻击，但消息传出后，沙特等国立即宣布与卡塔尔断交。[③]

第二，穆斯林兄弟会问题。沙特和阿联酋认为穆斯林兄弟会的威胁与伊朗的威胁同样严峻，包括穆斯林兄弟会在巴勒斯坦的分支机构哈马斯以及在也门的分支机构革新党（al-Islah），后者多次要求沙特、阿联酋和其他海湾君主制国家推动政治变革。[④] 穆斯林兄弟会和哈马斯被沙特列为恐怖组织，因为前者否定沙特的君主制，但是却受到卡塔尔的资助。卡塔尔和土耳其一道积极扶植

① Ben Rich, “Gulf War 4.0: Iran, Saudi Arabia and the Complexification of the Persian Gulf Equation,” *Islam and Christian-Muslim Relations*, Vol. 23, N. 4, 2012, p.471.

② Simon Mabon, “Muting the trumpets of sabotage: Saudi Arabia, the US and the quest to securitize Iran,” *British Journal of Middle Eastern Studies*, 2017, p.17. DOI:10.1080/13530194.2017.1343123.

③ 《中东局势再起波澜，沙特等国集体与卡塔尔断交》，载《光明日报》2017年6月6日，第10版。

④ Eman Ragab, “Beyond Money and Diplomacy: Regional Policies of Saudi Arabia and UAE after the Arab Spring,” *The International Spectator*, Vol. 52, No. 2, 2017, p.41.

各国穆斯林兄弟会力量，不仅未将穆斯林兄弟会视为威胁，反而为穆斯林兄弟会上层人物提供庇护所，在半岛电视台开辟专栏，为穆斯林兄弟会宣传政治思想提供喉舌。[①]

第三，政权安全问题。沙特、阿联酋和也门均发生了不同程度的“街头政治”，对外部力量尤其是卡塔尔半岛电视台鼓动反对派上街游行示威、颠覆政权保持高度警惕。自2011年巴林发生骚乱以来，上述三国形成了安全共同体，在叙利亚、也门、打击“伊斯兰国”组织等方面，形成了一致政策。[②]“阿拉伯之春”爆发后，上述三国均发生街头政治，但是卡塔尔并未发生，不能感受到反对派对现政权的冲击和威胁，甚至对半岛电视台鼓动他国反对派上街游行持默许态度。沙特和卡塔尔对威胁的错位认知，导致“安全共同体”的淡化。

四、替代联盟的多元性与两国“命运共同体”的虚化

21世纪以来，中东地区多极化趋势日益明显，“忽敌忽友、亦敌亦友”的动态联盟不断出现，美国、俄罗斯、伊朗、土耳其、以色列等试图将海合会成员国纳入到自己的战略轨道，对沙特和卡塔尔关系造成了巨大冲击，导致两国难以形成“命运共同体”。

2017年6月沙特与卡塔尔断交后，沙特等国开出了复交条件，称根据卡塔尔与海合会其他成员国2013年签订的《利雅得协议》和2014年《利雅得补充协议》，卡塔尔必须承诺不对周边海湾国家以及埃及和也门境内的反对党和敌对政府的组织提供支持。沙特等国敦促卡塔尔停止支持“恐怖组织”如哈马斯和穆斯林兄弟会，关闭涉嫌煽动阿拉伯国家反对派的“半岛电视台”，停止与伊朗的关系等，但是沙特等国的最后通牒并不能形成有效的胁迫力量。相反，卡塔尔积极改善与土耳其、伊朗、阿曼和摩洛哥的关系，接受土耳其和伊朗提供的重要生活日用品供应，感谢伊朗对卡塔尔开放领空，宣布阿曼成为卡塔尔新的航运中转站等，使沙特等国对卡塔尔的立体封锁大打折扣，也难以迫使其放弃“外交主权”。[③] 如2017年8月，卡塔尔与阿曼签订合作备忘录，卡塔尔航

---

① ERIC TRAGER, “The Muslim Brotherhood Is the Root of the Qatar Crisis,” Washington’s Near East Policy Institute, 2017, http://www.washingtoninstitute.org/.

② EmanRagab, “Beyond Money and Diplomacy: Regional Policies ofSaudi Arabia and UAE after the Arab Spring,” *The International Spectator*, Vol. 52, No. 2, 2017, p.45.

③ 易卜拉欣·弗里哈特:《海湾危机是否重塑了中东地区的政治地图？》(阿拉伯文)，半岛研究中心，第10期，2017年。http://studies.aljazeera.net.

运公司（Qatar Navigation）宣布将自己的运营枢纽从阿联酋的杰布阿里港转移到阿曼的苏哈港（Port Sohar）。[①] 由此可见，多元化替代联盟的存在，使卡塔尔对沙特的制裁有恃无恐，甚至加剧了其离心离德的倾向。

美国是卡塔尔替代联盟的首选。如前所述，“9·11”事件后，美国中央司令部从沙特转移到卡塔尔，乌代德空军基地驻有美军1.1万人，是美国在中东最大、也是最重要的军事基地。[②] 沙卡外交危机爆发后，尽管特朗普总统力挺沙特，但是，时任国务卿蒂勒森和国防部长马蒂斯均宣布支持卡塔尔，美卡联盟关系进一步升温。[③] 2017年7月和10月，蒂勒森两度访问卡塔尔，两国不仅达成了《打击恐怖主义融资协议》，而且签订卡塔尔从美国购买10架F–15战机的军事协议，协议额达120亿美元，增强了卡塔尔与沙特斗争的决心。

土耳其是卡塔尔替代联盟的第二选项。沙特率众与卡塔尔断交，并从海、陆、空全方位封锁卡塔尔，导致中东逊尼派阵营的分化。埃尔多安领导下的土耳其政府未像埃及那样与卡塔尔断交，反而抱怨沙特等国封锁卡塔尔的政策是不明智的。[④] 土耳其和卡塔尔一道支持穆斯林兄弟会，同穆斯林兄弟会在巴勒斯坦的分支机构——哈马斯交往甚密。在卡塔尔受到沙特全面封锁后，土耳其伸出援助之手，不仅向卡提供了重要食品等生活物资，而且保证在卡军事基地完工后将驻卡军事力量增加至3000人，使卡塔尔增强了与沙特讨价还价的筹码。[⑤]

伊朗是卡塔尔替代联盟的第三选项。尽管沙特警告卡不要与伊朗关系走近，但是2017年8月25日，卡塔尔以捍卫“外交主权”为由，在沙特等国与伊朗断交一年半后，向伊朗重新派出了大使阿里（Ali bin Hamad al-Sulaiti），卡塔尔与伊朗关系全面改善，伊朗对卡塔尔出口贸易额增加了60%。[⑥] 卡塔尔主动改善与伊朗的关系，拓展了自己的生存空间，也加剧了与沙特的矛盾。2017年9月，沙特王储穆罕默德·萨勒曼宣布：鉴于卡塔尔的不合作态度并向伊朗重派大使，沙特将终止与卡塔尔的一切对话。[⑦]

---

① Economic Intelligence Unit, *Qatar*, London : Economic Intelligence Unit, 2017, p.22.

② Economic Intelligence Unit, *Qatar*, London : Economic Intelligence Unit, 2017, p.2.

③ Kim Sengupta, “Saudi Arabia will be Infuriated by Qatar's decision to Resume Ties with Iran,” *Independence*, August 24, 2017.

④ 穆罕默德·阿卜杜勒卡德尔·哈立勒：《错误的偏见——土耳其对海湾危机的态度》（阿拉伯文），埃及金字塔报政治和战略研究中心报告，2017。http://acpss.ahram.org.eg.

⑤ 孙德刚：《土强化军事存在加剧海湾动荡》，载《中国国防报》2017年6月23日，第23版。

⑥ Economic Intelligence Unit, *Qatar*, London: Economic Intelligence Unit, 2017, p.21.

⑦ “Saudi Arabia Suspends Any Dialogue With Qatar: SPA,” September 8, 2017,https://www.usnews.com/news/world/articles/2017-09-08/saudi-crown-prince-talks-with-qatari-emir-on-gulf-crisis.

俄罗斯是卡塔尔的第四选项。目前卡塔尔是海合会成员国中唯一对俄进行大规模投资的国家。2016年1月，卡塔尔埃米尔塔米姆访问俄罗斯，就能源合作和天然气定价问题展开磋商。根据俄卡两国元首达成的协议，2017年1月卡塔尔投资局（Qatar Investment Authority）与英国伙伴公司合作，联合投资俄罗斯能源产业的上游项目，总投资额达113亿美元。①

同样，沙特的结盟外交选项也具有多元性，包括与美国的军事联盟、与亚洲大国的经济联盟和与俄罗斯和以色列的政治联盟。

首先，中、日、印、韩等亚洲经济体成为沙特重要的能源合作伙伴，东亚与西亚的经贸联系日益密切。随着美国原油产量增加，其对沙特石油进口依赖度下降，对沙特能源出口来说，东方国家比西方国家更重要。到2035年，在全球能源需求比例中，中国将占26%，印度和其他亚洲新兴经济体占18%，北美将下降至17%，欧盟下降至9%，"东升西降"趋势明显。② 2017年3月，沙特国王萨勒曼率领1500人的豪华代表团访问东南亚的印尼、马来西亚、文莱和东亚的中国、日本等。沙特"向东看"战略，旨在拓展与亚洲经济体的经贸和能源合作关系。

其次，沙特积极巩固与美国的联盟关系。2017年5月，美国总统特朗普上任后首次出访选择了沙特，对美沙特殊关系进行"再确认"和"再保证"。两国元首进行了高规格对话，并签署了"共同战略愿景协议"，总价值超过3800亿美元。在访问沙特期间，特朗普还集体会见了阿拉伯伊斯兰国家的领导人，也巩固了沙特作为伊斯兰世界"领头羊"的地位。

再次，沙特加强与俄罗斯的政治协调。多年来，俄罗斯支持中东地区大规模杀伤性武器扩散，这一原则立场符合沙特利益。③ 2017年10月，沙特国王萨勒曼首次访俄，加强同俄罗斯的关系。基于"求同存异"的原则，沙特以能源和防务合作为两大推动力，期望在同伊朗的地区安全竞争中，"中立"俄罗斯，阻止俄罗斯与伊朗的战略和防务合作持续升级，包括停止向伊朗出售"S–300"防空系统。④ 沙特希望以投资和经贸为诱饵，说服俄罗斯放弃对伊朗的支持，并敦促伊朗在"后伊斯兰国"时代从叙利亚和伊拉克撤出所有武装力量，阻止

① Alexander Shumilin & Inna Shumilina, "Russia as a Gravity Pole of the GCC's New Foreign Policy Pragmatism," *The International Spectator*, Vol. 52, No. 2, 2017, p.126.

② Tim Niblock, "Problems and Opportunities for China in Developing Its Role in the Gulf Region," *Asian Journal of Middle Eastern and Islamic Studies*, Vol. 11, No. 3, 2017, p.9.

③ Alexander Shumilin & Inna Shumilina, "Russia as a Gravity Pole of the GCC's New Foreign Policy Pragmatism," *The International Spectator*, Vol. 52, No. 2, 2017, p.124.

④ 孙德刚:《沙特国王访俄中东外交"天平摇摆"》，载《新民晚报》2017年10月13日，第26版。

伊朗干涉黎巴嫩、科威特、也门和巴林等阿拉伯国家的内政。

最后，面对共同威胁，沙特还与以色列建立了心照不宣的“准联盟关系”。2017年8月，以色列通信部以卡塔尔半岛电视台支持恐怖主义、宣扬宗教极端主义和煽动暴力活动为由，宣布将关闭设在以境内的半岛台办公室，在战略上配合沙特打压卡塔尔。[①] 沙特与卡塔尔断交事件发生后，以色列公开支持沙特等国反对卡塔尔，并以实际行动证明以色列与沙特、埃及、约旦、阿联酋和巴林等拥有共同安全利益，属于所谓“温和阵营”，指责伊朗、卡塔尔、叙利亚巴沙尔政府属于“支持恐怖主义阵营”，这进一步恶化了沙特和卡塔尔的纷争。[②]

五、沙特与卡塔尔断交的影响

沙特与卡塔尔断交将产生深远的影响。首先是对卡外交政策走向的影响。卡塔尔短期内不会服软，中长期将强化与美国、土耳其、伊朗、科威特和阿曼的关系。截至2018年3月，沙特、阿联酋、巴林、埃及、科摩罗、马尔代夫、毛里塔尼亚和也门哈迪政府共7国仍处于同卡塔尔断交状态，曾经与卡塔尔断交的乍得和塞内加尔已与卡塔尔恢复正常外交关系，吉布提、约旦、尼日尔曾降低与卡塔尔外交关系等级，沙特、阿联酋和巴林宣布切断同卡塔尔的陆上、海上和空中联系渠道，一度使卡塔尔成为一座孤岛，导致卡塔尔股市大跌，市场上出现了抢购潮，外国公民纷纷选择离开，社会出现一定恐慌。卡塔尔曾向沙特等国做出有限让步，如被迫驱逐穆斯林兄弟会的高级领导人；限制半岛电视台对其他海湾阿拉伯国家的负面报道；在第三方如土耳其、科威特或阿曼的斡旋下，放低姿态，释放和解信号，但在原则问题上未做出实质性让步。从长远来看，卡塔尔将进一步加强与美国、土耳其、阿曼、科威特和伊朗等关系，反制沙特。此次断交风暴后，卡塔尔在海合会中离心倾向将更加明显，且会紧紧拉住美国，留住美在卡中央司令部前沿总部，接受美在卡的1万人永久驻军，以平衡沙特的压力。此外，2017年2月土耳其总统埃尔多安访问卡塔尔时宣布，将在卡部署军事基地，从长远来看，卡将欢迎土耳其部署军事基地，通过引入土耳其力量来平衡沙特的压力。

---

① 阿德南·哈萨尼:《海湾危机是以色列报复卡塔尔的切入口》，阿拉伯研究与政策研究中心报告，第6期，2017年。https://www.alaraby.co.uk.

② 孙德刚:《以色列关闭半岛台引发中东地缘政治重组》，载《中国国防报》2017年8月11日，第23版。

其次，沙特与卡塔尔断交将对沙特外交政策产生影响。沙特率众同卡塔尔断交，与2016年率众与伊朗断交、2015年率众空袭也门胡塞武装相似，沙特王储——穆罕默德·萨勒曼大胆推动改革，对外奉行强硬主义路线，试图依仗美国，制衡伊朗，甚至要不惜一切代价打赢与伊朗在也门、叙利亚、伊拉克的教派战争，还拉拢中亚国家塔吉克斯坦、东非国家苏丹、吉布提和索马里、印度洋国家马尔代夫联合围堵卡塔尔。2017年5月，穆罕默德·萨勒曼甚至放出豪言，要把同伊朗的战斗推回到伊朗境内。目前沙特卷入也门和叙利亚的军事冲突，与伊朗和卡塔尔断交，向苏丹、索马里、吉布提、利比亚、也门哈迪政府、叙利亚反对派、马尔代夫和毛里求斯等逊尼派弱国提供援助，不利于沙特为国内改革营造有利的外部环境。

最后，沙特与卡塔尔断交将对地区局势产生深远影响。第一，卡塔尔与土耳其在叙利亚将密切合作。卡塔尔已经停止在也门的军事行动，不再支持沙特和阿联酋打击胡塞武装，卡塔尔和沙特在叙利亚和利比亚支持不同的反对派。今后，卡塔尔和土耳其将在叙利亚问题上开展更多的合作，包括将进一步联合支持叙利亚自由军。第二，美国将在沙特和卡塔尔之间玩平衡。特朗普访问中东后，丢下一张空头支票，与沙特签订1100亿美元的军售合同，使沙特过于乐观地认为，特朗普政府会坚定站在沙特一边，共同反对伊朗。美国在卡塔尔的中央司令部前沿总部非常重要，短期内不可能搬走，美国也不愿意看到卡塔尔倒向伊朗，故多次呼吁双方和平解决争端。第三，中东地区格局从两极化走向多极化。2016年伊朗和沙特断交后，海湾地区主要矛盾是以伊朗为代表的什叶派阵营和以沙特为代表的逊尼派阵营之间的矛盾。以色列与沙特、埃及、阿联酋、约旦和巴林等同为美国的中东盟友，其共同指责伊朗、黎巴嫩真主党、哈马斯和穆斯林兄弟会等为恐怖主义力量或恐怖主义支持者，在地缘上将海湾、红海和地中海地区连为一片，从秘密合作走向公开抱团。而卡塔尔拒绝关闭半岛台，拒绝沙特等国开出的复交条件，成为土耳其、伊朗和俄罗斯拉拢的对象。沙特率众与卡塔尔断交后，逊尼派阵营内部出现分化组合，分成沙特阵营、卡塔尔—土耳其阵营和中立阵营三大集团，伊朗的地区影响力上升，并积极为受到制裁的卡塔尔提供食品援助和空中走廊。围绕沙特与伊朗断交、沙特与卡塔尔断交以及反恐等问题，多个阿拉伯国家选择追随沙特，与伊朗、卡塔尔断交，并参加沙特领导的反恐同盟，导致海合会和阿拉伯国家的分裂进一步加剧。沙特和卡塔尔关系的“冷战化”为美国、俄罗斯、伊朗和土耳其积极争取卡塔尔提供了机会。[①]

六、结论

沙特和卡塔尔断交具有深刻的国际背景和两国国内政治原因。未来，沙特和卡塔尔关系的改善，需从经济、政治、安全和制度四个层面入手，多管齐下，引导两国关系在求同存异的基础上重构海合会集体认同。在经济层面，双方应避免经济结构和经济发展战略的同构性，在产业规划层面形成错位竞争和优势互补，构筑相互依存的“利益共同体”；在政治层面，双方应在叙利亚、伊拉克、也门、埃及、利比亚、索马里等放弃依靠代理人的做法，避免恶性竞争和内耗，求同存异，相向而行，形成“政治共同体”；在安全层面，双方应避免大众传媒卷入国家间政治，避免媒体的“工具化”和“政治化”，还应相互理解各自的安全关切，不干涉他国内政，妥善处理与穆斯林兄弟会和各国反对派之间的关系，寻找安全合作领域，形成“安全共同体”；在海合会制度化建设层面，沙、卡需明确将海合会放在对外关系的优先位置，而不是放在与大国关系之后。只有通过机制化建设，形成统一的政治、经济、金融和安全政策，才有望将海合会打造成沙特和卡塔尔相互依存的“命运共同体”。

① 参见刘中民:《中东地区格局的冷战化趋势及其影响》，载《当代世界》2018年第2期。

中东库尔德问题的新发展

汪　波　许　超[①]

摘要：2017年以来，中东库尔德问题的新发展主要表现在三个方面。首先，在打击“伊斯兰国”的战斗中，伊拉克和叙利亚的库尔德武装都发挥了重要作用，最终收复了“伊斯兰国”控制的两个最重要的城市，即伊拉克的摩苏尔和叙利亚的拉卡。其次，库尔德人在争取民族权利方面取得了明显进展。伊拉克库尔德自治区举行了“独立公投”，叙利亚库尔德人则建立了自己的自治区域。最后，库尔德人在打击“伊斯兰国”的斗争中不断壮大，再加上独立和自治倾向增强，也加剧了他们和所在国家主流民族以及同样存在库尔德问题的周边国家矛盾，甚至引发地区新一轮的武装冲突。

关键词：库尔德问题；“伊斯兰国”；叙利亚；伊拉克

在中东变局引起社会动荡、“伊斯兰国”兴起造成大规模武装冲突的背景下，库尔德政治力量和武装力量都有了显著的发展，并且进一步提出了扩大民族权利的要求，进而成为国际社会广泛关注的焦点。

2011年爆发的“阿拉伯之春”改变了中东地区的地缘政治格局和政治面貌，促使库尔德问题再度升温，并成为以叙利亚为中心的“库尔德之春”的催化剂。在中东变局中，叙利亚库尔德人抓住历史机遇实现了政治和军事力量崛起，成为中东剧变中的赢家之一。2014年，在叙利亚内战中兴起的“伊斯兰国”，曾一度控制和占据叙利亚和伊拉克交界的广大地区，而这些地区原先又大多是库尔德人生活的区域。当伊拉克政府军和叙利亚政府军以及叙利亚其他反对派武装在迅速崛起的“伊斯兰国”面前节节败退的时候，叙利亚和伊拉克的库尔德武装率先展开了与“伊斯兰国”武装势力的殊死战斗。在库尔德武装

[①] 汪波，上海外国语大学中东研究所教授；许超，上海外国语大学中东研究所博士研究生。

力量与其他政治势力的联合打击下，“伊斯兰国”现已全面崩溃。在打击“伊斯兰国”的过程中，库尔德人军事实力不断增强，并控制了“伊斯兰国”原来占据的大片土地，为库尔德人的政治发展奠定了重要基础。然而，库尔德武装在取得打击“伊斯兰国”全面胜利之时，伊拉克库尔德自治区举行的“独立公投”，却激起了叙利亚中央政府以及同样面临库尔德问题的土耳其和伊朗政府的强烈不满，并采取了一系列行动加以遏制。而叙利亚库尔德人建立自治区的举动，虽然得到了俄罗斯和美国的支持，但却引起土耳其、伊朗和叙利亚政府以及叙利亚其他反对派的不满，土耳其甚至越境进入叙利亚对库尔德武装进行军事打击。由此可见，过去一年来中东库尔德问题的新发展主要体现在三个方面：一是库尔德人打击“伊斯兰国”的突出表现；二是库尔德人寻求自治或独立的努力；三是库尔德人所在国主体民族与库尔德民族之间的矛盾重新激化。

一、库尔德人打击“伊斯兰国”的突出表现

2014年6月，极端组织“伊斯兰国”在中东迅速崛起后，很快就占据了叙利亚和伊拉克的大片领土。面对“伊斯兰国”在其占领地区的各种惨无人道的暴力行为，国际社会逐步形成了共同打击极端组织“伊斯兰国”的共识，并出现了以美国和俄罗斯为首的两大国际反恐力量。库尔德人同样也加入了打击“伊斯兰国”的阵营，并在打击“伊斯兰国”的武装斗争中壮大了自身的政治和军事实力。

极端组织“伊斯兰国”的最终目标是在中东乃至整个伊斯兰世界建立一个政教合一的所谓“哈里发国家”，其范围甚至包括中国的新疆。由于“伊斯兰国”武装人员都深受伊斯兰极端主义思想的影响，因此在战场上作战特别残暴。在伊拉克，“伊斯兰国”在巅峰时期曾一度占据了包括第二大城市摩苏尔在内约40%的领土。“伊斯兰国”武装人员对其占领区内民众的残酷镇压，激起了伊拉克库尔德自治区武装的激烈反抗，并逐渐成为打击“伊斯兰国”的中坚力量。2014年8月，在伊拉克中央政府对伊拉克北部地区的控制瓦解之际，伊拉克库尔德自治区武装在混战中控制了石油重镇基尔库克。此后，伊拉克库尔德自治区武装又进一步控制了更多重要油田，扩大了自己的控制范围，获取了大量石油资源。不仅如此，伊拉克库尔德人的武装力量也不断壮大。

为了反恐需要，俄罗斯、美国也向伊拉克库尔德武装提供了大量支持。2016年3月14日，俄罗斯向伊拉克库尔德武装提供了5套ZU-23-2型双管高射

炮及2万发炮弹。俄驻伊拉克大使莫尔古诺夫表示，俄将继续向伊拉克库尔德人提供武器。[①] 2016年7月14日，伊拉克库尔德自治政府和美国政府在埃尔比勒签订了合作谅解备忘录。有分析家认为，这份合作谅解备忘录具有里程碑式的意义，因为它表明美国在伊拉克政府之外，加强了与库尔德自治区政府的联系。根据这份谅解备忘录，美国政府承诺向伊拉克库尔德自治区政府提供2,220万美元的援助，这不仅提升了伊拉克库尔德自治区武装力量，也为伊拉克库尔德自治区武装在解放摩苏尔战斗中发挥重大作用提供了重要条件。美国政府提供的援助表明，美国也希望进一步加强与伊拉克库尔德自治区政府之间的关系。[②]

2016年10月，伊拉克库尔德自治区武装协同伊拉克政府军发动了解放摩苏尔的战役。库尔德自治区武装主要在摩苏尔西北至辛贾尔山区一线展开部署，旨在切断“伊斯兰国”武装人员向西逃窜的路线。此后，在伊拉克政府军与包括库尔德自治区武装在内的各派力量的联合攻势下，摩苏尔于2017年7月9日收复，“伊斯兰国”失去了在伊拉克最重要的大本营。[③] 2017年11月21日，伊拉克库尔德自治区武装又协同政府军攻陷了“伊斯兰国”在伊拉克的最后一处据点——拉沃镇，终结了“伊斯兰国”在伊拉克境内的存在。在伊拉克境内打击“伊斯兰国”的斗争中，伊拉克库尔德人的政治、军事和经济实力都得到大幅提升，并且与美国、土耳其发展了密切的双边关系，从而促使伊拉克库尔德自治区萌生了举行“独立公投”的愿望。

与此同时，叙利亚库尔德武装力量也和“伊斯兰国”武装展开了激战。多年来，作为叙利亚国内人数最多的少数民族，库尔德人的少数民族地位一直未能得到叙利亚政府的承认。直到2011年叙利亚内战爆发后，库尔德人自发组织的武装力量才利用叙政府和其他反对派之间的冲突，逐步控制了叙北部库尔德人居住的地区。2014年“伊斯兰国”兴起后，迅速占领了叙利亚境内的大片土地，并沉重打击了叙政府军以及反对派武装“叙利亚自由军”。在叙利亚政府军和反政府武装节节败退的情况下，库尔德武装积极进行打击“伊斯兰国”的武装斗争。在叙利亚库尔德联盟党的领导下，库尔德人民保卫部队通

---

① 《俄罗斯向伊拉克库尔德武装提供一批防空武器》，新华网，2016年3月17日，http://news.xinhuanet.com/world/2016-03/17/c_128805605.htm. 登录时间：2017年11月2日。

② Ofra Bengio, *The Kurds in a Volatile Middle East*, The Begin-Sadat (BESA) Center for Strategic Studies, February 2017, p.40.

③ 《快讯：伊拉克总理宣布成功解放摩苏尔》，环球网，2017年7月9日，http://world.huanqiu.com/exclusive/2017-07/10955261.html. 登录时间：2017年11月4日。

过与极端组织“伊斯兰国”的全面作战，逐步控制了叙利亚国内将近四分之一的领土，成为叙利亚内战后期各派政治势力中一支不可忽视的强大政治力量。经过几年的努力，以库尔德人民保卫部队为主体的叙利亚民主军（Syrian Democratic Forces，简称SDF），已经成为叙利亚打击“伊斯兰国”的主要武装力量，并不断取得胜利。

在打击“伊斯兰国”的过程中，叙利亚库尔德武装还得到了俄罗斯和美国的援助。2016年1月，叙利亚库尔德民主联盟党在俄罗斯设立了代表处，在政治上获得了俄罗斯的积极支持。俄罗斯还声称，要和库尔德民主联盟党在外交和军事上进行合作。此后，在俄罗斯空军的支援下，库尔德武装进一步展开了对“伊斯兰国”的全面攻击。[①] 与此同时，库尔德武装力量还得到了来自美国的援助。2017年5月9日，美国政府宣布将向库尔德人民保卫部队和库尔德民主党联盟提供武器装备，并协助其进攻“伊斯兰国”的重要堡垒拉卡。[②] 2017年10月16日，在美军的直接援助下，库尔德武装终于攻克了“伊斯兰国”的所谓首都拉卡，敲响了“伊斯兰国”在叙灭亡的丧钟。叙利亚库尔德人在打击“伊斯兰国”行动中的卓越表现，为其寻求战后实行民族自治奠定了坚实的基础。

二、库尔德人寻求自治与独立的努力

在2003年伊拉克战争之后，伊拉克库尔德人作为战争的受益者，已经在美国的主导和支持下实现了从“实际自治”到正式自治的转变。根据2005年伊拉克新宪法的规定，伊拉克成为联邦制国家，库尔德地区正式获得自治权利，成立库尔德自治区，下辖埃尔比勒、苏莱曼尼亚和杜胡克等三省，并拥有自己的武装部队。

2014年以来，在抗击“伊斯兰国”的斗争中，伊拉克库尔德自治区武装部队又进一步扩大了控制区域，其范围大约占伊拉克全国领土的三分之一。2017年下半年，随着“伊斯兰国”势力在伊拉克被彻底打败，伊拉克中央政府和伊拉克库尔德自治区之间长期掩盖的矛盾再次凸显，特别是双方在行政区划和石油收益的分配问题上无法达成妥协。在这种背景下，伊拉克库尔德自治区2017年9月25日举行了“独立公投”，其主要目的是在“伊斯兰国”即将覆亡之际巩固既得利益，并为最终走向法理独立奠定基础。独立投票的结果表

① Spyridon Plakoudas, “The Syrian Kurds and the Democratic Union Party: The Outsider in the Syrian War,” *Mediterranean Quarterly*, 2017, Vol.28, No.1, p.109.

② “The Kurds’ precarious balancing act in Syria,” *Strategic Comments*, April 21, 2017.

明，伊拉克库尔德自治区92.7%的民众支持独立。

对于“独立公投”问题，伊拉克库尔德自治区领导人巴尔扎尼曾明确表示，其目的仅仅是为将来建国提供民意导向和参考依据，向国际社会和地区国家表明立场和态度，并不是“建国”的实际举措。[①] 然而，伊拉克库尔德人进行的“独立公投”还是遭到了国内外各方势力的激烈反对，伊拉克库尔德自治区也为这次豪赌付出了惨痛的代价。在举行公投前，伊拉克中央政府就对库尔德自治区提出了多次警告。“独立公投”结束后，伊拉克中央政府立刻采取行动进行压制。2017年10月16日至17日，伊拉克政府军根据议会授权，在重武器和地方民兵武装的配合下，开进库尔德武装控制的争议地区，包括基尔库克省、尼尼微省和迪亚拉省。面对军事实力的巨大差距，为了避免流血冲突，伊拉克库尔德武装主动后撤至中央政府原来划定的自治区境内。[②] 10月20日，伊拉克政府军从基尔库克全面清除了库尔德武装。曾经勇敢抗击“伊斯兰国”的库尔德自治区武装在政府军面前溃不成军，库尔德人在短短几天时间内就失去了从“伊斯兰国”手中夺取的成果。10月20日，伊拉克国家电视台宣布，伊拉克联邦最高法院当天裁定，库尔德自治区此前举行的“独立公投”违宪，任何省份和地区都不得从伊拉克分裂出去。[③]

由于担心伊拉克库尔德“独立公投”产生“多米诺骨牌”效应，与伊拉克相邻的土耳其和伊朗等国家都强烈反对伊拉克库尔德人的“独立公投”。曾经是伊拉克库尔德自治区最大贸易伙伴的土耳其，也公开支持伊拉克政府对库尔德自治区采取的军事行动，并切断了和库尔德自治区之间的空中联系。同样，伊朗政府也取消了与伊拉克库尔德自治区之间的航班。不仅如此，土耳其和伊朗还在靠近伊拉克库尔德自治区的边界地区进行了联合军事演习。

伊拉克库尔德“独立公投”也遭到了国际社会的反对。2017年10月23日，美国国务卿蒂勒森突访伊拉克并同阿巴迪总理就库尔德前途和反恐战争等问题举行会谈。美国政府对伊拉克中央政府的支持，无疑是对伊拉克乃至整个地区的库尔德民族主义运动的沉重打击。这意味着任何试图改变中东民族国家既定政治版图的努力都绝非易事，必须慎而又慎。[④] 另外，英、法、俄等国家也对

---

① 丁工：《公投之后，伊拉克库尔德人往何处去？》，《中国民族报》，2017年10月13日，第7版。

② 马晓霖：《物极必反：伊拉克库尔德分离运动蒙受历史重挫》，华夏时报网，2017年10月25日，http://www.chinatimes.cc/article/71646.html. 登录时间：2017年11月21日。

③ 《伊拉克联邦最高法院裁定库区公投违宪》，人民网，2017年11月27日，http://ydyl.people.com.cn/n1/2017/1121/c411837-29658254.html. 登录时间：2018年1月2日。

④ 马晓霖：《物极必反：伊拉克库尔德分离运动蒙受历史重挫》，华夏时报网，2017年10月25日，http://www.chinatimes.cc/article/71646.html. 登录时间：2017年11月21日。

伊拉克库尔德"独立公投"持保留意见。除了以色列公开支持外，整个国际社会基本都持反对态度。由此可见，伊拉克库尔德自治区的"独立公投"，虽然主观上是为争取伊拉克库尔德人的民族利益，为将来的法理独立奠定基础，但这种做法势必会改变中东地区的政治秩序，冲击冷战后形成的现有国际和地区地缘政治格局。这不仅为库尔德人所在国家政府不能容忍，同时也会遭到所有希望维护现有国际和地区秩序的国家一致反对。对于美国等外部大国来说，他们一直把库尔德人当作争夺中东利益的一枚棋子，当然不会允许这枚棋子破坏其整体的中东战略。

在叙利亚内战和打击"伊斯兰国"的过程中，不断壮大的叙利亚库尔德人开始积极谋求自治。早在2015年11月，叙利亚库尔德斯坦自治政府就在俄罗斯正式启动，并发表了"罗贾瓦革命宣言"（Rojava Revolution），宣称叙利亚战后将成为联邦制国家，库尔德人将拥有军队；叙利亚政府在库尔德自治区域内只派驻少量军警和协调官员；允许包括共产党在内的泛民族政党发展；俄罗斯在叙利亚将拥有建立基地和通行的特别权利。[①] 2016年3月17日，叙利亚库尔德人于宣布在叙北部成立包括卡米什利、阿夫林和科巴尼等三个库尔德人聚居区的联邦区，实行经济、社会、安全、医疗卫生、教育、国防和文化等领域的自治。[②]

叙利亚库尔德自治区的成立是继伊拉克库尔德自治区成立之后，中东地区出现的第二个库尔德人自治地区。从政治上来说，叙利亚库尔德自治区的目标就是要实现该地区包括库尔德人、阿拉伯人、土库曼人、穆斯林、基督徒和雅兹迪人在内的"所有人的权力共享和自治"，并把叙利亚变成一个联邦制国家。库尔德自治政府发言人声称："这一决定是库尔德人在听取了多方建议后做出的。库尔德人在最近的日内瓦和谈中被拒绝和压制，我们感到世界大国只是把我们作为一种获取利益的工具。现在到了我们行使自身权力来维护自身利益的时候了。我们不支持分裂叙利亚国家，但我们期望在和谈中得到平等的对待，然而目前我们看不到任何的光明。"[③]

叙利亚库尔德自治区的正式名称为"北叙利亚民主联邦—罗贾瓦"（North

① 《叙利亚库尔德斯坦自治政府正式在俄启动》，国际观察网，2015年11月17日，http://bbs.tianya.cn/post-worldlook-1588080-1.shtml. 登录时间：2017年11月2日。

② Loqman Radpey, "Kurdish Regional Self-rule Administration in Syria: A new Model of Statehood and its Status in International Law Compared to the Kurdistan Regional Government (KRG) in Iraq," *Japanese Journal of Political Science*, 2016, Vol.17, No.3, p.482.

③ Ofra Bengio, *The Kurds in a Volatile Middle East*, The Begin-Sadat (BESA) Center for Strategic Studies, February 2017, p.23.

Syria Federation-Rojava）联邦制自治政权。2016年12月底，联邦区政府又将其名称更名为北叙利亚民主联邦区（North Syria Democratic Federation）。从地理位置上看，这个区域的中心靠近伊拉克的卡米什利市。在该城市内，库尔德联邦区政府已经把阿拉伯文街道名称改为库尔德文，并且开始在学校里教授库尔德语言。库尔德人的主要政党民主联盟党担负了管理任务，负责建立政治、经济、社会、文化和安全机构。从客观上来说，叙利亚库尔德人提出的联邦制，为叙利亚战后的政治重建提出了一种具有建设性的政治设想。对于叙利亚的库尔德人来说，他们的最低要求是获得作为叙利亚公民的基本权利，他们最理想的目标是建立叙利亚库尔德人自治区，而不是从叙利亚国家分离，因而他们的政治要求虽然还不为叙利亚国内的其他反对派以及周边国家政府所认可，但却得到了俄罗斯和美国的支持。

叙利亚库尔德人的自治要求也面临多方压力，首当其冲的就是土耳其的强烈反对。长期以来，土耳其一直对叙利亚库尔德人政治力量的壮大保持着高度警觉。土耳其认为，叙利亚库尔德民主联盟党与土耳其库尔德工人党（PKK）关系密切，因此土耳其担心叙利亚库尔德势力的壮大为土耳其库尔德工人党提供活动空间。2016年1月，俄罗斯邀请叙利亚库尔德民主联盟党参与在日内瓦举行的叙利亚主要反对派与联合国特使举行的非正式会谈，土耳其表示坚决反对。在此后举行的多轮和谈中，叙利亚库尔德人也始终因土耳其的反对而未能作为独立的政治力量参与其中。2016年8月，土耳其军方联合叙利亚反对派武装发动了代号为“幼发拉底河盾牌”的军事行动。在这次行动中，土耳其地面部队越境进入叙利亚北部地区，并以打击“伊斯兰国”为名遏制叙利亚北部地区库尔德人势力的扩展。

土耳其还极力阻止美国对叙利亚库尔德人的支持，甚至将其与北约的关系作为与美国讨价还价的筹码。2017年5月10日，土耳其总统埃尔多安在新闻发布会上提出，打击叙利亚境内极端组织“伊斯兰国”的行动不应由另一个恐怖组织（暗指库尔德武装）来实施，希望美国能够修正其错误决定。2017年5月，美国宣布向叙利亚库尔德武装提供武器装备也遭到了土耳其的激烈反对。随着土耳其与叙利亚库尔德人之间关系的不断恶化，土耳其又以防止在土耳其和叙利亚边境地区出现恐怖主义走廊为名，于2017年10月8日派军队进入叙利亚伊德利卜省，对叙利亚库尔德武装进行威慑。

随着“伊斯兰国”势力在叙利亚境内基本被摧毁，美国也开始调整对叙利亚库尔德自治政府的政策。2017年11月24日，美国总统特朗普与土耳其总统埃尔多安通电话时承诺，美国将停止向叙利亚库尔德武装输送武器。不过，美国国防部10月27日表态时，并未明确说明要“停止”，只是说要作“调整”。美国五角大楼发言人埃里克·范宁表示，根据打击极端组织“伊斯兰国”的军事需要，美军援助叙利亚库尔德武装的政策“有待调整”，并且正在进行评估。[①]

2018年1月14日，美国宣布要在叙利亚建立一支包括库尔德武装在内的3万人的安全部队，此举遭到了土耳其的强烈反对。1月20日，土耳其总统埃尔多安宣布发起针对阿夫林地区库尔德武装的“橄榄枝”行动；1月28日，土耳其总统埃尔多安再次表示，土耳其军队将会肃清整个土叙边境地区的库尔德武装。[②] 土耳其此举旨在驱逐阿夫林地区的库尔德武装“人民保护部队”，并把该地区控制权转交土耳其扶植的反对派武装“叙利亚自由军”，控制从阿夫林至幼发拉底河岸的广阔区域，遏制库尔德政治势力。更进一步讲，土耳其的目标是沿着900公里长的土叙边界在叙北建立纵深30公里的“安全区”，并将大量滞留在土耳其的叙利亚阿拉伯难民迁移至“安全区”内，实现支持自身扶植的“叙利亚自由军”，通过改变叙北人口结构割裂库尔德人控制区域，通过建立土叙边界隔离区斩断两国库尔德力量的联系，进而维护土耳其南部安全等多重目标。

土耳其的军事行动使日益壮大的库尔德力量遭到重创，而且得到了美俄的默许，巴沙尔政权也难有实质性反应，同时削弱库尔德人也在某种程度上有利于巴沙尔政权。以上事态以及美俄及地区国家对伊拉克库尔德公投的打压都表明，库尔德人始终难以摆脱被利用、被出卖的历史宿命，这也恰如一位库尔德政治家所言，“库尔德人只有高山，没有朋友。”[③]

2018年3月18日，土耳其宣布“橄榄枝”行动结束。3月25日，土耳其总统埃尔多安表示，土耳其将继续展开对叙利亚的军事行动，以进一步扩大对叙利亚北部的控制，同时扬言对伊拉克库尔德地区发动军事行动，足见土耳其对强力打压日渐崛起的库尔德力量的坚定意志。

相对于伊拉克库尔德自治区开展“独立公投”和叙利亚库尔德人建立自治区，土耳其和伊朗境内库尔德人的政治发展则比较缓慢。他们主要是通过游行

---

① 《特朗普称将停止向叙利亚库尔德武装输送武器》，新华网，2017年11月29日，http://news.xinhuanet.com/mil/2017-11/29/c_129751871.htm. 登录时间：2017年11月21日。

② 《土耳其出兵叙利亚，中东新一轮混战的开始？》，环球网，2018年1月30日，http://world.huanqiu.com/article/2018-01/11567199.html。

③ Spyridon Plakoudas, “The Syrian Kurds and the Democratic Union Party: The Outsider in the Syrian War,” *Mediterranean Quarterly*, 2017, Vol.28, No.1, p.116.

示威，或是发动零星的袭击等方式来争取自身的权利和利益。2010年“阿拉伯之春”爆发后，土耳其的库尔德政党也更多地由原来的武装斗争转向民主抗议的方式来争取自身的民族权益。2016年3月，土耳其的九个库尔德政党联合土耳其左翼以及一些共产主义组织，发起了一场声势浩大、旨在推翻埃尔多安统治的民族联合革命运动。[①] 与此同时，2016年以来库尔德工人党还在土耳其境内多次发动恐怖袭击。从某种意义来说，库尔德工人党的分裂势力已经成为土耳其恐怖主义威胁的重要来源。2016年7月19日，土耳其军方战机轰炸了伊拉克北部哈库尔克地区的库尔德工人党目标，打死约20名库工党分子。[②] 2016年8月，土耳其军队发动“幼发拉底盾牌”行动，旨在切断土耳其库尔德工人党和叙利亚库尔德人民保卫部队之间的联系，建立南部边境地区的安全地带，并阻止库尔德人走向自治。2017年11月2日，土耳其安全部队与库尔德工人党武装发生交火，造成30多人丧生。土耳其军方发表声明声称，库尔德工人党武装人员从伊拉克非法越境进入土耳其，试图在土耳其境内发动攻击行动。土耳其安全部队在空军的配合下对越境人员进行搜捕，导致零星交火不断发生。[③] 尽管土耳其国内的库尔德人在中东四个有库尔德人居住的国家中最多，但土耳其库尔德人争取民族权利的历程却极其缓慢，而且时常遭到土耳其政府的严厉镇压。

三、库尔德人与所在国家主体民族之间的矛盾激化

长期以来，中东库尔德人所在国家的中央政府都为遏制库尔德民族主义的发展采取了相似的做法，主要包括拒绝承认库尔德人的少数民族地位，实行去库尔德化，建立安全地带，强制进行人口迁移，在某些极端情况下甚至还进行过种族清洗。同时，土耳其、伊拉克和伊朗等三国政府之间还寻求建立某种合作机制，来遏制库尔德人的政治发展，其中最著名的例证就是1955年签订的《巴格达条约》。这项条约除了进行安全和防御合作外，还有一个重要目标就

① 肖文超、余家溪：《土耳其库尔德政党与国际泛库尔德组织》，《国际研究参考》2017年第4期，第33页。

② 《土耳其战机轰炸伊拉克北部库尔德工人党》，新华网，2016年7月20日，http://news.xinhuanet.com/2016-07/20/c_1119251761.htm. 登录时间：2017年11月2日。

③ 《土耳其安全部队与库尔德工人党武装交火30人丧生》，人民网，2017年11月3日，http://world.people.com.cn/n1/2017/1103/c1002-29624281.html. 登录时间：2017年12月2日。

是遏制库尔德人的发展。[1]

2017年9月，伊拉克库尔德自治区的“独立公投”显然具有民族分离主义运动的性质，因而再次激化了库尔德民族和阿拉伯民族之间的矛盾。从国际法的角度来看，伊拉克库尔德自治区的“独立公投”并不完全符合民族自决原则。在当今全世界都强调主权独立和领土完整的大趋势下，民族合法分离或独立只能通过两种路径来实现。一是经母国同意而取得独立；二是以民族自决权为法律依据单方面宣布独立，但要得到国际社会的承认。[2] 但伊拉克库尔德自治区的独立要求长期以来一直遭到伊拉克中央政府的坚决反对，这次“独立公投”也被伊拉克最高法院宣判为违宪。此外，伊拉克库尔德自治区的“独立公投”除了得到以色列的公开支持外，遭到了国际社会的普遍反对，因此伊拉克库尔德自治区独立建国的要求并未得到国际社会的认可。

冷战结束后，民族分离主义浪潮席卷全球，并导致一大批国家独立。但进入21世纪后，由于民族分离主义的巨大破坏性和非正当性，因而越来越遭到了包括联合国在内的国际社会的普遍反对。伊拉克库尔德自治区在目前这种国际环境下寻求独立，自然难以获得国际社会的支持。此外，伊拉克库尔德自治区内部也存在严重分歧。作为库尔德自治区第二大政党的“改革运动党”就明确反对“独立公投”。同时，传统的两大政党库尔德民主党和库尔德斯坦爱国联盟也一直存在矛盾。这次“独立公投”虽然是在两党达成一致的情况下进行的，但更多体现的却是伊拉克库尔德民主党领导人巴尔扎尼的意志。因此，“独立公投”导致的严重后果又再次激化了两党之间的矛盾。2014年接替塔拉巴尼担任伊拉克总统的库尔德斯坦爱国联盟成员马苏姆，也是坚定的统一派。他不但反对伊拉克库尔德人举行“独立公投”，甚至还抨击巴尔扎尼等人为“叛国者”。2017年10月17日，马苏姆公开指责“独立公投”给伊拉克中央政府和伊拉克库尔德自治区政府带来了十分危险的分歧，并导致伊拉克联邦安全部队用武力恢复对基尔库克的控制。[3] 在伊拉克中央政府军进攻基尔库克等争议区时，库区两大政党彼此指责对方为“叛徒”。由此不难看出，伊拉克库尔德民族内部在争取独立问题上缺乏一致性。究其根源在于库区仍然是部落主义色彩浓厚的政治单元，两大党各自拥有自己独立的武装，政治整合力度不够，

---

① Ofra Bengio, *The Kurds in a Volatile Middle East*, The Begin-Sadat (BESA) Center for Strategic Studies, February 2017, p.11.

② 王琼：《伊拉克库尔德人难以独立的国际法检视》，《西亚非洲》2016年第4期，第121—124页。

③ 马晓霖：《物极必反：伊拉克库尔德分离运动蒙受历史重挫》，华夏时报网，2017年10月25日，http://www.chinatimes.cc/article/71646.html. 登录时间：2017年11月12日。

政治共识和民族认同感较差。而代表伊拉克中央集权势力的伊拉克政府则始终坚持捍卫国家统一。因此，这次“独立公投”将再次激化伊拉克阿拉伯人和库尔德人之间的民族矛盾，以及中央政府与库尔德自治区政府的矛盾。

叙利亚库尔德人与国内阿拉伯人之间的矛盾由来已久。在历史上，库尔德人作为叙利亚最大的少数民族一直遭受歧视，其少数民族地位也始终不被承认。直到2011年叙利亚内战爆发后，叙利亚库尔德人争取民族平等地位的努力才迎来转机。叙利亚政府为了分化瓦解反对派的势力，开始主动改变对待库尔德人的态度。2011年3月，叙利亚总统巴沙尔下令成立专门委员会，着手解决1962年贾兹拉人口普查所导致的数十万无国籍库尔德人的问题。4月7日，巴沙尔总统又颁布法令，给予登记在册的所谓“外国人”的库尔德人叙利亚国籍。[①] 此后，叙利亚政府还进一步放松了对库尔德聚居区的管辖，同时默认了叙利亚库尔德自治区建立的事实。但随着他们共同打击的“伊斯兰国”基本覆灭，叙利亚政府对库尔德人的态度也发生了变化。在打击“伊斯兰国”战争的后期，叙利亚政府军开始调整作战任务，把矛头指向美军支持的库尔德反对派武装。2016年4月，叙利亚政府军与库尔德武装在叙东北部城市卡米什利爆发武装冲突；同年8月，双方在叙北部哈塞克省部分地区再次爆发冲突，成为叙利亚内战爆发以来双方烈度最大的武装冲突。2017年11月7日，叙利亚总统巴沙尔的顾问布赛纳·夏班在接受媒体采访时指责支持库尔德武装的美国军队是“侵略者”。她还暗示，如果叙利亚库尔德人也像伊拉克库尔德人那样谋求独立，叙利亚政府将像伊拉克政府一样加以打击。[②] 因此，尽管叙利亚库尔德自治区政府一直强调他们并不寻求脱离叙利亚独立建国，只是寻求民族平等自治和建立联邦制，但未来的发展仍然不可预期。

除了和叙利亚政府之间这种复杂的关系外，叙利亚库尔德人与叙利亚其他反对派势力之间的矛盾则更为明显。在整个叙利亚内战期间，库尔德人与其他反对派之间的民族矛盾都表现得非常突出。和叙利亚政府一样，叙利亚反对派同样也坚持阿拉伯民族主义，拒绝承认库尔德人的民族权利。2014年，当叙利亚反对派武装在面临“伊斯兰国”的全面进攻时，库尔德武装曾与叙利亚反对派的主要军事力量“叙利亚自由军”并肩作战。然而，这种合作并不意味着叙利亚库尔德人和叙利亚反对派之间在民族问题上对立的政治立场发生了变

① 唐志超:《“阿拉伯之春”背景下的库尔德问题新动向》,《和平与发展》2013年第3期，第69页。

② 《叙政府军攻下“伊斯兰国”最后据点》，人民网，2017年11月10日,http://ydyl.people.com.cn/n1/2017/1110/c411837-29638583.html. 登录时间：2017年11月28日。

化。此外，代表叙利亚库尔德人的主要政治力量库尔德民主联盟党，也与其他反对派政治力量之间充满矛盾。其主要原因就是强调阿拉伯民族主义的叙利亚各派反政府势力，都把争取民族自治的库尔德人视为企图推动库尔德独立的分裂势力。当前，随着“伊斯兰国”势力在叙利亚的逐渐衰落，库尔德武装和其他反对派争夺控制区的斗争也更为激烈，双方之间的民族矛盾也更加突出。更为重要的是，土耳其政府除了直接派军队打击叙利亚库尔德武装外，还全力支持叙利亚自由军和库尔德武装争夺控制区域，进一步加剧了双方的矛盾。

2016年以来，土耳其库尔德人与土耳其政府的矛盾也出现了不断加剧的趋势。从历史上来说，土耳其库尔德人争取民族权力的斗争始于现代土耳其的诞生，并持续至今。2002年正义与发展党上台后，土耳其政府曾采取了相对宽松的民族政策，因为正义与发展党在争取政权的过程中曾得到过库尔德人的支持，也承诺过要重视民族平等。然而，随着2015年以后土耳其库尔德工人党武装发动了一系列恐怖主义袭击，土耳其政府也增加了对伊拉克境内库尔德工人党武装的轰炸和清剿，双边和平谈判进程也宣告终止。

客观地说，土耳其库尔德人争取民族权利和自治的道路之所以极其艰难，其根源还是和土耳其的民族政策密切相关。土耳其长期奉行凯末尔主义的民族政策，推动族际政治整合与国家民族建设，否认库尔德人的少数民族地位。为此，土耳其政府始终坚决打击具有民族分裂倾向的库尔德民族运动，加强国民认同意识，推行民族同化与融合，极力建设同质民族国家。[①] 这种压制性的民族政策大大压缩了库尔德人的生存空间。而土耳其政府又把库尔德工人党视为恐怖主义组织，这就更使得双方的矛盾难以协调。目前，相对于叙利亚和伊拉克的库尔德人，土耳其库尔德人追求民族自治的道路更加艰难。

对于伊朗库尔德人来说，席卷中东的“阿拉伯之春”带来的政治动荡，也在一定程度上激励了他们开展争取民族权利的斗争。2016年以来，伊朗的库尔德组织与中央政府之间的对抗就不断升级，已经造成多次流血冲突事件。2016年4月，伊朗库尔德斯坦民主党的人员与伊朗伊斯兰革命卫队爆发激烈武装冲突，导致大量人员伤亡。2016年10月15日，库尔德斯坦民主党宣称，在其与伊朗安全部队在伊朗西北地区发生军事冲突中造成了8名伊朗军人死亡。[②] 伊朗库尔德斯坦民主党争取民族权利的行动得到了伊朗其他库尔德政党和民众的广泛声援和支持。2017年9月伊拉克库尔德人举行“独立公投”后，伊朗库尔

---

① 肖文超、余家溪：《土耳其库尔德政党与国际泛库尔德组织》，《国际研究参考》2017年第4期，第39页。

② 王艺儒、刘霞：《伊朗库尔德政党及其政治前景》，《国际研究参考》2017年第4期，第42页。

德人也举行大规模游行活动表示庆祝，但却遭到了伊朗政府的残酷镇压。这表明，争取民族权利和自治同样也是伊朗库尔德人为之不懈努力的目标。但与其他三国相比，伊朗库尔德人面临的困难更为特殊，争取民族权利的难度也更大。

四、结语

2011年开始爆发的“阿拉伯之春”，导致中东多个国家陷入动荡，同时也催生了所谓库尔德之春民族主义运动的发展，即所谓的“库尔德之春”。在这几年中，中东地区的库尔德人都为争取民族权利进行了不懈的斗争。从某种意义上来说，2014年出现的极端组织“伊斯兰国”，也为库尔德民族主义运动的发展提供了特殊的机遇。在武力打击“伊斯兰国”的斗争中，叙利亚和伊拉克的库尔德人都扩大了自己的控制范围，增强了自身的政治和军事实力。随着库尔德人政治和军事实力的加强，甚至引发了伊拉克库尔德自治区开展“独立公投”，叙利亚库尔德人也单方面宣布建立自治区。但是，不仅伊拉克库尔德自治区的“独立公投”遭到国内外的普遍反对，而且叙利亚库尔德自治区至今也未得到叙利亚政府和其他反对派的认可。由此可见，中东地区库尔德民族独立建国依然是一个遥远的梦想。对于伊拉克以外的库尔德人而言，实现自治也面临着较大的阻力。

目前看来，中东地区库尔德民族主义运动发展还面临着诸多障碍。首先，中东地区不同国家的库尔德人内部党派林立，政治分歧严重，难以形成强有力的民族凝聚力。例如，伊拉克库尔德自治区政权长期以来主要被巴尔扎尼家族把控。这次举行“独立公投”更多体现的是巴尔扎尼领导的库尔德民主党的意志，因而遭到了库尔德地区第二大政党“改革运动党”的抵制。而“独立公投”带来的严重后果又再次激化了各党派之间的矛盾，尤其是库尔德民主党和库尔德爱国联盟之间的分歧。伊拉克库尔德政治党派之间的纷争严重削弱了库尔德政权的政治实力，并在伊拉克政府军的攻势下不堪一击。2014年伊拉克中央政府开始削减库区的财政预算，加之政治危机和军事失败，2017年12月在库区多个城市爆发了民众游行抗议活动，要求库德尔自治政府实行彻底的改革，引发库区的持续动荡。[①] 在叙利亚、土耳其、伊朗等国的库尔德人内部，也都

---

① Hawre Hasan Hama, “Systemic Crisis In Kurdistan Region Of Iraq–Analysis,” January 9, 2018, http://www.eurasiareview.com/09012018-systemic-crisis-in-kurdistan-region-of-iraq-analysis. 登录时间：2018年2月12日。

存在着不同政党在政治主张和发展理念方面的分歧，因而造成内耗严重，这同样也大大削弱了这些国家库尔德民族的凝聚力，更不可能开展四国统一的库尔德民族主义运动。

其次，库尔德人分居四个不同国家，也导致了一种不利的连锁反应。作为世界上最大的无国家民族，库尔德人的人口大约在3500万到4000万之间，[①]分布在土耳其、伊拉克、叙利亚和伊朗四个国家之中，任何一个国家的库尔德人的政治动向都会在其他三个国家造成连锁效应。伊拉克库尔德自治区举行"独立公投"后，不仅遭到伊拉克中央政府的强力打压，还立刻遭到了另外三国中央政府的坚决反对，因为他们担心伊拉克库尔德人的举动引起本国库尔德人的效仿。为此，土耳其还加大力度打击叙利亚库尔德武装。在土耳其政府看来，叙利亚库尔德武装就是土耳其库尔德工人党的分支，他们直接威胁到土耳其的边境安全。

最后，外部大国的干预也是库尔德民族主义运动发展的重要障碍。纵观现代历史，外部大国一直把库尔德人作为他们在中东地区的战争代理人，而从来没有任何大国真正愿意帮助库尔德人追求自身的政治权利，更不用说支持他们独立建国。因此，到了关键时刻，这些大国为了自身利益都会支持维护国家完整的中央政府，而不是支持库尔德人的要求。在打击"伊斯兰国"的斗争中，伊拉克和叙利亚库尔德人都得到了来自美国等西方大国的支持，包括提供武器装备等。然而，当伊拉克库尔德自治区举行"独立公投"时，美国等西方国家都公开表示反对。因此，库尔德人只是被外部大国当作在中东地区谋取利益的工具，其价值取决于大国在中东地区的需要，其独立建国的要求并不符合这些大国的利益。

总的来说，民族主义的排他性是中东地区库尔德问题长期存在而且难以得到解决的根本原因。库尔德人所在国家的治理不善和现代化发展受挫，是刺激库尔德问题发展的现实条件和物质基础。而外部势力的干预，则是导致民族矛盾从量变到质变的关键因素。[②] 多年来，库尔德人的少数族群身份一直得不到所在国家政府的承认。所在国家的主体民族，还实行压迫和歧视性的政策来限制库尔德民族主义的发展。从民族性质来说，库尔德人虽然大多是逊尼派穆斯林，信仰伊斯兰教，但政治伊斯兰的信念并没有扎根于库尔德社会之中，也

① Loqman Radpey, "Kurdish Regional Self-rule Administration in Syria: A new Model of Statehood and its Status in International Law Compared to the Kurdistan Regional Government (KRG) in Iraq," *Japanese Journal of Political Science*, 2016, Vol.17, No.3, p.470.

② 敏敬:《中东库尔德问题研究》，中央编译出版社2015年版，第262页。

没有对库尔德人的身份认同、民族运动和政治参与发挥主导作用。伊斯兰教对于库尔德民族的影响，充其量也只是在他们相比于异教徒时，库尔德人还可以被视为穆斯林。因此，伊斯兰并不是库尔德人的首要身份标志。对于库尔德人来说，他们的政治文化深深植根于其民族性而不是其宗教身份。[①] 正因为这种独特的民族特性，库尔德人往往受到其所在国家信奉伊斯兰教的主体民族的排斥。长期的政治排斥和压制，也使得库尔德人对其所在国普遍缺乏深厚的主人翁意识和国家归属感。过去这一年多来，伊拉克和叙利亚的库尔德人虽然利用其所在国出现的危机，推动了自身的民族主义运动发展，特别是在打击“伊斯兰国”的过程中增强了自身的政治和军事实力，但这些都离不开美国和俄罗斯等大国的支持。但是，这些外部大国的支持，并不足以协助库尔德人实现独立建国的梦想。在未来的发展中，库尔德人争取民族权利的斗争仍不会停止，但建立独立民族国家或实现自治的道路将漫长而坎坷。

① Ofra Bengio, *The Kurds in a Volatile Middle East*, The Begin-Sadat (BESA) Center for Strategic Studies, February 2017, p.11.

特朗普执政以来的美伊关系

潜旭明[①]

摘要：美国总统特朗普上任以来，对伊朗不断施压，相继出台了延长制裁期限、限制伊朗公民进入美国、退出伊核协议等措施。面对伊朗在中东影响力的扩大，特朗普政府一方面加强对伊朗追加金融制裁，遏制伊朗在中东地区的影响；一方面抑制伊朗发展导弹技术，防止其获得核武器。面对美国的强硬政策，伊朗鲁哈尼政府一方面强硬回应，发展导弹技术；另一方面，继续密切与国际原子能机构的合作，严格履行伊朗对核协议的义务，积极发展与欧盟、俄罗斯的关系，以缓解美国的压力。

关键词：特朗普；伊朗；伊朗核协议；美伊关系

美国总统特朗普上任以来，对伊朗不断施压。2017年8月初，特朗普签署了一份针对俄罗斯、朝鲜和伊朗的新制裁法案。法案以发展弹道导弹项目等为由，对伊朗实施新制裁。10月，特朗普拒绝向国会证实伊朗遵守核协议，指责伊朗没有遵守伊核协议的“精神”并“在多方面违反协议”，因此他不会向国会证实伊朗履行伊核协议承诺，[②]同时向国会提交了有关伊朗的“差评”报告，相当于把“皮球”踢给国会，但国会并没有采取行动。特朗普虽然于2018年1月宣布再次延长针对伊朗核问题的制裁豁免期，但他同时表示不会确认伊朗履行了伊核协议承诺。他还要求美国国会和欧洲国家同意修改协议条款，增加限制伊朗导弹项目等内容，否则将退出协议。[③]伊朗也见招拆招，在

① 潜旭明，上海外国语大学中东研究所副研究员。

② Whitehouse, “Remarks by President Trump on Iran Strategy,” October 13, 2017. https://www.whitehouse.gov/ briefings-statements/remarks-president-trump-iran-strategy/.（登录时间：2018年4月2日）

③ Whitehouse, “Statement by the President on the Iran Nuclear Deal,” January 12, 2018. https://www.white house .gov/briefings-statements/statement-president-iran-nuclear-deal/.（登录时间：2018年4月2日）

与美国的周旋中最大程度维护自身利益。2018年5月8日，特朗普宣布退出伊核协议，进而使美伊关系再度严重恶化。

一、特朗普政府的伊朗政策

“遏制+接触”政策是美国历届政府对伊朗政策的基本特点。在此框架内，奥巴马政府时期奉行“新接触”政策，通过积极接触改变美伊敌对态势。特朗普上任一年多以来，对伊朗的政策逐渐明朗。相对奥巴马执政时期，特朗普的伊朗政策强硬了许多，即“遏制”占了上风。在此背景下，伊核协议存废成为美国对伊朗政策的焦点，遏制伊朗成为美国对伊政策的重点，美国因此不断单方面追加对伊朗的制裁。总的来说，特朗普政府对伊朗的政策主要有以下几点：首先，限制伊朗在中东地区扩大影响力的行动，打击其支持的地区代理人。其次，对伊朗进行金融制裁，遏制其地区影响力。再次，应对“伊朗导弹扩散对邻国、国际贸易和自由航行的威胁”。最后，防止伊朗获得核武器。① 特朗普政府对伊朗战略主要围绕两方面展开，一方面是应对伊朗的核挑战，另一方面是对付伊朗的地区挑战，因此，也被称为“双柱战略”。②

（一）应对伊朗的核挑战

早在美国大选期间，特朗普就曾批评伊朗核协议是美国签署过的“最糟糕的协议”。他上台后，以伊朗坚持试射导弹为由不断向伊朗施压，相继出台了延长制裁期限、限制伊朗公民进入美国等措施。2017年1月，特朗普签署行政令，决定在未来90天内严禁伊朗、苏丹、叙利亚、利比亚、索马里、也门和伊拉克等七个伊斯兰国家公民入境并暂停向其发放签证。伊朗政府在七国中反应最为强烈，宣布禁止美国公民进入伊朗，并以在外汇交易和财务报告中弃用美元作为报复。③ 1月29日，伊朗进行弹道导弹试验，时任美国国家安全事务助理弗林表示，伊朗的导弹试验违反了联合国安理会决议，伊朗在过去六个月

---

① The white house, “Remarks by President Trump on Iran Strategy,” October 13, 2017, https://www.whitehouse. gov/briefings-statements/remarks-president-trump-iran-strategy/.（登录时间：2018年2月28日）

② Jarrett Blanc, Elisa Catalano Ewers, Ilan Goldenberg, Ariel E. Levite, Elizabeth Rosenberg, and Karim Sadjadpour, “*Contain, Enforce, and Engage, An Integrated U.S. Strategy to Address Iran's Nuclear and Regional Challenges,*” Carnegie Endowment for International Peace Publications Department, 2017. p.6.

③ 王闻阅：《“特朗普时代”的美伊关系向何处去？》，载《当代世界》，2017年第3期。

中的类似举动没有受到美国足够严厉的回应，美国将采取更强硬的态度遏制伊朗破坏稳定举动带来的负面影响。[①] 2017年3月29日，美国中央司令部司令在国会听证会上表示，伊朗帮助也门胡塞武装在曼德海峡部署的导弹阵地对航行自由产生了威胁。[②] 2017年5月21日，特朗普访问沙特，在“阿拉伯—美国峰会”上发表演讲指出：“不需要讨论大家就可以知道，有一个政权给予恐怖主义三方面的支持：安全庇护，资金支持以及在招募人员方面的社会支持，这个政权应该对中东的不稳定负责，这里我当然指的是伊朗……在伊朗愿意成为和平的伙伴之前，所有有道德的国家必须团结在一起，孤立伊朗，拒绝其对恐怖主义的资助。”[③]

按照美国国会通过的《伊朗核协议评估法》，美国总统必须每90天向国会递交一次报告，评估伊朗是否遵守伊核协议。2017年7月17日，特朗普政府告知国会，美方证实伊朗遵守了两年前与国际社会达成的核协议。这是特朗普政府第二次认可伊朗遵守伊核协议。但就在第二天，美国国务院却宣布，将在非核领域对伊朗采取新的经济制裁。制裁对象包括18个伊朗个人和实体，理由是他们支持伊朗的弹道导弹项目和伊朗伊斯兰革命卫队以及实施跨国犯罪等行为。受制裁对象在美资产将被冻结，美国人也被禁止与其进行生意往来。[④] 8月2日，特朗普签署了《通过制裁打击美国敌人》法案，即针对俄罗斯、朝鲜和伊朗的新制裁法案。法案以发展弹道导弹项目等为由，对伊朗实施新制裁。对此，伊朗议会于8月13日通过法案，决定向伊朗导弹系统研发项目等增加5亿多美元预算，用于应对美国新制裁。[⑤] 伊朗总统鲁哈尼8月15日回应称，IAEA出台了7个报告都确认伊朗遵守核协议，如果美方再次增加制裁措施，

---

① 刘世东：《白宫：强烈谴责伊朗试射导弹 将对伊采取更强硬态度》，《中国日报网》，2017-02-02，http://world.chinadaily.com.cn/2017-02/02/content_28085142.htm。（登录时间：2018年3月11日）

② “House Committee on Armed Services Hearing on Security Challenges in the Greater Middle East” http://www.centcom.mil/Portals/6/Documents/Transcripts/29MarchGENVotelHASHearingTestimony.pdf?ver=2017-04-12-075229-070。（登录时间：2018年3月11日）

③ The white house, “President Trump’s Speech to the Arab Islamic American Summit,” May 21, 2017, https:// www.baidu.com/link?url=IEoLtcnic9-pZYtmSaPsDL_6oLJZucDojrvIdrOQLeTHC1EazIPUUsYbTatLZZb2tGezF8-naM7XPgtGgoq1LX457iqVxjLqM-SrOPazzM9puiggMxg1Pv0G5Tyi5wIo2XEdwuDfMzwfgI1ZCy4kFa&wd=&eqid=d9f4058d00026330000000065ae43a75.（登录时间：2018年4月28日）

④ 廖勤：《美国再对伊朗挥舞制裁“大棒”》，载《解放日报》，2017年7月20日第008版。

⑤ 马骁：《伊朗国防部长：伊朗将继续发展弹道导弹技术》，《新华网》，2017年08月30日，http://www.xinhuanet.com/mil/2017-08/30/c_129692366.htm。（登录时间：2018年3月1日）

伊朗的核能力在几个小时之内就可以恢复到2015年谈判前的水平。[①]

2017年10月，特朗普拒绝向国会证实伊朗遵守伊核协议，同时向国会提交了有关伊朗的“差评”报告，相当于把“皮球”踢给国会。但国会并未采取行动，特朗普也随后放弃了实施制裁，因此美国仍然处于核协议的框架之下。2018年1月，特朗普宣布将最后一次延长针对伊朗核问题的制裁豁免期，但并不确认伊朗履行了伊核协议承诺，同时要求美国国会和欧洲国家同意修改协议条款，增加限制伊朗导弹项目等内容，否则将退出协议。[②] 美国国务院的一名高级官员将特朗普酝酿的“新伊核协议”描述为两阶段：第一阶段是2018年1月12日至5月12日，美国寻求让欧洲伙伴了解原协议的弱点并商议如何弥补。第二阶段是5月12日之后，美方将了解伊朗、俄罗斯和中国的态度，寻求解决问题的办法，可能的途径有三种：修改现有协议；谈判补充协议；寻求联合国安理会的新决议来做出改变。[③]

根据国际原子能机构（IAEA）2018年1月发布的报告称，伊朗打算“在未来建造海军核动力装置”，这也意味着伊朗浓缩铀纯度可能超过3.5%的民用标准。伊朗打“核动力”牌原因有三：首先，表明增强国防实力、不惧美国施压的强大意志。第二，通过强调接受IAEA监督，在国际法理上占据制高点，尤其通过争取欧洲支持来抗衡美国。第三，增加谈判筹码。如果欧洲向美国妥协，答应修改伊核协议并加入限制伊朗导弹项目内容，伊朗可以此作为话题增加外交主动权。[④]

根据2015年7月达成的伊核问题全面协议，伊朗承诺限制其核武器发展，换取国际社会解除对其制裁。但协议中被称为“日落条款”的部分规定：在10年内，伊朗最多只能使用5060部提炼浓缩铀的老旧离心机；至少15年内，伊朗拥有的低浓缩铀库存将会削减98%，从10000公斤减至300公斤，且不得在位于福尔多的铀浓缩工厂进行浓缩铀的活动和研究，也不得储存任何可裂变

---

① “President: Iran Could Swiftly Return to Pre-JCPOA Conditions,” Tasnim, August, 15, 2017, https://www.tasnimnews.com/en/news/2017/08/15/1492480/president-iran-could-swiftly-return-to-pre-jcpoa-conditions.（登录时间：2018年4月25日）

② 朱东阳、刘晨：《特朗普表示最后一次延长针对伊朗核问题的制裁豁免期》，《新华网》2018年01月13日，http://world.people.com.cn/n1/2018/0113/c1002-29762528.html。（登录时间：2018年3月1日）

③ 张全：《美伊博弈加剧之际，伊朗为何重提有意建造核动力潜艇这件事？》，《上观网》，2018-02-24，http://www.shobserver.com/news/detail?id=80795。（登录时间：2018年3月10日）

④ 同上。

物质。[①] 但伊核协议没有对限制期结束后的措施做出其他安排或约定。这意味着伊朗最快有可能在2025年后重启部分核计划。特朗普称伊核协议是一个“糟糕的协议”，协定的限制范围太窄，禁止伊朗导弹发射并不在伊核协定之内。这就是特朗普要求修改伊核协议的深层原因。因此，美国对伊朗经济中支持导弹项目的行业，以及支持伊朗导弹项目的外国公司进行了严厉制裁，这些行业包括伊朗的矿业、冶金业、石化业、建筑业、电信业、计算机科学和电子产业，相关产业中有许多在该国革命卫队控制下，因此，革命卫队可能因为新制裁遭受重创。美国议会正在酝酿对伊朗实施更多的非核制裁。[②] 有美国智库学者指出，美国希望与英国、法国、德国一道，堵住伊朗钻伊核协议的空子，加强围绕伊核问题的情报合作，把对伊朗核问题的国际监管的授权加宽。美国将说服欧洲盟国同意加强联合国对伊朗武器贸易的制裁，因为对伊朗武器贸易的制裁不在伊核协议条款之内。

2018年5月8日，特朗普宣布退出伊核协议，再次向世界显示了其任性和独断的行为方式。美国退出伊核协议将使国际核不扩散体制受到重创，并危及全球治理和国际秩序的价值基础和体制机制，同时也将严重侵蚀乃至瓦解美国和西方主导国际体系和世界秩序的声誉；不仅有可能倒逼伊朗重启铀浓缩活动，也将刺激中东地区乃至世界范围内的逆不扩散趋势。

（二）应对伊朗的地区挑战

遏制伊朗在中东地区的挑战是特朗普政府伊朗政策的又一支柱。美国认为伊朗是世界上主要的支持恐怖主义国家，它通过支持其代理人来扩大其影响力，继续发展更强大的弹道导弹和情报能力，并进行恶意的网络活动。美国将与合作伙伴一道，阻断伊朗政权发展核武器的道路并消除其恶性影响。美国将因此在中东保留必要的军事存在，[③] 加强导弹防御，并与北约合作，提高空中和导弹防御的综合能力，以应对伊朗的弹道导弹和巡航导弹威胁。[④]

2017年10月，特朗普在白宫发表讲话指出，美国将和盟国一起打击伊朗

---

① “Joint Comprehensive Plan of Action,” https://www.state.gov/e/eb/tfs/spi/iran/jcpoa/（登录时间：2018年3月29日）

② 吴健:《美国与伊朗斗法，谁先低头？》，载《中国国防报》，2017年9月22日第024版。

③ The White house, “National Security Strategy of the United States of America,” December, 2017. pp.48-50.

④ The White house, “National Security Strategy of the United States of America,” December, 2017. p.8.

中东地区不稳定的行动，打击其支持地区恐怖主义代理人[①]。美国智库学者认为，伊朗代理人网络的主要发起者是伊斯兰革命卫队、伊朗情报部门和黎巴嫩真主党，它们利用“幌子公司”和文化、宗教中心作为其海外业务的掩护，为其代理人提供军火供应和资金。美国在应对伊朗的地区挑战方面，中心任务是要使伊朗认识到它将为支持代理人行动付出巨大代价。美国一方面可以重点打击伊朗的网络中心，制裁伊朗用于为其代理人提供资金和武器的后勤网络，并将重点放在打击伊斯兰革命卫队的领导层；扰乱伊朗的网络控制机制，例如公开揭露革命卫队、情报部和黎巴嫩真主党特工的身份，并将他们列入制裁名单；打击伊朗的非法融资活动，并迫使各国关闭作为伊朗代理人网络基础的伊朗宗教和文化中心。另一方面可以通过扩大对伊朗空运、陆运和海运制裁的范围，打击伊朗向其代理人走私军火的机制；加强与其他国家政府分享信息和情报，帮助相关国家政府提升证据搜集能力，利用法律工具来瓦解伊朗的代理人网络。[②]

二、伊朗的外交应对

在第一任期内，鲁哈尼政府缓解了与美国的紧张关系。经过努力，伊朗与包括美国在内的伊核问题六方达成全面协议，美国与国际社会解除了与核相关的制裁措施，美伊紧张关系得到了一定改善。鲁哈尼的连任确保了伊朗对外政策的连续性，并继续执行“与世界保持积极互动”的总体外交指导方针。鲁哈尼政府面临最大的挑战来自美国特朗普政府的强硬政策。2017年5月，特朗普促成对沙特巨额军售，与沙特等国共同推动组成“反恐联盟”，实际上是鼓励沙特等国组建由美国领导、地区逊尼派国家参加的针对伊朗的联盟。特朗普的中东之行进一步加剧了美伊之间的紧张关系。

面对美国遏制伊朗在中东影响力的政策，伊朗根据不同地区的地缘重要性差异做出了不同的反应。在伊朗影响力的核心区，如叙利亚、黎巴嫩和伊拉克，伊朗并未减少战略投入。在对伊朗战略重要性较低的地区，如也门，伊朗的反应相对低调。面对美国对伊核协议的强硬政策，伊朗强硬派和伊斯兰革命卫队领袖威胁退出核协议，或者不配合IAEA的核查，但以伊朗总统鲁哈尼、

① Whitehouse, “Remarks by President Trump on Iran Strategy,” October 13, 2017, https://www.whitehouse.gov/briefings-statements/remarks-president-trump-iran-strategy/.（登录时间：2018年2月28日）

② Omer Carmi, “Deconstructing and Countering the Iran Threat Network,” the Washington Institute for Near East Policy, October 2017, pp.2-3.

外交部长扎里夫为代表的温和派对此加以反对。伊朗鲁哈尼政府一方面通过积极发展导弹技术对美国进行强硬回应；另一方面，伊朗继续密切与国际原子能机构的合作，严格履行伊朗对核协议的义务。此外，伊朗还积极发展与欧盟、俄罗斯的关系，以缓解美国的压力。

近年来，伊朗在从国外引进导弹技术的基础上进行组装、自产和改进研制，使其导弹技术的水平和能力不断得到提升。伊朗一方面加大对反舰导弹技术的研发，一方面积极从国外引进反舰导弹技术。伊朗自行研制的反舰导弹主要有“努尔”、“克萨尔”、“纳斯尔”、“力量”、“胜利”以及SSN4等系列。伊朗洲际弹道导弹的发展也取得了巨大进展。伊朗还多次成功发射两级“信使”运载火箭。

2017年以来，美国借口伊朗发展弹道导弹，先后对伊朗出台多项制裁措施，而伊朗方面则一直强调发展弹道导弹技术是其不可剥夺的权利，坚持自己的导弹活动不在伊核协议的覆盖范围内。2017年1月29日，伊朗试射中程导弹，美国财政部随即于2月3日宣布对13名个人和12家公司进行制裁。2月4日，伊朗外交部发表声明称，美国此举违背了伊核全面协议的精神，伊朗进行导弹研发出于防御的目的，试射的导弹只用来携带常规武器，这是伊朗在联合国宪章框架内所享有的国际权利。同一天，伊朗革命卫队举行军事演习，再次试射三枚短程导弹，伊朗国防部还展示了自主研制的最新武器，并加强了伊朗快艇在波斯湾海域的活动。[①] 8月底，伊朗国防部长阿米尔·哈塔米表示，目前伊朗的弹道导弹潜力令人满意，伊朗的防卫能力不会比敌人落后。[②] 伊朗最高领袖哈梅内伊此前宣称，伊朗现在拥有的导弹可以从数千公里外高精度地击中目标，要保持这一能力并不断加强。2018年3月7日，伊朗革命卫队航空师指挥官哈吉萨达（Amir Ali Hajizadeh）将军在一次集会中表示，敌对国家限制伊朗国防力量的阴谋将适得其反，与以往相比，伊朗的军事设备产量已增加了3倍。伊朗政府、国会官员都认为要加强伊朗的国防力量。[③]

面对特朗普政府的强硬政策，伊朗实行“以静制动”的外交政策。第一，严格执行伊核协议，不给美国抓住漏洞的机会；第二，在军事演习和导弹试

① 冀开运主编:《伊朗发展报告（2016—2017）》，社会科学文献出版社，2018年版，第47、49、50页。

② 马骁:《伊朗国防部长：伊朗将继续发展弹道导弹技术》，新华网，2017年8月30日，http://www.xinhuanet.com/mil/2017-08/30/c_129692366.htm。（登录时间：2018年3月1日）

③ “Attempts to Limit Iran’s Power Backfire: IRGC General,” Tasnim, March, 7, 2018, https://www.tasnimnews. com/en/news/2018/03/07/1674709/attempts-to-limit-iran-s-power-backfire-irgc-general.（登录时间：2018年4月5日）

射上保持克制，不违反安理会有关决议；第三，在霍尔木兹海峡与美国舰艇对峙上谨慎行事，防止擦枪走火。[①] 按照伊朗学者的说法，针对特朗普政府的政策，鲁哈尼采取了较为理性与柔和的方式与之对抗。[②] 伊朗外长扎里夫也曾表示，“伊朗将谨慎地管控伊美之间的关系，求同存异，避免不必要的冲突升级”。[③] 2017年10月，特朗普总统公布其对伊朗的新战略，他拒绝认定伊朗履行了伊核协议，声称将对革命卫队进行全面制裁，反对伊朗导弹试射活动，联手地区盟友共同打压伊朗。[④] 鲁哈尼表示，只要伊朗仍能从伊核协议中继续获益，伊朗将继续遵守伊核协议。[⑤] 因此，温和派的外交政策理念给伊朗应对外部挑战提供了更大的政策空间。

欧盟国家是伊朗外交的重点。欧盟对伊朗的重要性有以下几个方面：第一，通过欧盟缓解美国的压力。出于自身安全考虑，欧盟重视伊朗在地区安全尤其是反恐中发挥的重要作用，愿意与伊朗在稳定地区局势方面合作。因此，加强与欧洲国家的关系可减缓美国对伊朗的压力。第二，在伊核协议问题上，欧盟和主要欧洲大国都明确反对特朗普撕毁全面协议和重新对伊朗核问题进行谈判。第三，欧洲国家是伊朗的重要贸易伙伴。对伊朗解除制裁后，伊朗对欧盟的出口出现大幅增长。欧盟国家看好伊朗潜在的巨大市场，欧盟国家对伊投资将会为伊朗经济建设注入新的动力。[⑥] 2018年4月23日和27日，法国总统马克龙和德国总理默克尔分别访问美国，马克龙在记者会上表示，希望美国不退出伊核协议，建议为协议增加新的条款。默克尔则承认伊核协议“并不完美”，也承认应采取更多行动，让伊朗“更加可靠”，但重申应维持伊核协议。[⑦] 默克尔28日和29日分别与马克龙和特雷莎·梅通电话，三国领导人认为，美国应该留在伊朗核协议之内，同时强调了三国与相关各方一起制定有关

---

① 冀开运主编:《伊朗发展报告（2016-2017）》，社会科学文献出版社，2018年版，第52页。

② ［伊朗］赛义德·贾拉丁·德哈加尼·弗鲁兹阿巴迪:“伊朗伊斯兰共和国外交政策中的温和主义话语”,《外交政策季刊》，伊历1393年第1期，第35页。

③ Mohammd Javad Zarif, “What Iran Really Wants: Iranian Foreign Policy in the Rouhani Era,” *Foreign Affairs*, May/June 2014. p.58.

④ “President Donald J. Trump’s New Strategy on Iran,” https: //www.Whitehouse.gov/the-press-office /2017/0/ 3/president-donald-j-trumps-new-strategy-iran.（上网时间：2018 年3月31 日

⑤ 《特朗普对伊新政策》,http://www.bbc.com/persian/live/i-ran-41611653.（登录时间：2017 年10月13日）

⑥ 潜旭明:《限制与反合围：美国与伊朗在中东的博弈》，载《中国社会科学报》,2017年10月12日。

⑦ 《默克尔低调访美，“救火之旅”成效有限》,《新华网》2018-04-29，http://www.xinhuanet.com/world/2018-04/29/c_129862035.htm。（登录时间：2018年4月29日）

补充协议的意愿。[①]

俄罗斯是伊朗平衡美国压力的重要倚重对象。特朗普上台以来，美俄、美伊关系紧张，俄罗斯和伊朗在中东的影响力增强。俄伊两国不仅在支持叙利亚巴沙尔政府、打击地区恐怖主义有着重要的战略利益，两国还在一些重大的国际和地区问题上有着广泛的共同利益，俄罗斯还是伊朗先进武器的供应国，这对伊朗增加对抗美国军事打击能力具有重大意义。两国还在经济、核能和能源领域展开广泛的合作。2017年11月，普京访问伊朗，哈梅内伊会见普京时表示，伊朗与俄罗斯的合作会孤立美国。[②]

三、结语

2018年5月8日，特朗普宣布退出伊核协议，使美伊关系再次发生严重倒退，并将进一步加剧双方的对抗。尽管伊朗会面临更加严峻的内外挑战和压力，但美国也根本无法因退出伊核协议达到使伊朗彻底屈服的目的，相反其结果只能是在严重对抗近四十年的美伊关系中再添新仇。奥巴马政府之所以选择和平解决伊核问题，其重要原因就在于奥巴马深知在排除战争选项外，任何封锁、施压、威慑、渗透和制裁手段都无法使伊朗屈服，这取决于伊朗的国家体量、政治体制和民族意志等多种因素。因此，美国退出伊核协议以及重启和追加各种制裁，固然会加剧伊朗的经济与社会危机，但也会从反面刺激伊朗同仇敌忾的反美意志，进而增强伊朗政权的合法性。

① 任珂、袁帅：《德法英领导人：将共同抵御美国贸易政策对欧盟利益的损害》，《新华网》，2018-4-29，http://www.xinhuanet.com/world/2018-04/29/c_1122764122.htm。（登录时间：2018年4月30日）

② Robin Wright, “Russia and Iran Deepen Ties to Challenge Trump and the United States,” The New Yorker, March 2, 2018, https://www.newyorker.com/news/news-desk/russia-and-iran-deepen-ties-to-challenge-trump- and-the-united-states/amp.（登录时间：2018 年4月8日）

后“伊斯兰国”时代的国际反恐形势

王 震[①]

摘要：随着“伊斯兰国”组织在伊拉克和叙利亚的军事失败，全球反恐已经进入了后“伊斯兰国”时代。所谓后“伊斯兰国”时代，并不意味着“伊斯兰国”组织及其影响已经彻底消亡，或是其所代表的全球跨国“圣战”运动已经偃旗息鼓，而是指其作为一个跨国军事政治实体的存在已经终结。就国际反恐而言，后“伊斯兰国”时代则意味着近年来以“伊斯兰国”组织为主要打击目标的全球反恐战争已经进入到了一个新的阶段。“伊斯兰国”组织实体的覆亡既与其自身的残忍性、极端性和战略失误有关，也与2015年以来土耳其、俄罗斯、美国等政策调整密切相关。未来该组织不仅会通过化整为零、改变效忠对象、转入地下等方式继续在这一地区活动，甚至还将通过返乡的“圣战老兵”在全球范围内形成新一轮恐怖活动浪潮。与此同时，其所宣扬的极端意识形态和袭击战术也仍将在全球范围内激励更多的追随者群起效尤。应对后“伊斯兰国”时代的恐怖主义，国际社会不仅要采取更具针对性的反恐举措，还应携起手来，减少全球范围内的“反恐洼地”。同时，主动开辟新的反恐战场，减少并杜绝国际恐怖势力借助新技术手段危害人类社会。

关键词：“伊斯兰国”组织；跨国圣战；全球反恐；国际恐怖主义

2017年10月17日，以库尔德人为主的“叙利亚民主军”收复了“伊斯兰国”组织在叙利亚境内的“首都”拉卡。在此之前，该组织在伊拉克境内的重要据点摩苏尔已在7月被攻下，其最高领袖巴格达迪也在摩苏尔之战中遇袭身亡。12月9日，伊拉克总理阿巴迪通过电视讲话宣称：已经彻底清除了“伊斯兰国”组织在伊拉克境内的存在。12月11日，俄罗斯总统普京在视察俄驻叙

---

① 王震，上海社会科学院副研究员、法学博士。

空军基地时也表示，鉴于主要作战任务已经完成，俄军将会分批从叙利亚境内撤离。显然，“伊斯兰国”在叙利亚和伊拉克境内的大规模军事存在已经结束，全球反恐已经进入了“后‘伊斯兰国’时代”。过去几年来，“伊斯兰国”组织及其所盘踞的叙利亚和伊拉克地区一直是全球反恐的重心所在。因此，如何认识“伊斯兰国”组织的未来走向，是理解未来中东局势和国际反恐的关键所在。本文将在分析后“伊斯兰国”时代内涵的基础上，探讨该组织未来可能的发展前景，及其对未来全球反恐形势的影响，进而就国际社会的应对之道进行若干思考。

一、后“伊斯兰国”时代的内涵

2001年“9·11”事件后，国际社会的反恐重心长期聚焦于“基地”组织，阿富汗和巴基斯坦边境地区也一直是全球反恐的主要战场所在。自从2014年6月阿布·贝克尔·巴格达迪自称“哈里发”（caliphate）并宣布建立“伊斯兰国”以来，伊拉克西北部和叙利亚东部开始取代阿富汗和巴基斯坦边境地区成为全球反恐战争的主战场，“伊斯兰国”组织也取代“基地”组织成为全球跨国“圣战”运动的主要“旗手”。2017年下半年以来，随着摩苏尔和拉卡等重要据点陆续被攻陷，“伊斯兰国”组织在叙利亚和伊拉克地区的大规模存在和持续扩张已经成为历史，全球反恐正在进入后“伊斯兰国”时代。

从当代跨国“圣战”运动的发展历史来看，打着“圣战”旗帜的“伊斯兰国”组织正是第三波全球跨国“圣战”运动所产生的“超级怪胎”，它在本质上是宗教极端主义和国际恐怖主义结合后的衍生物。① 英国伦敦政治经济学院法瓦兹·盖杰斯（Fawaz A. Gerges）教授提出，当代激进的圣战主义理论家赛义德·库特卜的门徒们领导了第一次跨国“圣战”浪潮，其首要目标是被称为“近敌（near enemy）”的亲西方阿拉伯世俗政权，1981年埃及总统安瓦尔·萨达特遇刺则是其中最为世人瞩目的重大历史事件。1989年苏联从阿富汗撤出后，本·拉登领导的“基地”组织推动了另一波跨国“圣战”运动浪潮，其关注重点开始转向被称为“远敌（far enemy）”的美国和欧洲，2001年的“9·11”事件则是这一波跨国“圣战”运动浪潮中最有影响也最具代表性的事件。当前以“伊斯兰国”组织为代表的“圣战”活动则代表了新一轮跨国“圣战”运动

① 关于“跨国圣战”问题的探讨，请参见拙文《后“伊斯兰国”时代全球反恐态势略论》，载《西亚非洲》2017年第1期。

浪潮。不过，就其残暴的规模和程度而言，它已经远远超过了前两次圣战浪潮。[①] 尽管跨国“圣战”并不等同于国际恐怖主义，但它却在客观上为当今国际恐怖活动的发展提供了重要的思想来源和组织基础。从战后历次跨国“圣战”运动的历史发展来看，每一次跨国“圣战”运动都会伴随着更为激进的“圣战”思想阐释，更大规模的跨国动员，以及更为残忍、血腥的恐怖活动浪潮。

随着“伊斯兰国”组织在伊拉克和叙利亚走向溃败，越来越多的国内外媒体开始广泛地使用后“伊斯兰国”时代这一概念。不过，迄今为止，大多数学者和媒体对于这一概念的使用主要局限于时间维度，并未就后“伊斯兰国”时代的内涵进行深入探讨。本文认为，所谓后“伊斯兰国”时代，并不意味着“伊斯兰国”组织及其影响已经彻底消亡，或是其所代表的全球“圣战”运动已经偃旗息鼓，而是指其作为一个跨国军事政治实体的存在已经终结，短期内要想重现昔日攻城掠地、开疆拓土的举动已不复可能。就国际反恐而言，后“伊斯兰国”时代则意味着近年来以“伊斯兰国”组织为主要打击目标的全球反恐战争已经进入到了一个新的阶段。在未来新的反恐阶段中，“伊斯兰国”组织或将不再是全球反恐战争的核心目标，伊拉克与叙利亚地区也将不再是国际反恐战争的核心战场。对全球反恐而言，未来国际社会不仅要面临恐怖势力在更大范围内的扩散，还包括恐怖手段的快速升级、打击对象的分散化、“圣战”思想的极端化等一系列全新的挑战。

二、“伊斯兰国”迅速失败的原因

2016年10月17日，由伊拉克政府军、什叶派民兵、库尔德武装等组成的10万大军兵临摩苏尔，开始对“伊斯兰国”组织在伊拉克境内最重要的据点发起攻城之战。尽管攻占摩苏尔花费的时间远远超出了各方想象，但它却标志着“伊斯兰国”组织在战略层面已经进入了颓势。如果考虑到“伊斯兰国”组织的极端残忍性和嗜血性，它的覆亡无疑有着某种内在必然性。然而，就其近年来发展历程来看，2016年以来该组织的迅速失败或许与以下几方面因素有关。

首先，俄美两国密集的空中军事打击极大地压缩了其战略活动空间。

2015年9月30日，俄罗斯出人意料地直接出兵叙利亚，帮助阿萨德政权打击包括“伊斯兰国”组织在内的极端势力和反对派，使叙利亚政府军逐步反

① Fawaz A. Gerges, “ISIS and the Third Wave of Jihadism,” *Current History*, December 2014, pp.341-342.

败为胜，最终渡过了难关，从而压缩了该组织在叙利亚境内的空间。

2016年以来，奥巴马政府出于美国总统大选和平息国内外批评的需要，一方面加强了对伊拉克“伊斯兰国”控制区的空中轰炸；另一方面，在武器装备、军事训练和作战顾问等方面加大了对于库尔德武装和伊拉克阿巴迪政权的支持。对奥巴马政府来说，采取空中轰炸的政策实在是不得已而为之。一方面，2011年年底才从伊拉克撤军的奥巴马政府不愿放弃这一核心外交遗产，但担心重新向伊拉克增兵，会使美军在伊拉克大漠中陷入游击战的泥沼而不能自拔；另一方面，面对国内外要求美国为伊拉克危机承担责任的批评和呼声又不能无所作为。于是，奥巴马政府采取了较为折中的“空中打击”政策。这一政策同样饱受批评，而且在打击“伊斯兰国”方面的成效并不理想。2016年年底，奥巴马政府为了减少对手和民众对民主党伊拉克政策的批评，加大了对于该组织的空中打击力度，同时也派遣了更多的地面军事顾问人员。

2017年入主白宫的特朗普总统基于大选期间的承诺，也为了与俄罗斯在叙利亚的军事投入展开竞争，获取叙利亚战后的政治筹码而延续了这一政策。简言之，美俄两国虽然在此问题上分歧重重，但是这些军事努力客观上从东西两个方向压缩了“伊斯兰国”在这一地区的战略空间。

其次，作为叙利亚重要邻国的土耳其在2016年调整其反恐政策，切断了“伊斯兰国”组织最为重要的外部战略物资补给来源。

2015年下半年以来，尤其是2016年7月15日土耳其发生未遂军事政变后，埃尔多安当局逐步调整了叙利亚政策。在对外战略层面，土耳其不再“一边倒”地追随西方寻求推翻叙利亚阿萨德政权，而是寻求与俄罗斯合作维护土叙边界地区的稳定；在反恐政策层面，土耳其也开始从先前试图借助“伊斯兰国”组织等极端势力推翻阿萨德政权，转向与伊朗、阿萨德政权等合作共同打击其边境地区的库尔德武装，以及活跃于此的极端分子。为此，埃尔多安政府加强了对土叙边境通道的控制，切断了“伊斯兰国”最为重要的外部战略补给通道。

众所周知，土叙之间有着长达822公里的边界。叙利亚内战初期，埃尔多安当局为了推翻阿萨德政权，对于国际社会的呼吁一直阳奉阴违、置若罔闻。一方面默许乃至纵容一些极端分子从其边境地区进入叙利亚，甚至不愿将“伊斯兰国”成员视为“恐怖分子”或“极端分子”，辩称自己很难鉴别来土耳其旅行的宗教人士和试图参加“圣战”的穆斯林；另一方面，土耳其还默许“伊斯兰国”暗中利用其边境通道进行石油走私和违禁品贸易。据称，高峰时期土耳其每天从“伊斯兰国”组织进口4000吨石油，使“伊斯兰国”每月可以从中获得数千万美元的财政收入。[①] 于是，来自世界各地的大量极端分子、战略物资和金钱源源不断地经过土叙边境到达“伊斯兰国”手中，成为其人员、装备和物资补给的最重要外部来源。

随着埃尔多安政府逐渐调整政策，“伊斯兰国”组织获取外部战略资源和人员补给的通道被切断，其失败已经变成了一个时间问题。根据土耳其当局公布的数据，截至2017年6月，由于担心本国居民经土耳其入境叙利亚和伊拉克参战，共有146个国家向土耳其当局提交了请求监控出入其境内的人员名单，总人数高达53781人，其中在土叙边境地区被截获者约有数千人。[②]

再次，在国际社会针对性的军事打击下，“伊斯兰国”组织最初赖以取胜的军事战术越来越难以奏效。

“伊斯兰国”组织早期的军事战术主要融合了常规地面作战、游击战和“无差别的”恐怖袭击三种战法。这一军事战法是其早期获得军事成功的重要法宝。正如有学者所说：“伊斯兰国”组织“精通三种形式的战斗，没有任何一支阿拉伯军队或其他极端组织可与之匹敌”。尽管这些战术已为“基地”组织、塔利班等所用，“但是没有哪个极端势力能像执行总体战略规划那样，采取如此广泛的军事战术”。[③]

如前文所述，奥巴马政府组建的国际联军因担心陷入游击战的泥沼而不愿在伊拉克境内进行地面作战，也不愿放弃被其视为核心外交遗产的撤军伊拉克，于是仅仅依靠单一的空中打击来展示其政治姿态，其效果自然可想而知。腐败孱弱的伊拉克政府军不仅无力在常规地面作战中与之抗衡，在北部逊尼派地区应对“伊斯兰国”的游击战时也毫无主场优势，屡屡捉襟见肘；叙利亚阿萨德政权在反对派武装的攻击下岌岌可危，根本无力也不愿对“伊斯兰国”开展军事打击。

---

① 参见王震：《土耳其：玩火自焚还是引火烧身？》，载《世界知识》2015年第21期。Staff writer, “Iraq: ISIS smuggles majority of oil via Turkey,” *Al Arabiya*, December 07, 2015. http://english.alarabiya.net/en/News/middle-east/2015/12/07/Iraq-PM-says-ISIS-smuggles-majority-of-oil-via-Turkey.html， 登录时间：2016年8月5日；Sophia Jones, “All It Takes To Cross From Turkey To ISIS-Held Syria Is $25”, *Huffington Post*, February 26, 2017. https://www.huffingtonpost.com/2015/02/26/turkey-syriasmuggling_n_6758672.html, 登录时间：2017年11月15日；Ahmad Abd al-Haqq, “The New Market on the Turkish-Syrian Border,” Atlantic Council, July 7, 2017. http://www.atlanticcouncil.org/blogs/syriasource/the-new-market-on-the-turkish-syrian-border , 登录时间：2017年11月15日。

② Richard Barrett, *Beyond the Caliphate: Foreign Fighters and the Threat of Returnees*, The Soufan Center (TSC), October 2017, pp.7-16.

③ [英]查尔斯·利斯特著：《“伊斯兰国”简论》，姜奕晖译，北京：中信出版社，2016年出版，第12—13页。

进入2016年后，打击“伊斯兰国”的形势开始逐渐发生逆转。其一，美俄持续的密集空中打击使“伊斯兰国”开展常规地面作战的能力受到遏制；其二，土叙边境通道被切断后，其获得外部战略物资补给的难度大幅增加，在消耗巨大的现代战争面前变得举步维艰；其三，美国和西方国家支持下的库尔德武装，伊朗和伊拉克政府支持下的什叶派民兵，以及伊拉克政府军通过步步为营、稳扎稳打的策略，一步步地压缩了“伊斯兰国”开展游击战的活动空间；其四,2016年以来，虽然国际社会对于“伊斯兰国”组织不断增加的“无差别”恐怖袭击尚无良策，但是该组织在战场外围地区的恐怖袭击并不能对其在叙利亚和伊拉克的战场起到任何支持作用，反而更坚定了国际社会对其进行打击的决心。

最后，“伊斯兰国”组织利用网络平台所进行的宣传战和网络战也开始面临世界各国的猛烈反击，其利用新技术平台的能力受到大幅限制。比如，在网络战和宣传战层面，美国政府从奥巴马政府开始不惜花费巨资，通过国务院、国防部、中情局等官方机构设立各种平台，通过公共外交、社交媒体、“超播”电台等各种形式对特定的恐怖组织和关键受众群体实施有针对性的定向战略传播。2016年3月，美国总统奥巴马签署了13721号行政令，授权时任国务卿克里设立“全球接触中心”（Global Engagement Center），由长期负责美军特种作战和低烈度冲突的助理国防部长迈克尔·伦普金担任负责人。该中心的职责在于“协调、整合、统一针对外国听众的政府宣传活动”，以揭穿包括“伊斯兰国”组织和“基地”组织等在内的暴力极端组织所宣扬的不实之词，“授权并帮助官方和非官方的合作伙伴公开大胆地反对这些暴力极端组织”，进而压制包括“伊斯兰国”、“基地”组织等在内的暴力极端组织的国际影响，减少其潜在的支持者和追随者。[①]

此外，“伊斯兰国”组织过于激进、嗜血的极端暴力行为，不仅引起了其控制区内逊尼派民众的反对和抵制，也造成了“圣战”武装派系内部对其不满并进行抗争，外部逊尼派社团的支持和同情也日趋下降。与此同时，其刻意挑动教派矛盾的做法也引起了什叶派穆斯林的强烈反抗。这些都在客观上加速了其在叙利亚和伊拉克地区的失败进程。

① Executive Office of the President, The White House, “Developing an Integrated Global Engagement Center To Support Government-wide Counterterrorism Communications Activities Directed Abroad and Revoking Executive Order 13584,” E.O. 13721, March 14, 2016, https://federalregister.gov/a/2016-06250, 登录时间：2016年6月22日。

三、"伊斯兰国"组织的未来前景

就目前的形势来看，未来"伊斯兰国"组织及其追随者的发展前景不外以下几种可能：

（一）通过改变"效忠"（baya）后加入其他"圣战"组织

一旦该组织核心头目，即所谓的"哈里发"巴格达迪被证实死亡，其成员和海外组织有可能会改变效忠对象，转而投奔诸如"基地"之类的其他国际圣战组织。如果更具魅力的拉登之子哈姆扎取代曾经驱逐过巴格达迪的扎瓦希里，投奔"基地"组织的人可能会更多。众所周知，该组织早期与"基地"组织等恐怖组织联系密切，不排除一些成员为了生存重新投奔其他"圣战"组织。对于一些海外效忠的组织来说，它们与"伊斯兰国"的联系大多基于"圣战"意识形态，或是为了获得金钱、武器和声望而与"伊斯兰国"结成松散的联盟，二者之间并没有非常直接的隶属关系。"伊斯兰国"组织在伊拉克和叙利亚失败后，一些海外组织将会基于新的现实调整策略，放弃效忠。

（二）转变为地下秘密组织，成为更加广泛的抵抗运动的一部分

在丧失控制区后，留在当地的"伊斯兰国"组织残余势力极有可能会化整为零，转入地下秘密活动。如果巴格达迪被确认已经死亡，该组织也可能会推举出新的"哈里发"，也可能会因为高层权力斗争陷入内讧。但不管怎样，"即便是领土被压缩，无法继续公开存在，该组织领导层肯定会寻求海外支持者，包括返乡老兵的支持，以维系'伊斯兰国'组织的名号。"[①] 就目前而言，随着其实际控制区的彻底丧失，未来其开展大规模游击战和常规地面作战的可能性将会不复存在，而借助恐怖手段来彰显其存在的可能性正在日益上升。

（三）寻求与其他内战势力结合，利用混乱局势重新崛起

"伊斯兰国"组织在伊拉克和叙利亚的崛起正是利用了两国的内战和混乱局面，尤其是利用了伊拉克国内的逊尼派反叛力量。随着其在战场上失利，该组织一方面号召其追随者在世界各地发起袭击，以求缓解其核心战场的颓势；

---

① Richard Barrett, *Beyond the Caliphate: Foreign Fighters and the Threat of Returnees*, The Soufan Center (TSC), October 2017, p.15.

另一方面开始在全球寻找新的战场，尤其是处于内战混乱局面的国家，试图通过参与、支持某些内战派系或挑动教派矛盾而从中渔利。利比亚、也门、阿富汗、索马里等国内局势不稳地区或那些所谓的“失败国家”都是其努力渗透的重要目标。不过，就目前而言，这一努力似乎效果有限。这不仅是因为在经历了伊拉克和叙利亚“伊斯兰国”肆虐之后，国际社会对其发展动向极为警惕，还因为其试图在其他地区内战中浑水摸鱼的做法遭到了当地敌对武装势力的警惕和反对。比如，在阿富汗境内，“基地”组织、塔利班和政府军等都对其严加防范。因此，任何极端势力要想在短期内重新恢复“伊斯兰国”组织在伊拉克和叙利亚的“辉煌”，均殊非易事。

（四）通过跨国网络向全球扩散

根据苏凡集团发布的报告，截至2017年10月，已有至少33个国家的5600名“伊斯兰国”组织的成员已经返回故土（参见下表）。如果考虑到许多参战人员是通过非法的秘密渠道出入境，其实际数字应当更高。另有评估报告指出，约有30%来自欧洲的“外籍战士”已经返乡。其中，来自英国、丹麦和瑞典的返乡老兵可能已接近50%。[①] 尽管国际社会对于这些返乡的“外籍士兵”是否会对自己的母国和藏身地构成威胁存在争论，但其中一些人肯定会继续在伊斯兰世界或其他地区从事暴力“圣战”活动，这一点早已在阿富汗“圣战老兵”身上得到了证实。事实上，伊拉克和叙利亚周边的中东国家，以及邻近的欧洲国家正在成为“伊斯兰国”进行渗透和发动外围袭击的“重灾区”。联合国反恐办公室(UNOCT)在2017年7月的一份研究报告中指出，由于在数量上远远超过此前的阿富汗战争和波黑内战，来源地又极为广泛，外籍恐怖分子（Foreign Terrorist Fighters）已成为“我们这个时代最紧迫的跨国安全问题”。这些前往叙利亚战区的个体可能会进一步激进化，或是接受战斗技能训练，被灌输极端思想，建立社会关系网，形成共同的忠诚，进而形成“未来自主性跨国恐怖组织细胞的基础”。[②]

---

① Richard Barrett, *Beyond the Caliphate: Foreign Fighters and the Threat of Returnees*, The Soufan Center (TSC), October 2017, pp.7-10.

② United Nations Office of Counter-Terrorism, *Enhancing the Understanding of the Foreign: Terrorist Fighters Phenomenon in Syria*, July 2017. http://www.un.org/en/counterterrorism/assets/img/Report_Final_20170727.pdf（登录时间：2017年11月10日）

叙利亚和伊拉克外国战士主要来源地及返乡情况

国家	外国战士数量	被阻止人数/请求土耳其截获名单人数	剩余人数	返乡人数
俄罗斯	3417	804/4128	—	400
沙特	3244	141/7523	—	760
约旦	约3000人	—	约900	>250
突尼斯	2926	-/4605	—	>800
法国	1910	254/2622	约700	271
摩洛哥	1623	183/2831	500	198
乌兹别克斯坦	>1500	—	—	—
土耳其	约1500	<7240	—	约900
塔吉克斯坦	1300	308/2651	>700	147
德国	>915	133/657	约450	约300
阿塞拜疆	>900	252/1677	—	—

（资料来源：The Soufan Center (TSC), *Beyond the Caliphate: Foreign Fighters and the Threat of Returnees*, October, 2017, pp.12-13.）

相对于“伊斯兰国”组织残余势力及其“圣战老兵”，另一个更为深远的影响或在于其所宣扬的“圣战”意识形态的全球扩散，及其在伊拉克和叙利亚所取得的军事成就的激励作用。这种无形的潜在影响，并不会因为其军事失败或领导人死亡而迅速烟消云散。首先，“伊斯兰国”鼓吹通过“圣战”“建立世界帝国”的思想，不仅超越了阿富汗“圣战”组织和“基地”组织的理论，也是对全球激进“圣战”势力的极大鼓舞。一方面，“在建国的理论和实践上，‘伊斯兰国’遥遥领先于其他组织。”；[①] 另一方面，“伊斯兰国”倡导通过“圣战”建立“哈里发帝国”，也即现实中的“人间天堂”，而不是单纯地以自杀性“殉道”换取身后进入天堂的入场券。这一思想及其实践，无论是对于其他跨国“圣战”组织，还是对于世界各地的激进分子，都有着较强的感召力。

其次，就军事层面而言，“伊斯兰国”将常规军事战争、游击战和恐怖袭击三种方式融为一体的军事策略不仅超越了战区与非战区的地理限制，也打破

① [英]查尔斯·利斯特著：《“伊斯兰国”简论》前言，姜奕晖译，北京：中信出版社，2016年出版，第11页。

了士兵和平民、和平与战争的传统分野，大大超出了以往军事家们对武装冲突的传统认知。这种类似于“超限战”的战略战术及其实践，势必会为今后包括武装内战、跨国“圣战”、国际恐怖组织等在内的其他暴力团体所效尤，并加剧未来国际暴力冲突的烈度和广度。

最后，“伊斯兰国”采取类似“跨国公司”和“准政府”的管理运作模式，以社交网络作为跨国活动空间和宣传战平台等做法，充分发挥了全球化和信息化所带来的各种便利，并使其获得了远远超过自身实力的影响力。就此而言，“伊斯兰国”在此领域的实践和经验，同样会为其他跨国犯罪集团所借鉴和仿效，只不过这些影响需要较长的时间才能慢慢体现出来。

四、后“伊斯兰国”时代的全球反恐

总的来说，“伊斯兰国”的溃败对于全球反恐形势的影响主要体现在以下四个不同层面。

（一）全球“圣战”运动将重新洗牌

“伊斯兰国”在伊拉克和叙利亚的军事失败，无疑会削弱其在全球“圣战”运动中的影响力，全球跨国“圣战”运动将会面临新一轮洗牌。近年来，扎瓦希里领导下的“基地”组织与巴格达迪领导下的“伊斯兰国”组织不断互相攻讦，激烈竞逐全球“圣战”运动的领导权。在后“伊斯兰国”时代，“伊斯兰国”残余实力和“基地”组织及其追随者之间围绕全球“圣战”运动领导权的争夺仍将继续下去。尽管“基地”组织在意识形态和跨国网络方面仍有其强大的基础，但这并不意味着“基地”组织可以马上取而代之，轻易地重新获得“圣战”运动的领导权。这部分因为在“9·11”以来的全球反恐战争中，“基地”组织的核心架构和指挥层已经遭受重创。与此同时，在西方国家强势的战略传播和反恐话语塑造过程中，“基地”组织作为反西方先锋的形象已经被严重削弱。加之“基地”组织在网络空间和信息技术应用，以及对外信息传播方面都远逊于“伊斯兰国”，其未来能否重新获得全球“圣战”运动的领导权，还存在一些未知因素。

（二）中东地区仍是全球反恐的重点

从全球反恐的角度来看，随着伊拉克和叙利亚战事逐渐平息，二者在全球反恐中的地位和关注度将会有所下降，但其周边地区的中东国家仍将是全球反恐的重点关注所在。

首先，伊拉克和叙利亚周边地区不仅是“外籍战士”的主要来源，也是近年来“伊斯兰国”组织着力渗透的重点区域。随着战事结束，越来越多的圣战老兵开始返回故土，其对当地安全局势的影响也会随之增加。2017年11月25日，“伊斯兰国”西奈分支在埃及北西奈省苏菲派清真寺内制造了恐怖袭击，造成305人死亡，128人受伤。[①] 这足以表明，该组织在世界各地的一些分支仍有能力发起协调一致的大规模恐怖袭击，伊叙周边地区已经成为该组织成员扩散和回流的重灾区。

其次，“阿拉伯之春”以来，阿拉伯世界各国大多处于政治、经济和社会发展的转型时期，不少国家还未从政治与社会震荡中恢复。除了“伊斯兰国”肆虐的伊拉克和叙利亚外，也门、利比亚、突尼斯等也存在着严重的暴力冲突或恐怖威胁。无论是经济发展迟缓、民生凋敝，还是国内政治动荡、暴力活动频发，都将继续为极端组织和恐怖势力提供非常有利的生存环境。

最后，除了中东阿拉伯各国国内政治和社会经济转型困难外，整个中东地区目前还处在地缘政治均势和地区秩序同步瓦解后的重建时期。[②] 一方面，美国实力相对下降后干预中东事务的能力和意愿开始同步下降，其在中东反恐和其他热点事务中表现得越来越心有余而力不足；另一方面，中东地区各国为了维护自身利益，并在新一轮地缘政治格局变动中获得相对优势，其参与塑造中东地缘政治格局的意愿也明显增强，这也是当前中东地区的代理人战争、教派冲突和跨国“圣战”活动愈演愈烈的重要原因。

（三）广大的伊斯兰世界面临极端分子“回流”的挑战

除中东各国外，非洲、中亚、南亚、东南亚地区同样面临着非常严峻的极端分子“回流”问题。2017年2月，俄罗斯总统普京表示，在来自前苏联地区的9000名“外籍战士”当中，返乡者约为10%。根据苏凡集团的评估，来自非洲马格里布地区的“伊斯兰国”外籍战士为5319人，仅次于前苏联地区（8717）、中东地区（7054）和西欧各国（5718），来自南亚和东南亚的“伊斯

---

① 郑凯伦:《突遭重大空袭，埃及反恐形势再起波澜》，新华社开罗2017年11月25日电。

② 一些国内学者称其为“三期叠加”现象，即地区政治秩序崩溃后的重建期、地缘政治力量均衡的重构期和国家政治经济社会的转型期发生了重合。参见李绍先:《“三期叠加”的中东大乱局》，新华网2015年12月23日。http://news.xinhuanet.com/world/2015-12/23/c_128559614.htm，登录时间：2016年12月25日。

兰国”外籍战士为1568人。[①] 随着“伊斯兰国”在伊拉克和叙利亚战场上的失利，大量“伊斯兰国”成员正在寻求返回母国。由于“伊斯兰国”组织在此之前已经通过资金援助和技术支持在当地建立了网络，亦即对其宣誓效忠的各“行省”，进而使这些返乡老兵能轻易地在这些地方立足。

此外，由于非洲、东南亚、南亚原本就存在诸多的“圣战”暴力组织或内战冲突，“伊斯兰国”势力可以轻易地借助战乱混迹其中，或是直接利用当局的治理漏洞挑起叛乱；也可通过恐怖活动的“示范效应”，乃至直接为某些极端暴力组织提供技术指导推动当地暴力恐怖活动的快速升级。例如，在菲律宾，“伊斯兰国”组织曾试图通过与活跃在棉兰老岛的“阿布沙耶夫”组织和“穆特”组织联手建立其海外省，后者已宣誓效忠“伊斯兰国”。在美国、中国等外部力量支持下，菲律宾政府对“穆特”组织盘踞的马拉维市进行了长达5个多月的围剿，以牺牲162名士兵和警察及数十位平民为代价取得了最后胜利。在围攻马拉维市过程中，警方发现了数十名来自印尼、马来西亚、印度、沙特、俄罗斯车臣地区和摩洛哥等地的极端分子。[②]

（四）欧美将成为跨国“圣战”运动快速扩散的受害者

“9・11”事件以来，通过建立一整套系统的反恐防范体系，外部恐怖组织对美国本土进行渗透和袭击难度已经越来越大。但是，近年来美国境内“土生土长”（homegrown）的恐怖威胁反而开始迅速上升。美国著名反恐专家布鲁斯・霍夫曼、皮特・伯根等人早在2010年就指出，“9・11”后美国面临的恐怖威胁已经发生了很大改变，其一是美国公民或居民参与“基地”等有关组织的人数有所上升，在其中所扮演的角色日益重要；其二是以美国为基地的“圣

---

① Richard Barrett, *Beyond the Caliphate: Foreign Fighters and the Threat of Returnees*, The Soufan Center (TSC), October 2017, pp.10-11.

② 《武装分子图谋控制马拉维市，成立伊斯兰国分化菲律宾》，《联合早报》网2017年6月8日。http://www.zaobao.com/news/sea/story20170608-769323，登陆时间：2017年12月10日；郭倩：《菲军方：“伊斯兰国”在菲头目或已逃离马拉维》，新华网2017年6月26日。http://news.xinhuanet.com/world/2017-06/26/c_129640286.htm，登陆时间：2017年12月10日。

战”武装分子的类型日趋多样化。[①] 事实上，这一判断至今仍然适用。美国国会研究服务部发布的一份研究报告指出，从2001年到2013年，至少有63名本土“圣战”分子在美国计划或实施了恐怖袭击。[②] 乔治华盛顿大学发布的关于极端主义研究的报告显示，自2014年“伊斯兰国”组织宣布“建国”以来，美国共发生了19起受该组织所影响的恐怖袭击事件，其中12起发生在2016—2017年，是此前两年的近两倍。[③]

2016年6月12日凌晨，佛罗里达州奥兰多市一家夜总会遭遇恐怖袭击，造成50人死亡、53人受伤，美国媒体称其为“美国历史上造成死亡人数最多的枪击案”。警方事后查明，枪手奥马尔·马丁为生活在佛罗里达州的阿富汗裔美国人，曾宣称效忠“伊斯兰国”组织。[④] 2017年10月31日，一名卡车司机驾车在纽约曼哈顿区西南部向自行车道上的行人进行碾压，造成8人死亡，12人受伤。凶手为2010年从乌兹别克斯坦移民到美国的塞福罗·塞波夫，此人在车子内留下字条，自称以“伊斯兰国”组织的名义发起了袭击。[⑤] 12月11日，纽约曼哈顿一地铁也发生爆炸，造成4人受伤，多条线路停运。除此之外，2016年以来拉斯维加斯、德州南部威尔森县等地也发生了极其惨烈的枪击案。目前国内外对于这些恶性暴力案件的关注大多聚焦于控枪或社区暴力等问题，忽视了国际恐怖暴力活动的隐性影响，尽管这一点很难被完全证实。

不管上述案件是否与“伊斯兰国”存在直接联系，它们至少可以表明三点：一是美国本土并不能在全球恐怖主义袭击浪潮中独善其身，未来包括“伊斯兰国”在内的跨国“圣战”势力的全球扩散同样有可能波及美国本土；二是“伊

---

① 不过，也有学者对此持不同看法，具体请参见Peter Bergen and Bruce Hoffman , *Assessing the Terrorist Threat: A Report of the Bipartisan Policy Center's National Security Preparedness Group*, September 10,2010, p.1. http://bipartisanpolicy.org/wp-content/uploads/sites/default/files/NSPG%20Final%20Threat%20Assessment.pdf 登录时间：2017年12月10日；Risa A. Brooks, “Muslim ‘Homegrown’ Terrorism in the United States, How Serious Is the Threat?” *International Security*, Vol. 36, No. 2 (Fall 2011), pp. 7–47; Dina Temple- Raston, "Homegrown Terrorists Pose Biggest Threat, Report Says", September 10, 20107. https://www.npr.org/templates/story/story.php?storyId=129760267，登录时间：2017年12月10日。

② 小苏：《美国面临本土恐怖袭击威胁》，环球网2016年6月15日。http://world.huanqiu.com/exclusive/2016-06/9044102.html，登录时间：2017年12月10日。

③ Lorenzo Vidino, Seamus Hughes, *ISIS in America: From Retweets to Raqqa*, Program on Extremism, The George Washington University, December 2015. https://extremism.gwu.edu/sites/extremism.gwu.edu/files/downloads/ISIS%20in%20America%20-%20Full%20Report.pdf，登陆时间：2017年12月10日。

④ 《美国奥兰多枪击案造成50人死亡》，新华社华盛顿2016年6月12日电。

⑤ 王文：《美国纽约发生卡车撞人恐怖袭击已致8死1名嫌犯被拘捕》，新华社纽约2017年10月31日电。

斯兰国”恐怖活动的“示范效应”正在美国境内快速发酵，其后续影响仍会进一步显现；三是特朗普在移民问题、种族问题和中东热点问题上所采取的激进政策或民粹主义立场，或将在短期内进一步激化其境内的宗教极端主义和狭隘种族主义的暴力活动。

自2015年以来，欧洲地区正在面临“9·11”以来的新一轮恐怖袭击浪潮。在当前这一轮恐怖袭击当中，“伊斯兰国”已经取代“基地”组织成了新主角。欧洲之所以会成为新一轮恐怖袭击的牺牲品，往远处说是2003年伊拉克战争造成的连带性后果。虽然当时一度被视为“老欧洲”的法、德等国也曾极力反对美国入侵伊拉克，但终究没能阻止英美联军的铁骑踏平巴格达。这场战争在推翻萨达姆独裁政权的同时，也为“伊斯兰国”的产生提供了温床。从近期看，欧洲正在吞食其在“阿拉伯之春”过程中不负责任的政策恶果。“阿拉伯之春”爆发后，欧洲国家草率地将其贴上了“民主革命”的标签，在叙利亚大力扶植各种反对派，欲将阿萨德政权除之而后快。然而，欧洲各国怀揣美好愿望种下的“龙种”，最后却长成了一个个“跳蚤”。叙利亚内战更是催生了一个“双向”人员流动网络：一方面大量叙利亚难民源源不断地通过土耳其、希腊进入欧洲。根据联合国难民署（UNHCR）统计，从2011年4月到2017年12月，欧盟境内的叙利亚难民数量已达到101.5万人，其中大部分（63%）滞留于德国和瑞典境内。[①] 另一方面，众多欧洲极端分子在“伊斯兰国”的蛊惑下相继来到叙利亚参战。根据苏凡集团估计，截至2016年4月，从欧盟地区前来参加“伊斯兰国”的极端分子至少在5000以上，其中法国、英国、德国、比利时四国占70%以上，分别为1910人、850人、915人和478人，参战后重新返回欧洲的“圣战”分子的数量也已高达1200人左右。[②] 与此同时，毗邻中东动荡源的欧洲地区仍是“9·11”后国际社会的一块反恐“洼地”，不仅拥有大量尚未完全融入当地社会的激进群体，其反恐防范能力也远低于美国和以色列等。再加上近年来欧洲各国民粹主义的抬头和政治渐趋保守化，拥有大量外来移民的欧洲国家未来或将面临更多宗教极端主义和种族恐怖主义威胁。比如，据媒体报道，2016年英国脱欧公投之后，种族仇恨犯罪在一个月内增加了40%。[③]

---

① UNHCR, "Europe: Syrian asylum applications, from Apr 2011 to Dec 2017," http://data.unhcr.org/syrianrefugees/asylum.php, 登陆时间：2018年2月26日。

② Richard Barrett, *Beyond the Caliphate: Foreign Fighters and the Threat of Returnees*, The Soufan Center (TSC), October 2017, pp.12-13.

③ Weimeng Yeo, "Four trends in global terrorism threats in 2017," *The Straits Times*, Jan 10, 2017.

五、余论：全球反恐的未来

“9·11”以来，国际社会的反恐努力并未取得预期效果，反而出现了“越反越恐”现象，成为当前全球反恐战争的一大战略困境。[①] 就此而言，“伊斯兰国”组织在叙利亚和伊拉克的覆灭虽然是近年来全球反恐战争取得的一大进展，但它并不意味着国际恐怖主义的彻底消亡和全球反恐斗争的终结，而是进入了一个不再以“伊斯兰国”组织为主要打击对象的新阶段。但是，未来国际社会面临的或将是更为广泛化、分散化、多样化，并且也更为复杂和致命的新型恐怖主义。

当然，面对未来国际恐怖主义的持续升级和演化，国际社会既不能盲目乐观，更不能坐以待毙、消极无为，而是要积极行动起来，采用更为有效的反恐措施来因应未来的国际恐怖主义。

首先，国际社会应当从“9·11”以来的全球反恐战争中认真吸取教训，既要认识到前一阶段反恐战争未能取得预期成效的原因和教训，还要真正认识到造成当前国际恐怖主义猖獗的根源，进而采取更具针对性的反恐举措。为此，国际社会除了追求在肉体上消灭恐怖分子之外，更要致力于消除滋生恐怖主义和极端主义的政治、经济、社会，以及文化和意识形态根源等。

其次，世界各国应当携起手来，加强在反恐领域的国际合作，努力消除全球反恐中的“洼地”。在全球化时代，面对跨国恐怖主义的肆虐，没有谁能够在恐怖主义肆虐的威胁中独善其身。无论一国是否“生产”恐怖分子，都有可能成为恐怖分子过境、藏匿、策划乃至发动袭击的场所。加强国际反恐合作，不仅要反对某些大国的霸权主义和单边主义，还要反对部分国家所采取的“双重标准”，真正调动世界各国参与国际反恐合作的积极性和能动性。

最后，国际社会应当积极探索未来反恐的新领域，杜绝或减少恐怖分子利用新技术手段危害人类社会。在“9·11”以来新一轮恐怖活动升级过程中，“伊斯兰国”、“基地”组织等跨国“圣战”势力正是借助了新媒体技术和社交网络取得了远远超过其自身实力的国际影响。如果国际社会能够针对新技术发展的特征，采取相应的反制措施，就能最大限度地减少国际恐怖活动造成危害。

① 关于“越反越恐”现象的探讨，请参见拙文“9.11以来全球反恐战略困境探析”，载《社会科学》2017年第9期。

专题报告二

大使观中东

中阿关系行稳致远的新起点
——评中阿合作论坛第八届部长级会议

李成文[①]

摘要：2018年7月举行的中阿合作论坛第八届部长级会议，阿方出席规格之高，会议气氛之热烈，成果之丰富，超过以往历届会议。习近平主席的重要讲话，引起与会各方热烈反响，是今后一个时期中阿关系发展的指南。这次会议的圆满成功，标志着中阿关系新起点。此次论坛的突出特点可以概括为四句话：用新视野看中阿关系；用新理念促中东和平；用新举措促共同发展；推动中阿合作迈向更高水平。

关键词：中阿合作论坛；中阿关系

2018年7月10日，中阿合作论坛第八届部长级会议在人民大会堂开幕，习近平主席发表重要讲话，盘点四年来双方携手共建“一带一路”的累累硕果，围绕深化全面合作、共同发展、面向未来的中阿战略伙伴关系提出四点建议，为促进中东和平与发展贡献中国方案。讲话高瞻远瞩、真诚务实，为推进“一带一路”合作注入强劲动力，为构建中阿命运共同体绘就美好蓝图。这次会议的圆满成功，标志着中阿关系新起点。

一、用新视野看中阿关系

当今世界正经历大变革大调整大发展的深刻变化，中东地区也面临着新的复杂局面，机遇和挑战并存。阿拉伯国家尽管存在各种内部矛盾，但整体上呈

① 李成文，中华人民共和国外交部中阿合作论坛事务大使，中国前驻苏丹、沙特大使。

现出两个明显倾向：一是经过“阿拉伯之春”动荡后，变革求新、维护稳定、加快发展的趋势明显增强；二是巴勒斯坦问题再度升温，阿拉伯国家的忧虑和危机感普遍上升。阿拉伯国家素来对外来势力干涉感到屈辱，近年来更苦于在地区力量碎片化中整体力量下降。在这种情况下，中方主办中阿合作论坛部长级会议，向阿方和外界充分表达了对中阿关系和阿拉伯国家地位的重视，有助于消除阿拉伯国家被边缘化的战略忧虑。

中国通过这次部长级会议体现出对中阿关系的新的视野，就是把中阿关系放到共同构建人类命运共同体的框架下来考量，通过共同建设中阿命运共同体推动人类命运共同体的建设，把中华民族复兴的中国梦同阿拉伯民族的复兴梦联系起来。以此为目标，突出两个支点：一是双方商定将双边关系提升为全面合作、共同发展、面向未来的战略伙伴关系；二是对共同建设“一带一路”形成新的共识并签署了合作文件。一个目标两个支点，反映出中阿双方共同利益在不断扩大，共同点在不断增多，为今后一个时期双边关系发展将起到定位引领和积极促进作用。本届部长级会议上，阿方与会代表一致支持共建“一带一路”，众多代表表示，构建人类命运共同体代表了他们的利益和愿望，这也反映出中国对中阿关系的新视野符合阿拉伯国家的利益需求。

二、用新理念促中东和平

长期以来，中国在中东问题上一直坚持公正客观、主持公道、伸张正义的立场。在这届部长级会议上，习近平主席明确表示，中国的中东政策顺应中东人民追求和平、期盼发展的强烈愿望，在国际上为阿拉伯国家合理诉求代言，愿为促进地区和平稳定发挥更大作用。

中国促进中东和平的新理念，体现在政策主张更加明确。一是要坚持对话协商，大家的事情要商量着办，不能一家说了算，一家说了也不可能算；二是更加明确的坚持主权原则，反对搞分裂割据；三是倡导包容性和解，反对搞压制性妥协；四是主张反对恐怖主义，要加强综合施策和民生建设。这些新的理念对解决中东面临的复杂局面和酝酿中的复杂变化具有很强的针对性，表明了中国的原则立场和大国作用。不论中东地区出现怎样的复杂变化，中国作为安理会常任理事国和最大的发展中国家，在事关中东和平的问题上不会做看客，在事关阿拉伯人民的根本利益问题上不会袖手旁观。

中东是世界上矛盾最为复杂的地区之一。从另一方面看，乱象纷呈也反映了中东的多样性，而多样性应该成为地区活力之源。习主席在重要讲话中，提出要尊重每个国家的国情差异和自主选择，坚持平等相待、求同存异。域外力量应该多做劝和促谈的事，为中东和平发展提供正能量。要摒弃独享安全、绝对安全的想法，不搞你输我赢、唯我独尊，打造共同、综合、合作、可持续的安全架构。这一中东安全观，不仅从根本上否定了历史上殖民主义、霸权主义称霸中东、制造祸根的做法，也对当今中东面临的可能的复杂变化和未来的安全格局，提出了解决问题的可行之道。

巴勒斯坦问题是中东和平的根源性问题。中国人民历来富有正义感和同情心。我们呼吁有关各方遵守国际共识、公正处理巴勒斯坦有关问题，不要给地区埋下更多冲突祸根。这是对当今巴勒斯坦问题乃至整个中东问题可能面临的复杂变化发出的明确信息，充分体现了中国作为负责任大国的担当和政治警觉。

以发展促和平是中国解决中东问题的又一新理念。中国要实现民族复兴的伟大目标，中国也希望看到中东地区实现全面振兴，共同构建安全繁荣的未来世界。各方要准确把握历史大势，真诚回应人民呼声，一起推动中东地区走出一条全面振兴的新路。并且强调发展的潜力要通过改革来释放，进步的动力要通过开放来提升，这就使以发展促和平的理念更加完整和清晰。实际上再次回答了中东向何处去，中东的纷争应该如何平息的问题。

三、用新举措促共同发展

中国已成为世界上第二大经济体，发展潜力巨大，阿拉伯国家对发展与中国的经济合作有很强的意愿，特别是希望通过共建“一带一路”，吸引中国的投资。

阿拉伯国家中，不论是资源丰富、资金丰厚的国家，还是家底单薄、暂处战乱动荡中的国家，都希望变革转型，通过发展实现和平与稳定。本届会议，中方提出了一系列发展中阿合作的新举措，丰富了战略伙伴关系的内涵。

首先是加强政治互信和战略合作。这是新时代中阿关系的基础。要提升双边关系的战略稳定性，尊重和照顾彼此核心关切，始终从长远和大局出发看待和发展战略合作。

二是加强发展战略的对接。发展战略对接是战略伙伴关系的实质性体现。多年来中国的成功发展之路，中国的发展已成为阿拉伯国家普遍重视和希望借鉴的成功经验。阿拉伯国家纷纷推出的发展战略规划，正成为中国希望推进中阿务实合作的有力抓手和契合点。习主席这次明确强调，中方愿同阿方加强战略和行动对接，说的就是要将发展战略对接落实到实际项目合作中，要认真破解战略对接中的难题，有效整合资源，满足双方的发展需要。

三是扩大合作领域。在过去几年中，特别是习主席提出共建“一带一路”倡议以来，中阿“1+2+3”的合作格局取得了丰硕成果。以能源为主轴的合作，由过去单纯的下游合作，已拓展到涵盖上下游合作，特别是中国与阿联酋在石油上游的合作取得了积极的进展。基础设施，投资和贸易便利化方面的合作也取得新的进展，中资企业2017年实现的新签承包合同额达到320多亿美元，双方贸易达到接近2000亿美元，同比增长10%以上。尤其可喜的是，在“一带一路”建设框架下，中国与阿联酋和卡塔尔成立了两项合作投资基金。核能、航天卫星领域合作初见可喜成果。中国成功地为阿尔及利亚发射通讯卫星，与沙特合作开展月球探索，北斗在突尼斯落地等等。

本届会议上，双方共达成100多项共识，大大扩展了合作的领域。中方愿参与阿拉伯国家有关港口和未来阿拉伯铁路网建设，支持阿方构建连接中亚和东非、沟通印度洋和地中海的黄金枢纽物流网。中方设立“以产业振兴带动经济重建专项计划”，并增加向相关国家提供人道主义和重建援助。未来5年，中国将进口超过8万亿美元商品，对外投资总额将超过7500亿美元，这将给阿拉伯国家带来更多合作机会和实实在在的利好。中国欢迎阿拉伯国家参加今年11月在上海举办的首届中国国际进口博览会，将在今后5年实现阿拉伯国家参加博览会及贸易和投资综合展全覆盖。这些承诺在大国中是绝无仅有的，给予阿拉伯国家巨大的获益空间。

四、推动中阿合作迈向更高水平

当今世界，能否赶上时代发展的潮流，不被时代所抛弃，取决于能否跟上科技进步的步伐，这是许多阿拉伯国家有识之士所忧虑的问题。我们愿同阿拉伯国家携手打造蓝色经济通道，共建海洋合作中心，共建“一带一路”空间信息走廊，发展航天合作，推动中国北斗导航系统和气象遥感卫星技术服务阿拉伯国家建设。推动油气合作、低碳能源合作“双轮”驱动；努力实现金融合作、高新技术合作“两翼”齐飞，并且加强双方数字经济、人工智能、新材料、生物制药、智慧城市等领域合作。我们还要落实好中阿科技伙伴计划，在双方感兴趣的重点领域共建联合实验室。加快网上丝绸之路建设，争取在网络基础设施、大数据、云计算、电子商务等领域达成更多合作共识和成果。

中方的这些承诺和设想，是在务实合作取得明显成果的基础上提出的。本届会议上，中阿电子图书馆门户网站项目正式启动，中阿清洁能源培训中心正式成立，这些新的高新技术领域的合作起步，预示着中阿互利合作将加速提高到新的水平。

人文合作精彩纷呈，也是中阿友好合作的一大亮点，是中阿战略伙伴关系的重要支撑。

中阿合作论坛已经走过14个年头，用阿拉伯朋友的话说，这是阿盟与区域外组织和国家合作论坛中发展最快成果最多的一个合作机制。当前，中阿集体合作与双边合作已形成了双驱动的良好态势。习主席继2014年、2016年之后，第三次对阿拉伯世界作重要政策宣示，是对中阿关系发展的指导和引领。我们完全有理由相信，中阿关系已经站在了新的历史起点上，必将在双方共同努力下行稳致远，为双方人民带来更多实实在在的好处。

复杂多变的中东地区局势

刘宝莱[①]

摘要：2017年中东局势总体有趋稳求治的一面，地区国家尤其是广大民众已对动乱深恶痛绝，普遍要求执政当局恢复社会正常秩序，振兴经济，改善民生。然而，因受多种因素影响，中东局势依旧动荡不安，热点频仍。旧的热点问题仍未解决，新的热点又层出不穷：卡塔尔断交风波继续发酵，也门、利比亚仍旧动乱不已；“伊斯兰国”已溃败，但尚难铲除；传统的库尔德问题持续升温，尤其是伊拉克和叙利亚的库尔德问题更加复杂；美国总统特朗普宣布承认耶路撒冷为以色列首都，巴以冲突再度激化；叙利亚危机正步入政治解决进程，但各方分歧严重，内战仍在持续；美俄角逐加剧，美伊（朗）关系紧张，沙伊（朗）对抗加剧，都导致地区力量不断重组，地区秩序重建困难重重。

关键词：中东形势；地区大国；热点问题；“伊斯兰国”；美俄博弈

一、避乱求治成为地区国家民心所向

在2017年，中东地区多数国家政府积极致力于稳定政局，发展经济，改善民生，取得了较好成果。据报道，地区经济有所恢复，GDP平均增长约4%，人民生活水平也有了不同程度的提高。

（一）土耳其政局相对稳定

土耳其对内加大维稳力度，深度推行全面整改，成功实现了修宪。在对外关系领域，土耳其不断调整政策，同美欧适当拉开距离，加强同俄罗斯合作，

---

① 刘宝莱，中国国际问题研究基金会中东研究中心主任，中国人民外交学会前副会长，中国前驻阿联酋、约旦大使。

改善与伊朗、伊拉克和以色列关系；支持并参与叙利亚危机的政治解决，同俄、伊(朗)一道，达成在叙利亚建立四个“冲突降级区”协议，并协助落实。埃尔多安总统在国际场合经常亮相，强调反恐，坚决打击极端组织“伊斯兰国”。因此，在2017年土耳其国内局势相对稳定，政权得到了进一步巩固；国际孤立处境有所改善。总之，土耳其国内因2016年未遂政变带来的负面影响正逐步弱化。

(二)沙特国王易储，政局相对平稳

2017年6月21日，沙特国王兼首相萨勒曼“废旧立新”，宣布免去其侄子穆罕默德·本·纳伊夫的王储、副首相和内政大臣职位，任命其子穆罕默德·本·萨勒曼为新王储和副首相，并继任国防大臣。这是2017年中东发生的一个重大政治事件，其影响深远，标志着人们关注的地区“老人政治”正在转型。对沙特而言，萨勒曼国王迈出了终结“兄终弟及”继承制的关键一步，开始了权力交接垂直化的新时代。对于萨勒曼国王易储之举，沙特国内外反应正常，究其因主要有五。

其一，萨勒曼国王老谋深算，精心策划。自登基以来，萨勒曼国王对其子穆罕默德大力培植，委以重任，并经常代表他出头露面，扩大影响，树立威望，并由穆罕默德提出并负责“2030愿景”，都有为其接班做铺垫的考虑。①

其二，沙特不断密切同美国关系，易储之举得到美认可和支持。萨勒曼国王父子曾相继访美，允诺同美全面发展盟友关系，甚至购美价值1100亿美元的军火等。

其三，穆罕默德人气较旺。当地多数年轻人认为，小萨勒曼年富力强，开放灵活，敢作敢为，并对他寄予厚望，期待他引领变革，改变社会的僵化局面，甚至有舆论评价他的“崛起是沙特年轻人希望的象征。”②

其四，中东地区局势动荡，各国自顾倾向日增，对沙特多有顾忌，不愿置评。

其五，欧美普遍看好小萨勒曼，故而大加赞扬。2017年10月24日，在利雅得举办的一个国际投资者参加的经济论坛上，小萨拉曼说:“我们想要过一种正常的生活，一种把我们的宗教转化为宽容和仁慈的传统生活。”“70%的沙特人口不到30岁。说实话，我们不会把未来30年的时间用来跟毁灭性的观念打交道。我们将在今天立即消灭这些观念。”③ 上述讲话被媒体解读为他要让

---

① 法新社利雅得电，2017年6月21日。

② 法新社利雅得电，2017年6月21日。

③ 法新社利雅德电，2017年10月24日。

国家回归“温和”，并与极端保守势力划清界限。这在国际上引起了积极反响。

2017年10月5日，沙特国王萨勒曼访问俄罗斯，同普京总统举行会谈。这“标志着两国关系解冻”，反映出俄“在中东影响力扩大。”普京称赞此访是“标志性事件”，将极大地促进双边关系发展。据分析人士认为，这是沙特在美俄之间进行适度平衡之举。[①]

（三）埃及加快转型，内政外交均有起色

埃及高度重视吸引外资，其标志是2017年6月颁布的新《投资法》，确定了平等、透明、可持续发展等招商引资原则，拟在土地出让模式、所得税减免、投资保障、当地雇员数量等方面提供优惠政策。

埃及政府还高度关注民生，加大推进保障住房工程、提高养老金标准、确保基本生活物资供应，但为了减少财政开支，政府也不得不先后宣布削减对面粉、燃油等物资的政府补贴。为发展旅游业，埃及政府不断改善和扩建许多旅游景点和设施，增加了对外国游客的吸引力。

在2017年，埃及治安基本正常，但也发生了多起恶性恐袭事件。例如，2017年4月9日，埃及北部城市坦塔和亚历山大分别发生针对教堂的爆炸袭击，造成至少43人死亡，100余人受伤，[②]“伊斯兰国”宣称对此事件负责；9月11日，“伊斯兰国”袭击了西奈的治安巡逻车队，造成18名警察死亡；11月24日，位于北西奈省首府阿里什以西约40公里处的一座清真寺发生恐袭，制造袭击的恐怖分子持有极端组织“伊斯兰国”旗帜，此次袭击造成至少305人死亡，128人受伤。[③]

在外交方面，埃及积极在阿拉伯、非洲和国际事务中发挥作用，增加话语权，逐步恢复其地区影响力。它高举反恐旗帜，积极参与国际反恐合作；支持叙利亚危机政治解决，并加入叙“冲突降级区”担保国行列；促成了巴勒斯坦两大主要力量法塔赫和哈马斯达成和解协议。埃及还积极发展大国关系。2017年4月，塞西访美，同特朗普举行会谈，实现了双边关系正常化；2017年年底，埃及与俄罗斯达成了关于两国战机可以使用对方空军基地的协议。在非洲事务中，塞西总统先后出席了非盟和尼罗河流域国家的两次峰会。在2016年至2017年，埃及任联合国安理会非常任理事国。在阿拉伯国家联盟中，埃及前外长盖特为现任秘书长。

---

① 美联社莫斯科电，2017年10月6日。

② 新华社开罗电，2017年4月9日。

③ 新华社开罗电，2017年11月25日

（四）中东变局始发之地的突尼斯稳中求进

突尼斯政局相对平稳，未再发生重大暴恐事件，旅游业有了较大发展，农业也有起色，粮食不仅自给自足，而且有盈余出口。据报道，突尼斯全国78%的城市居民拥有自己的住房，74%的人享受医疗保险，其中8%的人持有免费医疗证；99.9%的家庭有固定电话，80%的人有移动电话；90%的家庭有饮用水和供电。但在广大农村特别是边远山区，居民生活依旧十分困难，这也是产生极端势力的温床。突尼斯政府已经制定2016年—2020年五年发展规划，重点进行港口、铁路、高速公路等大型基础设施项目建设，以便提振经济，吸引外资，创造就业，改善民生，实现国家可持续发展。为了确保国家安全，突尼斯加强了同周边马格里布国家的关系，团结合作，共同反恐，同时与欧美大国交好。2017年2月埃塞卜西总统访问意大利，7月沙海德总理访问了美国，改善了突尼斯与欧美国家的关系。

二、卡塔尔断交风波搅动地区格局

2017年5月23日，卡塔尔通讯社发布该国埃米尔塔米姆在出席卡塔尔军校毕业典礼时的讲话。塔米姆在讲话中称“伊朗是不容忽视的地区力量和伊斯兰国家，是实现地区稳定的大国”。[①] 次日，卡塔尔方面在声明中否认塔米姆的上述言论，称该事件系黑客入侵卡塔尔通讯社网站和社交媒体账号并炮制假消息所致。尽管该事件扑朔迷离、真假难辨，但沙特等海湾国家还是很快以其他问题为由宣布与卡塔尔断交。6月5日，沙特、阿联酋、巴林和埃及以卡塔尔“支持恐怖主义、危害地区安全”为由，宣布同卡塔尔断交，并予以全面封锁和制裁。

2017年6月23日，沙特等四国通过科威特向卡塔尔提交了13项复交条件，其中包括要求卡切断与伊朗外交关系、不允许土耳其在卡驻军和与其联合军演、关闭半岛电视台、切断与“伊斯兰国”、“基地”组织、穆斯林兄弟会、黎巴嫩真主党的关系以及其他所谓“恐怖主义”组织或个人的关系，尤其是不得向其提供财源，并要求卡塔尔在10日内做出答复。[②] 7月3日，沙特等四国

---

① Patrick Wintour, “Saudi Arabia and UAE Block Qatari Media over Incendiary Statements,” *The Guardian*, May 25, 2017, https://www.theguardian.com/world/2017/may/25/saudi-arabia-and-uae-block-qatari-media-over-incendiary-statements-iran-israel, 登录时间：2018年1月5日。

② 《中东四国向卡塔尔开出复交条件》，载《解放日报》2017年6月24日。

发表联合声明，表示将卡塔尔答复条件的最后期限再延长48小时。7月4日，卡塔尔政府以主权不容谈判为由断然拒绝四国的要求；沙特等四国外长发表联合声明，称卡塔尔的回复“令人失望”，但未追加对卡塔尔的制裁。7月18日，沙特等四国又向卡塔尔提出解决断交危机6条原则，要求卡塔尔接受，包括打击恐怖主义和极端主义、不向恐怖主义组织提供资金和庇护地、停止煽动仇恨和暴力、不干涉他国内政等。[①] 21日晚，卡塔尔埃米尔塔米姆也发表全国电视讲话，表达了希望通过对话解决分歧的愿望。至此，这场风波开始有所缓和。

2017年8月，沙特与卡塔尔围绕卡朝觐者入境沙特的讨论，也为双方的接触提供了机会；9月8日，卡埃米尔塔米姆与沙特王储小萨勒曼罕见地通电话，双方重点讨论了解决断交危机问题。然而次日沙特外交部突然宣布，鉴于卡塔尔政府歪曲事实，沙特决定暂停与其一切对话和联络，直到其发布一个明确声明，公开澄清其立场。[②] 沙方突然翻脸，据说是因卡通社的相关报道“歪曲事实”。按沙特的说法，两国领导人通电话是“应卡塔尔方面的要求”，而卡塔尔通讯社的说法是，特朗普总统先前与卡埃米尔通电话并从中斡旋，从而促成了后者与沙特王储通电话。上述戏剧性一幕，表明双方尚未就解决断交危机达成共识。

沙特与卡塔尔同为美国盟友，双方的断交危机引起了美国高度关注。2017年10月22日，美国国务卿蒂勒森穿梭于沙特和卡塔尔期间，呼吁尽快解决断交危机，以免让伊朗“渔翁得利”。[③] 当月30日，卡塔尔埃米尔警告沙特等国勿诉诸武力，武力只会让海湾地区陷入混乱。他还透露说，特朗普已建议卡塔尔和沙特等四国在美国举行会议，以化解危机。[④] 12月5日，海湾合作委员会年度峰会在科威特召开，仅有东道国和卡塔尔两位国家元首与会，致使峰会草草收场。[⑤]

卡塔尔断交危机发生后，科威特、阿曼、土耳其、美国、德国、法国、俄罗斯等国相继居中调解，但收效甚微，主要原因有三：

其一，沙特与卡塔尔双方尚未找到和解的突破口。沙特等四国已有缓解之意，但仍居高临下，尤其是沙特以老大自居，欲逼卡塔尔就范。然而，卡塔尔坚持拒不妥协，美国盟友的身份、伊朗和土耳其的支持等因素也增强了其与沙

① 吴宝澍:《卡塔尔断交改提6条原则》，载《北京日报》，2017年7月21日

② 杨舒怡:《沙特暂停与卡塔尔一切对话》，载《北京日报》2017年9月10日。

③ 《蒂勒森中东之行拉一派打一派》，载《解放日报》2017年10月24日。

④ 美联社迪拜电，2017年10月29日。

⑤ 路透社迪拜电，2017年12月5日

特博弈的信心。8月24日，卡塔尔外交部表示将恢复与伊朗的外交关系，将大使重新派往德黑兰，并有“在所有领域加强与伊朗伊斯兰共和国的双边关系的强烈愿望”。[①] 2016年沙特与伊朗断交，卡塔尔曾迫于沙特压力与伊朗断交，因此卡塔尔宣布与伊朗复交本身就是对沙特的挑战。

其二，美国未认真进行调停。沙特与卡塔尔断交危机本身就与美国挑拨沙特对抗伊朗有重要关系，沙特自恃有美国支持进而对与伊朗关系密切的卡塔尔进行惩戒。但在沙特与卡塔尔断交后，美国深知沙特与卡塔尔双方都有求于美国，并通过向双方兜售军火谋取现实利益。鉴于此，美国表面上出面调解，实际上扮演“和事佬”，坐山观虎斗，以实现利益最大化。

其三，卡塔尔并未陷入孤立无缘的处境。自断交风波开始，卡塔尔就得到土耳其和伊朗两个地区大国的大力支持，并开辟空中走廊源源不断地运送物资，进而使沙特等国家封锁的效果大打折扣。另外，中东地区多数国家未选边站，这本身就是对卡塔尔的支持。卡塔尔作为美国盟友，它先用军事基地和120亿美元的军火大单拉住美国，随后双方既搞联合军演，又签署合作打击恐怖主义协议，以显示美国对卡塔尔的支持。为赢得欧洲的支持，卡塔尔还同意大利签署了价值50亿美元的军贸协议，购买英国24架“台风”战机。

三、新老热点问题起伏跌宕

（一）巴以冲突升级

2017年7月14日，3名以色列警察在阿克萨清真寺所在的耶路撒冷老城圣殿山外区域遭枪击，其中2人身亡。事发后，以色列封锁了阿克萨清真寺，禁止穆斯林前往礼拜。16日，以色列警方开始逐渐开放阿克萨清真寺，但在通往圣地的入口处加装金属探测门和摄像头，招致穆斯林的强烈不满，并引发冲突，且持续升级。21日，巴勒斯坦人在多处举行名为“愤怒星期五”的抗议活动，并与以色列军警爆发冲突，造成至少3名巴勒斯坦人死亡，另有约450人受伤。这是巴以持续一周冲突中伤亡人数最多的一天。[②] 对此，巴勒斯坦总统阿巴斯十分愤慨。当晚，他宣布巴方立即停止与以色列在各个级别的联系，直至以方停止对阿克萨清真寺采取的措施。

巴以冲突引起国际社会的广泛关注。7月21日，联合国秘书长古特雷斯谴

① 《卡塔尔伊朗复交搅动中东局势》，载《参考消息》2017年8月26日

② 《阿巴斯宣布巴立即停止与以联系》，载《北京日报》2017年7月23日。

责西岸发生的袭击事件；23日，阿拉伯国家联盟秘书长盖特指责以色列的保安措施是在“玩火”；土耳其总统埃尔多安也称，这是对穆斯林世界的冒犯；24日，安理会举行紧急会议，呼吁巴以双方保持克制，尽快使紧张局势平静下来；同日，美国总统特朗普派国际谈判特别代表贾森·格林布拉特穿梭巴以斡旋。在多方压力下，以方于7月25日做出让步，拆除了金属探测门和摄像头，使局势有所缓解，但根本问题并没有解决。

2017年12月6日，美国总统特朗普宣布承认耶路撒冷为以色列首都，使巴以关系再度紧张；7日，数以千计的巴勒斯坦人走上街头，举行抗议示威；9日，据以色列军方发布的消息，约有4500名巴勒斯坦人在加沙地带边境地区暴力示威。[①] 此外，哈马斯还向以色列境内发射了火箭弹。巴以双方在东耶路撒冷、希伯伦和伯利恒等城市也发生了冲突。12月10日，巴民族解放运动（法塔赫）号召巴勒斯坦人继续进行示威。阿巴斯总统表示拒绝会晤即将访问中东的美国副总统彭斯。12月9日，阿盟外长举行会议，坚决反对特朗普有关承认耶路撒冷为以色列首都的表态，并一致认为美国此举“无效”，是对国际法和联合国安理会相关决议的“危险侵犯”，强烈要求美方“撤回这一决定”；[②] 12月21日，联合国大会投票，以128票赞成，9票反对，宣布美国承认耶路撒冷为以色列首都的决定无效。美国常驻联合国代表黑莉说，这一天美国在联大受到了围攻。事态的发展表明，巴勒斯坦问题仍将拖延下去。巴勒斯坦问题至今难以解决，原因很多，其中主要有四：

其一，巴问题被严重边缘化。自2011年中东变局爆发以来，地区局势持续动荡，各国自顾不暇，忙于内政；国际社会也聚焦叙利亚内战、“伊斯兰国”、沙特与伊朗断交、卡塔尔断交危机等更为急迫的问题，进而导致国际社会关于巴以问题的讨论减少，更无实际行动。值得一提的是，阿拉伯世界处于四分五裂状态，对巴问题的关注也不断弱化。

其二，以色列强势霸道，为所欲为。以色列乐见巴勒斯坦问题被边缘化，不急于同巴方恢复和谈，更谈不上允许巴勒斯坦建国。此外，以色列认为特朗普上台后的中东政策对以色列有利。基于在遏制伊朗方面有共同利益，以色列还秘密联合沙特反对伊朗。

其三，巴勒斯坦内部矛盾时紧时松，影响一致对外。目前，巴内部法塔赫和哈马斯已达成和解协议，巴政府开始接管加沙。但在安全方面，双方能否达

---

① 德国新闻电视频道网站，2017年12月9日。

② 埃菲社开罗电，2017年12月9日。

成一致，分歧依然严重。

其四，美国特朗普政府对巴问题采取模糊政策，不再坚持“两国方案”。特朗普曾邀请以巴领导人先后访美，并在2017年5月中东之行中走访以色列和巴勒斯坦。他一方面公开表示支持巴以和平，但又宣布承认耶路撒冷为以色列首都，致使巴问题变得更为复杂。

（二）叙利亚问题政治解决有进展，但分歧依然严重

2017年，在联合国安理会积极推动下，围绕叙利亚问题的有关各方保持了和谈势头，相继召开了阿斯塔纳和日内瓦和会。叙利亚冲突各方（极端组织“伊斯兰国”和“征服阵线”除外）基本维持了停火状态。叙利亚政权在2017年得到进一步巩固，政府军力量增强，赢得了阿勒颇战役，打击“伊斯兰国”等极端组织取得了决定性胜利，已收复大部分国土。在库尔德武装为主的“叙利亚民主军”攻占拉卡的同时，叙政府军于11月19日收复阿布卡迈勒市。至此，“伊斯兰国”作为政治实体已经消亡。

俄罗斯主导的政治解决叙利亚问题的阿斯塔纳机制也在2017年取得了一定的进展。9月15日，作为叙利亚停火机制担保国的俄罗斯、土耳其和伊朗在阿斯塔纳举行第六次会议，最终确定在叙霍姆斯市以北、大马士革市郊的东古塔区、叙利亚—约旦边境的德拉省、伊德利卜省建立四个冲突降级区，同时三国军队将监督伊德利卜省的停火机制，其他地区由俄军警负责。俄总统叙问题特使、俄方代表团团长亚历山大·拉夫连季耶夫认为，冲突降级区的最终建立为叙全面停火、恢复和平稳定开辟了道路。[①] 11月22日，俄、土、伊（朗）三国总统在俄南部城市索契举行会谈，三方就叙利亚问题的最新进展、出路等一系列问题交换意见，并签署联合声明，强调盘踞在叙利亚的极端组织“伊斯兰国”、“征服阵线”等已经基本被消灭，未来俄土伊三国将继续致力于完全铲除叙境内极端组织。声明同时指出，实现叙利亚问题政治解决需要在包容、自由、平等、透明、叙人主导的政治进程以及举行自由、公正选举的条件下进行，俄土伊三国将对此予以协助。[②] 12月6日，普京宣布，叙全境已从“伊斯兰国”手中解放；12月11日，普京突访叙利亚，并宣布“将部分撤出驻该国的俄罗斯部队”。[③]

随着战场形势的变化，美俄加紧争夺在叙利亚问题上的主导权。俄战略明

① 俄新社莫斯科电，2017年9月15日。

② 《俄土伊签署叙利亚问题联合声明》，《北京日报》，2017年11月24日。

③ 美联社莫斯科电，2017年12月11日。

确，当仁不让，牢牢掌握叙利亚危机的主导权，坚持军事先行，高举反恐大旗，力推政治解决进程。2017年11月，叙总统巴沙尔访俄，同普京会谈，商讨下一步叙政治解决问题。尔后，普京迅即分别同美国、沙特、埃及、以色列领导人通电话，通报有关情况，以显示俄的重要作用。面对俄罗斯在叙利亚问题上的主导权不断加强，美通过对叙政府军动武、增兵叙北部地区、建立多处军事基地、大力支援库尔德武装等方式增加同俄讨价还价的筹码。

美俄在叙利亚问题上呈现出既争夺又合作的态势，但争夺具有长期性，而合作具有暂时性的特点。据报道，2017年7月7日，在德国汉堡举行G20峰会期间，普京同特朗普进行了长时间的会晤，其中的重点之一即叙利亚问题。当日，美俄双方达成在叙西南部地区的停火协议，双方同时同意共同反恐，继续维持叙停火，推进和平进程。特朗普还表示，美方不再坚持立即推翻巴沙尔政权；俄愿同美继续保持沟通。据7月19日《华盛顿邮报》的报道，特朗普已决定停止一项美中央情报局在叙实施了4年的秘密项目，该项目的核心是向叙"温和反对派"提供武器和训练，旨在协助其推翻叙政府。同月27日，美国防部发言人瑞安·狄龙在记者会上称，美国将不继续支持叙反对派武装"卡尔特延烈士"武装组织。11月11日，在越南岘港举行的亚太经合组织领导人会议上，普京和特朗普进行了简短的交流，批准了两国关于叙利亚问题的联合声明，表达了打败叙境内"伊斯兰国"组织的决心，并重申要根据联合国安理会2254号决议的精神，维护"叙利亚的主权、独立、统一、领土完整和世俗体制"。两国总统一致认为，叙冲突没有军事解决方案，应当遵照安理会决议，在日内瓦进程框架内寻求政治解决方案。[①]

除美俄外，伊朗、土耳其、沙特、卡塔尔等地区国家也插手叙利亚内政。伊朗坚定不移地力挺叙利亚巴沙尔政府，正努力将伊拉克、叙利亚、黎巴嫩、伊朗四国交通联结起来，即西方所谓的"什叶派走廊"。原来支持叙反对派武装而形成的土耳其、沙特、卡塔尔联盟因各种原因而破裂，土耳其还加入了俄罗斯主导的阿斯塔纳机制，但土耳其仍支持反对派武装"叙利亚自由军"，不断扩充地盘，并在2018年1月对叙利亚阿夫林地区的库尔德武装发动代号为"橄榄枝"行动的军事打击，其主要目标是遏制库尔德人力量的壮大，同时通过在土叙边境建立所谓"安全区"隔断土叙两国库尔德人的联系。沙特继续支持包括极端组织"征服阵线"在内的叙反对派武装，但其推翻巴沙尔政权的立场也有所松动。

---

① 《普京特朗普简短交谈签声明》，载《参考消息》2017年11月12日。

当前，叙利亚各方最大的分歧在巴沙尔去留问题上，美俄对叙问题的解决仍未达成一致。因此，叙利亚政治解决的进程仍将漫长而曲折。

（三）利比亚继续乱而无序

在2017年，利比亚局势持续混乱，武装冲突不断，已陷入东部和西部两大政治势力对峙，国家统一与政治和解停滞的僵局。[①] 位于西部、由总理萨拉杰领导的民族团结政府，地位虚弱，难有作为。2017年3月，利比亚国民代表大会已宣布该政府为非法。而控制东部的利退役将领哈夫塔尔武装，势力较大，能够维持一方治安，具有一定群众基础。2017年底，萨拉杰公开表示，利比亚将在2018年春举行新的议会选举，得到了法、英、美等国的相继支持。不过，当地舆论普遍认为，即使议会再次选举，也改变不了利比亚混乱无序的现状。7月25日，在法国总统马克龙的撮合下，萨拉杰同哈夫塔尔在巴黎举行会晤，双方同意共同努力，使国家摆脱混乱，呼吁实现停火和尽快举行大选。但从目前利比亚东西割据、部落纷争、恐怖主义猖獗的现状看，尚很难看到利比亚在短期内实现和解和稳定的希望。

（四）也门战乱不已

始于2015年的也门内战在2017年仍在持续，哈迪政府和胡塞武装各据一方，严重对峙，战场上形成胶着状态，也门还面临平民死伤严重、疾病流行等人道主义危机；帮助哈迪政府打击胡塞武装的沙特联军也陷入打不赢、输不起的困境，进退失据，处境尴尬；胡塞武装虽割据一方，并多次向沙特境内发射导弹，但也无力一统天下；“基地”组织也门分支借机在东南部地区不断扩张，进一步加剧也门的碎片化趋势。更为严重的是，与胡塞武装合流的原总统萨利赫倒向沙特一方，导致胡塞武装与也门前总统萨利赫部队发生内讧，双方兵戎相见，互有伤亡。2017年12月4日，萨利赫被胡塞武装击毙，致使也门局势变得更为复杂。

（五）“伊斯兰国”被剿灭，但威胁仍不可小觑

在2017年，在伊拉克和叙利亚两个战场上，“伊斯兰国”节节败退，溃不成军，元气大伤，成建制的主力基本被歼灭，其控制的地盘也丧失殆尽。7月8日，伊拉克政府军收复“伊斯兰国”大本营摩苏尔，消灭了其建立的“哈里

---

① 新华社突尼斯电，2017年9月16日。

发国”。该极端组织在叙利亚的“首都”拉卡，也于10月17日被库尔德武装“叙利亚民主军”攻克。至2017年底，“伊斯兰国”的实体基本被歼灭，但其残余势力外溢和分支组织进行恐怖袭击仍对地区和全球安全构成严重威胁，尤其是“伊斯兰国”在利比亚、也门、埃及、阿富汗等周边国家的分支，不断进行疯狂报复，甚至流窜到欧美、东南亚等地制造恐袭，扰乱社会治安。从根本上说，地区动乱、教派矛盾、族群冲突、民生困难、社会分配不公、贪污腐败等滋生极端主义和恐怖主义的根源依然存在，彻底铲极端组织决非轻而易举，尚需国际社会团结一致，共同努力。

（六）伊拉克库尔德人独立公投加剧地区紧张局势

2017年9月15日，伊拉克库尔德斯坦自治区议会通过了库区主席马苏德·巴尔扎尼于6月7日提出举行独立公投的建议。在参与投票的68名议员中有65人投了赞成票，此事立即引起轩然大波，并遭到同样存在库尔德问题的周边国家的强烈反对。土耳其总理耶尔德勒姆表示，“公投”涉及土耳其的国家安全，土可能采取一切必要措施进行回应；伊朗国家最高安全委员会秘书阿里·沙姆哈尼表示，一旦库尔德斯坦从伊拉克中央政府分离出去，伊朗将对其所有边境口岸进行封锁。联合国安理会发表声明，敦促库尔德人取消公投，强调公投可能会妨碍难民重返家园的努力，并削弱打击“伊斯兰国”组织的军事行动。此外，美、英等西方国家也呼吁库尔德斯坦自治区放弃公投。伊拉克中央政府更是直接宣布公投违反宪法，伊拉克总理阿巴迪以及最高法院都正式要求库尔德斯坦自治区中止独立公投。

尽管如此，伊拉克库尔德自治区的公投仍按时于9月25进行，27日公布的公投最终结果显示，有超过330万人（占合法选民的72%）参加了投票，近93%的人支持独立，7.3%的人反对。[①] 当日，阿巴迪总理要求库尔德斯坦自治区政府取消公投结果。他表示：“我们不会就独立公投的结果进行对话。如果他们希望启动对话，就必须取消独立公投及其结果”。[②] 伊拉克议会要求阿巴迪总理派兵控制库尔德人占领的基尔库克油田。伊政府则通知外国关闭驻库尔德斯坦自治区首府埃尔比勒的外事机构，并要求有关国际航空公司停飞库尔德斯坦自治区的两个国际机场。

此外，土耳其分别同两伊在靠近库尔德斯坦自治区的边境地区举行联合军

① 路透社伊拉克埃尔比勒、巴格达电，2017年9月27日。

② 《伊总理要求取消库尔德公投结果》，载《参考消息》2017年9月28日。

演，以向库尔德斯坦自治区施压。10月4日，埃尔多安总统访问伊朗，同鲁哈尼总统举行会谈，双方决定采取联合行动，共同反对库尔德斯坦自治区独立公投。他公开表示，土耳其正考虑同伊拉克、伊朗一道，切断库尔德斯坦自治区同外界的一切联系。10月16日，伊拉克政府军武装夺取基尔库克，库尔德武装几乎未进行任何抵抗便迅速撤离；① 27日，伊政府与库尔德斯坦自治区同意临时停火，同日美国国务卿蒂勒森打电话给阿巴迪总理，敦促双方展开对话。②

由于库尔德独立公投遭到伊拉克政府的强力打压和周边国家乃至国际社会的一致反对，库尔德斯坦自治区领导人马苏德因独立无望于2017年11月1日卸任，伊拉克库尔德独立公投宣告失败。目前看来，伊拉克库尔德公投虽遭压制，但却带动了库尔德问题整体升温，成为地区潜在的动荡源。

（七）美伊关系紧张，伊核协议面临严峻挑战

特朗普执政后，对伊朗立场明显强硬。2017年5月，特朗普中东之行，访问沙特和以色列时，公开指责伊朗“支持恐怖主义”，号召中东国家“孤立伊朗”。在伊拉克和叙利亚，美国人极力削弱伊朗的影响，以色列也配合美国对在叙的黎巴嫩真主党武装实施空中军事打击。7月下旬，美国参众两院通过制裁俄罗斯、伊朗、朝鲜的法案，该法案主要对掌握伊朗主要经济命脉的伊朗伊斯兰革命卫队实施全面制裁。伊朗副外长阿巴斯·阿拉格希在接受国家电视台采访表示：“我们认为，美国的行为已经违反了核协议。我们将对此做出适当且与之相称的反应。”8月5日，伊朗总统鲁哈尼在第二任期就职仪式上警告特朗普说：“那些希望撕毁核协议的人应该知道，他们将要撕毁的是自己的政治生命。”8月20日，鲁哈尼再次表示，新政府外交政策首要任务是保护核协议不被撕毁，核协议仍是解决问题的优先方向，有助于伊朗恢复处于困难的经济，创造就业机会。③

2017年9月20日，特朗普在联大演讲中宣称美国将退出伊朗核协议，指责伊朗核协议是美国历史上签署的最糟糕、最片面的协议之一。鲁哈尼反击称，该协议属于国际社会，而不属于一两个国家；如果特朗普要废除核协议，伊朗将拒绝重新谈判，并将坚决“做出回应”。④ 10月13日，特朗普发表讲

① 《伊政府军“闪电”夺取基尔库克》，载《参考消息》2017年10月17日

② 路透社巴格达电，2017年10月27日。

③ 《鲁哈尼称维护核协议是伊外交首务》，载《参考消息》，2017年8月21日。

④ 《伊朗核协议走到悬崖边》，载《参考消息》2017年9月22日。

话，不仅拒绝认定伊方履行伊核协议承诺，而且还宣布将制裁伊朗伊斯兰革命卫队。[①] 当日，鲁哈尼总统表示，伊核问题全面协议是一份国际协议，美国无权单方面将其取消。[②] 法英德三国领导人也发表联合声明，对特朗普的决定表示担忧，同时声明坚定支持伊核议以及各方完全落实这一协议。[③]

① 《特朗普拒绝认定伊方履行伊核协议》，载《北京日报》2017年10月15日。
② 新华社德黑兰电，2017年10月13日。
③ 《特朗普拒绝认定伊方履行伊核协议》，载《北京日报》2017年10月15日。

卡塔尔断交危机及其对地区形势的影响

高有祯[①]

摘要：2017年海湾地区形势发生了重大变化，其重大事件之一就是沙特、阿联酋、巴林、埃及等国与卡塔尔的断交危机。美国煽风点火、卡塔尔与沙特历史积怨深重，以及双方围绕地区主导权、如何对待穆斯林兄弟会等现实矛盾不断激化，构成了卡塔尔断交危机的主要原因。卡塔尔断交危机对中东地区格局产生了重要影响，突出表现为海合会内部分歧加剧、地区力量分化组合加快、卡塔尔与政治伊斯兰组织关系遭受重创、美国等大国坐收渔利等方面。目前，危机双方仍处于对峙状态，缓和危机尚需时日。

关键词：卡塔尔；断交危机；地区格局

2017年海湾地区形势发生了重大变化，其重大事件之一就是沙特、阿联酋、巴林、埃及等国与卡塔尔的断交危机，成为新华社评出的2017年国际十大新闻之一。卡塔尔断交危机不断持续发酵，对中东地区形势发展产生重要影响。本文拟就卡塔尔断交危机的产生和演变、动因、影响及未来的发展可能性进行分析。

一、卡塔尔断交危机的产生和演变

2017年6月5日，沙特、阿联酋、巴林、埃及等国同日宣布与卡塔尔断绝外交关系，并对其实施陆海空全面制裁。6月22日，沙特等国提出与卡塔尔恢

① 高有祯，中国前驻卡塔尔大使。

复外交关系的13项条件。主要内容为：卡塔尔停止归化并遣返遭其归化的海湾四国公民；停止资助包括穆斯林兄弟会、“基地”组织和“伊斯兰国”在内的恐怖组织，提交以前的资助清单，并将在其境内避难的被通缉分子遣返给沙特、阿联酋、巴林、埃及四国；与伊朗断交，全面接受美国对伊朗制裁，在制裁框架内与伊朗进行经济交往；彻底关闭半岛电视台，关闭土耳其在卡塔尔的军事基地，结束与北约国家的军事合作等。此外，卡塔尔必须逐月逐年接受有关落实情况的监督检查。

7月18日，沙特等四国外交官在联合国对媒体表示，他们愿意友善地解决目前的危机，已经将13项要求修改为6条,即打击恐怖主义、极端主义；拒绝向恐怖主义组织提供资金和安全庇护；停止煽动仇恨和暴力；不干涉别国内政；遵守海湾国家合作委员会协议框架；执行阿拉伯伊斯兰—美国峰会成果等。此次提出的复交条件有所减少，未提关闭半岛电视台、驱逐伊斯兰激进人士，尽管仍敦促卡塔尔接受条件，但未设定最后期限。阿联酋外交国务部长哈希米表示，与卡塔尔断交的四国“不愿双方对立升级”，强调解决分歧的主动权在卡塔尔的手中，希望卡塔尔改变态度。国际分析人士认为，这对缓解“断交”危机是一个积极的迹象，关键是卡塔尔是否接受。卡塔尔方面表示，沙特等四国调整要求只是迫于国际压力采取的姿态，并非复交的真诚信号。

9月8日，卡塔尔埃米尔塔米姆与沙特阿拉伯王储穆罕默德·萨勒曼通电话，预示断交危机可能出现转机。但是两国对通话的新闻报道表述不一，分歧严重，焦点是何方主动要求通话，是否由美国出面安排。为此，沙特于次日突然翻脸，指控卡塔尔歪曲事实，对话无诚意，进而宣布停止与卡塔尔进行任何对话。双方对话夭折表面看是一个新闻报道的技术问题，实际上是双方仍在坚持各自立场，尚未下定对话和解的决心。

2017年12月5日，第38届海合会峰会在科威特首都科威特城召开。这是卡塔尔断交危机爆发以来海合会六个成员国政要首次聚首。但是，只有三个国家的领导人参加了此次峰会，即科威特埃米尔萨巴赫、卡塔尔埃米尔塔米姆、阿曼苏丹国副首相法赫德，而巴林、沙特、阿联酋三国国家元首未与会，二号人物亦未出场，仅派出部长级代表参会，刻意降低出席规格。会议声明照例涉及一些地区热点问题，而对备受国际社会关注的断交危机却只字未提。由此可见，科威特、卡塔尔、阿曼希望通过峰会缓解断交危机，而沙特、阿联酋和巴林三个与卡塔尔断交的国家对复交所持的立场并未松动。

2017年年底至2018年年初，卡塔尔和沙特、阿联酋和巴林等断交国家之间又发生航空摩擦。卡塔尔方面指控阿联酋军用飞机闯入卡塔尔领空，阿联酋方面则指责卡塔尔战机在巴林领空“拦截”阿联酋客机。卡塔尔和阿联酋双方还就航空摩擦事件向联合国秘书长、联大主席、国际民航组织提出了申诉。

二、卡塔尔断交危机的原因分析

（一）美国煽风点火

2017年5月，美国总统特朗普上任后首次出访便选择了沙特，对美沙特殊关系进行“再确认”和“再保证”。两国元首进行了高规格对话，并签署了“共同战略愿景协议”，以及总价值超过3800亿美元的军购合同。访问沙特期间，特朗普还集体会见了伊斯兰国家领导人，加强了沙特作为伊斯兰世界“领头羊”的地位。特朗普作为美国新任总统打破首访惯例,将沙特作为出访第一站，彰显美国对沙特的政治与军事支持以及对伊朗的强硬立场，预示美着手调整其中东政策。有美国撑腰，沙特底气十足，自然敢于出手，以断交制裁手段震慑卡塔尔。

断交危机发生次日，特朗普表示，沙特孤立卡塔尔与他中东之行关系密切，通过“邀功”之举对断交危机火上浇油。然而，美国国防部和国务院高级官员及美驻卡塔尔大使则表达不同意见，赞赏卡塔尔作为盟友在打击“伊斯兰国”方面所作积极贡献，同时表示愿出面调解此次争端。此后美总统也有类似表示。美国政出多门，红脸白脸同台表演，反映了美国“两面发力”，对断交危机的持续发酵进行推波助澜。

（二）卡塔尔与沙特历史积怨深重

在海湾国家独立前，沙特原本希望一统阿拉伯半岛，但卡塔尔埃米尔当年拒不通融，并于1971年宣布独立，并对阿联酋各酋长国宣布独立产生了示范效应。卡塔尔建国前就与沙特存在边界纠纷，双方于1965年签署划界协议，但只是一份束之高阁的文件，双方并未实际划定边界。1974年，沙特与阿联酋在沙特利雅得签署边界协议，双方进行了领土置换。沙特放弃布来米绿洲一些领土，换取阿联酋与卡塔尔接壤的乌代德陆地走廊，致使卡塔尔失去与阿联酋的陆上边界，沙特成为唯一与卡塔尔陆地接壤的国家。对此，卡塔尔自知国小式微，敢怒不敢言。此后，边界纠纷长期困扰两国关系。1992年9月30日，卡塔尔与沙特发生边界武装冲突。卡塔尔宣布中止1965年两国边界协议，两国关系一度恶化。经埃及斡旋，卡塔尔遂于12月24日宣布继续承认1965年两国边界协定。1999年，卡塔尔与沙特最终确定两国边界。

1995年，卡塔尔王子哈马德发动宫廷政变，从其父手中夺取国家大权，这对海湾君主制国家政权造成巨大冲击。翌年，沙特支持前埃米尔实施复辟未遂，卡塔尔与沙特关系降至冰点。2002年，卡塔尔半岛电视台播放反映沙特政治反对派的纪录片，导致沙特撤回其驻卡塔尔大使达6年之久。2008年后，两国关系一度改善，特别是在“阿拉伯之春”初期，卡塔尔与沙特外交协调密切，共同主导阿拉伯国家政治转型的发展方向。但是，双方在选择所支持的政治反对派方面也存在诸多分歧，尤其是双方对待埃及穆斯林兄弟会的态度截然相反，导致双方龃龉不断。

（三）现实矛盾不断激化

首先，双方的安全观大相径庭。沙特等国与卡塔尔在安全观上看法各异，对各自国家面临的主要威胁存在不同认知，甚至视对方为实现本国安全的威胁和潜在挑战。为应对1979年伊朗伊斯兰革命，沙特为首的海湾国家建立海湾合作委员会，抱团取暖，联合自强，维护自身政权安全。海合会一度在地区安全一体化中表现出强大的凝聚力。中东变局发生以来，沙特、阿联酋和巴林认为其国家安全威胁主要来自两个方面。一是外敌伊朗长期“输出伊斯兰革命”，通过政治、军事干预扩大什叶派势力范围，对海湾国家安全构成直接威胁。二是穆斯林兄弟会代表的政治伊斯兰势力的崛起。这股力量曾在阿尔及利亚、埃及、巴勒斯坦等国夺取或几近夺取政权，并将推翻海湾君主制政权作为政治目标。沙特等国与伊斯兰政治势力水火不容，势不两立。但是，卡塔尔为维护外交独立和经济利益，不仅长期与伊朗交好，还同情并支持中东地区政治伊斯兰势力的发展。卡塔尔因此成为沙特等国的眼中钉，双方矛盾不断激化，2014年沙特等国曾因卡塔尔支持埃及穆斯林兄弟会撤回本国驻卡大使。

其次，卡塔尔挑战沙特的地区主导权。卡塔尔追求“小国大外交”的政治抱负与谋求地区主导地位的行动与沙特形成有力竞争，使卡塔尔逐渐成为沙特眼中不服管教的“小弟”。沙特本是海湾地区盟主，随着阿拉伯剧变后埃及、伊拉克、叙利亚等传统大国影响力急剧下降，沙特更是乘势而上谋求地区领导地位，其外交异常活跃，从出兵巴林，到支持和资助叙利亚反政府组织，从协助埃及军方发动政变、推翻民选的穆尔西政权，到出面协调解决也门问题并最终发展为军事干预，沙特成为伊斯兰逊尼派盟主的势头十分强劲。但是，1995年以来的卡塔尔锐意改革，全面发展，小国“大外交”风生水起，在地区和国际事务中更是左右逢源，大抢风头。沙特是地区大国，对小兄弟卡塔尔争权夺利的做法耿耿于怀，双方在地区和国际事务中的摩擦、冲突不断升级。

最后，双方对埃及穆斯林兄弟会的政策严重对立。卡塔尔与穆斯林兄弟会长期过从甚密。沙特对卡塔尔扶持穆斯林兄弟会、左右埃及政局发展十分不满，并支持埃及军方领导人塞西于2013年废黜穆尔西的总统职位，从穆斯林兄弟会手中夺取政权。对此，沙特、阿联酋和巴林全力支持，并与埃及一道将穆斯林兄弟会列入恐怖组织名单。卡塔尔历来与穆斯林兄弟会关系密切，因而强烈反对塞西发动“军事政变”推翻穆尔西政权，导致卡塔尔与沙特等国在对埃政策方面的矛盾公开化，并日趋尖锐。

三、卡塔尔断交危机的影响

卡塔尔断交危机触发中东形势一系列新变化。海合会的前途，沙特、阿联酋、埃及对地区事务的作用，沙特与以色列关系变化，卡塔尔、伊朗、土耳其关系的变化，卡塔尔与穆斯林兄弟会关系受挫，美国等大国中东政策调整等诸多方面，均不同程度受到卡塔尔断交危机的影响。

（一）海合会内部分歧加剧

海湾合作委员会因防范伊朗伊斯兰革命而建立，旨在抱团取暖，但其成员国利益各异，内部矛盾分歧始终不断。沙特财大气粗，自视为海湾合作委员会的盟主，但除巴林外，其他国家对沙特多有程度不等的不满。阿曼长期特立独行，甚至因沙特提出组建“海湾联盟”而扬言退出海合会；阿联酋曾为争夺海湾银行常设地与沙特发生争吵；科威特态度温和，多扮演“和事佬”角色。卡塔尔自1995年以来推行“小国大外交”，不仅挑战沙特地区领导地位，而且在对待伊朗和政治伊斯兰力量等问题上与沙特分庭抗礼，这既是卡塔尔断交危机的原因，同时也进一步加剧了海合会的分裂。这充分暴露了海合会成员国共同利益下降，相互矛盾呈上升之势的本质。面对此次断交危机，海合会秘书长“默不做声”，足见海合会内部协调机制的虚弱。卡塔尔断交危机表明，作为地区最富活力的地区合作组织，海合会难以再一致对外，对地区问题的影响力减弱，其前景不容乐观。

（二）地区力量分化组合加剧

首先，沙特、阿联酋、埃及在地区事务中的合作上升。此次，在卡塔尔断交危机中，沙特、阿联酋、埃及采取了与卡塔尔断交的统一行动。它们一致认为，卡塔尔试图发挥与其国家不相称的地区与国际作用，支持穆斯林兄弟会等

“恐怖组织”，干预地区国家事务，且与伊朗过从甚密，危及地区国家安全和稳定，因此对其采取断交与制裁措施。沙特、阿联酋、埃及通过断交危机走到一起，三国的统一阵线如能保持下去，将会在阿拉伯世界发挥重要作用。但三方围绕卡塔尔断交危机结成的统一阵线是否有足够的凝聚力和持久性，还有待进一步观察。

其次，卡塔尔、土耳其、伊朗走近。阿拉伯兄弟相残，外族的伊朗和土耳其对卡塔尔出手相助，成为卡塔尔断交危机中的独特现象。沙特等国通过断交制裁等手段对卡塔尔痛下狠手。在此危难之际，伊朗、土耳其雪中送炭。卡塔尔也投桃报李，并与伊朗恢复外交关系，接纳土耳其军队入驻卡塔尔军事基地。伊朗作为什叶派领袖国家，与沙特为首的逊尼派国家长期不和，并因核开发遭受美国和西方制裁，处境孤立，但却积极参与地区事务，担当地区大国角色。土耳其申请加入欧盟未果后回归中东，高调介入地区事务，寄望成为地区领袖。土耳其与伊朗虽然也有不睦，但在支持卡塔尔叫板沙特方面却不谋而合，其重要原因在于土耳其在支持穆斯林兄弟会方面与卡塔尔立场一致，而伊朗则出于对抗沙特支持卡塔尔。在此次断交事件中，卡塔尔遭遇沙特、阿联酋、埃及等阿拉伯国家制裁，伊、土雪中送炭，使沙特等国对卡塔尔的封锁和制裁大打折扣。因此，土耳其、伊朗、卡塔尔三国在地区格局中形成了一种新的力量组合，但三方恐怕也很难形成具有广泛利益基础的联盟。

最后，沙特与以色列日益走近。沙特与以色列两国尽管在巴勒斯坦问题上长期对立，但在遏制伊朗方面拥有共同利益。据媒体报道，沙特近期与以色列秘密接触增多，不同级别、不同领域负责人实现了互访。在卡塔尔断交危机发生后，以色列关闭半岛电视台驻以色列的办事处，某种程度上就是对沙特等国制裁卡塔尔的配合。甚至有消息称，以总理内塔尼亚胡有可能访问沙特。此外，沙特与以色列在叙利亚问题上也有共同利益，对抗伊朗、颠覆巴沙尔政权是双方的共同目标。如果沙以关系继续走近，将严重破坏阿拉伯国家在对抗以色列方面的团结，为巴以争端的未来走向增加新的变数，同时也将导致中东地区格局的复杂化。

（三）卡塔尔与政治伊斯兰组织关系遭受重创

长期以来，卡塔尔与穆斯林兄弟会保持着密切关系。自20世纪50年代以来，穆斯林兄弟会多次从埃及、叙利亚、沙特、巴勒斯坦进入卡塔尔。卡塔尔不仅长期收留穆斯林兄弟会的成员，而且接受穆斯林兄弟会的意识形态，将其视为可供利用的伊斯兰政治力量。卡塔尔与巴勒斯坦伊斯兰主义组织哈马斯的关系也十分密切。卡塔尔前任埃米尔哈马德曾于2012年10月访问巴勒斯坦加沙地带，系 2007年哈马斯控制加沙后首位到访的外国元首。访问期间，哈马德出席多个加沙重建项目奠基仪式，承诺提供4亿美元援助。埃及穆斯林兄弟会于2012年上台执政，卡塔尔决定向埃及穆尔西政府提供50亿美元援助。2013年7月，埃及军方废黜穆尔西政权，宣布穆斯林兄弟会为“恐怖组织”并严厉镇压。卡塔尔与埃及关系因此急转直下。2017年10月，巴勒斯坦总统阿巴斯领导的巴民族解放运动（法塔赫）与巴伊斯兰抵抗运动（哈马斯）在埃及开罗签署协议，结束长达10年的分裂局面，在某种程度上是哈马斯与卡塔尔渐行渐远的具体表现。即使卡塔尔与沙特等国家复交，卡塔尔对穆斯林兄弟会等政治伊斯兰势力的支持也必将因忌惮沙特而大幅下降，而停止对穆斯林兄弟会等政治伊斯兰势力的支持也恰恰是沙特和埃及等国与卡塔尔复交的核心条件。

（四）美国等大国坐收渔利

断交危机双方均对美欧大国和俄罗斯展开积极外交攻势，寻求大国同情与支持，以打造对己有利的外部环境。在政治上，美欧俄等大国表示，愿推动危机双方通过对话解决问题，并借机扩大在中东地区的影响力。在经济上，美俄乘机大发军火横财。2017年5月，美国总统特朗普访问沙特，点燃卡塔尔被断交之火，美国因此获得沙特巨额军火订单。2018年3月，沙特王储萨勒曼首访美国，沙美两国再签军售订单。此后，美国国务院又批准向沙特提供价值150亿美元的“萨德”反导系统。美国还从卡塔尔方面大捞好处，卡塔尔与美国军事合作继续发展，并签订采购美国120亿美元军火订单。在2017年，沙特国王还实现了对俄罗斯的首访，这也是双方建交27年后沙特国王首访俄罗斯，并与俄达成包括军售和能源合作在内的多项协议。

综上所述，卡塔尔断交危机是海合会内部矛盾在内外双重因素作用下的总爆发，并引发中东政治格局急剧变化，使中东地区国际关系分化组合增加了许多新变数。目前，危机双方仍处于对峙状态，缓和危机尚需时日。

专题报告三

中东地区形势与中国中东外交

当前中东地区格局的冷战化趋势及其影响

刘中民[1]

摘要： 当前中东地区格局的冷战化主要表现为以沙特和伊朗两大地区强国为核心形成的阵营化对抗，其具体表现主要包括中东国家的阵营化、中东地区矛盾的教派化、地区热点问题的代理人化。中东地区格局冷战化对中东国家转型和中东地区秩序均产生了十分消极的影响。第一，加剧中东地区的碎片化，使中东国家和地区的分裂更趋严重。第二，严重破坏和侵蚀中东国家之间的安全信任基础，使地区秩序重建更加困难。第三，以教派主义为核心内容的意识形态对抗加剧，使教派主义成为冷战思维在中东的独特表现。第四，为美国、俄罗斯等域外大国的干预和渗透创造了条件，尤其是沙特和伊朗的对抗更为美俄的“对抗性渗透”创造了条件。

关键词： 中东；地区格局；冷战化；消极影响

在当代国际关系中，冷战是指1947年至1991年之间，美国领导的资本主义阵营与苏联领导的社会主义阵营之间在政治、经济、军事和意识形态领域的全面斗争。其主要表现包括：国际关系的阵营化，即以美苏为核心的两大阵营形成；尖锐的意识形态对抗，即资本主义和社会主义的制度之争；在第三方的直接军事对抗或代理人战争，如在第三世界进行的多场代理人战争。

尽管冷战国际体制已经瓦解多年，但冷战的历史遗产以及冷战思维依然存在，并在某些地区仍然十分突出，如东亚和中东地区。在中东地区，在地缘政治、民族矛盾、宗教纷争、大国干预等多重因素的交互影响下，地区格局冷战

[1] 刘中民，上海外国语大学中东研究所教授。

化主要表现为以沙特和伊朗两大地区强国为核心形成的阵营化的对抗，其主要内容包括民族矛盾、教派矛盾、争夺地缘政治主导权的矛盾，以及双方在诸多地区热点问题上的代理人战争或竞争，但争夺地缘政治主导权的矛盾是双方矛盾的核心。双方的对抗态势呈现龃龉不断但又不会直接走向战争的“新常态”，中东国家日渐分化成沙特阵营、伊朗阵营和游走于两大阵营之间的国家。沙特和伊朗带有冷战色彩的全面对抗对中东地区格局和地区秩序产生了严重的消极影响。

一、中东地区格局冷战化的形成和发展

中东地区格局冷战化的形成和发展大致经历了三个阶段。

第一阶段为1979年伊朗伊斯兰革命至冷战结束，中东地区的主要矛盾是伊朗输出革命与沙特等海湾阿拉伯国家抵制革命的矛盾、波斯民族和阿拉伯民族的矛盾，海湾合作委员会的成立和两伊战争都与此密切相关。

1979年伊朗伊斯兰革命后，霍梅尼外交思想的核心是通过输出革命建立伊斯兰世界秩序。在霍梅尼担任伊朗最高宗教领袖的十年间，输出革命构成了伊朗外交的根本特征。海湾阿拉伯国家的君主制，严重依附美国的外交政策遭到霍梅尼的强烈批判，并成为伊朗输出革命的重要对象。伊朗采取的主要方式包括：构建“输出革命”的组织网络，如成立“阿拉伯半岛伊斯兰革命协会”，专门负责向沙特等海湾阿拉伯国家输出革命；[①] 成立“伊斯兰宣传组织”，鼓动海湾各国激进组织展开反政府活动；[②] 支持沙特阿拉伯、巴林、科威特等国家的什叶派效仿伊朗进行革命。[③] 也正是为了抵制伊朗输出革命，维护国家安全和政权安全，沙特领导海湾阿拉伯君主制国家于1981年成立了海湾合作委员会。此外，伊朗和伊拉克双方基于输出和抵制伊斯兰革命的矛盾与教派矛盾交织在一起，也构成了诱发两伊战争的重要因素之一，伊朗甚至设想通过伊朗和伊拉克的合并建立“什叶派联邦”，[④] 这也促使沙特等海湾阿拉伯国家在两

---

① 详见王新中、冀开运：《中东国家通史——伊朗卷》，北京：商务印书馆2002年版，380—381页；陈安全：《伊朗伊斯兰革命及其世界影响》，上海：复旦大学出版社2007年版，第334—335页。

② Farhang Rajaee, “Iranian Ideology and World View: The Cultural Export of Revolution,” in John L. Esposito, ed., *The Iranian Revolution: Its Global Impact*, Florida: the Borad of the State of Florida, 1990, p.74.

③ 王宇洁：《宗教与国家：当代伊斯兰教什叶派研究》，北京：社会科学文献出版社2012年版，第143页。

④ Shaul Bakhash, *Reign of Ayatollah: Iran and the Islamic Revolution*, New York: Basic Books, Inc. Publishers, 1984, p.232.

伊战争中极力支持伊拉克萨达姆政权抵抗伊朗输出革命。

第二阶段为2003年伊拉克战争至2010年“阿拉伯之春”之前，主要矛盾是伊拉克战后重建、伊朗核问题，沙特、约旦等阿拉伯逊尼派国家提出“什叶派新月地带”的概念，高度警惕阿富汗战争和伊拉克战争后塔利班政权、萨达姆政权被美国铲除后伊朗崛起的势头，伊朗拥核成为沙特最大的战略焦虑。

1991年海湾战争爆发和冷战结束，确立了美国在中东的绝对主导地位。随后克林顿政府采取了“西促和谈，东遏两伊”的中东战略，使伊朗和海湾阿拉伯国家的矛盾得到了抑制，这种相对平衡维持了十余年之久。但“9・11”事件后美国发动的阿富汗战争和伊拉克战争严重破坏了中东地区的力量平衡，导致伊朗与沙特的矛盾再度上升，并日益走向战略对抗。

刺激沙特和伊朗战略对抗的主要因素包括：首先，从地缘政治格局的角度看，阿富汗塔利班政权和伊拉克萨达姆政权的覆灭，使伊朗东西两线的地缘政治敌人消失，伊朗战略环境的改善和崛起势头引起了沙特的极度忧虑。其次，在伊拉克战后重建过程中，什叶派成为伊拉克政府的主导力量，并刺激海湾阿拉伯国家的什叶派进行政治抗争，沙特、约旦等国家基于对什叶派影响扩大的担心提出了“什叶派新月地带”的概念，强调从伊朗经伊拉克南部、叙利亚直到黎巴嫩南部正在形成一个“什叶派新月”，并与埃及、沙特和约旦构成的“逊尼派三角”相对抗。沙特著名宗教学者萨法尔・哈瓦里等也认为，一个由伊朗、叙利亚、伊拉克，以及沙特和海湾其他君主国的什叶派组成的什叶派阵营正在形成。① 最后，2003年伊朗核危机产生以来伊朗核技术开发的不断推进，2005—2013年内贾德主政期间伊朗的强硬外交，2008年奥巴马任美国总统以来对伊朗政策的缓和，都极大地刺激了沙特的不安全感和战略焦虑的加深。

第三阶段为2011年“阿拉伯之春”爆发以来，集中表现是沙特与伊朗双方围绕阿拉伯国家转型，以及地区热点问题如巴林问题、也门问题、叙利亚问题上的矛盾；而2015年3月萨勒曼就任沙特国王后的冒进外交，以及2015年10月伊核协议的签署从主观和客观两方面加剧了沙特对伊朗政策的对抗性。2016年沙特与伊朗断交事件和2017年沙特与卡塔尔断交事件导致双方的对抗公开化、阵营化、教派化，而2017年底以来的黎巴嫩总理哈里里辞职事件、也门胡塞武装与沙特互射导弹事件、沙特领导成立41个逊尼派国家反恐联盟都是中东地区格局冷战化进一步发展的表现。其具体表现主要有三：

第一，中东国家的阵营化。围绕沙特与伊朗断交、沙特与卡塔尔断交以及

① 吴冰冰：《中东伊斯兰教派矛盾的新变化》，载《西亚非洲》2012年第5期，第40页。

反恐等问题，有多个阿拉伯国家选择追随沙特与伊朗、卡塔尔断交，并参加沙特领导的反恐同盟，使中东国家日渐分化成以沙特和伊朗为核心的两大阵营，导致海合会和阿拉伯国家的分裂都进一步加剧。此外还有部分国家在两派矛盾的夹缝中态度暧昧、左右逢源（如阿曼、伊拉克），唯恐引火烧身。而另有一些地区大国游移于两大阵营中间并企图渔利，其突出表现是土耳其、埃及与沙特、伊朗的关系十分微妙，它们与沙特、伊朗双方都存在既合作又竞争的关系。例如，土耳其一方面参加了沙特领导的反恐联盟，但又在卡塔尔断交危机中支持卡塔尔；埃及虽然也参加打击胡塞武装、逊尼派反恐联盟等，但显然是经济上有求于沙特情况下的妥协，双方争夺阿拉伯世界领导权的矛盾仍然存在。[①]

第二，中东地区矛盾的教派化。以沙特为首的海湾国家试图通过“什叶派阴谋论”激活地区教派冲突，力图以教派逻辑定义地区关系和地区秩序，通过强化海湾地区逊尼派同盟，对伊朗和什叶派势力进行打压和孤立。伊朗与沙特主动挑起地区教派矛盾有所不同，它一直试图避免掉入沙特设置的教派话语陷阱，其重要原因在于担心因教派矛盾使伊朗在中东地区陷入孤立。但这并不妨碍伊朗将什叶派作为动员中东什叶派反对西方及其盟友的一种软实力工具。[②]伊朗对巴林危机、叙利亚危机和也门危机等地区热点问题的介入，其教派动员虽然有实有虚，但“以教派为基础的联盟是伊朗确保其影响力为数不多的手段之一”。[③]中东地区矛盾的教派化不仅导致沙特与伊朗对抗、阿拉伯国家国内矛盾、地区热点问题的教派化，而且为大国操控和干涉提供了切入点，更为“伊斯兰国”利用教派冲突争取逊尼派支持，扩大其社会基础提供了土壤。

第三，地区热点问题的代理人化。目前中东地区政治阵营化、冷战化趋势越来越突出。在沙特、伊朗两个阵营的对抗中，沙特、伊朗分别有美国和俄罗斯代理人的色彩，沙特、伊朗在中东内部又各有代理人，形成双重代理人格局。2011年以来，沙特与伊朗围绕巴林、叙利亚、也门、伊拉克、卡塔尔、黎巴嫩等国家展开持续不断的博弈，而也门、黎巴嫩、叙利亚乃至伊拉克的紧张局势都有因沙特与伊朗博弈进一步恶化和升级的危险。[④]

---

① 刘中民：《萨利赫倒下凸显中东冷战化趋势加剧》，载《解放日报》2017年12月6日。

② Mehdi Khalaji, “Yemen’s Zaidis: A Window for Iranian Influence,” The Washington Institute, February 2, 2015, http://www.washingtoninstitute.org/policy-analysis/view/yemens-zaidis-a-window-for-iranian-influence.

③ Daniel Byman, “Sectarianism Afflicts the New Middle East,” *Survival: Global Politics and Strategy*, Vol. 56, No.1, 2014, p.80.

④ 刘中民：《萨利赫倒下凸显中东冷战化趋势加剧》，载《解放日报》2017年12月6日。

二、中东地区格局冷战化的影响

中东地区格局冷战化对中东国家转型和中东地区秩序均产生了十分消极的影响。

第一，加剧中东地区的碎片化，使中东国家和地区的分裂更趋严重。

自2011年中东变局以来，巴林、也门、叙利亚、伊拉克等国家教派和族群矛盾不断加剧，导致其国家内部的碎片化不断加剧。由于沙特和伊朗从地缘政治和教派利益出发，各自支持这些国家内部的政治派别进行对抗，导致中东国家以教派、族群割据和对立为特点的碎片化趋势更趋严重，[①] 严重削弱这些国家的国家认同。

在地区层面乃至更广泛的伊斯兰世界的层面，2016年初沙特与伊朗断交危机、2017年6月以来的沙特与卡塔尔断交危机，其最重要的根源都在于沙特与伊朗之间的对抗，但却导致海合会、阿拉伯世界和伊斯兰世界严重分裂，也严重地削弱了阿拉伯伊斯兰世界的团结及其在国际事务中的影响力。近期以来，美国总统特朗普宣布承认耶路撒冷为以色列首都，其原因之一就在于特朗普已洞见四分五裂的阿拉伯伊斯兰世界除舆论抗议外，很难做出有实质性意义的反制举动。

第二，严重破坏和侵蚀中东国家之间的安全信任基础，使地区秩序重建更加困难。

中东地区是当今世界安全赤字、发展赤字和治理赤字最严重的地区，也是以经济合作为主的地区主义发展最为孱弱的地区，致使地区公共产品存在严重缺失。长期以来，海合会本身就是应对伊朗安全威胁的产物，阿盟内部则长期四分五裂，它们都没有意愿和能力承担提供地区公共产品的任务。由于地区国家间的严重不信任和基于民族主义、教派主义意识形态的可渗透性，地区内国家普遍高度关注其他国家的安全动向，[②] 进而导致国内安全与地区安全的扭曲式互动，并以对内加强防范和军备建设，对外进行干预和渗透的方式进行反应，进而导致地区议程过度安全化。

近年来，沙特与伊朗的教派矛盾、地缘政治博弈、代理人战争，进一步加

---

① 刘中民:《2017：中东形势持续震荡》，载《光明日报》2017年12月29日。

② David Lake, "Regional Security Complexes: A Systems Approach," in David A. Lake and Patrick Morgan, eds., *Regional Orders: Building Security in a New World*, University Park: Pennsylvania State University Press, 1997, pp.48-49.

剧了中东国家间的安全不信任，教派攻讦、民族仇视、以邻为壑等社会心理的普遍存在，都严重毒化了中东地区的安全环境。从建构主义的角度看，中东地区尚处在人人自危的“霍布斯状态”，基于国家理性的“洛克状态”和人类共同体理性的“康德状态”对于中东而言仍是遥不可及的奢侈品。

第三，以教派主义为核心内容的意识形态对抗加剧，使教派主义成为冷战思维在中东的独特表现。

教派主义泛指宗教和教派认同被政治化的过程，当前中东政治中的教派主义同过去教派冲突的区别在于，许多国家统治者的决策基于教派关系对政治进行评估，即从教派角度进行战略决策，根据教派关系制定自己的内政与外交政策。[①] 伴随教派主义的发展，教派矛盾不仅突出表现在巴林、叙利亚、也门、伊拉克等国家教派矛盾的激化及其外溢，更突出表现为以沙特为中心的逊尼派阵营和以伊朗为中心的什叶派阵营的分化和对抗，并使双方纷纷以教派利益为由进行地缘政治博弈，导致巴林、叙利亚、也门、伊拉克的教派斗争演变为沙特和伊朗的代理人之争。

教派主义是一种非此即彼的排他性冷战思维，助长了地区国家间的憎恨、恐惧、冲突等负面情绪，也塑造了地区国家的消极行为偏好。沙特与伊朗的教派主义对抗还导致反恐等地区安全事务的教派化，沙特和伊朗各自组建的打击“伊斯兰国”联盟，都是彼此排斥的反恐联盟，显然不利于真正的反恐合作。此外，教派矛盾和教派主义也为极端主义的滋生和发展创造了条件，“伊斯兰国”等极端组织也正是通过利用和塑造教派矛盾不断扩大其社会基础，进而使教派主义沦为极端主义和恐怖主义极力运用的政治工具。[②]

第四，为美国、俄罗斯等域外大国的干预和渗透创造了条件，尤其是沙特和伊朗的对抗更为美俄的“对抗性渗透”创造了条件。

巴里·布赞等人的地区安全理论认为，域外大国对某一地区的影响程度可以划分为“覆盖”（overlay）和“渗透”（penetration）两种互动方式，覆盖是指大国对某地区的影响达到主导该地区的程度，并替代当地的安全机制；“渗透”是指域外大国同地区国家建立安全联盟的方式施加影响。在两个对抗性大

① Toby Matthiesen, *Sectarian Gulf: Bahrain, Saudi Arabia, and the Arab Spring That Wasn't*, Stanford, California: Stanford University Press, 2013, xii-xiii.

② 详尽论述参见刘中民、俞海杰：《“伊斯兰国”的极端主义意识形态探析》，载《西亚非洲》2016年第3期。

国同时对某地区进行渗透时，就会出现“对抗性渗透”。[①] 如果按照该理论分析中东安全结构，其演变显然经历了冷战时期美苏的“对抗性渗透”，冷战后至2010年中东变局前美国主导的“单一性覆盖”，再到中东变局俄罗斯强势重返中东以来的“对抗性渗透”，而沙特与伊朗两大阵营的冷战化对抗不仅为美俄的对抗性渗透提供了条件，也成为美俄博弈中东的重要载体。

近两三年来，中东形势围绕美国、沙特与俄罗斯、伊朗之间的双层博弈日趋明显。俄罗斯与伊朗联手捍卫叙利亚巴沙尔政权，俄土伊三方建立叙利亚问题阿斯塔纳机制，俄对中东国家进行军售、发展能源伙伴关系等，都是俄强势重返中东的表现，俄罗斯与伊朗主导的什叶派力量的联盟已渐趋成型。美国早就通过塑造中东地区的对抗对中东施加影响。自1979年伊朗伊斯兰革命以来，美国长期视伊朗为中东地区的头号敌人，并挑拨沙特与伊朗的对抗，同时把中东地区亲美和反美两大阵营的矛盾转换为逊尼派与什叶派的矛盾，以此维系美国与中东盟国的关系。当前，伴随特朗普调整美国中东战略，整合盟友体系、打击“伊斯兰国”和遏制伊朗构成了其中东政策的主要关切。尽管其中东政策仍未全面成型，但通过挑拨沙特和伊朗的矛盾操纵中东事务，成为其中东政策的典型特征。2017年5月，特朗普首次出访选择沙特，通过锁定伊朗为支持恐怖主义国家和地区最大威胁，向沙特兜售了1100多亿美元的军火。由此可见，激化沙特与伊朗的对抗，整合盟友体系并从中谋取实利，显然已成为特朗普的中东政策的重要组成部分。因此，未来中东是否会形成域外大国美苏博弈和域内大国沙特与伊朗对抗相结合的“新冷战”结构，并深刻影响叙利亚危机等中东热点问题走势，显然值得注意和研究。

---

① Barry Buzan and Ole Waever, *Regions and Powers: The Structure of International Security*, Cambridge: Cambridge University Press, 2003, p. 61.

2017年的西亚地区形势

包澄章[1]

摘要：2017年的西亚地区形势延续了近年来地区格局深刻调整、局势反复动荡、国家转型持续推进的基本特征。在政治层面，沙特和伊朗之间代理人斗争的扩大化、美国新一届政府中东政策的调整主导着地区局势的走向，使得地区力量对比和地区格局加速变化与调整。在经济层面，受原油限产协议、地缘政治紧张局势等因素的影响，地区国家经济增长继续放缓，产油国石油收入锐减，经济增长乏力，经济改革与转型困难加大。在安全层面，反恐行动在西亚地区取得阶段性胜利，极端组织“伊斯兰国”实体溃败，地区反恐形势面临恐怖主义势力内部分化、极端分子加速“回流”、宗教极端主义扩散等一系列新变化。

关键词：西亚地区；政治形势；经济形势；安全形势

2017年西亚地区形势跌宕起伏，地区格局持续调整、危机事件迭出、域内外力量地缘博弈加剧构成了地区形势的主旋律。特朗普政府上台后调整美国的中东政策，在巩固美国与地区盟友关系的同时，进一步导致沙特与伊朗地区对抗的扩大化。与此同时，内外经济环境恶化和严峻的安全形势制约着地区国家的经济转型和良性治理。

一、西亚地区的政治形势

在政治层面，2017年西亚地区动荡的烈度和范围较上一年有所强化和扩大，域内外力量利用地区热点问题纵横捭阖，加速分化与重组。新上任的美国总统特朗普调整对外政策，将反恐、遏制伊朗和修复盟友关系作为美国中东政策的

---

① 包澄章，上海外国语大学中东研究所副研究员。

核心任务。受此影响，沙特与伊朗之间代理人竞争的战线进一步拉长，出现了从叙利亚等外围地区转向沙特周边国家及海湾地区内部的趋势，突出体现在卡塔尔断交事件、黎巴嫩总理哈里里辞职、也门前总统萨利赫遇刺等事件上。

（一）卡塔尔断交事件

2017年5月23日深夜，卡塔尔通讯社发布该国埃米尔塔米姆在出席卡塔尔军校毕业典礼时的讲话。塔米姆在讲话中称“伊朗是不容忽视的地区力量和伊斯兰国家，是实现地区稳定的大国”，批评美国和沙特对伊朗的敌对态度。[①] 卡塔尔通讯社推特账号随后发文称，卡塔尔外交部要求召回驻沙特等国大使，同时驱逐这些国家驻卡塔尔大使。消息一出，立即在海湾地区引发强烈震荡。次日，卡塔尔方面在声明中否认塔米姆的上述言论，称事件系黑客入侵卡塔尔通讯社网站和社交媒体账号并炮制假消息所致。面对沙特、阿联酋方面的批评和封锁半岛电视台等卡塔尔媒体的呼吁，塔米姆执意于5月27日致电一周前刚赢得总统选举的伊朗总统鲁哈尼，向其成功连任表达祝贺，此举进一步招致沙特和阿联酋媒体的口诛笔伐。随着事件的持续发酵，6月5日，巴林、沙特、阿联酋和埃及以卡塔尔支持恐怖主义活动、干涉他国内政、破坏地区稳定等为由，宣布与卡塔尔断绝外交关系。随后，也门、马尔代夫、利比亚东部政府和乍得相继宣布与卡塔尔断交，塞内加尔和尼日尔宣布召回驻卡塔尔大使，约旦、吉布提宣布降低与卡塔尔的外交级别。

巴林、沙特、阿联酋和埃及四国宣布与卡塔尔断交后，迅速对卡塔尔实施海陆空禁运等制裁措施，并于6月23日向卡塔尔提出降低与伊朗的外交关系、关闭建设中的土耳其驻卡塔尔军事基地、切断与恐怖组织的联系、关闭半岛电视台及其附属机构、停止对主权国家的干涉等13点要求。[②] 卡塔尔断交危机发生的背景是美国新一届政府调整中东政策、沙特与伊朗地缘博弈持续升级、地区力量加速分化重组等。

第一，特朗普政府的中东政策加剧地区动荡。特朗普上台后调整美国的中东政策，将反恐、遏制伊朗和修复美国与地区盟友关系作为其中东政策的核心任

---

① Patrick Wintour, “Saudi Arabia and UAE Block Qatari Media over Incendiary Statements,” *The Guardian*, May 25, 2017, https://www.theguardian.com/world/2017/may/25/saudi-arabia-and-uae-block-qatari-media-over-incendiary-statements-iran-israel, 登录时间：2018年1月5日。

② “Arab States Issue 13 Demands to End Qatar-Gulf Crisis,” *Al Jazeera*, July 12, 2017, https://www.aljazeera.com/news/2017/06/arab-states-issue-list-demands-qatar-crisis-170623022133024.html, 登录时间：2017年12月12日。

务。美国与沙特和以色列关系的改善、美国对伊朗态度转向敌对，以及美国与沙特签订1100亿美元军售协议，不仅增加了沙特对抗伊朗的底气，导致两国在中东地区的对抗持续升级，反过来也为美国利用地区动荡拓展利益空间创造了条件。卡塔尔断交事件后，美国和卡塔尔签署了120亿美元的军售大单即是明证。

第二，卡塔尔挑战沙特地区霸主地位导致两国关系恶化。多年来，卡塔尔试图超越沙特主导的海合会集体决策框架，奉行独立自主的外交政策，积极介入地区热点问题，支持穆斯林兄弟会和哈马斯等宗教政治组织，通过半岛电视台不断渲染地区国家的反政府运动，这些行为在沙特看来都是对其海合会霸主地位的挑战。近年来卡塔尔积极发展与伊朗关系，更是直接挑战了沙特的政策底线，沙特因此拉拢其他逊尼派国家宣布与卡塔尔断交并对其实施禁运，对卡塔尔的“越线行为”进行威慑，企图通过打压卡塔尔迫使其调整对外政策。

第三，沙特与伊朗的地缘博弈持续升级。自2016年沙特与伊朗断交以来，两国围绕地区主导权的博弈在2017年不断升级，两国间的对抗呈现出从叙利亚、伊拉克、也门等海湾周边国家向海湾地区内部扩大的趋势。从表面上看，断交事件是沙特对自身政策底线的宣示与强调，但本质上仍是沙特与伊朗对抗升级的表现，反映了沙特对伊朗阵营扩张的担忧，沙特因此联合逊尼派国家对卡塔尔施压，迫使后者重新“选边站队”，要求其在地区重大事务上与沙特保持立场一致，以此巩固沙特领导的反伊朗阵营。分析人士认为，受益于卡塔尔断交事件，伊朗实际提升了在地区的活动空间。①

第四，地区力量加速分化重组。“阿拉伯之春”以来，沙特与卡塔尔之间的分歧导致海合会内部分裂加剧。在此次断交事件中，卡塔尔表示对沙特等国提出的13点要求难以接受，背后反映了沙特事实上已作好危机长期化的心理准备，这进一步加速了海合会内部的分裂，削弱了海合会对地区问题的影响力。断交事件发生后，土耳其议会于2017年6月9日批准法案，允许土耳其向卡塔尔派驻不超过3000人的兵力；同时，土耳其和伊朗向卡塔尔紧急提供日常生活用品，缓解卡塔尔受沙特等国禁运和封锁造成的经济压力，反映了地区力量利用危机事件加速进行地缘政治博弈的现实。

此次断交事件是长期以来卡塔尔与沙特等海合会成员国之间矛盾的集中爆发，也是近年来沙特与伊朗对抗持续升级的缩影。

首先，在政治上，卡塔尔推行的一系列政治改革对沙特等国造成了巨大压

① “The Real Reason Behind the UAE-Qatar Crisis and How It Benefits Iran at the Expense of the U.S.,” *Haaretz*, February 6, 2018, https://www.haaretz.com/middle-east-news/iran-could-be-winner-us-a-loser-from-uae-qatar-tensions-1.5792025, 登录时间：2018年2月9日。

力。2013年6月，时任卡塔尔埃米尔哈马德宣布退位，将权力移交给儿子塔米姆；卡塔尔半岛电视台对异见人士的支持和对民主、自由价值观和公民权利的宣扬，不仅成为倒逼海湾君主国实行政治改革的催化剂，也对海合会其他成员国国内政局产生了负面影响。

其次，在外交上，卡塔尔坚持“小国大外交”的理念，积极介入地区热点、调停地区冲突、拓展多边外交，“独树一帜”的外交风格在提升卡塔尔外交独立性的同时，也对沙特的海合会霸主地位构成挑战。卡塔尔热衷支持地区政治组织和政治反对派的做法，导致沙特、埃及和巴林等国的强烈不满。卡塔尔积极发展与伊朗关系的“另类”行为，更是直接冲击沙特构建地区反伊朗联盟的努力。

再次，在经济上，卡塔尔的经济多元化战略使其在海湾地区的竞争力不断增强。近年来，卡塔尔奉行经济多元化战略，大力发展港口运输、航天、金融、房地产、旅游、通信等服务业以及加工制造业。① 根据《2017—2018年全球竞争力报告》显示，卡塔尔全球竞争力位列第25位。② 卡塔尔首都多哈借助区位优势和多元经济模式，对阿联酋迪拜作为中东地区航运和金融中心的地位构成了直接挑战。

最后，在宗教上，卡塔尔与沙特之间围绕宗教话语的竞争日益白热化。2011年末，位于卡塔尔多哈的伊玛目穆罕默德·本·阿卜杜·瓦哈卜清真寺正式对外开放。这一以瓦哈比派创始人直接命名的清真寺的建立，以及“阿拉伯之春”以来卡塔尔支持穆斯林兄弟会和哈马斯的行为，都标志着卡塔尔试图在宗教上挑战沙特对保守伊斯兰思潮的话语垄断，不仅加剧了卡塔尔王室萨尼家族和沙特家族之间的矛盾，也为日后卡塔尔与沙特之间的交恶埋下了隐患。

（二）黎巴嫩总理哈里里辞职风波

2017年，黎巴嫩成为沙特与伊朗开展代理人竞争的新“战场”。11月4日，黎巴嫩总理萨阿德·哈里里在访问沙特期间宣布辞去总理职务，引发地区紧张局势。哈里里在辞职声明中指责伊朗及其代理人黎巴嫩真主党干涉阿拉伯国家内政，并暗示自己受到暗杀威胁。黎巴嫩方面则指责沙特干涉黎巴嫩内政，软禁哈里里并逼迫其辞职。哈里里在沙特滞留多日后，经法国斡旋，于11月21日返回黎巴嫩。次日，哈里里宣布决定暂缓辞职。12月5日，哈里里发表声明，

① 王俊鹏：《卡塔尔寻求经济多样化发展》，载《经济日报》2012年4月23日，第4版。

② Klaus Schwab, ed., *The Global Competitiveness Report 2017–2018*, World Economic Forum, September 26, 2017, p.13, http://www3.weforum.org/docs/GCR2017-2018/05FullReport/TheGlobalCompetitivenessReport2017%E2%80%932018.pdf, 登录时间：2018年1月7日。

宣布收回辞呈。哈里里辞职风波是沙特和伊朗地区代理人之争加剧的缩影，反映了沙特对伊朗地区扩张深层的战略焦虑，凸显出沙特对外政策的进攻姿态。

首先，沙特对伊朗的地区扩张怀有深刻的战略焦虑。2016年底哈里里再次出任黎巴嫩总理后，对真主党持妥协立场引发沙特不满。在访问沙特前夕，哈里里会见了来访的伊朗最高领袖哈梅内伊外交事务顾问韦拉亚提，进一步激怒了沙特。哈里里辞职事件不仅体现了沙特对近年来伊朗在地区内持续扩张势力范围的战略焦虑，而且折射出地区小国黎巴嫩国内政治受制于地区大国和整体政治环境，并逐渐沦为地区大国政治角力牺牲品的现实。经过叙利亚内战"洗礼"的黎巴嫩真主党武装力量作战能力大幅提升，导致沙特对真主党向也门境内进一步渗透心存担忧，故将其对伊朗势力范围扩张的焦虑转移到对黎巴嫩政局的干涉上，希望通过影响并改变哈里里政府对真主党的立场来遏制伊朗地区影响力的上升。

其次，沙伊对抗升级加剧令沙特对外政策更具进攻性。萨勒曼国王登基后，沙特在叙利亚、也门、巴林等西亚国家与伊朗保持多线对抗的态势，对外政策呈现出明显的激进化转向。2017年，随着沙伊两国对抗的升级，沙特对外政策更具进攻姿态。沙特以强硬姿态迫使地区国家"选边站队"，反映出沙特在阿盟、海合会等区域组织和美以、美沙同盟框架内扩大反伊朗联盟的政策取向。这种政策取向不仅导致沙特与以色列因反伊朗的共同利益而日益趋近，也使得沙特更加频繁地运用强制外交迫使地区国家改变政策及行为，认可沙特的地区领导权，并强化反伊朗的政策立场，卡塔尔断交事件和哈里里辞职风波正是沙特对这种政策的具体实践。相比之下，伊朗对于哈里里辞职事件的反应较为克制，只通过外交辞令对沙特干涉黎巴嫩内政进行了谴责，体现了伊朗审慎应对沙特外交攻势的特点。

（三）也门前总统萨利赫遇刺

2017年11月29日，也门胡塞武装与支持萨利赫的武装力量在萨那爆发冲突。12月2日，萨利赫公开倒向沙特，胡塞武装与萨利赫阵营彻底决裂，导致双方间冲突升级。12月4日，萨利赫及其领导的全国人民大会党副总书记亚西尔·阿瓦迪在从萨那逃往马里卜省的路上被胡塞武装打死。萨利赫遇刺事件导致也门战场格局出现重大转变，沙特和伊朗围绕也门战事的博弈进一步激化。

首先，也门战场格局发生重大转变。随着萨利赫—胡塞武装同盟的解体以及萨利赫被打死，萨利赫阵营的影响力受到大幅削弱，与之对应的是胡塞武装的士气和主导也门局势的能力明显提升。也门战场格局在"后萨利赫时代"出现重大转变，胡塞武装被迫在清除萨利赫阵营残余势力、对抗哈迪领导的也门政府、反击沙特的军事打击三条战线上同时作战。

其次，沙特和伊朗围绕也门的博弈进一步加剧。萨利赫被打死后，沙特领导的多国联军加大对也门实施封锁，并多次对胡塞武装据点实施报复性打击。在也门问题上，沙特的主要关切体现为确保沙特与也门的边境安全、建立亲沙特的也门政府、防止伊朗在也门建立据点以直接威胁沙特安全三个方面。[①] 在沙特看来，近年来伊朗资助大量也门栽德派穆斯林赴库姆接受宗教培训，使得也门什叶派在意识形态上日益接近伊朗的什叶派。自2015年3月沙特领导的多国联盟发动对胡塞武装军事打击以来，沙特未能实现速战速决的既定目标，而受到伊朗等外部势力支持的胡塞武装在战斗力和士气方面均有明显提升。胡塞武装不断向沙特境内发射导弹的行为对沙特边境和境内安全构成直接威胁，沙特因此指责伊朗是背后的始作俑者，导致两国围绕也门的博弈不断加剧并呈现扩大化趋势。

最后，也门的人道主义危机持续恶化。萨利赫之死加剧了也门国内冲突的烈度和人道主义危机。根据世界卫生组织报告，截至2017年年底，霍乱疫情已蔓延至也门22个省份，疑似病例达101.9万，疫情已导致2237人死亡。[②] 绝迹多年的白喉疫情也再次出现，疫情蔓延至20个省份，疑似病例达333例，其中包括35例死亡病例。[③] 自2015年3月以来，也门冲突已造成约9000人死亡，4.9万人受伤，[④] 200万也门人流离失所，800万人处于饥荒边缘。[⑤] 当前，约2220万也门人需要人道主义援助，这一数字较2016年增加了340万，[⑥] 也门已成为全球人道主义危机最严重的国家。与此同时，沙特等国对也门实施海上和空中封锁，

① "Yemen: A Country in Crisis," *Council on Foreign Relations*, December 12, 2017, https://www.cfr.org/event/yemen-country-crisis, 登录时间：2017年12月25日。

② "Yemen: Cholera Response," *Weekly Epidemiology Bulletin,* December 25-31, 2017, World Health Organization, p.2, http://www.emro.who.int/images/stories/yemen/Yemen_Cholera_Response_-_Weekly_Epidemiological_Bulletin_-_W52_2017_28Dec_25-Dec_3129.pdf?ua=1, 登录时间：2018年1月2日。

③ "Diphtheria – Yemen," *World Health Organization*, December 22, 2017, http://www.who.int/csr/don/22-december-2017-diphtheria-yemen/en/, 登录时间：2018年1月2日。

④ Benjamin Kentish, "MPs Criticised for Failing to Turn up to Debate on Humanitarian Crisis in Yemen," *The Independent*, December 1, 2017, http://www.independent.co.uk/news/uk/politics/mps-criticised-yemen-crisis-debate-parliament-latest-saudi-arabia-a8087876.html, 登录时间：2018年1月2日。

⑤ 《国际移民组织发出9620万美元募捐呼吁，向饱受冲突之苦的也门人和移民提供帮助》，联合国，2018年2月9日，https://news.un.org/zh/story/2018/02/1002191, 登录时间：2018年3月2日。

⑥ "Record 22.2 Million People Need Humanitarian Assistance in Yemen – UN Aid Chief," *United Nations*, January 23, 2018, https://news.un.org/en/story/2018/01/1000971, 登录时间：2018年2月2日。

造成医疗人员无法进入疫区，药品、医疗器械、粮食等人道主义救援物资无法进入也门境内，进一步加剧了也门境内疫情的扩散和人道主义危机的恶化。

（四）美国中东政策的调整

自2017年1月特朗普就任总统以来，美国中东政策出现重大调整。特朗普个性化的行事风格和奉行“美国优先”的外交原则，进一步加剧了西亚地区的动荡局势。

首先，反恐、遏制伊朗和巩固传统盟友体系构成了美国中东政策的核心任务。特朗普上台后，对美国中东政策作出大幅调整：通过打击“伊斯兰国”等恐怖组织，试图扭转俄罗斯对叙利亚问题的主导权；通过遏制伊朗、修复和巩固美国与沙特和以色列等地区传统盟友的关系来构建美国主导的地区秩序，重新确立美国对地区事务的领导权。美国在巩固地区盟友体系和提高盟国军事实力的同时，奉行“美国优先”原则，不断利用地区国家间的矛盾寻求利益空间，服务美国内政。特朗普上台后，美国一边释放退出伊朗核问题全面协议的信号，一边与沙特达成1100亿美元军售协议，使得2017年沙特与伊朗的地区对抗不断升级。此后不久，美国又向与沙特断交的卡塔尔出售总价值达120亿美元的战机，为海湾危机火上浇油。

其次，特朗普政府中东政策的亲以色彩更加强烈。特朗普女婿库什纳、中东问题顾问格林布拉特和美国驻以色列大使弗里德曼等顾问团成员，以及特朗普竞选期间背后多位金主的犹太人身份，对特朗普政府中东政策的制定产生了实质性影响，使得其中东政策的亲以色彩较往届政府更加强烈。2017年12月6日，特朗普宣布耶路撒冷为以色列首都，这一触及巴以问题最敏感核心议题的言论受到国际社会的普遍批评，并在12月21日联合国大会上遭到了多数国家压倒性否定。特朗普对耶路撒冷地位做出迎合国内犹太利益集团和偏袒以色列的政策宣示，直接挑战了中东伊斯兰国家的“政治底线”，使得巴以问题重新回到地区矛盾的焦点。巴勒斯坦权力机构主席阿巴斯表示：“美国选择放弃其作为调解方的权利，取消了自己在和平进程中发挥作用的资格。我们不会接受美国在和平进程中的任何作用，他们完全偏袒以色列。”①

最后，美国新一届政府的中东政策加速地区力量分化组合。美国通过军事手段支持沙特、巩固与以色列的盟友关系来牵制伊朗，导致沙特与伊朗的地缘

① Ben Wedeman, “How President Trump's First Year Changed the Middle East,” *CNN*, December 25, 2017, https://edition.cnn.com/2017/12/24/middleeast/ben-wedeman-year-in-review-intl/index.html, 登录时间：2018年2月7日。

博弈进一步加剧，以及沙特与以色列之间的互动不断加强。美国对库尔德武装的支持引发地区盟友土耳其的强烈不满，使得土耳其不断向伊朗与俄罗斯阵营靠拢。俄罗斯利用日内瓦和谈、阿斯塔纳和谈、索契和谈等机制，不断提升对叙利亚问题的话语权，借助俄罗斯、伊朗和土耳其的三角关系，加大同美国在叙利亚问题上的博弈。2017年10月，沙特国王访问俄罗斯，双方签署了一系列军事和能源合作协议；11月，俄、土、伊（朗）发表联合声明，寻求在叙利亚问题上扩大合作，折射出俄罗斯在中东地区影响力日益上升的现实。新一届美国政府中东政策的出台，加速了西亚地区俄罗斯—伊朗—土耳其阵营和美国—以色列—沙特阵营的形成。

二、西亚地区的经济形势

在经济层面，受原油限产协议、地缘政治博弈加剧等因素的影响，2017年西亚地区经济增长继续放缓，主要表现为地区产油国石油收入锐减、经济增长乏力、经济改革困难，通胀率、失业率和财政赤字水平仍处于较高水平。

（一）西亚地区国家的经济表现

2017年西亚地区国家的国内生产总值（GDP）增长率较上一年总体呈现下降趋势，尤其是科威特、伊拉克、也门三国经济呈现负增长（见表1）。

表1 2016—2017年西亚国家实际GDP增长率（单位：%）①

国家	2016年	2017年（预测值）
阿联酋	3.0	1.3
阿曼	3.0	0.0
巴林	3.0	2.5
卡塔尔	2.2	2.5
科威特	2.5	–2.1
黎巴嫩	1.0	1.5

① 数据来源：International Monetary Fund, *World Economic Outlook*, October 2017, http://www.imf.org/external/pubs/ft/weo/2016/02/pdf/text.pdf, pp.63, 67; "The World Factbook," *Central Intelligence Agency*, https://www.cia.gov/library/publications/resources/the-world-factbook/rankorder/2003rank.html, 登录时间：2018年2月20日。

续表

国家	2016年	2017年（预测值）
沙特阿拉伯	1.7	0.1
土耳其	3.2	5.1
叙利亚	无统计	无统计
也门	–9.8	–2.0
伊朗	12.5	3.5
伊拉克	11.0	–0.4
以色列	4.0	3.1
约旦	2.0	2.3

1. 海合会国家经济增长持续放缓

2017年，世界经济逐步向好、新兴市场经济体增速企稳回升，但石油减产导致海合会国家石油行业增长放缓。海合会国家高度依赖石油出口的经济特性，卡塔尔断交事件造成的内部分裂，以及沙特与伊朗地区对抗加剧造成的政治局势紧张，都导致作为西亚地区经济稳定器的海合会国家经济复苏乏力、经济表现低迷。据国际货币基金组织统计，2017年阿拉伯地区实际GDP增长率达2.0%，较2016年的3.3%下降39.4%；其中，海合会国家实际GDP增长率只有0.5%，较2016年的2.5%下降80%。① 除卡塔尔外，沙特等其余五个海合会成员国的经济增长均出现明显的放缓趋势。其中，科威特经济出现负增长，成为2017年海湾地区表现最差的经济体（见表1）。2017年，海合会六国预算赤字达935亿美元，较2016年1530亿美元② 的预算赤字额下降了38.9%。除阿联酋实现收支平衡外，海合会其余五个成员国均出现预算赤字，沙特以528亿美元的预算赤字高居首位，科威特、阿曼和巴林三国预算赤字的GDP占比均超过10%（见表2）。

① International Monetary Fund, *Regional Economic Outlook: Middle East and Central Asia*, October 2017, p.104, https://www.imf.org/~/media/Files/Publications/REO/MCD-CCA/2017/October/MENAP/mcd-printer-without.ashx?la=en, 登录时间：2018年1月7日。

② Santhosh V. Perumal, “GCC Budget Deficits could Cross $153bn in 2016,” September 27, 2016, *Gulf Times*, http://www.gulf-times.com/story/515306/GCC-budget-deficits-could-cross-153bn-in-2016, 登录时间：2017年2月7日。

表2 2017—2018年海合会国家预算（单位：亿美元）[①]

	科威特	阿曼	卡塔尔	沙特阿拉伯	阿联酋	巴林	海合会六国
收入	436	226	467	1845	133	58	3166
油气收入	384	159	327	1280	–	45	–
非油气收入	52	67	140	565	–	13	–
支出	652	304	545	2373	133	93	4101
预算赤字	216	78	78	528	–	35	935
预算赤字占名义GDP比重	–17.3%	–11.9%	–4.6%	–7.7%	–	–10.1%	

2. 地区大国经济复苏乏力

沙特和伊朗作为地区两大经济体，其经济发展直接折射出整个西亚地区的经济发展形势。尽管近年来两国政府都推行了一系列改革措施，但受地区整体环境恶化和国内结构性矛盾的影响，2017年两国经济复苏乏力，经济增长率较上一年出现大幅下降（见表1）。

在沙特，经济社会问题突出、经济结构不合理、制度不完善等长期困扰经济发展的沉疴未得到根本性解决，严重制约着沙特经济的良性发展。

首先，自萨勒曼国王登基以来，沙特政府多次缩减或取消政府补贴，提高税费，叫停包括阿卜杜拉国王城在内的一批大型基础建设项目，推行大规模、激进式的经济改革，使得民众实际收入大幅缩水。与此同时，沙特国内15至24岁青年失业率长期处于30%的高位，为沙特经济增加诸多隐患。据世界银行数据统计，2017年沙特15至24岁青年失业率达32.6%，其中15至24岁女青年失业率高达58.5%。[②]

其次，经济结构调整政策短期内难见成效。自2016年4月“沙特2030愿景”推出以来，沙特经济改革计划已取得包括首次向外国投资者开放股市，放宽外国公司对工程服务、批发和零售行业的所有权限制，对香烟、饮料开征特

① “GCC Budgets – 2018,” *Ubhar Capital*, February 4, 2018, http://www.u-capital.net/pdf/GCC%20Budgets%20-%202018.pdf, 登录时间：2018年2月10日。

② 数据来源：“Unemployment, Youth Total (% of Total Labor Force Ages 15-24) (Modeled ILO Estimate),” *World Bank*, https://data.worldbank.org/indicator/SL.UEM.1524.ZS; “Unemployment, Youth Female (% of Female Labor Force Ages 15-24) (Modeled ILO Estimate),” *World Bank*, https://data.worldbank.org/indicator/SL.UEM.1524.FE.ZS?view=chart, 登录时间：2018年2月20日。

殊商品税等在内的一系列标志性成果。[①] 然而，沙特经济短期内难以摆脱对单一石油经济的依赖。

最后，沙特经济转型缺乏有效的制度保障。《2017—2018年全球竞争力报告》显示，在沙特从事商业活动面临的主要问题包括限制性劳动法规、融资渠道有限、劳动力受教育程度不足、政策不稳定、政府官僚机构效率低下、全国劳动力职业道德欠佳、税务与外汇法规有待调整、创新能力不足等。[②] 沙特国内缺乏现代化的本土管理人才，国内腐败问题严重，制度保障匮乏，以及长期以来形成的建立在亲缘关系基础之上的经济传统，都使得沙特经济改革计划存在不确定性。2017年国际社会对沙特经济预期和信用评级持续走低，3月，全球知名评级机构惠誉将沙特主权信用评级降至A+，这是惠誉自2016年4月以来再度降低沙特信用评级；7月，国际货币基金组织（IMF）将2017年沙特GDP增速预期从0.4%下调至0.1%，将沙特非石油行业的增长预期从2.1%下调至1.7%。[③]

在伊朗，2017年经济增长更是急剧放缓，GDP增长率从2016年的12.5%断崖式下跌至3.5%（见表1）。伊朗经济发展存在的问题及成因主要包括以下三个方面。

首先，从国内层面来看，鲁哈尼上台后推行了包括抑制通货膨胀、改革汇率制度、招商引资和恢复石油生产等在内的一系列经济改革措施，但受制于石油型经济、人口压力、工业基础薄弱、对外贸易结构单一等结构性矛盾，[④] 政府的改革措施尚无法扭转近年来伊朗经济低迷的局面和有效解决高失业率、腐败、贫困等长期困扰伊朗的社会问题。2017年伊朗15至24岁年轻人失业率达

① 王自励：《内外隐忧倒逼沙特“戒石油瘾”转型中国企业机遇何在》，财新网，2017年8月17日，http://international.caixin.com/2017-08-17/101131785.html，登录时间：2017年11月6日。

② Klaus Schwab, *The Global Competitiveness Report 2017-2018*, World Economic Forum, p.252, http://www3.weforum.org/docs/GCR2017-2018/05FullReport/TheGlobalCompetitivenessReport2017%E2%80%932018.pdf, 登录时间：2017年11月9日。

③ 宋博奇：《沙特GDP八年来首现负增长》，中国经济网，2017年7月2日，http://intl.ce.cn/specials/zxgjzh/201707/02/t20170702_23975100.shtml，登录时间：2017年11月6日。

④ 参见姜英梅：《伊朗经济发展道路：探索与转型》，载《阿拉伯世界研究》2017年第5期，第3—15页；韩建伟：《伊朗经济发展的制约因素及前景分析》，载《阿拉伯世界研究》2017年第5期，第16—31页；Seyed Mehrshad Parvin Hosseini and Chor Foon Tang, “The Effects of Oil and Non-Oil Exports on Economic Growth: A Case Study of the Iranian Economy,” *Economic Research-Ekonomska Istraživanja*, Vol. 27, No. 1, 2014, pp.427-441。

26.7%，[①] 通胀率达11.5%，[②] 超过40%的伊朗家庭生活在贫困线以下。[③] 2017年年末伊朗国内爆发的大规模骚乱，正是在政府削减补贴、物价持续上涨的背景下发生的，也是鲁哈尼政府近年来经济改革不力引发底层民众不满的集中体现。

其次，从地区层面来看，自2016年伊朗与沙特断交以来，沙特领导的海合会国家对伊朗实施经济封锁，加大同伊朗及其地区代理人的对抗，导致伊朗经济发展的外部环境进一步恶化。与此同时，近年来伊朗对叙利亚、伊拉克等动荡国家局势的持续介入，以及为同沙特进行对抗而扶植地区代理人的做法，消耗了大量财力和物力。2014年、2015年、2016年和2017年，伊朗军费预算分别为92.9亿美元、120.2亿美元、145亿美元和159亿美元，其中，2017年伊斯兰革命卫队的军费预算高达70.1亿美元，与2016年（45.2亿美元）相比增幅高达55%。[④]

最后，从国际层面来看，美国制裁加重伊朗经济负担。特朗普上台后，多次指责伊朗支持恐怖主义、破坏地区稳定和威胁美国及其地区盟友的利益，类似立场在2017年12月白宫发布的《国家安全战略报告》中再次得到强调。[⑤] 特朗普自入住白宫以来几乎全盘否定了奥巴马政府在伊核问题上的政策主张和外交遗产，多次威胁退出伊核协议，对伊朗实施新制裁，包括出台延长制裁期限、对伊斯兰革命卫队[⑥] 官员及下属机构实施制裁、签署“旅行禁令”等，不断打压伊朗的经济。

---

① “Unemployment, Youth Total (% of Total Labor Force Ages 15-24) (Modeled ILO Estimate)”.

② 世界银行和国际货币基金组织对2017年伊朗通胀率的预测数据分别11.5%和10.5%，参见“World Bank Sees Uptrend in Iran’s GDP Growth to 2019,” *Financial Tribune*, October 15, 2017, https://financialtribune.com/articles/domestic-economy/74213/world-bank-sees-uptrend-in-iran-s-gdp-growth-to-2019, 登录时间：2017年12月7日。

③ “More Than 40% of Iranian Households Live below the Poverty Line,” *Track Persia*, October 3, 2017, http://www.trackpersia.com/40-iranian-households-live-poverty-line/, 登录时间：2017年12月7日。

④ Majid Rafizadeh, “Iran Military Gets Financial Boost to Expand Power,” *Arab News*, February 22, 2017, http://www.arabnews.com/node/1057791, 登录时间：2017年11月10日。

⑤ 参见The White House, *National Security Strategy of the United States of America*, December 2017, https://www.whitehouse.gov/wp-content/uploads/2017/12/NSS-Final-12-18-2017-0905.pdf, 登录时间：2018年1月7日。

⑥ 关于伊朗伊斯兰革命卫队与伊朗经济的关系，参见M. MahtabAlam Rizvi, “Evaluating the Political and Economic Role of the IRGC,” *Strategic Analysis*, Vol. 36, No. 4, 2012, pp.584-596; Youhanna Najdi and Mohd Azhari Bin Abdul Karim, “The Role of the Islamic Revolutionary Guards Corps (IRGC) and the Future of Democracy in Iran: Will Oil Income Influence the Process?” *Democracy and Security*, Vol. 8, No. 1, 2012, pp.72-89。

（二）影响西亚地区经济发展的主要因素

石油出口国延长原油减产、地缘政治紧张局势、地区国家经济改革困难是影响2017年西亚经济发展的主要因素。

1. 石油出口国延长原油减产导致石油收入锐减

2016年11月，欧佩克与非欧佩克成员国达成原油日均减产约180万桶的协议。2017年国际油价从年初的高位盘整，到上半年一路震荡走低，再到下半年的稳步收涨，经历了先抑后扬的“V”型反转。[①] 2017年5月，欧佩克与非欧佩克成员国决定将石油减产协议延长九个月；为继续保持油价上涨态势，欧佩克与非欧佩克成员国于2017年12月一致同意将原油减产协议再延长九个月。但是，享受减产豁免权的尼日利亚和利比亚石油产量回升，伊拉克和俄罗斯等国减产执行不达标，美国页岩油增产，以及卡塔尔在断交危机爆发后为应对沙特等国的经济封锁大幅提升天然气产量的做法，实际上部分抵消了沙特等其他国家的减产努力。受此影响，2017年布伦特原油平均价格达每桶52美元，低于年初每桶58美元的预期，[②] 由于减产后原油价格仍低于中东石油出口国平衡其预算的水平，使得地区国家政府将不得不继续依靠削减公共开支和发放更多债务来填补财政缺口。[③] 2017年西亚石油出口国石油产量总体上呈现大幅下降的趋势，直接导致石油收入锐减、经济增速明显放缓。

2. 地缘政治紧张冲击地区国家经济

叙利亚战争使该国经济面临全面倒退，世界银行报告指出，2011年至2016年间，叙利亚国内生产总值累积损失达2260亿美元，约为2010年叙利亚国内生产总值的4倍。[④] 伊拉克库尔德人举行“独立公投”后，伊拉克和土耳其政府通过关闭石油管道打压伊拉克库尔德自治区的石油出口，使其经济遭到

---

① 王乃水：《财经观察：2018年国际油价稳中看涨》，新华网，2017年12月30日，http://www.xinhuanet.com/fortune/2017-12/30/c_1122189808.htm, 登录时间：2018年1月2日。

② PwC, “PwC Middle East Economy Watch: Economic Growth Prospects Improve for 2018 after Falling Short of Expectations in 2017,” October 11, 2017, https://www.pwc.com/m1/en/media-centre/2017/pwc-middle-east-economy-watch-economic-growth-prospects-improve-for-2018-after-falling-short-of-expectations-in-2017.html, 登录时间：2017年12月9日。

③ Dominic Dudley, “The Fastest (and Slowest) Economies in the Middle East,” *Forbes*, October 11, 2017, https://www.forbes.com/sites/dominicdudley/2017/10/11/fastest-slowest-economies-middle-east/#19146b963d37, 登录时间：2017年12月9日。

④ World Bank Group, “The Toll of War: The Economic and Social Consequences of the Conflict in Syria,” *The World Bank*, July 10, 2017, p.vii, https://openknowledge.worldbank.org/bitstream/handle/10986/27541/The%20Toll%20of%20War.pdf, 登录时间：2018年1月8日。

重创。也门冲突导致该国经济持续恶化，基础设施的破坏加剧了干旱，并导致严重的粮食短缺和疾病。[①] 自2015年冲突爆发以来，也门经济缩水近40%。[②] 卡塔尔断交事件引发的政治动荡和经济封锁，使卡塔尔经济蒙受至少385亿美元的损失。[③] 黎巴嫩总理哈里里辞职风波也加剧了人们对其经济前景的担忧。[④] 总之，西亚地缘政治紧张局势增加了地区经济的不确定性，尽管国际货币基金组织对2018年中东经济作出3.5%的增长预期，但仍强调地区不稳定和地缘政治风险将对地区经济前景造成不利影响。[⑤]

3. 地区国家经济改革面临多重挑战

在石油价格长期低迷，页岩油开发前景看好的冲击下，西亚产油国纷纷调整本国经济发展战略，通过经济改革促进经济转型。2017年西亚地区的经济形势表明，地区国家不仅需要解决政府收入减少、失业率高、经济停滞、公平缺失等具体问题，以及产业结构调整、税收制度改革、经济体制变革、打击腐败等长期性问题，还需要应对国际能源格局调整、难民危机、恐怖主义扩散等全球性和区域性问题对西亚经济造成的冲击。西亚地区人口年龄结构的年轻化趋势使得青年问题已成为地区国家经济改革面临的重要挑战之一。2017年5月19—21日，第16届世界经济论坛中东北非峰会在约旦举行，本届峰会的主题为"推动代际转型"，青年就业、教育成为峰会的热议话题。通过解决"代际转型"（generational transformation）[⑥] 问题推动经济改革和提升社会融合，已成为西亚国家政府的重要任务之一。

---

① Phil de Imus, Gaëlle Pierre and Björn Rother, "The Cost of Conflict: Middle East Strife is Exacting a Heavy Toll on Regional Economies," *Finance & Development*, Vol. 54, No. 4, December 2017, p.20, http://www.imf.org/external/pubs/ft/fandd/2017/12/pdf/imus.pdf, 登录时间：2018年1月10日。

② The World Bank, "Yemen's Economic Outlook- April 2017," http://www.worldbank.org/en/country/yemen/publication/economic-outlook-april-2017, 登录时间：2018年2月1日。

③ Zahraa Alkhalisi, "Qatar Burns $38 Billion in Reserves as Boycott Bites," *CNN*, September 14, 2017, http://money.cnn.com/2017/09/14/news/economy/qatar-isolation-economy-reserves/index.html, 登录时间：2017年12月7日。

④ Nicholas Blanford, "Hariri's Shock Resignation: What Saudis Gain, and Lebanon Could Lose," *The Christian Science Monitor*, November 6, 2017, https://www.csmonitor.com/World/Middle-East/2017/1106/Hariri-s-shock-resignation-What-Saudis-gain-and-Lebanon-could-lose, 登录时间：2017年12月7日。

⑤ International Monetary Fund, *World Economic Outlook*, p.18.

⑥ "World Economic Forum on the Middle East and North Africa: Enabling a Generational Transformation, " *World Economic Forum*, http://www3.weforum.org/docs/WEF_MENA17_Report.pdf, 登录时间：2018年2月3日。

三、西亚地区的安全形势

在安全层面，2017年西亚地区延续了过去一年恐怖袭击事件高发的总体态势。“伊斯兰国”组织的袭击数量有所上升，但袭击造成的伤亡人数呈现下降趋势。11月，“伊斯兰国”组织实体遭到剿灭。在“后伊斯兰国”时代，西亚地区恐怖主义势力内部分化重组、“伊斯兰国”组织实行战略转移、宗教极端主义进入新一轮扩散、极端分子加速“回流”等现实表明，西亚地区的安全形势仍不容乐观。

（一）西亚地区恐怖主义发展的总体态势

从全球范围来看，西亚地区仍是2017年全球恐怖主义最活跃的地区之一。在国际反恐力量的合力打击下，“伊斯兰国”组织的控制区域进一步缩水，整体实力大幅下降，核心力量被剿灭。与此同时，异军突起的“解放沙姆组织”（*Hay'at Tahrir al-Sham*）正成为叙利亚战场上最具影响力的极端组织。

首先，西亚地区国家暴力袭击事件呈现高发态势。2017年，叙利亚境内共发生8440多起袭击事件，占全球袭击事件总数（22487起）的37.53%，造成3641人死亡；伊拉克境内共发生2164起袭击事件，占全球袭击事件总数的9.62%，造成3378人死亡；也门境内共发生1326起袭击事件，占全球袭击事件总数的5.90%，造成1092人死亡。2017年仅叙利亚、伊拉克和也门三国境内发生的袭击事件数量就超过全球袭击总数的一半，表明西亚地区仍是全球暴力冲突最集中的地区之一。

其次，“伊斯兰国”组织对地区安全持续构成威胁。2017年，“伊斯兰国”组织发动的袭击数量占全球袭击事件总数的21%，连续第四年成为全球最活跃的恐怖组织。从袭击数量来看，2017年“伊斯兰国”组织至少制造了4612起袭击事件，袭击数量较上一年增加9%，共造成6499名非军事人员死亡，该数字较上一年下降39.9%。[①] 在美俄各自主导的国际反恐力量的打击下，2017年11月“伊斯兰国”组织丧失了对伊拉克摩苏尔和叙利亚拉卡的控制权。然而，随着“领土”丧失，负隅顽抗的“伊斯兰国”组织重新转向叛乱行动，主要表现为针对当地安全部队、反对派组织和民众发动高频率、低强度的暴力袭击，

① Matthew Henman, “Global Militant Attacks Caused Fewer Fatalities in 2017,” *IHS Markit*, January 18, 2018, https://ihsmarkit.com/research-analysis/global-militant-attacks-caused-fewer-fatalities-in-2017.html, 登录时间：2018年1月28日。

导致2017年该组织袭击造成的死亡数量较2016年减少了40%。[①]

最后，“解放沙姆组织”在叙利亚战场的影响力不断上升。2017年，异军突起的“解放沙姆组织”共发动了909起袭击事件，较2016年增加了32.3%。2017年1月28日，该组织进行了合并重组，[②]作战能力持续增强。随着其他极端组织的先后加入，同年5月，“解放沙姆组织”的成员规模已扩充至约5万人；[③]7月，“解放沙姆组织”夺取伊德利卜省后，开始集中精力攻击哈马省的叙政府军部队。[④]在整合叙反对派内部其他极端组织对抗叙政府的同时，“解放沙姆组织”不断上演着与“伊斯兰国”和“沙姆自由人”等极端组织的地盘争夺战，并在加速本土化的过程中不断提升影响力。

（二）西亚地区反恐形势的新变化

2017年11月，俄罗斯、伊朗、伊拉克等国先后宣布极端组织“伊斯兰国”被剿灭。“伊斯兰国”组织整体实力受到削弱，标志着国际反恐行动在军事层面取得阶段性胜利，西亚地区恐怖主义的发展进入“后伊斯兰国”时代，地区反恐形势随之出现了新的变化。

1. 地区恐怖主义势力内部加速分化和重组

首先，“基地”组织利用过去数年间国际反恐力量集中打击“伊斯兰国”的时机不断壮大跨国分支网络，两次更名的“基地”组织叙利亚分支“支持阵线”的发展及演变，集中体现了“基地”组织与“伊斯兰国”组织围绕全球

---

① Matthew Henman, “Global Militant Attacks Caused Fewer Fatalities in 2017,” *IHS Markit*, January 18, 2018, https://ihsmarkit.com/research-analysis/global-militant-attacks-caused-fewer-fatalities-in-2017.html, 登录时间：2018年1月28日。

② 2016年12月29日，在土耳其和俄罗斯的斡旋下，“沙姆自由人”组织等7个叙反对派武装加入了叙利亚停火机制，成为叙反对派中的“主和派”，使其同坚持推翻巴沙尔政权的“征服沙姆阵线”之间的矛盾日益加剧。2017年1月下旬多个极端组织宣布加入“沙姆自由人”组织，导致两天后“征服沙姆阵线”宣布同“安萨尔丁阵线”、“努尔丁·赞吉运动”、“真理旅”合并成立“解放沙姆组织”。由此，叙利亚反对派分裂成了以“沙姆自由人”为代表的主和派，和以“解放沙姆组织”为代表的主战派。关于“解放沙姆组织”，参见Aymenn Al-Tamimi, “The Formation of Hay’at Tahrir al-Sham and Wider Tensions in the Syrian Insurgency: Combating Terrorism Center at West Point,” *CTC Sentinel*, Vol. 10, Issue 2, February 2017, pp.16-20。

③ Chris Tomson, “Islamist Rebel Group Joins Al-Qaeda Franchise in Syria,” *Al-Masdar News*, May 21, 2017, https://www.almasdarnews.com/article/islamist-rebel-group-joins-al-qaeda-franchise-syria/, 登录时间：2017年6月13日。

④ “JTIC 2017 Global Attack Index,” *IHS Markit*, http://www.janes.com/images/assets/110/77110/1713442_DT3762_RC_Global_attack_index_2017_online.pdf, 登录时间：2018年1月28日。

"圣战"领导权的战略竞争。[①] 2016年7月28日，"支持阵线"宣布脱离"基地"组织，并更名为"征服沙姆阵线"（*Jabhat Fath al-Sham*）；2017年1月28日，该组织宣布与多个叙极端组织合并，并更名为"解放沙姆组织"，不断强化自身对叙反对派议程的主导。

其次，"基地"组织近年来正在扶植以哈姆扎·本·拉丹（乌萨马·本·拉丹之子）为首的新一代领导集体，以重新夺回自身权威。2017年5月，"基地"组织称哈姆扎为"谢赫"，暗示其未来可能成为扎瓦赫里的接班人。[②]

最后，随着"伊斯兰国"组织实体遭剿灭，短期内西亚地区恐怖主义势力内部或将形成"伊斯兰国"与"基地"组织合流、"伊斯兰国"武装人员向"基地"组织"倒流"两种趋势并存的新格局，加速地区恐怖主义势力内部的分化与重组。

2.“伊斯兰国”组织战略转移趋势明显

"伊斯兰国"依靠核心力量、分支组织、支持者和同情者构建的"全球网络"正面临解体。2017年以来，该组织的主要任务已从领土扩张转变为积蓄实力，最大限度地利用西亚北非地区乱局维系有生力量。为实现上述目标，"伊斯兰国"组织依靠过去数年间在利比亚、埃及西奈半岛、沙特、也门、阿尔及利亚、阿富汗、巴基斯坦、尼日利亚、北高加索等国家和地区建立的37个以"省"（*Wilayat*）为单位建立的分支机构，不断加大"外围报复"。据"和平宗教"网站统计，2017年斋月期间共发生174起所谓"以伊斯兰教的名义"发动的恐怖袭击事件，共造成1595人死亡，是2016年斋月期间死亡人数（421人）的2.79倍。恐怖组织近两年对土耳其、埃及、沙特等中东国家以及法国、英国、比利时等欧洲国家发动恐袭的频率显著增加，标志着"伊斯兰国"在外围策动的恐袭活动呈现上升趋势。2017年11月24日，"伊斯兰国"组织西奈分支策划发动了针对埃及北西奈省清真寺的恐怖袭击，造成至少305人死亡，

---

① 关于"基地"组织与"伊斯兰国"组织的战略竞争，参见刘乐：《"伊斯兰国"组织与"基地"组织关系探析》，载《阿拉伯世界研究》2017年第2期，第19—33页；包澄章：《"支持阵线"的演变与"基地"组织的战略选择》，载《阿拉伯世界研究》2017年第6期，第63—77页。

② 哈姆扎生于1989年，外号"恐怖王储"（Crown Prince of Terror），2011年父亲本·拉丹被击毙后，哈姆扎发誓以父亲的名义和以"捍卫伊斯兰教者"之名对美国进行报复。2017年9月16日，哈姆扎呼吁全球穆斯林加入叙利亚武装组织对抗巴沙尔政权，标志着其在"基地"组织内部的影响力正在上升。参见Ali Soufan, *Anatomy of Terror: From the Death of bin Laden to the Rise of the Islamic State*, New York: W. W. Norton & Company, 2017; "Bin Laden's Son Hamza Issues New Call to Arms against Assad," *Al Arabiya*, September 16, 2017, https://english.alarabiya.net/en/News/middle-east/2017/09/16/Bin-Laden-s-son-Hamza-issues-new-call-to-arms-against-Assad.html, 登录时间：2017年9月20日。

凸显了该组织正将战略重心从叙利亚和伊拉克逐渐向外围转移的战略考量。

3. 宗教极端主义或进入新一轮扩散期

实体受到重创的“伊斯兰国”正把巩固宗教极端意识形态作为该组织维系分支实力和外围支持的主要任务之一，包括继续强化宗教极端主义和暴力观念的输出。2017年，“伊斯兰国”组织加大力度开发专用社交媒体平台和加密技术，应对其在Twitter、Telegram、Facebook等主流社交媒体账号被关闭导致成员间沟通和宗教极端主义传播受阻的现实。欧洲刑警组织在2017年3月的一次联合行动中，捣毁了“伊斯兰国”和“基地”组织52个用于秘密招募成员的社交媒体平台。① “后伊斯兰国”时代的国际反恐形势决定了宗教极端主义的传播将变得更加隐蔽、更难以监测，这对西亚国家的反恐提出了新的挑战。

4. 极端分子加速“回流”威胁地区国家安全

伴随伊拉克摩苏尔、叙利亚代尔祖尔和拉卡等城市的先后收复，“伊斯兰国”实体在伊拉克和叙利亚溃败后，其外籍武装分子从当地转移的态势或将从之前零星的个体“回流”上升至成规模的集体“回流”和转移。据苏凡集团（Soufan Group）的研究报告数据，截至2017年9月，国际刑警组织已经收集了约1.9万名加入“伊斯兰国”组织的成员信息，目前来自33个国家的5600名极端分子已返回本国。② 其中，返回突尼斯、沙特、约旦三个中东国家的极端分子数量分别为800人、760人和250人。③ 非洲联盟的官员则表示，“伊斯兰国”组织的6000名非洲籍成员可能已返回非洲大陆，④ 为该组织实施“外围报复”提供了可能。从风险等级来看，“回流”人员大致可分为五类：第一类是较早或短暂停留后离开，且未卷入“伊斯兰国”组织的极端分子；第二类是停留时间稍长，但不完全认同“伊斯兰国”组织的外籍人员；第三类是对“伊斯兰国”组织策略和战略不持任何怀疑态度的极端分子；第四类是完全忠于“伊斯兰国”，但因领土失守等原因被迫离开，或被俘虏和遣送回本国者；第五类

① Michael Holden, “Islamic State Militants Developing Own Social Media Platform: Europol,” *Reuters*, May 3, 2017, https://www.reuters.com/article/us-security-islamic-state-socialmedia/islamic-state-militants-developing-own-social-media-platform-europol-idUSKBN17Z1KS, 登录时间：2017年10月9日。

② The Soufan Group, *Beyond the Caliphate: Foreign Fighters and the Threat of Returnees*, The Soufan Center, October 2017, pp.18, 5, http://thesoufancenter.org/wp-content/uploads/2017/11/Beyond-the-Caliphate-Foreign-Fighters-and-the-Threat-of-Returnees-TSC-Report-October-2017-v3.pdf, 登录时间：2018年1月9日。

③ Ibid., p.18.

④ “6,000 ISIL Fighters Could Return to Africa, AU Warns,” *The National*, December 11, 2017, https://www.thenational.ae/world/mena/6-000-isil-fighters-could-return-to-africa-au-warns-1.683452, 登录时间：2017年12月19日。

是被“伊斯兰国”派往他国为“哈里发国”进行战斗的武装分子。[①] 简氏恐怖主义与叛乱中心的研究报告指出，“回流”的极端分子掌握制作简易爆炸装置、使用枪械、操作无人机等实施暴恐活动的关键性技能，这将有助于协助当地恐怖网络发动更加复杂的攻击。[②] 至2017年2月，“伊斯兰国”组织仍在对其招募的欧洲籍成员提供长达七个多月的武装训练，以便其未来在海外发动恐怖袭击，使得西亚及周边地区的反恐形势日益严峻。

① The Soufan Group, *Beyond the Caliphate: Foreign Fighters and the Threat of Returnees*, pp.18-21.

② Jane's Editorial Staff, "Terror Risks in Europe to Increase in 2018 as Islamic State's Foreign Fighters Return," *IHS Markit*, February 13, 2018, https://ihsmarkit.com/research-analysis/Terror-Risks-in-Europe-to-Increase-in-2018-as-Islamic-States-Foreign-Fighters-Return.html, 登录时间：2018年2月20日。

2017年的北非地区形势

赵　军[①]

摘要：2017年北非地区形势总体上起伏不大，但仍存在一些明显变化。政治上，北非国家大致出现了变革中寻求稳定和强化集权两种政治趋向；经济上，北非国家处于经济恢复期，宏观经济普遍好转，但经济恢复有限，结构性矛盾依然突出，核心经济指数不佳，经济有增长、社会欠发展仍是该地区的最大现实；安全上，地区各类社会矛盾、国家内部权力纷争、恐怖主义泛滥以及国家间的领土和外交争端等仍是威胁地区稳定的主要因素，导致各类传统和非传统安全威胁依然严重。

关键词：北非地区；政治形势；经济形势；安全形势

北非地区[②]国家政治制度各有不同，社会经济发展水平参差不齐，面临的安全挑战也各有特点。2017年地区形势总体上起伏不大，地区格局并未出现结构性变化。政治上，北非国家都在试图寻求新的政治变化，产生了不同的政治结果。经济上，地区国家宏观经济总体上有所好转，特别是利比亚出现了内战后首次经济大增速，但整个地区的结构性困境依然如旧，核心经济指数不佳，经济有增长、社会欠发展仍是该地区的最大现实。安全上，地区各类社会矛盾、国家内部权力纷争、恐怖主义泛滥以及国家间的领土和外交争端等仍是威胁地区稳定的主要因素。

---

① 赵军，上海外国语大学中东研究所副教授。

② 注：北非地区通常指撒哈拉沙漠以北地区，包括摩洛哥、阿尔及利亚、突尼斯、利比亚、埃及和苏丹等阿拉伯国家，本报告将同为阿拉伯国家的毛里塔尼亚也作为分析对象。

一、北非国家政治形势

2017年北非国家政治发展情况各异。摩洛哥旨在强化王权并得以顺利实现，突尼斯所谓的改革深陷困境，埃及、苏丹、阿尔及利亚和毛里塔尼亚等国或在极力维持集权或是在寻求集权的路上，利比亚在政治重建进程中则开始了新一轮的博弈。

近些年来，开明威权主义是摩洛哥政治发展的典型特征。同其他阿拉伯国家相比，摩洛哥有着高度的政治包容性和政治稳定性，但2017年摩洛哥政治改革几乎停摆，鲜见可圈可点之处，遏制反对派、强化王权成为政治实践的中心内容。2016年10月，正义与发展党再次成为议会第一大党，并负责组建新政府。自此，摩洛哥政治围绕组建联合政府的权力争斗渐次拉开，并很快有了结果。2017年3月，阿卜杜拉·本·基兰[①]因在既定时间内未能成功组阁，且公开批评俄罗斯的叙利亚政策，被国王穆罕穆德六世视为同王室唱反调，遂终止其首相职务，同时任命前外长、正义发展党主席萨阿德丁·奥斯曼尼为新首相，此举被普遍解读为王室力量（包括国王及其顾问、商界精英、官僚和保皇党等支持力量）在清除异己和拒绝进一步政治革新的举措。[②]2017年8月，穆罕穆德六世在登基18周年庆典讲话中，明确强调了王权政治权威不容挑战和强化威权的合理性。[③]与内政改革不彰相比，2017年摩洛哥对外交往范围不断扩大，在积极实施周边"防御性外交"[④]基础上，不仅成功恢复了其非洲联盟成员国资格，而且继续实现新突破，包括重启同南非等非洲国家外交关系、制

① 注：本·基兰是正义与发展党总书记。2016年10月，该党在议会选举中获得395个席位中的125个，位居各政党之首，本·基兰随后被任命为首相，负责组建内阁。但由于始终不能与其他党派组成议会绝对多数，组阁未果。

② Isabelle Werenfels and Ilyas Saliba, "No Rivals to the King", SWP Comments, May 2017, https://www.swp-berlin.org/fileadmin/contents/products/comments/2017C17_wrf_Saliba.pdf, 登录时间：2017年12月26日。

③ Kristen Kouttah, "Morocco's King is Serious About Reform," http://moroccoonthemove.com/2017/08/03/moroccos-king-serious-reform-kristen-kouttab/#sthash.rPcvG8eW.dpbs, August 3, 2017, 登录时间：2017年12月26日。Heba Saleh, "Rabat Pushes Modernity as Morocco's Political," *Financial Times,* November 3, 2017.

④ See Ahmed El Morabety, "Evolution of Moroccan Defence Diplomacy," *Contemporary Arab Affairs*, Vol.10, Issue2, 2017, pp.241-255.

定并落实反恐合作计划、启动对拉美外交新战略[①]以及实施全球宗教外交计划[②]等。

在2017年，阿尔及利亚的政治发展继续呈现威权主义和老人政治并存的特点。2016年阿尔及利亚宪法修正案规定，总统由普选产生且任期不超过两任，省市议员由普选产生。这些规定被普遍认为是阿尔及利亚走向政治民主化的关键举措。但是，阿尔及利亚的政治角力并未因此化解。自独立以来阿尔及利亚军权和总统之间的权力平衡始终属于该国政治的核心事务。近年来，在国家权力格局中，布特弗利卡总统采取了继续强化和巩固总统权力的做法。[③] 2016年1月，布特弗利卡成功解散与其对垒的情报与安全部（DRS），同时通过密令组建了由其直接领导的新安全部（DSS）。在绝对掌控警察、军队和情报等所有安全机构后，布特弗利卡在利用新安全部制约军队的同时，又拒绝其参与决策。在此背景下，阿尔及利亚于2017年5月举行了修宪后的首次议会选举，执政联盟两大政党民族解放运动和民族民主解放阵线赢得地方议会大部分席位。这次议会选举表面上是布特弗利卡兑现修宪时的政治承诺，但它实质上仍是一次缺乏透明、公平和自由的选举。[④]在外交方面，2017年是阿尔及利亚在非洲"失去地盘"和"缺乏国际交流"之年。在西撒哈拉问题上，阿尔及利亚获得的原有政治支持几乎消失殆尽，大多数非洲国家转而支持摩洛哥。另外，由于布特弗利卡年迈衰弱，在2017年所有重要的地区和国际峰会均未露面，也成为阿尔及利亚对外交往缺乏活力和朋友圈明显缩小的重要原因。

在2017年，苏丹巴希尔政权在同政治反对派的对垒中，仍然拒绝政治改革，拒绝接受反对派提出的800余项建议，致使自2014年启动的"全国对话"未取得任何积极成果。因此，国内反对派继续在指责巴希尔政权的同时，不时组织武装力量对政府军发难，特别是巴希尔总统在不同场合传递其有意参加2020年总统大选后，更引起国内反对派的强烈谴责。在外交方面，2017年是巴希尔执政以来苏丹对外关系变动最为频繁和最富有戏剧性的一年。在美国于

① Hassan Masiky, "Strategy for New Approach to Moroccan Diplomacy in Mexico and Latin America," *Morocco World News*, March 14, 2017.

② Irian Tsukerman, "A Tale of 300 Ulemas: Is Morocco's Religious Diplomacy the Future of Muslim Communities Worldwide?" *Morocco World News*, December 20, 2017.

③ Rachid Tlemcani, "The Purge of Powerful Algerian Generals: Civil-military Reform or Presidential Power Grab?" February 12, 2017, http://studies.aljazeera.net/en/reports/2017/02/170212111608848.html, 登录时间：2018年4月8日。

④ Minakshi Sardar, "Parliamentary Elections in Algeria, 2017," *Contemporary Review of the Middle East*, Vol.5, Issue 1, 2018, pp.74-86.

2017年10月宣布暂停对苏丹长达20年的制裁后，① 巴希尔却因美国拒绝支持其继续执政而突然激烈抨击美国，同时力邀俄罗斯军事保护苏丹。② 在处理同伊斯兰国家关系时，苏丹频频采取非常规举措。在中东地区，苏丹公开同沙特等海湾阿拉伯国家唱对台戏，支持伊朗和卡塔尔；从也门撤回参与沙特领导的打击胡塞武装的苏丹军队；大力发展与土耳其的关系等。在同周边国家的关系中，苏丹不惜恶化同埃及关系，积极支持埃塞俄比亚在尼罗河上游建设“复兴大坝”。苏丹处理周边外交的随意方式，在相当程度上为其自身及地区稳定带来了潜在的负面影响。

2017年毛里塔尼亚的政治改革出现了新变化。现任总统阿齐兹在围绕宪法修改的博弈中大获全胜。依据宪法，阿齐兹总统将在2019年结束第二任期后必须离职。但是，阿齐兹试图通过改革议会，进而通过修宪以延长总统任期。③ 2017年8月5日，毛里塔尼亚就修宪（主要包括以地方委员会代替参议院、修改国旗图案等）进行了全民公投，85%的投票人支持阿齐兹总统的修宪动议。④ 这意味着毛里塔尼亚废除参议院将成为事实，也为阿齐兹继续留任到2024年甚至更长时间打开了方便之门。⑤

2017年的埃及政治有两方面的变化值得关注。一是埃及主要政治反对派基本丧失了政治参与能力。2017年埃及塞西政权继续实行高压控制，通过多种手段，使政治反对派丧失了反击能力。埃及政府通过打压、分化、瓦解、拉拢现存政党组织，造成各反对派支离破碎，影响力有限，群众基础差，甚至使大众对政党政治失去信心。在穆斯林兄弟会被解散和萨拉菲光明党转而支持塞西政权后，埃及政治反对派基本失去了强大的社会动员能力。另外，政治反对派并非铁板一块，世俗派与宗教派、自由派与保守派、左派与右派势力等经常为了争夺势力范围而互相倾轧，至今没有形成一个能够对塞西政权构成真正威胁的政治反对派联盟。二是塞西保持着较高的社会支持率。这可从埃及社会上

① Carol Morello, “US Lifts Sanctions on Sudan, Ending Two Decades of Embargo,” *Washington Post*, October 6, 2017,

② “Sudanese President’s Visit to Russia: What Was Al-Bashir Thinking?” Middle East Monitor, November 27, 2017, https://www.middleeastmonitor.com/20171127-sudanese-presidents-visit-to-russia-what-was-al-bashir-thinking/，登录时间：2018年1月12日。

③ Gregory H. Stanton, “Reform Mauritania Now,” *Washington Times*, November 30, 2017.

④ “Mauritania Votes on Controversial Constitutional Reform,” August 5, 2017, http://www.aljazeera.com/news/2017/08/mauritania-votes-controversial-constitutional-reform-170805081519439.html，登录时间：2018年1月12日。

⑤ “Mauritania Senate Abolished in Referendum,” BBC, http://www.bbc.com/news/world-africa-40847092 l，登录时间：2018年1月12日。

下备战2018年总统大选中得以管窥。尽管由于经济疲软、恐怖主义泛滥、公务员改革、新闻自由以及宗教族群矛盾等问题使塞西的社会支持率有所起伏，但仍保持着较高的社会支持度。2017年9月，中东社交媒体“蜂巢”发布的一份报告显示，支持塞西连任竞选的仍高达61%。[①] 另外，埃及主要政党放弃推荐本党候选人，支持塞西连任竞选，包括埃及议会第一大党“自由埃及人党”、埃及建党历史最长的“自由华夫脱党”、“大会党”、“自由宪政党”、“保守党”、“未来捍卫者党”、“自由党”、“民族未来党”、“民族进步联合党”、萨拉菲光明党以及埃及体育联合会等。在对外关系方面，埃及进一步密切同中国的关系、恢复同美国反恐合作和军事演习、同俄罗斯关系走出低潮、继续同沙特等海湾阿拉伯国家保持亲密合作、妥善处理同埃塞俄比亚和苏丹等国因领土和水资源问题带来的外交危机。

在突尼斯，沙赫德政府继续致力于民主政治和社会变革，[②] 并推出多项政治、经济和社会改革计划。在社会改革方面，突尼斯政府出台《大赦法》，以解决阿里政权时期遗留的政治犯问题；[③] 废除1973年禁止穆斯林妇女同非穆斯林男子通婚的法律，以图解放女性和打破宗教与世俗之间的壁垒；改革工资体系和补偿体系以提升国家金融能力，增加对困难家庭提供补助和住房以改善民生。在经济改革方面，突尼斯议会批准了沙赫德政府的经济改革计划，包括实施经济自由化改革、促进市场竞争、争取国际货币基金援助以及全面落实《金融法》等措施。[④] 在外交上，突尼斯政府继续推行“没有敌人”（Zero Enemy）的外交战略，赢得了美国、中国、海湾阿拉伯国家和欧盟国家的政治和经济支持。

利比亚多方政治力量争斗的格局在2017年仍无根本改变，即由国民代表大会支持的图卜鲁格“东部政府”、由宗教势力支持的的黎波里“救国政府”、在联合国主导下成立的民族团结政府等主要政治力量仍在缠斗之中。但有两点值得关注：一是解决利比亚政治重建进程中联合国计划的落实。2017年9月，联合国新任利比亚事务特派代表萨拉梅公布了一份利比亚政治重建的“行动计划”，包括修改“2015年利比亚政治协议”（LPA）、举办一次利比亚全国大会，

---

① 赵军：《埃及备战2018年总统大选》，载《世界知识》2018年第2期。

② Sheena Mckenzie, “Tunisia Plans Social Reforms in Wake of Protests,” CNN, January 14, 2018, https://www.cnn.com/2018/01/14/africa/tunisia-protests-government-reforms-intl/index.html，登录时间：2018年2月11日。

③ Nadia Marzouki, “Why Tunisia Just Passed Controversial Laws on Corruption and Women’s Right to Marry,” *Washington Post*, September 21, 2017.

④ 杨月涵：《民生问题引发示威，突尼斯“茉莉”不再芬芳》，载《北京商报》2018年1月14日。

以及据此尽快采用宪法框架和选举框架。该计划得到了图卜鲁格议会和的黎波里高级政府委员会的一致支持。2017年12月17日，“利比亚和平协议”到期。2018年1月，联合国又出台了利比亚总统大选计划（即2018年年底前举行总统大选），[①] 但该计划遭到不同政治派别的质疑，其中包括拥兵自重的哈夫塔尔将军明确表示反对普选，从而使利比亚未来局势充满变数。二是马卡德里派（Madkhali）萨拉菲力量的崛起。“伊斯兰国”利比亚分支、利比亚穆斯林兄弟会和利比亚“伊斯兰教法支持者”等力量在各方力量挤压下日渐式微后，马卡德里萨拉菲力量逐渐浮出水面，目前该派在利比亚三个主要政治派别中均有重要的军事武装和作战力量，如果马卡德里萨拉菲力量达成共识，凝心聚力，未来极有可能成为左右利比亚政治的重要力量。[②]

二、北非国家的经济形势

2017年北非国家在提振经济方面做了不少努力，采取了不同的经济政策，从宏观政策调整及其实施结果看，各国经济发展显现出不同的特征。

摩洛哥继续利用地缘和低成本劳动力的优势，积极推行多元、开放的市场化经济战略，实施全面升级改造基础设施的庞大计划，包括新修公路、高速铁路、机场、港口、博物馆、社会住房、工业园以及投资可再生能源。此外，摩洛哥还在提振旅游业，增加出口，改变过度依赖农产品等方面采取了许多措施，旨在实现多元化经济。[③] 2017年摩洛哥宏观经济指标有所好转，如GDP增长率（2.7%）好于2016年（1.6%），保持了低通胀率（0.9%）和较为合理的预算赤字率（3.7%），[④] 但仍未摆脱经济低迷状态，失业率为10.7%（2016年为10.4%），城市失业率更高达15.7%，[⑤] 营商环境和全球竞争力的世界排

① “Libya: Politics,” https://www.globalsecurity.org/military/world/libya/politics.htm, 登录时间：2018年2月11日。

② Emadeddin Zahri Muntasser, “Libya’s New Menace: Madkhalism,” *International Policy Digest*, February 3, 2017, https://intpolicydigest.org/2017/02/03/libya-s-new-menace-madkhalism/，登录时间：2018年2月11日。

③ Heba Saleh, “Rabat Pushes Modernity as Morocco’s Political,” *Financial Times,* November 3, 2017.

④ CIA World Factbook 2018: International Rankings of Morocco, https://theodora.com/wfbcurrent/morocco/morocco_international_rankings_2018.html, 登录时间：2018年2月3日。

⑤ Chaima Lahsini, “Morocco’s Economic Growth to Reach 4.4% in 2017, Unemployment Rate to Exceed 10%,” *Morocco World News*, June 21, 2017.

名都略有下降，分别为第69位（2016年为第68名）① 和第71位（2016年为第70名）。②

2017年阿尔及利亚在油气出口收入仍然有限的背景下，削减预算赤字，并继续执行2014年11月出台的经济“活动补充意见”（the Complementarity of Activities），拒绝开放市场，并将本国企业占股51%股份作为投资的前提条件，致使吸引外部直接投资量继续下滑，被戏称为“成功阻止了经济外交计划的有效实施”。③ 2017年阿尔及利亚各项核心经济指标仍无好转，GDP增长率仅为1.5%，政府预算赤字率高达10.6%，经济稳定已处于高危状态。④ 通货膨胀率虽然不高（5.5%），但远超经济增长率。另外，截至2017年12月底，阿尔及利亚的外汇储备量已下降到910亿美元（2016年年底为1130亿美元），国际货币基金组织预测2018年底可能会下降到760亿美元。⑤ 国际社会对阿尔及利亚当前经济政策及其前景并不看好，虽然其全球竞争力的世界排名略有上升（从2016年的第87名提升至第86位），但营商环境的世界排名急剧下跌，从2016年第156名跌至2017年的第166名。⑥

埃及积极落实工业和基础设施发展计划，通过全面落实大型基础设施建设项目，拉动经济，带动就业，同时实施《新投资法》及其具体细则，试图打破吸引投资的旧有体制，使埃及宏观经济向利好方向发展。2017年埃及GDP增长率为4.1%，外汇储备上升到340.2亿美元，吸引外部直接投资75.47亿美元（截止2017年12月31日）。⑦ 但同2016年相比，埃及主要经济核心指数仍未得

① World Bank Group, *Doing Business 2018: Reforming to Create Jobs*, http://www.doingbusiness.org/~/media/WBG/DoingBusiness/Documents/Annual-Reports/English/DB2018-Full-Report.pdf, 登录时间：2018年2月3日。

② World Economic Forum, The Global Competitiveness Report 2017-2018, http://www3.weforum.org/docs/GCR2017-2018/05FullReport/TheGlobalCompetitivenessReport2017%E2%80%932018.pdf, 登录时间：2018年2月20日。

③ Lakhdar Benchiba, “Algiera Is Losing Ground in Africa,” *Orient* XXI, March 6,2017, https://orientxxi.info/magazine/algeria-is-losing-ground-in-africa,1747, 登录时间：2017年12月20日。

④ “CIA World Factbook 2018: International Rankings of Algeria,” https://theodora.com/wfbcurrent/algeria/algeria_international_rankings_2018.html, 登录时间：2018年2月1日。

⑤ “North Africa’s Steadiest Country Is Quietly Unraveling,” March 15, 2017, https://worldview.stratfor.com/article/north-africas-steadiest-country-quietly-unraveling, 登录时间：2018年2月1日。

⑥ World Bank Group, “Doing Business 2018: Reforming to Create Jobs,” http://www.doingbusiness.org/~/media/WBG/DoingBusiness/Documents/Annual-Reports/English/DB2018-Full-Report.pdf, 登录时间：2018年2月3日。

⑦ “CIA World Factbook 2018: International Rankings of Egypt,” https://theodora.com/wfbcurrent/egypt/egypt_international_rankings_2018.html, 登录时间：2018年2月3日。

到明显变化，9.8%的年度预算赤字率仍处于高危状态，外债高达763.1亿美元，通货膨胀率（23.5%）和失业率（12.2%）仍居高不下。[①] 国际社会对埃及经济持不同观点，埃及在世界经济论坛发布的《全球竞争力报告2017—2018》排名中从2016年的第115名跃升至2017年的第100名，[②] 但因腐败严重和政策落实的透明度差，在世界银行发布的《营商环境2018》排名中，埃及较去年（第122名）有所下滑，为128名。[③]

2017年是毛里塔尼亚经济恢复年，政府启动大型公共投资项目和经济结构改革，开发大型天然气田，国际市场金属价格回暖，基础设施、农业和渔业不断发展等，都使毛里塔尼亚经济出现利好迹象。2017年毛里塔尼亚GDP增长率为3.8%，超过非洲地区平均水平，预算赤字率（1.1%）和通胀率（2.1%）都保持较低水平，[④] 失业率（10.2%）比2016年（11.7%）有所下降。[⑤] 毛里塔尼亚营商环境的世界排名大幅提升，由2016年的第160名上升至150名，[⑥] 全球竞争力排名也上升至第133名（2016年是第137名）。[⑦]

在2017年，苏丹政府采取多种手段，以图摆脱经济困境，包括减少政府财政赤字、实行低税收政策以鼓励私人资本投资等，这些经济政策初现成效，加之美国宣布暂停制裁等因素，使一度濒临崩溃的经济暂时得到缓解。2017年苏丹GDP增长率3.7%，但通胀率（26.9%）和失业率（19.6%）高企不下，黄金和外汇储备过低，仅5.05亿美元。[⑧] 国际社会对苏丹经济前景并不看

---

① "CIA World Factbook 2018: International Rankings of Egypt," https://theodora.com/wfbcurrent/egypt/egypt_international_rankings_2018.html, 登录时间：2018年2月3日。

② World Economic Forum, "The Global Competitiveness Report 2017-2018," http://www3.weforum.org/docs/GCR2017-2018/05FullReport/TheGlobalCompetitivenessReport2017%E2%80%932018.pdf, 登录时间：2018年2月3日。

③ Ibid.

④ "CIA World Factbook 2018: International Rankings of Mauritania," https://theodora.com/wfbcurrent/mauritania/mauritania_international_rankings_2018.html, 登录时间：2018年2月3日。

⑤ Statistia, "Mauritania: Unemployment Rate from 2007 to 2017," https://www.statista.com/statistics/808787/unemployment-rate-in-mauritania/, 登录时间：2018年2月3日。

⑥ World Bank Group, "Doing Business 2018: Reforming to Create Jobs," http://www.doingbusiness.org/~/media/WBG/DoingBusiness/Documents/Annual-Reports/English/DB2018-Full-Report.pdf, 登录时间：2018年2月3日。

⑦ World Economic Forum, "The Global Competitiveness Report 2017-2018," http://www3.weforum.org/docs/GCR2017-2018/05FullReport/TheGlobalCompetitivenessReport2017%E2%80%932018.pdf, 登录时间：2018年2月3日。

⑧ "CIA World Factbook 2018: International Rankings of Sudan," https://theodora.com/wfbcurrent/sudan/sudan_international_rankings_2018.html, 登录时间：2018年2月3日。

好，[①] 苏丹营商环境的世界排名继续下滑，为第170名（2016年为第168名）。[②]

突尼斯政府在2017年实施了全面经济改革计划，但并未摆脱“三高一低”（高赤字率、高失业率、高通胀率和低外汇储备率）的长期困境。2017年突尼斯政府预算赤字占GDP的5.6%，外债310.5亿美元，GDP增长率2.3%，通胀率为4.5%，外汇和黄金储备为59.99亿美元，失业率为13%。[③] 国际社会对突尼斯经济也不看好，在世界银行发布的《营商环境2018》报告中，突尼斯的排名从2016年的第77名下降至2017年的第88名。[④]

利比亚经济几乎全部依赖油气出口，由于油气价格在低位徘徊和国内争战不休，利比亚经济曾一度连年负增长。2017年因石油产量和出口量的恢复，利比亚经济出现了自卡扎菲政权倒台后增长最快的一年，其GDP增长率为55.1%，但其他核心经济指标仍不见好转，如预算赤字率（18%）远超国际警戒线，通货膨胀率（32.8%）和失业率（30%）居高不下。[⑤] 此外，利比亚仍是世界上最不适合投资的国家，其营商环境的世界排名仅为第185名。[⑥]

三、北非国家的安全形势

因多种因素影响，北非地区各类矛盾与冲突频发，并不时发酵，深刻影响着该地区国家稳定。2017年北非地区的安全形势依然不容乐观。

（一）抗议活动、社会骚乱和武装冲突频仍

除了毛里塔尼亚和摩洛哥外，北非国家的抗议活动或武装冲突依然严重，

① World Economic Forum, “The Global Competitiveness Report 2017-2018,” http://www3.weforum.org/docs/GCR2017-2018/05FullReport/TheGlobalCompetitivenessReport2017%E2%80%932018.pdf, 登录时间：2018年2月3日。

② World Bank Group, “Doing Business 2018: Reforming to Create Jobs,” http://www.doingbusiness.org/~/media/WBG/DoingBusiness/Documents/Annual-Reports/English/DB2018-Full-Report.pdf, 登录时间：2018年2月3日。

③ “CIA World Factbook 2018: International Rankings of Tunisia,” https://theodora.com/wfbcurrent/tunisia/tunisia_international_rankings_2018.html, 登录时间：2018年2月3日。

④ Transparency International, “Corruption Perceptions Index 2017,” https://www.transparency.org/news/feature/corruption_perceptions_index_2017, 登录时间：2018年2月13日。

⑤ “CIA World Factbook 2018: International Rankings of Libya,” https://theodora.com/wfbcurrent/libya/libya_international_rankings_2018.html, 登录时间：2018年2月13日。

⑥ World Bank Group, “Doing Business 2018: Reforming to Create Jobs,” http://www.doingbusiness.org/~/media/WBG/DoingBusiness/Documents/Annual-Reports/English/DB2018-Full-Report.pdf, 登录时间：2018年2月3日。

不时影响社会稳定，导致政府政策落实频频受阻。

在阿尔及利亚，2017年共发生骚乱和抗议活动共451次，[①] 涉及各类民生问题、族群利益分配、政治分歧等，其中反对党社会主义力量阵线、民主民族大会、未来阵线党、民族解放力量等政党组织的抗议活动和柏柏尔人为争取本族群权益的抗议活动较为频繁。

在埃及，由于政府实施紧急状态法，预防工作效率提高，使2017年各类骚乱和抗议活动次数相对下降（2016年为233次，2017年为175次[②]）。但应当指出的是，针对人权问题、努比亚人和科普特人等少数族群问题的抗议示威活动实际上并未减少，如努比亚人回迁的示威抗议活动还较前些年更多。

在苏丹，2017年是巴希尔政权内忧外患之年，国内安全形势非常严峻。各类骚乱和抗议活动此起彼伏，因族群利益、失业、饥荒、难民、学生等问题而起的抗议活动有138起，政府机构、军警以及平民遭受281次不明武装攻击，而政府军警、伊斯兰激进分子、地方民兵等之间发生武装战斗多达152次，至少造成1221人死亡。[③] 其中，反政府的武装组织北方“苏丹民族解放运动”（SPLM-N）、“苏丹解放运动”（SLM）、“正义与平等运动”（JEM）、“苏丹觉醒运动委员会”（SARC）、“苏丹革命阵线”（SRF）等比较活跃，对政府军频频发动攻势，使整个达尔富尔地区仍处于动荡之中，而仅在苏丹解放运动军、苏丹民族解放运动、正义与平等运动组织之间及其政府军与其他地方民兵之间的冲突，造成至少1087人死亡。[④]

在利比亚，各派政治力量的血腥角力仍在继续，2017年至少发生304起规模不等的武装战斗，造成至少979人死亡。[⑤]

在突尼斯，政府强力推行激进经济和社会改革，引起了强烈的社会反应和政治反对派的抨击，而地方议会选举一再推迟更加剧了社会动荡，使突尼斯成为2017年北非国家中抗议活动最频繁的国家（共发生800多起抗议活动）。其中，2017年12月至2018年1月期间的抗议活动高达300余起，[⑥] 涉及出租车司机、记者、反对党、突尼斯总工会、律师、少数族群、失业毕业生等。此外，

① Armed Conflict Location & Event Data Project, Africa 1997-Present(December 31,2017), https://www.acleddata.com/data/, 登录时间：2018年2月25日。

② Ibid.

③ Ibid.

④ Ibid.

⑤ Ibid.

⑥ Armed Conflict Location & Event Data Project, Africa 1997-Present(January 27,2018), https://www.acleddata.com/data/, 登录时间：2018年3月5日。

政府军警部队同不明身份武装分子发生的直接交火事件共发生31起，造成数十人受伤。①

（二）恐怖主义活动猖獗

尽管北非地区发生的恐怖袭击次数和造成的伤亡人数总体上有所下降，特别是埃及塞西政权强力反恐后，该地区恐怖主义泛滥得到遏制，但仍是恐怖活动最为猖獗的地区之一。据全球恐怖主义指数（2017）显示，北非国家除毛里塔尼亚（134/164）和摩洛哥（123/164）外，利比亚（10/164）、埃及（11/164）、苏丹（18/164）、突尼斯（41/164）、阿尔及利亚（49/164）仍属于易受恐怖袭击的高风险国家。②

2017年北非地区国家遭受恐怖分子袭击和滋扰主要表现在两个方面：

一是频遭恐怖袭击。在阿尔及利亚，恐怖组织“哈里发战士（Soldiers of the Caliphate）”和伊斯兰国马格里布分支“陌生人旅”(El Ghoraba Brigade)分别发动了5次和2次恐怖袭击。阿尔及利亚军警遭到17次不明身份人员的武装攻击和5次伊斯兰民兵的武装攻击。上述恐袭和暴力活动共造成130多人死亡，数百人受伤。③

在埃及，由于埃及军方持续强力打击恐怖主义，使军警遭受不明身份人员武装袭击的次数锐减（2017年共发生33起，2016年至少发生219次），但2017年度仍是埃及遭受恐怖主义袭击最为严重的一年，伤亡人数均创历年之最，袭击目标包括天然气管道、工业区、警察、安保人员、外国游客、军事基地、清真寺、科普特人教堂和军事检查站等；袭击地点遍及埃及各省，北西奈省仍是重灾区。伊斯兰国分支“西奈省”发动大小袭击达141次，并制造了埃及恐袭史上最严重的袭击事件。此外，哈萨姆运动（Hasam Movement）（5次）、“伊斯兰战士”（Jund al-Islam）和革命旅（Lewaa El-Thawar）（1次）等恐怖组织也比较活跃。这些恐怖袭击及在反恐的拉锯战中，至少造成1523人死亡（包括恐怖分子），数千人受伤。④

---

① Armed Conflict Location & Event Data Project, Tunisia (2016), http://www.acleddata.com/data/acled-version-7-1997-2016/，登录时间：2017年2月10日。

② 注：国家的排名越靠前，表示发生恐怖袭击频率越高。Institute for Economics and Peace, *Global Terrorism Index 2017*, https://reliefweb.int/sites/reliefweb.int/files/resources/Global%20Terrorism%20Index%202017%20%284%29.pdf, 登录时间：2018年1月22日。

③ Armed Conflict Location & Event Data Project, Africa 1997-Present(December 31,2017), https://www.acleddata.com/data/, 登录时间：2018年2月25日。

④ Ibid.

在2017年，突尼斯同国际社会的反恐合作取得较好的效果，受袭击次数及伤亡人数创中东剧变后的历史新低，哈里发战士（4次袭击）、征服旅（El Feth Brigade，2次袭击）和效忠伊斯兰国的乌克巴·伊本·纳法旅（Okba Ibn Nafaa Brigade，2次袭击）等主要恐怖组织的活动有限，所实施的恐袭仅造成2人死亡。①

在利比亚，2017年“伊斯兰国”利比亚分支和“教法支持者”仍是最为活跃的恐怖组织，分别认领了21次和4次恐怖袭击事件。②

二是北非国家恐怖分子不断回流日益突显。“伊斯兰国”在叙利亚和伊拉克的实体瓦解后，加入该组织的外籍恐怖分子纷纷外逃，不少开始回流母国。联合国一份报告估计，近年来在伊拉克、叙利亚和利比亚加入“伊斯兰国”的突尼斯人约在5000—6000人，2016—2017年有800多名恐怖分子已返回突尼斯，有198名摩洛哥籍恐怖分子回到摩洛哥。③ 这些恐怖分子的回流无形之中增加了这些国家遭受恐袭的风险。

---

① Armed Conflict Location & Event Data Project, Africa 1997-Present(December 31,2017), https://www.acleddata.com/data/, 登录时间：2018年2月25日。

② Ibid.

③ “What nest for the IS Fighters Returning to Tunisia,” *The New Arab*, November 28, 2017, https://www.alaraby.co.uk/english/indepth/2017/11/28/what-next-for-the-is-fighters-returning-to-tunisia, 登录时间：2018年3月5日。

2017年的中国中东外交

刘胜湘 柯炎廷①

摘要：2017年的中国中东外交取得了不俗成就。中东国家领导人相继访华，中国与中东国家的政治关系得到进一步的加强；“一带一路”国际合作高峰论坛、中国—阿拉伯国家合作论坛第十四次高官会、中国—阿拉伯国家博览会和第五届中国阿拉伯友好大会使中国与中东国家合作更加深入。成就的取得主要是因为“一带一路”倡议的推进、双方领导人合力推动、战略对接不断加深等。尽管中国与中东国家的战略合作关系取得长足进展，然而中国中东外交仍面临诸多挑战。由于中东在中国外交战略中占有特殊地位，且中国与中东国家合作基础扎实，注重非机制、软约束、包容性的中国方案深得人心，未来的中国中东外交值得期待。

关键词：中国中东外交；外交成就；中国理念；中国方案；机遇与挑战

根据2016年《中国对阿拉伯国家政策文件》擘画的蓝图，2017年中国的中东外交以高层互访为引领，以“一带一路”建设为重点，并在纷繁复杂的中东事务中贡献了中国智慧和中国方案，全面深化了中国与中东的全方位务实合作，取得了十分突出的成就。尽管中国与中东国家的战略合作关系取得长足进展，然而中国中东外交仍面临诸多挑战。但由于中国与中东国家合作基础扎实，注重包容性的中国方案深得人心，未来的中国中东外交值得期待。

① 刘胜湘，上海外国语大学中东研究所教授；柯炎廷，中南财经政法大学国际问题研究所研究生。

一、2017年中国中东外交的主要成就

为深入落实2016年《中国对阿拉伯国家政策文件》和习近平主席访问中东达成的协议，2017年中国与中东国家继续保持高层频繁互访，不断深化双边的经贸、投资、人文等各领域的合作，进而使中国的中东外交不断取得新进展和新成就。

（一）友好交往促进民心交融

2017年，中国与中东国家的友好交往热度不减，民间活动异彩纷呈，充分反映了双方努力巩固传统友谊、深化合作互信的美好愿望。

1. 高层往来密切频繁

2017年3月15日至18日，沙特阿拉伯王国国王萨勒曼对中国进行正式访问，双方领导人表示要推动中沙全面战略伙伴关系不断取得新成果；3月19日至22日，以色列总理内塔尼亚胡访华，双方共同发表《联合声明》，决定建立“创新全面伙伴关系”；[①] 7月17日至20日，巴勒斯坦国总统阿巴斯访华，习近平主席同阿巴斯会谈时就推动解决巴勒斯坦问题提出四点主张，阿巴斯授予习近平“巴勒斯坦国最高勋章”，以表达对中方支持巴正义事业的深切感谢和对习近平本人的崇高敬意；[②] 5月13日，习近平会见了来华出席“一带一路”国际合作高峰论坛的土耳其总统埃尔多安；9月5日，习近平在厦门会见受邀来华出席新兴市场国家与发展中国家对话会的埃及总统塞西。

此外，中共中央政治局常委、国务院副总理张高丽，中央统战部部长孙春兰，中央军委副主席许其亮，外交部长王毅等分别对中东一些国家进行了友好访问。频繁的高层往来，加深了中国与中东国家的政治互信，密切了双方的友好关系，为进一步推进中国与中东国家的合作发展创造了良好政治条件。

2. 论坛会议应接不暇

通过举办各类官方和民间的双边、多边论坛和会议，中国和中东国家之间的理解与信任进一步加深。2017年3月15日，“‘一带一路’视角下的中埃历史关系论坛”在开罗举行，两国专家学者为推动两国关系发展建言献策；3月31日，“2017中东和平论坛暨中东和平日纪念活动”在北京举行，表达中国人

---

① 《中华人民共和国和以色列国关于建立创新全面伙伴关系的联合声明》，载《人民日报》2017年3月22日。

② 《习近平同巴勒斯坦国总统阿巴斯会谈》，载《人民日报》2017年7月19日。

民希望中东和平的愿望；5月18日，第二届“中阿青年友好大使项目”活动在开罗开幕，中阿青年围绕“青年在推进‘一带一路’中的作用”这一主题进行友好对话，促进彼此了解；[①] 9月19日，第二届中国—阿拉伯国家妇女论坛在北京举行，与会人士围绕妇女赋权与政策支持、妇女与文化传承等议题展开了高层对话和专题研讨；11月6日至7日，第五届“中国阿拉伯友好大会”在北京举行并通过《共同宣言》，表示愿加强中阿两大文明交流互鉴，加强中阿青年友好往来，开展各领域务实合作，推动中阿共同繁荣发展；[②] 11月21-22日，在苏丹首都喀土穆举办“中阿友好协会联合会会议”，探讨中阿民间领域合作前景。

此外，中国还通过金砖国家政党智库和民间社会组织论坛、新兴市场国家与发展中国家对话会、世界青年论坛、中国共产党与世界政党高层对话会等多边会议，扩大同中东国家的交流对话。

3. 人文交流活力强劲

2017年中国与中东国家人文交往亮点纷呈，为推动中国同中东国家的文化交流注入了新的活力。2月23日，由中沙联合制作的电视动画片《孔小西与哈基姆》在沙特文化新闻部剧院举行首映式，这是沙特历史上第一部本土动画片，展现了中国美食、服饰、武术和沙特风土人情；4月26日，2017年阿布扎比国际书展开幕，作为受邀的主宾国，中国展出3500种、5400多册图书，还专门举行了《习近平谈治国理政》阿文版研讨推介会，中国元素成为书展的亮点。[③] 汉语热在中东国家更是引人注目。3月20日，首个埃及私立大学汉语教学点由埃及苏伊士运河大学孔子学院在埃及英国大学设立。在土耳其，汉语课更是开进总理府，从政府高层官员到普通民众，中国文化吸引着越来越多当地人的关注，土耳其正在掀起一股“中国文化热”。[④] 6月24日，由浙江师范大学与埃及苏伊士运河大学合作成立的中国研究中心在伊斯梅利亚市举行揭牌仪式，该中心将在教师访学进修、学生交换与联合培养、经典文学作品互译以及学术科研等领域加强合作。此外，摩洛哥、埃及、突尼斯、阿联酋等阿拉伯国家对中国游客实行了免签政策。总之，中国与中东国家的文化、教育、体育、旅游等人文领域的交流与合作不断加强，进一步增进了相互了解和友谊，不断

---

① 《第二届“中阿青年友好大使项目”开幕》，载《人民日报》2017年5月19日。

② 《第五届“中国阿拉伯友好大会”在京举行》，http://www.cpaffc.org.cn/content/details21-75611.html。

③ 《“中国书香”赢得更多阿拉伯读者》，载《人民日报》2017年4月28日。

④ 《土耳其，汉语课开进总理府》，载《人民日报》2017年6月2日。

筑牢双边战略合作关系的社会与民意基础。

（二）合作发展体现共享共赢

在“一带一路”倡议的框架下，中国与中东国家坚持共商、共建、共享的原则，本着平等协商、互利共赢、和谐包容、市场运作、平衡和可持续发展的合作原则，推动双方的经贸合作关系迈上了新台阶。

1. 合作平台日趋多样

无论是政府间还是民间，多边还是双边，2017年中国与中东国家的合作平台更趋多元，渠道更加多样。2017年4月1日，在开罗举行“一带一路”工商协会联盟首届研讨会，积极寻求合作机遇，推动双边及多边经贸发展和产能合作；5月22至23日，中国—阿拉伯国家合作论坛第十四次高官会在北京召开，会议总结了中阿合作的前期成果，谋划了下阶段双方合作的重点领域和方向，对中阿共建“一带一路”、深化战略合作具有重要指导意义；5月24日，第一届中阿北斗合作论坛在上海召开，中阿双方签署合作声明，表示将加强中阿卫星导航交流合作，全面带动北斗系统落地阿拉伯国家，促进北斗系统服务于阿拉伯国家经济社会发展；9月6日至9日，2017中国—阿拉伯国家博览会宁夏银川举行，与会的中阿企业签约项目共计253个，投资额达1860.5亿元人民币。[①] 此外，3月16日在北京举行的中国—沙特投资论坛，3月21日在北京举行的中国—以色列创新合作联合委员会第三次会议，6月5日在拉巴特举行了中国与摩洛哥能源合作执委会首次会议，10月24日在开罗举办的埃及—中国投资贸易博览会，11月6日在开罗举行的首届埃及中国论坛，12月10日在阿联酋迪拜世贸中心的第八届中国贸易博览会等，都极大地推动了中阿经贸合作的发展及其机制建设。

2. 合作领域更加宽广

伴随中国与中东国家经贸合作从传统的能源、建筑等方面向信息、金融、交通、航天等领域拓展，双方的合作领域更加广泛，合作潜力更加巨大。2017年2月19—20日，中国石油天然气集团公司和中国华信能源有限公司分别与阿联酋阿布扎比国家石油公司签署协议，共获得阿布扎比陆上油田开发项目12%的权益，合同期40年，投资总金额超过50亿美元；[②] 4月23至24日，由中国贸易促进会牵头的中国企业代表团访问约旦，双方200余名企业家就加强基础

① 《融义于利，中阿合作天地宽》，载《人民日报》2017年9月15日。

② 《中阿签署能源合作新协议》，载《人民日报》2017年2月22日。

设施、信息通信、制造业等领域合作进行了对接洽谈；[①] 5月14—15日，在北京举行的“一带一路”国际合作高峰论坛上，中国与许多中东国家达成了从框架协定到具体领域的全方位合作成果，涉及能源、电力、金融投资、基础设施等众多领域；9月15日，《联合国防治荒漠化公约》第十三次缔约方大会在内蒙古自治区鄂尔多斯市落下帷幕，中国治沙经验也受到中东国家的重视。

3. 合作项目落地见效

中国与中东国家的经贸合作不仅有顶层设计，许多项目更是落地生根，造福百姓。例如，2017年2月10日，中土合作建设的10亿立方米地下天然气储气库在土耳其中部阿克萨拉伊省开始注气运行，这是土耳其第一个也是目前世界上单腔体积最大的盐穴储气库项目，将有效缓解土耳其天然气短缺局面；[②] 4月9日，中远海运集装箱运输有限公司在土耳其伊斯坦布尔举行西北欧—地中海区域航线首航仪式，这将为开拓“一带一路”沿线国家市场创造更好条件，同时也有利于发挥伊斯坦布尔和土耳其区域辐射的优势；[③] 4月19日，中国—阿曼（杜库姆）产业园举行奠基典礼和企业入驻签约仪式，标志着中阿双方在产能合作方面迈出重要一步；5月25日，由中国葛洲坝集团股份有限公司承建的大型水电项目在伊朗西部洛雷斯坦省鲁德巴河谷地区正式并网投产，该项目年发电量10亿千瓦时，占伊朗水电装机总量的4%，对于缓解当地电力短缺、节约煤炭资源、提高供电质量、治理环境污染以及改善民生都具有积极意义。[④] 中国投资在埃及经济恢复的过程中更是扮演着十分重要的角色。8月15日，中埃合作“埃及斋月十日城市郊铁路项目”签字仪式在埃及总理府举行；10月11日，中埃签署了埃及新首都中央商务区项目总承包合同等。

（三）贡献促和、维稳的中国智慧

在2017年，中国继续秉持公道正义，始终坚定支持中东地区的和平发展事业，从而赢得了中东国家的信赖。

1. 提出解决巴以问题的“四点主张”

巴勒斯坦问题是中东问题的核心，攸关中东地区的和平稳定和繁荣发展。2017年7月18日，习近平主席在会见来华访问的巴勒斯坦国总统阿巴斯时，就推动解决巴勒斯坦问题提出四点主张：一是坚定推进以“两国方案”为基础

① 《中国企业代表团访问约旦》，载《人民日报》2017年4月26日。
② 《中土合作天然气储气库开始注气运行》，载《人民日报》2017年2月12日。
③ 《中国航运企业开通西北欧—地中海新航线》，载《人民日报》2017年4月11日。
④ 《中国承建伊朗大型水电项目并网投产》，载《人民日报》2017年5月27日。

的政治解决；二是坚持共同、综合、合作、可持续的安全观；三是进一步协调国际社会的努力，壮大促和合力；四是综合施策，以发展促进和平。[①] 这四点主张旨在推动巴以双方的互信，争取早日重启和谈，实现共同持久的安全。阿巴斯高度评价并支持中国就推动政治解决巴勒斯坦问题提出的建设性倡议，希望中国在中东和平进程中发挥更大作用。此后，在联合国安理会等多个国际舞台上，中国多次阐述中国的“四点主张”，呼吁有关各方积极响应和支持。

2017年12月21日至22日，第三次巴以和平人士研讨会在北京举行。这是继2006年12月在北京和2013年12月在耶路撒冷两次举办研讨会之后，中国再次为推动巴勒斯坦问题的解决启智献策。在美国总统特朗普宣布耶路撒冷为以色列首都之后，中国政府宣布认同联合国大会12月21日通过的决议，该决议主张任何宣称改变耶路撒冷地位的决定和行动“无效”。由此可见，中国一直是巴以和平的坚定支持者，并为早日实现中东全面、公正、持久和平付出了不懈努力。

2. 针对地区热点问题表明立场态度

中东地区因为领土纠纷、民族冲突、资源争夺等多种因素相互交织，加上外部力量介入和恐怖主义滋长，导致地区长期动荡不定、热点问题不断，严重影响地区和平与稳定。针对2017年土耳其、埃及等中东国家发生的多起恐怖主义袭击爆炸事件，习近平主席多次向土耳其总统埃尔多安、埃及总统塞西致慰问电，强烈谴责暴恐袭击事件，坚决反对一切形式的恐怖主义，愿同土耳其、埃及和国际社会加强合作，共同防范和应对恐怖主义威胁。针对沙特和卡塔尔断交引发的海湾危机，中国支持政治和外交解决大方向，支持在海合会框架内通过对话解决分歧。[②] 针对叙利亚问题，解晓岩特使8月9日在《人民日报》发表署名文章，进一步阐述了中方的立场主张，包括政治解决的大方向、叙利亚的未来由叙利亚人民自主决定、彻底歼灭恐怖势力、支持叙利亚重建工作、确保叙利亚的主权独立和领土完整等。[③] 针对伊朗核问题，中方支持和维护伊核全面协议这一历史性成果，愿继续参与协议执行进程。[④] 中国在中东事务上始终秉持客观公正的立场，为推动政治解决巴以、伊核、叙利亚危机等地区热点问题，积极劝和促谈，发挥了建设性作用。

① 《习近平同巴勒斯坦国总统阿巴斯会谈》，载《人民日报》2017年7月19日。
② 《王毅谈中方对当前海湾危机的三点主张》，载《人民日报》2017年7月20日。
③ 解晓岩：《期待叙利亚政治进程聚沙成塔》，载《人民日报》2017年8月9日。
④ 《王毅出席伊朗核问题六国与伊朗外长会议》，载《人民日报》2017年9月22日。

3. 为促进和平发展，贡献中国力量

在中东问题上，中国不仅一贯坚持公正立场，希望各方相向而行，始终坚持维护地区安全与稳定。① 面对战乱、贫困、难民和战后重建等现实问题，中国也在力所能及的范围内尽量提供人道主义援助。中国先后多次向叙利亚医院捐助医疗器械，与叙方签署关于提供无偿援助的经济技术合作协定，为叙利亚提供了多批人道主义援助。截至2017年6月，中国已向叙利亚及地区国家提供了总计约6.8亿元人民币的人道主义援助，用来帮助难民和流离失所者。② 7月9日，首届叙利亚重建项目洽谈会在北京举行，探求双边合作契机。2017年8月17日至26日，中国20多家企业参加了第59届大马士革国际博览会。2017年11月2日，在联合国安理会难民问题公开会上，中国提出标本兼治、客观中立的原则，主张既要加大对接收国和接收社区的支持和援助力度，也要着力解决难民产生的根源，推动难民来源国稳定发展，为难民返乡创造条件。同时，还要避免对有关国家的内部事务造成干涉，防止国际难民保护机制被政治化和滥用。③ 在国际维和方面，受联合国委派，中国先后有十六批多功能工兵维和部队开赴黎巴嫩，帮助清除地雷，还当地人民以安全。

二、中国中东外交的动力机制

2017年中国中东外交之所以取得上述成果，原因是多方面的，既是中国与中东国家长期以来传统友好关系使然，也是双方发展转型带来的合作需求趋强的内在要求，更是双方政府推动尤其是中国主动作为的必然结果。

（一）“一带一路”倡议促进新发展

自2013年习近平主席提出“一带一路”倡议以来，它已经得到越来越多的国家的积极响应，因为这一彰显中国智慧的倡议致力于构建全方位、多层次、复合型的覆盖亚欧非大陆及附近海洋的互联互通网络，以实现沿线各国多元、自主、平衡、可持续的发展。④ 几年来，无论是在二十国集团峰会、亚太

① Ding June & Cheng Hongjin, “China’ Proposition to Build a Community of Shared Future for Mankind and the Middle East Governance,” *Asian Journal of Middle Eastern and Islamic Studies,* Vol. 11, No. 4, 2017, p.9.

② 《德拉停火为叙利亚和谈创造条件》，载《人民日报》2017年6月19日。

③ 《中国代表呼吁标本兼治解决难民问题》，载《人民日报》2017年11月4日。

④ 中国国家发展改革委、外交部、商务部:《推动共建丝绸之路经济带和21世纪海上丝绸之路的愿景与行动》，载《人民日报》2015年3月28日。

经合组织领导人非正式会晤等场合，还是高层互访中，中国都重点阐释和大力推动“一带一路”，从而使“一带一路”倡议在规划设计、项目落实、金融创新以及思想认识、舆论宣传、民心建设等各领域都取得显著成果。2017年，中国与“一带一路”沿线国家贸易总额达73745亿元，比2016年增长17.8%；对“一带一路”沿线国家直接投资额144亿美元，承包工程业务完成营业额855亿美元，增长12.6%。① “一带一路”是“十三五”乃至更长时期内我国三大发展战略之一的战略定位越发清晰。②

中东地区地处连接亚欧非大陆的特殊位置，是“一带一路”陆海大通道的交汇地带。历史上，丝绸之路曾让中阿两大文明体紧密相连、彼此吸引、交相辉映。当前，中东国家迫切希望发展与中国的经贸伙伴关系，而“一带一路”倡议则为深化中国与中东国家合作搭建了新平台。在推进“一带一路”建设的过程中，科威特、沙特、伊朗、土耳其等十多个中东国家成为“亚投行”的成员国，中国与埃及、沙特等国家签署了产能合作协议，与中东国家在能源、信息、金融、交通、教育等领域的合作不断深化拓展，中国已成为中东地区的第二大贸易伙伴。2017年5月，土耳其总统埃尔多安、巴勒斯坦总统府秘书长塔伊布、科威特宫廷事务大臣纳赛尔等中东国家元首、政府高级官员以及阿盟、海合会等中东地区组织代表出席了在北京主办的“一带一路”国际合作高峰论坛，中国与中东国家在基础设施、产业投资、经贸合作、能源资源、金融合作、人文交流、生态环境和海上合作等众多方面达成许多合作成果，涵盖了政策沟通、设施联通、贸易畅通、资金融通、民心相通等各个领域。③ 中方强调“一带一路”是和平之路、繁荣之路、开放之路、创新之路、文明之路，这一主张得到了中东国家的积极响应和广泛支持。毫无疑问，随着“一带一路”倡议的持续完善和强劲推动，相关合作协议和成果的实施落地，中国与中东国家的互利合作关系将进一步得到强化。

（二）双方战略对接契合合作大势

中国和中东国家都面临着转型发展的共同任务。改革开放40年来，中国取得了举世瞩目的发展成就，综合国力显著增强，国际影响力不断提高。但是

---

① 中华人民共和国国家统计局：《2017年国民经济和社会发展统计公报》，载《人民日报》2018年2月28日。

② 中国现代国际关系研究院世界政治所课题组：《中国特色大国外交稳中有进》，《现代国际关系》2017年第1期，第12页。

③ 《“一带一路”国际合作高峰论坛成果清单》，载《人民日报》2017年5月16日。

当前中国经济“已由高速增长阶段转向高质量发展阶段，正处在转变发展方式、优化经济结构、转换增长动力的攻关期。”① 在这一重要发展时期，中国无论是从发展空间来看还是从发展内涵来说，都需要拓展延伸和提质升级。就中国的对外经济而言，必然“需要实现以贸易为主的浅层融入向投资、贸易、服务综合融入的转变”，② 对外开放的大门将越来越大。要支撑这一转型，既需要对外广交朋友，又要求自身苦练内功，从顶层设计层面规划好发展战略。“一带一路”倡议就是要通过与包括中东在内的沿线国家共同规划和合作建设，以“创造性转移”的方式为中国经济的结构调整与质量提升提供新的发展空间。当然，这一战略设计不仅仅是为了中国自己，而是从区域及至全球发展合作的高度为世界提供一种创新型发展合作新模式。2015年5月，中国政府制订了实施制造强国战略的第一个十年行动纲领——《中国制造2025》，提出了通过“三步走”实现制造强国的战略目标，规划了五大工程，提出了十大领域的质量品牌提升计划，③ 中国制造业整体进入一个快速发展时期。近年来，包括信息通信、航空航天、轨道交通、新能源等领域的创新成果不断涌现，“中国制造”的品牌外溢效应日益显现，为推动中国与中东国家的产能合作提供了战略支撑和重要保障。

21世纪以来，新能源开发进程正不断消解中东国家传统的能源结构优势，导致绝大多数没有完整工业体系、缺乏高端科技、农业基础薄弱的中东国家日益面临巨大的社会发展风险。为应对面临的挑战，中东国家迫切需要改变自身的经济结构，加快社会经济改革步伐。2016年以来，中东一些国家先后出台旨在促进经济转型的发展战略和计划，如阿曼启动了《第九个五年发展计划（2016—2020）》和《加强经济多元化国家计划》，沙特出台了《沙特2030愿景》计划，阿联酋制定了《阿联酋后石油战略》和《阿联酋未来战略》等，以推进社会改革、加强国家建设、降低对石油经济的依赖。2017年初，沙特推出可再生能源计划，阿联酋也公布了“2050能源计划”，海湾国家在核电、可再生能源等新能源领域进行大规模的投资。同时，为配合经济转型，中东许多国家在基础设施建设、产能优化升级、工业改造、农业发展等众多方面也表现出强

① 习近平:《决胜全面建成小康社会 夺取新时代中国特色社会主义伟大胜利》，人民出版社2017年版，第30页。

② 张洁主编:《中国周边安全形势评估（2016）》，社会科学文献出版社2016年版，第4页。

③ 《中国制造2025》规划的五大工程，包括制造业创新中心建设的工程、强化基础的工程、智能制造工程、绿色制造工程和高端装备创新工程。十大领域包括新一代信息技术产业、高档数控机床和机器人、航空航天装备、海洋工程装备及高技术船舶、先进轨道交通装备、节能与新能源汽车、电力装备、农机装备、新材料、生物医药及高性能医疗器械。

劲的需求，这无疑为中国加快与中东国家实现发展战略对接创造了有利条件。因此，当2017年3月沙特国王萨勒曼访华时，中沙签署了涉及教育、投资、技术转让、工业贸易等领域的多个协议和备忘录。2017年5月，“一带一路”国际合作高峰论坛期间，中国与许多中东国家达成了从框架协定到具体领域的全方位合作成果。中国与土耳其政府签署国际运输及战略对接协定，与埃及等国有关机构签署港口、电力、工业园区等领域基础设施融资合作协议，与阿盟、海合会签署能源领域合作备忘录，与伊拉克、巴勒斯坦、黎巴嫩、叙利亚等国政府签署经贸合作协议，与阿联酋签署关于加强产能与投资合作的框架协议，与埃及签署农业合作三年行动计划（2018—2020年），与沙特有关企业签署电网升级改造、燃煤电站、煤矿改造等项目贷款协议，与伊朗、埃及、土耳其等有关国家金融机构签署框架合作协议等，[①] 都是双方战略对接的成果。正是由于中国基于公平合作、互利双赢、共谋发展的原则，充分发挥和挖掘各自的优势，大力推动双方发展战略的无缝对接，才使中国与中东国家的合作领域不断拓展，合作内涵不断丰富，合作成果不断涌现。

（三）双方领导人合力推动取得新成就

中国与中东国家双边关系发展不断取得丰硕成果，既是千百年来丝绸之路承载的“和平合作、开放包容、互学互鉴、互利共赢”精神薪火相传的逻辑延伸，也有前文所述双边发展战略对接的内生需求，更与双方领导人的合力推动密不可分。

早在2014年6月在北京召开的中阿合作论坛部长级会议上，针对中国与阿拉伯国家战略合作和未来双边关系发展，习近平主席就提出了“1+2+3”合作格局[②] 的构想，并得到阿拉伯国家的热烈响应。2016年1月，中国政府发布的首个《中国对阿拉伯国家政策文件》，成为新时代指导中阿关系发展的行动指南。2016年新年伊始，习近平主席出访沙特、埃及、伊朗，体现了中国对发展同三国以及整个中东地区关系的高度重视。习近平主席在阿盟总部发表重要演讲时进一步强调，“要抓住未来5年的关键时期共建‘一带一路’，做中东和平的建设者、中东发展的推动者、中东工业化的助推者、中东稳定的支持者、中东民心交融的合作伙伴”，并为此提出促进中阿关系发展的四项行

① 《“一带一路”国际合作高峰论坛成果清单》，载《人民日报》2017年5月16日。

② “1+2+3”合作格局：中阿共建“一带一路”，构建以能源合作为主轴，以基础设施建设、贸易和投资便利化为两翼，以核能、航天卫星、新能源三大高新领域为突破口的合作格局。

动。[①] 可以说，习近平主席站在中阿关系历史和未来的战略高度，精心设计中国与阿拉伯国家双边关系发展的蓝图，规划中阿合作的重点，明确推动合作的具体举措，为新时代中国与阿拉伯国家战略合作伙伴关系的发展指明了方向。

2017年，中国与中东国家领导人继续大力推动双边关系的发展。3月，习近平主席同访华的沙特国王萨勒曼会谈时表示，中方支持沙特实现“2030愿景”，欢迎沙特成为共建“一带一路”的全球合作伙伴，也愿做沙特经济多元化的全球合作伙伴。两国元首一致同意把中沙关系放在各自对外关系中的优先位置，促进各领域务实合作，推动中沙全面战略伙伴关系不断取得新成果。[②] 3月21日，习近平主席会见来访的以色列总理内塔尼亚胡时，双方宣布建立创新全面伙伴关系，表示要通过加强政治沟通、强化发展战略对接、巩固民意基础，在共建“一带一路”框架内稳步推进重大合作项目，为两国人民带来更多实实在在的好处。5月13日，习近平主席会见来华出席“一带一路”国际合作高峰论坛的土耳其总统埃尔多安，双方强调要尊重和照顾彼此核心关切，通过深化安全反恐合作、加强战略对接、强化重大项目合作，推动双边关系取得更大发展。9月5日，习近平主席在厦门会见埃及总统塞西，双方表示要在各自改革发展和实现民族复兴道路上携手同行，支持在共建“一带一路”框架内促进发展战略对接，以推动中埃全面战略伙伴关系不断发展。[③] 在2017年中国领导人与中东国家元首频繁会面的同时，双方还签署了包括能源、产能、交通、文化、教育、科技、安全等领域的双边合作文件。可以看出，中国和中东国家领导人都对双边关系的发展持非常积极和肯定态度，双方都致力于通过战略对话加强沟通，凝聚更多政策共识，使双边友好关系再上新台阶。

（四）中国中东大国外交满足了中东需求

在中国的外交全局中，大国是关键，周边是首要，发展中国家是基础，多边是重要舞台。中国外交既延续着改革开放以来基本的布局框架，又在日新月异的外交实践中不断开拓创新，在处理同外部世界关系中日益展现中国特色、提供中国方案、贡献中国智慧。特别是十八大以来，以习近平总书记为核心的党中央统筹国内国际两个大局，纵览中国和世界发展大势，紧紧围绕实现“两个一百年”奋斗目标，积极推进外交理论和实践创新，提出了坚持正确义利观、合作共赢的国际秩序观、公平开放全面创新的发展观、共同综合合作可持

① 习近平：《习近平谈治国理政（第二卷）》，外文出版社2017年版，第461—465页。

② 《中华人民共和国和沙特阿拉伯王国联合声明》，载《人民日报》2017年3月19日。

③ 《习近平会见埃及总统塞西》，载《人民日报》2017年9月6日。

续的安全观、共商共建共享的全球治理观，以及倡导构建人类命运共同体等一系列新理念新主张，[①]“形成全方位、多层次、立体化的外交布局，为我国发展营造了良好外部条件”。[②]

中东外交既是中国特色大国外交的系统构成部分，也是中国一系列外交新理念新主张在大周边及发展中国家的实践运用。从政治层面看，2016年以来，在国际和地区形势复杂变化之际，中国从中东地区大国入手，通过提升与沙特、埃及、伊朗三国的全面战略伙伴关系，带动中国与中东国家关系进入全方位发展的快车道。2017年，沙特、以色列、土耳其、巴勒斯坦、埃及等中东国家领导人相继访华，中国与中东地区主要力量之间形成更加紧密的联系，为中国进一步拓展中东外交的覆盖面创造了更加有利的政治条件。从经济层面来看，面对全球贸易保护主义的回潮，中国高举经济全球化旗帜，依托“一带一路”这一重要合作平台，不断深化与中东国家共建“一带一路”的全方位合作，不仅有助于促进中东国家转型发展，还让合作成果最大程度惠及民生，从而不断夯实中国与中东国家关系发展的社会基础。从安全层面来看，中国一直主张“世上没有绝对安全的世外桃源，一国的安全不能建立在别国的动荡之上，他国的威胁也可能成为本国的挑战。”[③]面对中东地区乱局，中国旗帜鲜明地反对一切形式的恐怖主义，主张通过对话方式政治解决争端与冲突，实现国家和地区的和解、和平和稳定，避免利用热点问题滥用武力、干涉他国内政。正是由于中国的公道正义，巴勒斯坦总统阿巴斯希望中国在中东和平进程中发挥更大作用；土耳其等国家表示愿就中东局势同中方保持密切沟通，进一步深化安全领域的合作。

三、未来中国中东外交前景展望

未来中国中东外交实践未必一路坦途，也许会遭遇许多困境，面临诸多难题，但只要以习近平新时代中国特色社会主义思想为理论指导，以《中国对阿拉伯国家政策文件》为行动指南，以落实“一带一路”倡议为现实抓手，坚持

① 中国现代国际关系研究院世界政治所课题组：《中国特色大国外交砥砺前行》，《现代国际关系》2018年第1期第7页。

② 习近平：《决胜全面建成小康社会 夺取新时代中国特色社会主义伟大胜利》，人民出版社2017年版，第7页。

③ 习近平：《习近平谈治国理政（第二卷）》，外文出版社2017年版，第541—542页。

正确义利观，树立共同、综合、合作、可持续的新安全观，[①] 就可以继续推进中国与中东国家双边关系保持更高水平的发展，使中国在促进中东地区和平与发展事业中发挥更具建设性的作用。

近年来，在中国和中东国家的共同努力下，双方合作有了明确方向，合作框架结构更趋完善，合作内容不断充实丰富，合作成果令人鼓舞。但中国也必须重视客观存在的困难和风险。

中东乱局是中国中东外交不得不首先面对的一道难题。当前，中东地区不仅因恐怖主义、民族矛盾、教派争端等因素而引发的局部战争、暴恐袭击、武力冲突，还有地区格局持续失衡可能导致的地区失序，[②] 以及域外大国干预下的中东国家选边站队所形成的阵营对抗，这些都可能对中国与中东国家的合作造成重大冲击。此外，中东地区是大国博弈的重要场所，当今中东地区所有的热点问题背后几乎都有美国、俄罗斯等大国的身影，利益分歧导致的代理人战争或政府与反政府力量的对抗，给中东国家百姓带来无尽的伤害。中国如何在复杂的中东事务中发挥为域内外国家所承认的建设性作用，对中国的中东外交而言是极大的挑战。

尽管中华文明与伊斯兰文明有着2000多年的友好交往历史，但是两大文明之间也存在显而易见的差异。虽然这些差异是世界文化丰富多元的体现，也说明了文化交流互鉴是推动人类文明进步与世界和平发展的重要动力，但这种文化差异同样也会带来两者在认知层面和实践层面的误解和分歧。如果这些问题被某些别有用心的势力利用放大，则“一带一路”建设在中东国家的深入推进势必遭遇各种困难和障碍。因此，如何把对文化的彼此尊重融入中国与中东国家关系的每一个细节，做到“不同民族、不同文化要‘交而通’，而不是‘交而恶’，彼此要多拆墙、少筑墙”，[③] 通过民心相通不断筑牢中国与中东国家合作交流的坚实基础，无疑是中国中东外交必须长期考虑的一个重大课题。

在未来中国中东外交实践中，困难和问题肯定是难免的，但只要中国与中东国家始终秉承以诚相待共享发展的理念，做大公约数，中国与中东国家关系发展一定可以取得新突破。未来中国中东的外交将具有以下特点。

首先，中东在中国外交战略中的地位将更加重要。从战略层面来讲，发展

---

① 习近平:《决胜全面建成小康社会 夺取新时代中国特色社会主义伟大胜利》，人民出版社2017年版，第25页。

② 刘中民、孙德刚主编:《中东地区发展报告（2016—2017）》，世界知识出版社2017年版，第6页。

③ 习近平:《共同开创中阿关系的美好未来》，载《人民日报》2016年1月22日。

与中东国家的全面战略伙伴关系，进一步扩大中国的朋友圈，不断拓展中国西部方向的战略回旋空间，一定程度上可以起到对美国特朗普政府“印太战略”的对冲作用，从而部分化解来自东部方向的战略压力。从经济方面来看，面对美国的贸易保护主义势头，发挥中东地区的枢纽作用，使“一带一路”倡议向非洲和欧洲延伸扩展，进而充实和丰富国际经济合作版图，有利于促进中国对外经济合作渠道的多元化。从安全领域来说，2017年中国深化与土耳其、埃及等中东国家的安全合作，有助于压缩中东恐怖主义组织的生存空间，形成联合反恐的高压态势，从而对“东突”等恐怖组织产生震慑作用。

其次，中国与中东国家合作基础扎实，势头强劲。在双方领导层的直接推动和科学规划下，中国与阿拉伯国家“1+2+3”合作新格局基本成形，全面合作共同发展的战略合作关系取得阶段性成果。2017年，中国与阿拉伯国家的贸易额达1913.4亿美元，同比增长11.9%。更为重要的是，中国对阿出口985.3亿美元，进口928.1亿美元，① 双方进出口额基本平衡。在2017中国—阿拉伯国家博览会上，中阿企业签约项目投资额更是达到1860.5亿元人民。② 这说明，中国与包括阿拉伯国家在内的中东国家经济互补性强，产业关联度高，合作愿望强烈，互利共赢体现充分，为下一步双方合作向纵深推进奠定了坚实基础。

最后，中国理念和中国方案的价值日益显现。美国以武力解决中东问题的方式存在着一系列问题和严峻的“道德困境”，③ 不为各方所接受。与此相反，由于反映中国理念的中国方案吸取不同方案的经验教训，坚持正义和理性原则；④ 坚持尊重主权和不干涉内政；坚持客观和公正，坚持和平解决和多边参与，⑤ 因而越来越获得国际社会的积极响应和普遍认同。2017年2月，“构建人类命运共同体”理念和共建“一带一路”倡议首次被写入联合国决议中。⑥ 中国共产党的十九大报告将“坚持推进构建人类命运共同体”列入了新时代中国

① 《商务部西亚非洲司：2017年中国对阿拉伯国家贸易数据统计》，http://xyf.mofcom.gov.cn/article/date/201803/20180302718137.shtml

② 《融义于利，中阿合作天地宽》，载《人民日报》2017年9月15日。

③ Alex J. Bellamy: “The Responsibility to Protect and the Problem of Military Intervention,” *International Affairs,* Vol.84, No.4, 2008, p.631.

④ Degang Sun, “China and the Middle East Security Governance in the New Era,” *Contemporary Arab Affairs*, Vol.10, No.3, 2017, p.364.

⑤ Liu Shengxiang & He Hui, “China’s Solutions to Security Governance in the Middle East and the Assessment,” *Asian Journal of Middle Eastern and Islamic Studies* Vol.11, No.4, 2017, pp.41-43.

⑥ 《联合国决议首次写入“构建人类命运共同体”理念》，载《人民日报》2017年2月11日。

特色社会主义基本方略。[①] 深度参与和主动引领全球治理，也成为中国推动国际秩序变革、塑造外部发展环境的重要着力点。随着“伊斯兰国”在叙利亚和伊拉克的溃败，中东地区力量重组可能进入新一轮较量之中，中东和平发展面临新的抉择，迫切需要一个既能为各方所接受又能引领中东国家摆脱战乱冲突的新治理方案。在此背景下，注重非机制、软约束、包容性的中国方案[②] 有望在中东地区事务中发挥更大的作用，未来中国中东外交值得期待。

① 习近平:《决胜全面建成小康社会 夺取新时代中国特色社会主义伟大胜利》，人民出版社2017年版，第25页。

② 孙德刚等著:《冷战后中国参与中东地区治理的理论与案例研究》，社会科学文献出版社2018年版，第35页。

专题报告四

中东主要国家发展报告

2017年沙特阿拉伯的政治、经济与对外关系

丁 俊[①]

摘要：2017年以来，沙特阿拉伯在内政外交方面动作频频，步履惊人，展现出大刀阔斧推进政经改革、远交近攻拓展对外关系的强劲态势。内政方面，通过换储、反腐等重大政治举措确立以新王储穆罕默德·本·萨勒曼为核心的权力中心，实现王室权力重心的顺利下移。新王储不断推出“新政”，以多项政策举措推进社会世俗化进程，加快经济转型与多元化发展，提升国家开放度；外交方面，沙特一年之内与中、美、俄等世界大国成功开展首脑外交，力图谋求更加自主、平衡的大国外交，重视发展与亚洲国家关系，“向东看”、“向东走”战略趋势不断加强。然而在周边外交方面，沙特除继续深陷也门、叙利亚乱局，与伊朗对峙加剧外，又与邻国卡塔尔交恶，引发地区断交危机，进而对中东地区局势变化增添变数，也为海湾地区安全稳定带来负面影响。

关键词：沙特阿拉伯；政治形势；经济形势；对外关系

一、2017年以来沙特的政治形势

（一）废侄立子扶正王储，权力重心顺利下移

2017年6月21日，年逾80的沙特国王萨勒曼下诏，废黜其侄子纳伊夫的王储职务，立自己的儿子穆罕默德·本·萨勒曼为新王储，并让其继续担任国防大臣等重要职务，这是沙特王室对权力过渡做出的重大政治安排。事实上，为走好这一步，萨勒曼国王可谓处心积虑，早有谋划，此前还走了另外重要的

① 丁俊，上海外国语大学中东研究所教授。

两步。第一步：2015年1月23日，前国王阿卜杜拉去世，现国王萨勒曼继位，随即任命侄子穆罕默德·本·纳伊夫为副王储，预示着“兄终弟及”的王位继承制即将生变，同时任命儿子穆罕默德·本·萨勒曼担任国防大臣，后又任命其担任国家经济和发展委员会主席，执掌国家内政外交大权。第二步：2015年4月，萨勒曼国王免去穆克林的王储职务，任命侄子穆罕默德·本·纳伊夫担任王储（实为临时性、过渡性人物），标志着自沙特建国以来一直延续的王位继承制度被彻底打破，同时又任命穆罕默德·本·萨勒曼为副王储，为顺利走好第三步——即扶正穆罕默德·本·萨勒曼的王储职务铺平了道路，至此，穆罕默德·本·萨勒曼擢升之路仅剩继承王位最后一步了。

这次废侄立子的换储事件，无疑是沙特政治生态变化中的重大事件，将对沙特内政外交产生重大影响。首先，此次王储易人为新王储顺利继位铺平道路，不仅标志着沙特王位继承制度发生重大改变，王室权力重心由第二代顺利下移和过渡至第三代，而且标志着以新王储穆罕默德·本·萨勒曼为核心的新的权力中心已经确立；其次，此次换储有利于沙特王室走出长久以来难以摆脱的“老人政治”生态，实现国家领导人的年轻化，进而推动王国朝臣官员的年轻化进程，为改革发展带来新的活力。新王储穆罕默德·本·萨勒曼年仅31岁，并兼任国防大臣、国家经济与发展委员会主席等要职，已全面掌控沙特内政外交事务，直接负责军事、安全与经济等关键领域，这次被“扶正”将有助于由他操盘的包括“2030愿景”规划在内的一系列改革举措有效实施与推进，总体上有利于沙特的改革、发展与稳定；第三，新王储曾到访美国、中国和俄罗斯，与各大国领导人均已有一定程度的接触与互信，王储易人也有助于沙特与域外大国保持和加强关系，推进其较为平衡的大国外交。第四，王储易人也将对沙特周边外交产生重要影响。自2015年穆罕默德·本·萨勒曼担任副王储和国防大臣以来，在周边外交中锋芒毕露，用兵“征讨”也门胡塞武装，加强与伊朗的地区战略博弈，并与伊朗、卡塔尔相继断交，显示出咄咄逼人的强硬立场，担任王储后，其对伊朗的立场或将更趋强硬，未来在周边外交方面如何出手尚待观察。

值得注意的是，这次“换储”在共有34位成员的“王室效忠委员会”的表决中获得31人支持，另有3人反对，显示王室高层中对“换储”并未达成完全一致的支持和效忠。由于萨勒曼国王打破王位继承传统，扩张家族权力，全力实行“子承父业”的纵向王位继承制度，势必引起王室其他利益集团不满，引发王室内部不同家族和派系间的不和与矛盾，甚至为未来沙特政权的稳定性埋下隐患，新王储未来能否顺利继位以及继位后王位的稳固性等尚存一定风险，因此，沙特王室内部权力斗争的变化情况仍有待进一步观察。

（二）"王储新政"推动社会变革，"反腐"风暴震动朝野

2017年，在老王萨勒曼的庇护和支持下，沙特政坛新强人穆罕默德·本·萨勒曼雷厉风行，大刀阔斧，陆续推出一系列惊世骇俗的"新政"，挑战多年保守传统，移风易俗，全力推动社会变革，加速沙特社会世俗化进程。这些或可称为"王储新政"的变革举措，除了集中体现于经济领域外，还体现在宗教、社会和政治等诸多领域。

宗教方面，穆罕默德·本·萨勒曼明确宣称要让沙特重返"温和伊斯兰"的轨道，强调必须与各种极端主义思想作斗争。2017年10月24日，王储在利雅得举行的一次国际投资论坛上讲话时称：我们将回归到从前的温和伊斯兰教，要立即对极端主义意识形态进行打击。过去30多年沙特发生的事情不正常，整个地区发生的事情都不正常。在1979年伊朗伊斯兰革命之后，不同的国家都想复制这种模式，其中包括沙特。这个问题已经蔓延到世界，现在是要纠正的时候了。王储认为，是1979年的伊朗伊斯兰革命刺激了包括沙特在内的地区国家，引发了宗教极端主义思潮。[①] 作为沙特的国家领导人，这样罕见而大胆的讲话，意味着对本国多年来奉行的宗教路线的反思与批判，这势必引起宗教界传统势力的不满甚至反对。尽管王储这番表态把问题的根源归向伊朗，但其着眼点主要还是针对国内的改革，因此具有重要积极意义。显然，这位作为沙特未来掌舵人的新王储越来越意识到，本国保守、激进乃至极端的宗教势力是其推行改革的重大阻力和障碍，要顺利施展自己推进经济改革与社会变革的抱负，一场与宗教保守和激进势力的斗争将在所难免。事实上，2017年以来，已有不少被当局视为是激进分子的宗教学者和异见人士陆续遭到禁言、禁闭和逮捕，对清真寺聚礼日演讲的审查管控也在不断加强；长期以来负责管理和维护公共场所宗教规范的"劝善戒恶"机构也被撤销，政教关系呈现出日趋紧张的态势。

社会方面，回归"温和"宗教的理念也在付诸实践，其中最受关注的是在改善女权、推动女性就业方面的一系列举措。沙特是全世界唯一禁止女性驾车的国家，2017年9月26日，沙特发布国王令，首次允许女性驾车.解除妇女禁驾在沙特国内引起强烈反响，也备受国际舆论关注。沙特驻美大使称：

---

① 《沙特王储表示将废除极端主义，重返"更温和伊斯兰"》，凤凰网：http://news.ifeng.com/a/20171025/52788962_0.shtml，登录时间：2018年2月8日。

“这是我们王国历史性的重要日子”，美国国务院称此举是“向着正确方向迈出的伟大一步”。[①] 此外，沙特还首次准许女性与男性同场参加国庆日庆典、进入体育场馆观赛等重大活动。2018年起，又首度开放女性参军服役、允许女性参加某些体育赛事等，还破天荒任命三位女性担任政府大臣职务。除了改善女权、推动女性就业外，“王储新政”还力图通过发展娱乐业和旅游业、发放旅游签证、开放电影业等诸多举措，提升社会开放度，推进王国的世俗化进程。

政治方面，“王储新政”的最大举措是掀起了一场沙特立国以来史无前例的反腐风暴。2017年11月4日，沙特宣布成立国家最高反腐委员会，由王储亲自挂帅，担任委员会主席职务。就在委员会成立当晚，4名现任大臣、11名前任大臣及数十名王子和富商以涉嫌腐败和洗钱等罪名被拘禁，其中包括在任经济和计划大臣，前利雅得省省长、国防部前副大臣，前财政大臣，前皇家典礼局局长，前沙特航空公司总裁，前沙特电信公司总裁，以及沙特首富瓦立德王子等多名王室高层成员，这些“大老虎”被囚禁在利雅得的豪华酒店里接受当局调查和审讯。这场反腐风暴来势之猛，不仅震动沙特朝野，而且也令国际社会大为惊异，一时间，利雅得的丽斯卡尔顿酒店及“入住”其中的众多高级别“客人”成为国际媒体关注的热点话题。

尽管丽斯卡尔顿酒店里的这些“客人”最终多以向当局交付“赎金”的方式陆续“退房”，但这场反腐风暴所传递出的沙特王室高层政治生态变化的诸多信息却异常复杂。由于严重缺乏透明度以及机制化、法制化的运作程序，致使外界对这次反腐风暴存在多种解读，最为普遍的解读就是认为这是沙特王室以“反腐”为名上演的一次“宫斗戏”，意在强化萨勒曼家族权力，剪除异己，巩固新王储执政地位。事实上，腐败问题是困扰沙特王室的痼疾，反腐也是沙特顺利推进改革必不可少的环节，因此，这次强力反腐行动还是受到本国民众的广泛欢迎和支持，无疑具有重要的积极意义。2018年2月，穆罕默德·本·萨勒曼王储在接受《华盛顿邮报》采访时表示，腐败是侵害沙特国家肌体的毒瘤，无论它生长在哪一个肢体上，都必须强力摘除。[②] 王储的最新表态显示其反腐行动将持续进行，由此看来，反腐已然成为“王储新政”推进国家综合治理与改革发展的一项重要政治举措。2月底，沙特又更换多名军队高

---

① 《沙特国王下令解禁女性驾车，女司机明年6月可上路》，《参考消息》网，http://www.cankaoxiaoxi.com/world/20170928/2235911.shtml，登录时间：2018年2月8日。

② 《穆罕默德·本·萨勒曼王储：最终目标是摘除腐败毒瘤》，https://www.elwatannews.com/news/details/3116183，登录时间：2018年3月1日。

级将领，显示身兼国防大臣的王储整肃军务、发展军事工业、推动国防建设的决心，其“反腐”行动或将进一步在军界展开。

二、2017年以来沙特的经济形势

（一）全年经济形势总体趋稳

2017年，沙特陆续出台一系列推进经济改革的政策举措，着力实施“2030愿景”规划，力图开源节流，增加收入，推进经济多元化发展，全年经济形势总体趋稳向好。据沙特财政部2017年年底公布的数据，2017年前三季度财政收入共计4501.22亿沙特里亚尔，比2016年同期增长23%，其中非石油收入1428.06亿里亚尔，同比增长6%。[①] 统计数据显示，进入第四季度，沙特非石油经济发展持续向好，主要归因于国内总需求的增长。[②] 沙特2017年财政收入较2016年增长34%，达到6960亿沙特里亚尔，财政赤字低于此前两年。[③] 统计数据显示，2017年沙特实际财政赤字为2300亿沙特里亚尔，占国内生产总值的8.9%，相较2016年度12.8%的比例有明显下降。[④] 沙特财政部表示，赤字规模逐渐收窄表明了沙特政府财政政策的改善及管理水平的提升，也说明政府为经济多元化及实现收支平衡所进行的改革举措初见成效，如能持续，将有望在2020年后达到收支平衡的目标。[⑤] 国际货币基金组织（IMF）也对沙特政府2017年以来采取的改善投资环境、提高政府管理透明度和公信力以及相关财政改革举措给予积极评价。沙特政府公布的2018年财政预算额为9780亿沙特里亚尔（约合2608亿美元），创历史新高。根据新预算，2018年要实现财政收入7830亿沙特里亚尔，其中石油收入占比为63%，政府计划于2023年实现财政收支平衡，并将国内经济对石油的依赖度降至50%。

沙特中央银行的统计数据显示，沙特外汇储备总额自2017年10月提升83亿美元后，连续三个月呈现上升态势，截至2017年底达到18616亿沙特里亚尔

---

① 沙特财政部数据：https://www.mof.gov.sa/financialreport/Pages/default.aspx，登录时间：2018年2月10日。

② 中华人民共和国驻吉达总领事馆经济商务室：《沙特非石油经济发展依旧向好》，http://jedda.mofcom.gov.cn/article/jmxw/201711/20171102666906.shtml，登录时间：2018年2月10日。

③ 数据来源：EIU country data：Saudi Arabia, https://eiu.bvdep.com/version-20171023/cgi/template.dll?product=101&user=ipaddress&dummy_forcingloginisapi=1，登录时间：2018年2月10日。

④ 沙特财政部数据：https://www.mof.gov.sa/mediacenter/news/Pages/news_19122017.aspx

⑤ 中华人民共和国驻吉达总领事馆经济商务室：《二季度沙特预算赤字规模收窄》，http://jedda.mofcom.gov.cn/article/jmxw/201708/20170802626717.shtml，登录时间：2018年2月11日。

（4965亿美元），[①] 这是自2014年油价暴跌以来首次连续三个月增长。[②] 近年来，沙特不断提取外汇储备弥补因石油收入锐减导致的财政赤字，致使外汇储备屡创新低，2017年外汇储备止跌回升，既有国际油价小幅复苏的因素，也有某些政策举措以及沙特海外资产中非美元部分的增值、流入主权财富基金中资金转移模式的变化及美元贬值等多种因素。

（二）多项举措力推经济转型发展

2017年，沙特政府连续采取包括削减公共开支、增加税收、扶持非石油经济行业、建设经济特区、吸引外资与高新技术和产业、发行债券、推进私有化改革与劳动力市场本土化等一系列政策举措，着力促进就业，增加财政收入，推进经济转型发展。

自2016年年末以来，沙特开始削减政府开支和高官福利补贴。从2017年第一季度财政收支来看，国家公职人员工资福利因此降低5%，但在公共开支中的总占比仍超过50%，依然是沙特政府高额开支的症结所在。沙特多年来一直执行全国单一增值税税率，大部分商品和服务采用5%的税率，部分商品和服务执行免税和零税率。2017年6月起，沙特天课和税务总局对烟草和软饮料征收特殊货物税，其中软饮料税率提升为50%，功能性饮料、香烟等税率提升为100%；[③] 沙特还颁布了《增值税法》（Value Added Tax Draft Law）和《增值税法实施条例》（Value Added Tax- Implementing Regulations），于2018 年1月1日起开始征收增值税。预计此举将带动GDP提高2%左右，在一定程度上减轻对石油收入的过度依赖及油价对经济增长的影响。为避免因征收增值税等政策带来的涨价影响到中下阶层，沙特政府已为半数以上家庭开通“公民账户”，发放现金补贴。中东经济学家杰森·图维（Jason Tuvey）认为，该补贴加上此前大约720亿里亚尔的非石油经济部门刺激注资，将与增值税和其他税收新政的收入相持平。[④]

沙特矿产资源丰富，矿业发展在推进经济多元化中占有重要权重，预计将

---

① 沙特中央银行（货币管理总局SAMA），http://www.sama.gov.sa/ar-sa/EconomicReports/MonthlyStatistics/monthly%20bulletin%20dec%202017.pdf，登录时间：2018年2月11日。

② 《SAMA：沙特外汇储备今年首现增势》，https://www.alarabiya.net/ar/aswaq/banks/2017/12/31/-إلى-الأجنبية-الأصول-صافي-ارتفاع-السعودية487دولار-مليار--.html，登录时间：2018年2月12日。

③ 沙特公报：《6月10日起征收特殊货物税》，http://saudigazette.com.sa/article/179403/Selective-tax-from-June-10，登录时间：2018年2月5日。

④ 阿拉伯新闻：《2018年是经济的“试金石”》，http://www.arabnews.com/node/1211776/saudi-arabia，登录时间：2018年2月12日

会成为原油和石化产品之后的第三收入来源。2017年，沙特政府开始加大矿业开发力度，鼓励本国和外国投资者投资矿业，优化、简化投资流程，努力提高矿产资源开发能力，提高产品附加值，计划要在2020年实现矿产产值970亿里亚尔，创造9万个就业岗位，为此，拟斥资1660亿里亚尔（约合440亿美元）打造拉斯赫伊尔（又称海尔角）和瓦德希麦勒两座工矿业城。[①]

2017年，沙特推出多项旨在消除妨碍房地产市场发展的政策举措，如出台房地产投资信托（基金）使用和上市法规及有利于取得物业产权的新抵押贷款法，对未开发地征收2.5%的地产税、公共投资基金成立房地产再融资公司等。[②] 2017年年底，沙特住房部和房地产开发基金会宣布启动2018年第二阶段住房计划，将在全国各地推出30万个住宅或融资“产品”，以进一步推动房地产业发展。

2017年10月，沙特宣布斥资5000亿美元，在北部与约旦、埃及毗邻的红海滨海地区建立占地26500平方公里的“新未来”（NEOM）经济特区，旨在充分利用其地理位置优势，打造集能源、水业、生物 、食品、科技、制造、休闲娱乐业等领域为一体的高新产业投资园区和科技创新中心，联通亚、非、欧，加强与周边及世界各国的经济合作，“新未来”特区将建立独立的税收、投资、劳动法等高度自治的管理体系和法制系统，吸引国际高新技术和产业入驻，进而带动沙特经济的开放发展。国际货币基金组织认为，“新未来”特区建设计划与中国的“一带一路”倡议以及G20集团同非洲国家签订的投资促进协定相得益彰，将有助于促进欧、亚、非三洲之间的投资和贸易合作。[③]

推动私有化改革、提升私营经济在GDP中的占有率，是沙特“2030愿景”规划中提出的推进经济多元发展的重要举措之一。沙特私有化改革涉及众多国家资本控制的大型企业，包括阿美石油公司、沙特电力公司、沙特国家水公司等以及邮政、教育、医疗、交通运输等公共领域。私有化改革以包括股权转让（IPO或拍卖）、特许经营权、服务外包等模式进行。为此，沙特成立了隶属于经济规划部的国家私有化中心，以推动私有化进程。阿美石油公司的股权转让

① 中华人民共和国商务部：《沙特多措并举力促本国矿业发展》，http://www.mofcom.gov.cn/article/i/jyjl/k/201611/20161101905383.shtml，登录时间：2018年2月13日。

② 中华人民共和国驻沙特阿拉伯王国大使馆经济商务参赞处：《沙特首都房地产市场格局生变，公寓房价飙升36%》，http://sa.mofcom.gov.cn/article/jmxw/201802/20180202709787.shtml 登录时间：2018年2月13日。

③ 路透社：《IMF对沙特投资500亿美元的商业区表示赞赏》，https://www.reuters.com/article/us-saudi-imf/imf-endorses-saudi-plan-for-500-billion-business-zone-idUSKBN1D00HE，登录时间：2018年2月14日。

是其私有化改革进程中的重头戏，备受国内外关注，但因上市地点迟迟未定等因素影响，阿美首次公开募股进展仍处于停滞状态，能源大臣表示希望2018年将持续推进阿美改制募股进程。

为降低失业率、实现劳动力市场本土化，沙特政府采取了多项措施，如限制非沙特籍劳力输入、向外籍劳工征收居留费、定额沙籍员工在某些行业中的比例等。此外，政府削减工资、开征增值税等举措也在一定程度上加大了外籍劳工的生活成本，迫使部分外籍劳工放弃在沙工作。[①] 沙特货币管理局数据显示，2017年沙特外籍劳工向外汇款1416亿里亚尔，为近五年来最低，截止到2017年第三季度，约有12.8万名外籍劳工离职。然而外籍劳工并非影响沙特经济和就业的主要因素，因此此举实际上难以从根本上改善本国人的就业形势。[②]

（三）多元发展依然面临挑战

2017年，尽管沙特开始实施“2030愿景”规划相关举措，着力推进经济改革，经济形势总体呈现平稳向好趋势，然而，由于受诸多因素影响，未来经济转型与多元发展依然面临巨大压力，存在诸多困难、风险和不确定性。

首先，沙特财政收入与经济发展长期仰仗石油输出，造成国民经济对石油美元的严重依赖性，由此导致的经济结构单一及诸多积弊不是轻易可改变和消除的。因此，沙特未来经济运行大势在很大程度上仍将受制于国际油价的消涨起伏，由此带来的不稳定性和不确定性将会长期存在。

其次，沙特经济在推进经济转型与多元发展中没有足够强大的软实力支撑，虽然政府拥有较为充裕的资金投入，但业界普遍缺乏专业人才，创新发展驱动力严重不足，由此导致其多元发展举步维艰，特别是工业化进程难以快速推进，只能继续走出口能源与原材料的老路，短期内无力提高加工产品特别是高附加值的深加工产品的出口比例。沙特经济转型发展中一方面亟需各类专业人才、一方面又有大量本土劳动力失业的窘境将长期存在，并将对其经济发展形成制约，致使失业率居高不下。《沙特公报》2018年年初报道，2017年第三季度，全国失业人数超过74.5万人，其中年龄在20—29岁之间的青年人占

① 沙特公报:《62.77%境外工作签证遭拒》，此外，据沙特劳动和社会发展部公布的年度报告，2016年外国人工作签证申请拒签率达62.77%，登录时间：2018年2月15日。

② 驻沙特阿拉伯使馆经商处:《沙特货币管理局：外来劳工汇款持续走低》，http://www.mofcom.gov.cn/article/i/jyjl/k/201802/20180202708096.shtml，登录时间：2018年2月16日。

70%。据统计，2017年失业率达到11.4%，高于去年同期11.3%的比率。[①]

第三，推动经济转型发展，须强化政策保障，坚持营造开放、宽松的投资环境。2017年以来，沙特虽陆续出台多项政策举措，但能否持之以恒推进改革，完善相关体制机制，建立健全配套的法律法规，保持相关政策的连续性、稳定性和透明度，不断提高管理水平与运行效率，仍将是影响沙特经济顺利转型的重要变数。就现状而言，沙特政府在制度建设与政策完善方面还有大量工作要做，相关体制机制建设可谓任重道远。

第四，动荡不安的周边环境以及与周边邻国的紧张关系也为其经济开放发展带来负面影响。全球化时代，任何一个国家的经济改革与开放发展都离不开安全稳定的周边环境与国际环境，更离不开互联互通、互利共赢的对外交往，而沙特显然未能成功营造有利于自身发展的周边环境，不仅深陷周边战乱，与邻国对峙交恶，对邻实施封堵围困政策，这样的周边关系终将导致双输、多输局面，不仅损害自身利益和形象，也不利于地区经济的互惠合作与联动发展。

三、2017年以来沙特的对外关系

（一）与中、美、俄等国开展高层互动，谋求大国平衡外交

沙特着力推进与域外大国的关系，力图借力外围大国，藉以消解周边外交困局，谋求大国间的平衡外交。2017年一年之内，沙特与中国、美国和俄罗斯三个世界大国成功开展高层外交互动，着力深化与中国的全面战略合作，继续巩固和强化与美同盟关系，努力发展与俄罗斯的关系。

2017年3月15—18日，萨勒曼国王率庞大代表团访问中国，两国元首举行了会谈，一致同意保持双边关系发展势头，促进各领域务实合作，推动两国全面战略伙伴关系不断取得新成果。中国国家主席习近平表示，中沙关系具有实现更大发展的潜力和条件，双方应把握两国关系发展大方向，共创中沙关系更加美好的未来。萨勒曼国王赞同习近平主席对两国关系的定位和评价，表示对沙中关系高水平发展深感满意，强调沙方愿通过沙中高级别联合委员会这一平台，进一步深化两国合作，提升两国全面战略伙伴关系。[②] 萨勒曼访华期

① 数据来源：EIU country data：Saudi Arabia，https://eiu.bvdep.com/version-20171023/cgi/template.dll?product=101&user=ipaddress&dummy_forcingloginisapi=1，登录时间：2018年2月5日。

② 新华社：《习近平同沙特国王萨勒曼举行会谈，一致同意推动中沙全面战略伙伴关系不断取得新成果》，http://news.xinhuanet.com/politics/2017-03/16/c_1120641501.htm，登录时间：2018年2月25日。

间，沙中双方共签署了14项协议和谅解备忘录，包含35个合作项目，总价值达650亿美元，涵盖经贸、能源、军事、安全诸多领域。[①] 萨勒曼国王访华既展现出沙特对进一步发展和提升对华关系、加强与中国全面合作的迫切愿望，同时也体现出沙特外交“向东看”、“向东走”趋势的加强。沙特前职业外交官阿卜杜拉·奥沙马里评论说：“沙特外交政策变得更主动和自信”，正在向华盛顿传递这样一个信息：“没错，你是我们的朋友，但我们也有其他选择。”[②]

然而美国依然是沙特无法离弃的盟友。就在萨勒曼国王访华之际，副王储兼国防大臣穆罕默德·本·萨勒曼则到访美国，晤见特朗普总统，双方讨论了沙美关系及中东地区安全形势等议题。此访意在与特朗普新政府建立互信，弥合沙美关系此前出现的裂痕，寻求美对沙在地区事务中的支持，巩固沙美传统盟友关系。此后两个月，即2017年5月20日，特朗普将其外访首秀放在沙特，双方签订了数千亿美元的军售协议，美方称此举旨在保卫沙特和海湾地区安全，增强地区反恐能力。特朗普还在利雅得与55个阿拉伯—伊斯兰国家领导人举行峰会，美、沙领导人在会议上同声呼吁地区国家合力反恐、积极应对伊朗威胁。特朗普沙特之行既使沙特倍感振奋，深感其在应对“地区威胁”方面有人撑腰，同时也使美国获得巨额军售订单，赚得盆满钵满，而对中东地区和平稳定而言则未必产生积极作用。正如美国有线电视新闻网的评论称：“特朗普沙特之行的目的是军火订单，而不是促进和平。”[③]

值得注意的是，就在特朗普离开沙特后数天，副王储兼国防大臣穆罕默德·本·萨勒曼于5月29日到访俄罗斯，寻求与俄罗斯发展关系，普京总统在会见副王储时表示，俄、沙关系发展顺利，非常期待萨勒曼国王到访。2017年10月4日，萨勒曼国王正式访问俄罗斯，这是两国建交以来沙特国王首次访俄，被认为是沙特外交中的大动作。10月5日，普京在克里姆林宫举行隆重欢迎仪式，并与萨勒曼国王举行了正式会谈。普京表示，萨勒曼国王的访问是一个标志性事件，将为两国关系发展提供良好动力；萨勒曼表示，沙、俄关系的发展将对国际和平与安全、全球经济发展带来有利影响。萨勒曼访俄期间，双方签署了涵盖经贸、军工、油气等多个领域的14份合作文件，其中包括一个约10

① 环球网：《中国沙特签650亿美元“土豪单”》，http://finance.huanqiu.com/caigc/2017-03/10326244.html，登录时间：2018年2月16日。

② 上观网：《沙特国王率豪华团访问亚洲6国，想给美国传话？》，https://www.shobserver.com/news/detail?id=46223，登录时间：2018年2月17日。

③ 《特朗普首访沙特等国引发不少争议 美国外交再次“聚焦”中东》，载《人民日报》2017年5月23日，第21版。

亿美元的能源投资项目，而最令外界关注的则是，沙特从俄罗斯订购了S-400防空系统。对于长期奉行亲美外交、在军事和安全领域依赖美国、且刚刚与美国签订巨额军售协议的沙特而言，这样的举动无疑具有重要的战略考量。

萨勒曼访俄显示出沙特意欲奉行更加自主、平衡的大国外交的战略意图，表明沙特已不再愿意将自身安全利益与外交战略系于美国一身，这种与世界大国间的多元外交取向，对作为美国传统盟友的沙特外交而言，不啻是一种显著而巨大的战略调整。媒体评论称："莫斯科和利雅得之间'难以置信'的伙伴关系标志着冷战时代以来的风向剧变。"①2018年3、4月间，穆罕默德·本·萨勒曼王储连续出访英国、美国和法国，进一步显示沙特在继续经营和巩固与美同盟关系的同时，积极谋求与域外大国开展平衡外交的战略意图。

（二）全力开拓亚洲外交，周边关系再陷困局

2017年2月至3月间，萨勒曼国王率庞大团队展开了为期近一月的亚洲之旅，除访问中国外，还访问了马来西亚、印度尼西亚、日本、文莱等国家。马来西亚是萨勒曼亚洲行的第一站，访问期间，双方就提升在能源、经贸、安全、文化等多领域的合作达成共识，并签署了包括价值70亿美元的石化业投资协议在内的多份双边合作协议。访问印尼期间，双方商讨了能源合作以及遏制极端主义、打击恐怖主义等重要议题，签署了11项合作协议，涉及能源、贸易与投资、海洋渔业、中小企业、航空、教育、卫生、宗教、打击跨国犯罪等诸多领域，沙特阿美石油公司与印尼国家石油公司达成60亿美元的炼油厂升级和扩建项目。在日本，萨勒曼国王与安倍晋三首相举行了会谈，双方表示将在促进沙特经济多元化发展方面强化合作，两国首脑联合发布了名为《日本与沙特愿景2030》的协议文件，内容包括支持沙特建设经济特区、推动日本企业进驻沙特、推进在再生能源及海水淡化领域的合作等。

对萨勒曼国王的亚洲之行，媒体舆论似乎将关注的焦点集中在其奢华的行装与盛大的排场上，事实上，在豪华外表的背后，却是其日益迫切的现实隐忧。正是一系列令沙特心急火燎的重大危机与挑战才使81岁高龄的老王亲驾"出征"，力图为沙特的经济发展与对外关系开拓出新的空间。因此，萨勒曼国王的亚洲之行无疑是沙特2017年对外关系中的一出重头戏，是在国际及地区局势复杂多变的新形势下沙特对外关系中的战略性外交举措，反映出沙特内

---

① 上观新闻:《沙特国王历史性访俄 昔日对手为何"惺惺相惜"》，http://www.jfdaily.com/news/detail?id=67340，登录时间：2018年2月23日。

政外交中的多重考量和重大现实关切。经济方面，由于近年来国际油价持续低迷，迫使其寻求经济多元化发展的路径，而“加强与亚太地区的合作，吸引亚洲投资者，很大程度上能够带动沙特国内经济转型。”①政治方面，近年来沙特周边关系持续恶化，在地缘政治博弈中日现颓势，特别是与邻国伊朗关系日益紧张，对峙加剧，其作为伊斯兰世界盟主的地位严重削弱，此次亚洲行对马来西亚、印度尼西亚等伊斯兰国家的访问，还有力图提升沙特在伊斯兰世界影响力、巩固逊尼派国家反恐阵营的战略意图。

也正是基于这样的地缘政治博弈战略，使沙特继2016年上演与伊朗的断交风波后，2017年又上演了一出与卡塔尔断交的大戏，酿成中东地区又一重大外交、安全危机。2017年6月5日，沙特宣布与同为海合会成员的邻国卡塔尔断交，与沙特一起与卡断交的还有巴林、阿联酋和埃及等多国。沙特等国指控卡塔尔破坏地区安全稳定、支持恐怖主义。而引发此次断交的导火索是，卡塔尔国家通讯社网站2017年5月23日播发了据称是卡塔尔埃米尔的一次讲话，讲话中称伊朗是重要的地区国家，与其敌对不是明智之举。但卡官方随后予以澄清，称该网站遭到黑客攻击，讲话内容不实。不管如何，就在沙特与美国齐声号召合力应对“恐怖主义先锋”的峰会刚刚落下帷幕之际，传出这样与沙、美“反恐”理念相悖的调子，无疑使沙特等国感觉受到“冒犯”，因此，沙特不仅没有理会卡塔尔的解释，又进一步与其他断交国一起对卡实施海陆空封锁，使危机不断加深，而伊朗、土耳其等地区大国也借机拉拢卡塔尔，强化各自在海湾地区的渗透和存在，美国更是深度介入其中，在幕后不断搅动。沙特等断交国对卡提出包括关闭半岛电视台、降低与伊朗外交关系级别等一系列卡方认为有损其主权而无法接受的和解条件。尽管科威特等国数次出面斡旋调解，但危机延宕将近一年，迄今仍无化解迹象。

这次与卡塔尔的断交危机，是2017年沙特周边关系中的重大事件，由此引发的一系列地缘政治变化将对沙特及海合会成员国乃至中东地区局势产生长远负面影响，成为未来中东局势发展中的一个重要变数。就沙特而言，危机使其周边关系再陷困局，使其处于进退维谷、骑虎难下的尴尬境地，导致海合会这个沙特借以发挥地区和国际影响的重要平台严重受损，也使地区国家反恐战略在地缘政治博弈中进一步工具化、政治化和阵营化。因此，从长远看，沙特或将因此次断交危机付出始料不及的代价，最终可能由其谋划中卡塔尔的“半

① 新华网：《沙特国王率1500人访问亚洲6国》，http://www.xinhuanet.com/world/2017-03/03/c_129500213.htm，登录时间：2018年2月25日。

盘皆输”导致海合会的“全盘皆输”，正如阿拉伯古谚所言：“舞棒者终自伤”。

还有另一场外交风波也与沙特周边关系息息相关。2017年11月4日，访问沙特的黎巴嫩总理萨阿德·哈里里在利雅得突然宣布辞职，他指责伊朗及其代理人破坏黎巴嫩和中东和平稳定，而萨阿德·哈里里在启程赴沙前还与伊朗最高领袖哈梅内伊的外交事务顾问会面，因此他宣布辞职仿佛向世人抛出一个谜语，谜底为何引发多种猜测，外界普遍揣测萨阿德·哈里里受到沙特威逼和软禁。后经法国出面斡旋，萨阿德·哈里里辗转巴黎回国，随即再度复职。此次辞职事件几乎又在中东引发一场外交危机，沙特在其中扮演的角色颇令世人关注，也反映出沙特周边关系中的复杂形势。

2017年以来，沙特依旧深度卷入难以平息的也门、叙利亚乱局，首都利雅得还多次遭到来自也门方向的导弹攻击，安全危机不断加深；同时，不仅与邻国伊朗的关系持续紧张，对峙加剧，而且与域内大国土耳其也明争暗斗，关系不睦。穆罕默德·本·萨勒曼王储在2018年4月访问埃及时甚至公开将伊朗、土耳其（奥斯曼主义）与极端主义势力并称为中东地区的“邪恶三角”，这位新王储还指斥伊朗最高精神领袖是中东地区的新“希特勒”，[①] 扬言沙特将在未来发动对伊朗的战争。伊朗方面则回应称，这表明这位王储完全是个外交新手，政治上很不成熟，并告诫他不要忘记伊拉克前总统萨达姆·侯赛因发动战争的前车之鉴。[②] 新王储的这些莽撞言论，显示出其在周边外交中咄咄逼人的气势及其急于争夺地区大国领导地位的迫切意图。

概言之，沙特2017年以来的周边外交可谓乏善可陈，动荡不定的周边环境及紧张对峙的周边关系已对沙特的顺利改革与发展构成严重制约。沙特当局只有着眼长远，坚持与邻为善，秉持互惠共赢的交往理念，营造安全稳定的周边环境与正常和睦的周边关系，才能最终走出这种四面楚歌的周边外交困局。

四、结语

2017年是沙特内政外交发生巨大变化的一年，王室高层通过换储、反腐等重大政治举措，确立起以新王储穆罕默德·本·萨勒曼为核心的权力中心，实现了王室权力重心的顺利过渡和下移。新王储不断推出各种新政，着力提升

① 凤凰网：《沙特王储：伊朗精神领袖是中东“新希特勒”》，http://news.ifeng.com/a/20171125/53580555_0.shtml，登录时间：2018年4月25日。

② 环球网：《沙特王储称10到15年内发动对伊朗战争》，http://world.huanqiu.com/article/2018-03/11734498.html，登录时间：2018年4月5日。

妇女权益，削弱宗教力量，改善投资环境，推动社会开放度与世俗化进程，推进经济转型与多元发展。外交方面，沙特与中、美、俄等世界大国成功开展高层互动，力图谋求更加自主、平衡的大国外交，注重开拓亚洲外交空间，“向东看”、“向东走”战略趋势进一步加强；然而在周边关系方面，沙特除继续深陷也门、叙利亚乱局，与伊朗紧张对峙外，又与邻国卡塔尔交恶，引发地区新的断交危机，进而对地区局势发展增添变数，为海湾地区安全稳定及海合会国家经济联动发展带来负面影响。“王储新政”在推动沙特社会快速变化的同时，也带来一系列新的危机与风险，特别是导致国内政教关系张力不断增大，周边关系持续紧张，国家安全形势日趋严峻。因此，如何妥善处理好改革、发展、稳定的关系，有效统筹内政外交协调发展，进而营造良好的社会环境与周边环境，通过制度建设推进国家综合治理，保证改革发展行稳致远，避免社会开放导致社会分裂与教俗对立，防止与邻交恶引发新的地区动荡与冲突，无疑是未来时期考验沙特新一代领导人政治智慧的一系列重大挑战。

2017年海湾五国的政治、经济与对外关系

余 泳[①]

摘要：2017年以来，沙特率领多国与卡塔尔断交，海湾局势骤变，使得阿联酋、阿曼、巴林、卡塔尔、科威特五个海湾阿拉伯君主国的内政外交备受外界关注。在政治方面，五国继续推进转型发展，力促社会稳定；在经济方面，五国均采取措施减少油气价格低迷带来的影响，提高非油气收入；在对外关系方面，五国的政策取向进一步分化，与地区国家和域外大国的关系处于深度调整之中。一年多来，海湾五国在转型发展方面取得了阶段性成果，未来发展道路呈现多元化趋势，海合会一体化前景愈加暗淡。

关键词：海湾五国；政治形势；经济形势；对外关系

在2017年，阿联酋、阿曼、巴林、卡塔尔、科威特五个海湾阿拉伯君主国，更加小心应对国际和地区形势给各自国内带来的影响，国内政局和社会总体稳定。在延续近年经济多元化水平方面作出进一步努力，有关经济结构的调整取得了一定的成效。在对外关系方面海湾五国因年中多国与卡塔尔断交而风云突变，五个国家至少可以分为三个阵营（卡塔尔、阿联酋—巴林、科威特—阿曼）。综合来看，2017年以来各国的政治经济发展未发生颠覆性的重大事件，只是对外关系和相互间关系等方面遭受了较大波折，并对地区和国际形势造成了一定的影响。

---

① 余泳，上海外国语大学中东研究所副研究员。

一、2017年海湾五国的政治形势

2017年，海湾五国国内政局起伏不大，安全局势受到恐怖主义和极端主义的实质威胁不多，社会矛盾和民众情绪总体平稳可控，各国的全球竞争力在本地区总体上仍有比较优势。反观各国存在的不确定和不利因素，则主要集中于其一直存在的王位继承隐忧，油价低位徘徊等造成的就业难题，以及多国与卡塔尔断交并实施制裁等带来的震荡变数。

（一）阿联酋

阿勒纳哈扬家族在阿联酋的世袭统治平稳有序，阿布扎比王储穆罕默德·本·扎耶德（Sheikh Mohammad Bin Zayed）正在强化自己的权力，以期规避对国家稳定的威胁或继任危机。据阿联酋《联合报》2017年9月14日报道，阿联酋总统哈利发以阿布扎比酋长身份发布酋长令，改组阿布扎比执行委员会（阿布扎比最高权力机构），由王储穆罕默德担任主席，哈利法总统的另一王子任副主席，同时委任16位委员。[①] 阿联酋也在国内安保等方面重金投入，同时提高联邦的反恐能力。在阿联酋，联邦政府有能力为其较少的当地人口提供就业和资助。七个酋长国的统治家族和高级官员也通过一定手段消除有关人士的不满情绪，国内的所谓抗议活动很难形成气候。另外，阿联酋在防范外籍劳工带来的不稳定因素等方面也采取了相应措施——自2018年2月4日起，所有来阿联酋务工的外籍人士均须在申请工作签证时提交“无犯罪记录证明”。阿联酋因参与反“伊斯兰国”联盟，成为极端分子反击的对象之一，特别是其机场、港口和能源设施可能是潜在受攻击的目标。但阿联酋安全部队入选标准严格、待遇优厚，并在阿布扎比和迪拜筑起了广泛的民事监督网络，因此，宗教极端主义分子欲在其境内拥有自身的影响力并成功发起恐怖袭击的可能性极小。

如果说阿联酋仍存在的一定风险，则主要来自于由于扩大在也门等境外的军事行动而导致伤亡增加，或国家财政收紧而给联邦带来经济困难。尽管联邦坚决反对伊斯兰团体活动，但遭受相关武装分子袭击的风险较小，即使出现也都是不成规模的一些袭击。例如，2017年1月18日，联邦最高法院判定一名

① 《阿布扎比执行委员会改组》，驻阿拉伯联合酋长国使馆经商处编译，2017年9月25日，http://ae.mofcom.gov.cn/article/ddgk/zwcity/201709/20170902650127.shtml。登录时间：2018年1月17日。

阿联酋人和一名外国人策划袭击乌姆盖万港的海滩酒吧；[①] 12月22日，为防止圣诞节期间恐怖分子利用突尼斯女子袭击阿联酋民航客机并在阿联酋境内发动恐袭，阿联酋宣布禁止突尼斯女子乘坐飞机入境以及过境，但经过一段时间之后证明并不存在此类威胁，又于2018年1月取消了相关禁令。

（二）阿曼

2017年的阿曼政局总体上平稳，各项事业推进有序，但王位继承及青年就业和外籍劳工等所涉的社会稳定隐忧仍在。一方面，苏丹卡布斯年事已高、健康状况欠佳及无子嗣的现状，一直吸引着外界对其王位继承问题的关注。另一方面，在阿曼人占主体的公司里罢工和集体性谈判要求越来越普遍，一般情况下如和解没有达成，罢工则会持续数周。鉴于国家公共部门创造新的就业机会能力下降，阿曼本土要求工作机会的和平抗议风险在增加，此类抗议每次可能只涉及数十名抗议者，但活动地点多发生在政府大楼外，甚至偶尔也出现在包括马斯喀特和苏哈尔的苏丹宫殿外。例如，2018年1月22日，数百名阿曼人在马斯喀特的人力资源部外举行抗议，要求提供就业机会。[②] 综合多方面的因素，2018年1月28日，阿曼颁布了一项为期6个月的禁令，禁止阿曼媒体、信息技术、营销、保险及航空等10个行业的雇主雇用外籍人士，暂停为非政府机构发放共87种职位的工作签证［在中小企业管理局（Riyada）或社保公共局注册登记的机构除外］。[③] 根据阿曼人力资源部统计的数据，2017年有将近6万名大学毕业生失业，2017年也是阿曼40年来失业最严重的一年。该部另一数据显示，2017年9月，在私营企业工作的阿曼员工为23.79万人，而外籍员工则多达187万人。阿曼人力资源部部长表示：上述禁令将立即实施，目的是为了提高国内就业率。[④]

（三）巴林

巴林为君主世袭制王国，国家元首由哈利法家族世袭，掌握政治、经济

---

① *Jane's Sentinel Security Assessment - The Gulf States*, https://janes.ihs.com/GulfStates/Display/gulfa005-gulf. 登录时间：2018年3月15日。

② *Jane's Sentinel Security Assessment - The Gulf States*, https://janes.ihs.com/GulfStates/Display/1303453. 登录时间：2018年3月7日。

③ 《阿曼暂停向非政府机构发放87种职位工作签证》，驻阿曼经商处编译，2018年1月30日，http://om.mofcom.gov.cn/article/jmxw/201801/20180102706010.shtml。登录时间：2018年2月7日。

④ 《阿曼颁发六个月禁令：禁止外籍劳工，以降低当地失业率》，http://www.sohu.com/a/219874561_182649。登录时间：2018年2月7日。

和军事大权，目前主要权力架构是国王哈马德（1999年继位）、首相哈利法（国王叔父）、王储萨勒曼（国王长子，兼任第一副首相、武装部队副统帅），均属逊尼派。根据中国外交部最近公布的统计数字，巴林人口约150万人，其中外籍人占55%，85%的居民信奉伊斯兰教，其中什叶派占70%，逊尼派占30%。[①] 因此，巴林常年存在的政治风险，表现为多数什叶派人口与逊尼派领导层及整个哈利法家族之间的分歧，双方和解的可能性极小。巴林在2017年执行的一系列高调议案和裁决表明政府对反对派的强硬立场，如3月5日，巴林议会批准了宪法修正案，使军事法庭可以审判平民，从而能将什叶派对手及其同情者——逊尼派激进主义领导人一起受到起诉；政府以违反相关法律规定为由于2017年3月提出动议、5月执行，解散了世俗反对派国家民主行动协会（Al-Wa'ad）；4月3日，巴林最高法院驳回上诉法院决定，将最大反对派全国伊斯兰协会（Al-Wefaq）秘书长谢赫·阿里·萨勒曼（Sheikh Ali Salman）的监禁期从4年延长到9年；6月14日，政府终止了全国伊斯兰协会的活动。

此外，在2017年，巴林政府成功地实现与包括Facebook和Twitter等在内的主要社交媒体公司的合作，从平台上删除被认为“文化上不适宜”的内容，使其不再成为政治或社会反对派利用的平台。而巴林政府部门公布的一份报告显示，[②] 2017年上半年，巴林就业人数76.4万人，其中私营领域就业占65%，对比巴林的总人口，这一数字表明政府的居民就业压力仍然很大。

（四）卡塔尔

2017年上半年，沙特等国对卡塔尔的围堵、断交、制裁等一系列举措，给卡塔尔当局带来了重大考验，但美国政府似乎无意通过强力手段推翻卡塔尔现政权，土耳其军队进入卡塔尔境内预防突发事件，这些变量使得世袭的萨尼家族统治尚未受到实质性的威胁，卡塔尔埃米尔本人也并未因本次事件而放弃对政治伊斯兰的支持，因为国内要求继续支持保守的逊尼派—瓦哈比主义理想的民众基础仍在，沙特想扶持建立反对现埃米尔的反对派也未果。卡塔尔内阁

---

① 《巴林国家概况》，http://www.fmprc.gov.cn/web/gjhdq_676201/gj_676203/yz_676205/1206_676356/1206x0 _676358/。登录时间：2018年3月18日。

② 《巴林政府公布2017年上半年就业情况》，驻巴林使馆经商处编译，2017年12月18日，http://bh.mofcom.gov.cn/article/jmxw/201712/20171202686694.shtml。登录时间：2018年2月7日。

8月2日通过了一项给外国人永久居留权的法律草案。[①] 外国人获得卡永久居留证后，将在医疗、教育等方面与卡公民享有同等待遇，可在卡政府、军队和企业就业，还可在卡拥有房地产，并可在部分商业领域独立经营，无需与卡公民建立合伙关系。2017年8月下旬，卡塔尔埃米尔塔米姆签署了新的法令，将卡塔尔《劳动法》的保护范围扩大到家庭工人，家政工能够与雇主签订合法的雇佣合同；而18到60岁之间的外国工人每天工作不超过10个小时，都有权强制工作休息，并且必须得到3周的年度假期等。

（五）科威特

萨巴赫家族统治下的科威特于2017年12月13日成立了第36届政府，主要成员包括首相和4名副首相。尽管科威特的王权尚未受到其他势力的威胁，但其治下的政府机构贪腐丑闻及效率低下等顽疾在2017年愈发严峻。据2017年9月27日世界经济论坛发布的《2017-2018年全球竞争力报告》显示，科威特的全球排名由上年的第38位降至第52位，这也是科威特近6年来排名最低的一次。根据世界经济论坛的相关调查，政府官僚机构效率低下、贪污腐败及限制性的劳工法规是影响科威特经商环境的主要障碍。[②] 透明国际（Transparency International）2017年1月公布的全球清廉指数排名，科威特也是在海合会国家中排名最低的。

科威特禁止一切政党活动，目前有5个较为活跃的政治派别，包括伊斯兰宪章运动、伊斯兰联盟、宪章联盟、民主论坛和自由独立派等。政治反对派不在议会中占多数，也无力威胁萨巴赫家族的世袭统治，但他们能够和王室内部反对势力一样，影响科威特政治，比如政府将原定于2017年年中征收的5%增值税推迟到了2019年，并宣布2018/2019财政年度的补贴增加12.4%至114.6亿美元，而不是原先一直计划中的削减补贴。科威特境内有近12万的无公民身份的居民，他们因受到就业和福利分配等方面的歧视，往往会在几个特定地区发起几百人规模的定期抗议活动，这也是科威特当前存在的另一主要政治问题。

---

① 参见《卡塔尔通过赋予外国人永久居留权法律草案》，驻卡塔尔使馆经商处编译，http://qa.mofcom.gov.cn/article/jmxw/201708/20170802620686.shtml。登录时间：2018年2月7日。

② 《〈2017—2018年全球竞争力报告〉：科威特全球排名降至第52位》，驻科威特使馆经商处编译，http://kw.mofcom.gov.cn/article/ztdy/201709/20170902652381.shtml。登录时间：2018年2月7日。

表1　海湾五国2017年恐怖主义指数得分与排名表①

国家	得分	排名
阿联酋	0.211	112
阿曼	0	130
巴林	3.668	55
科威特	3.801	50
卡塔尔	0.115	122

表2　海湾五国2017年在全球的犯罪指数和安全指数排名表②

国家	犯罪指数	排名	安全指数	排名
阿联酋	18.75	112	87.25	4
阿曼	27.38	99	72.63	17
巴林	36.96	80	63.04	36
科威特	37.03	79	62.97	37
卡塔尔	15.7	114	84.3	2

表3　2017—2018年海湾五国及中东地区大国的全球竞争力对比③

国家	科威特	巴林	卡塔尔	阿联酋	阿曼	以色列	伊朗	土耳其	沙特	埃及
得分	4.43	4.54	5.11	5.30	4.31	5.31	4.27	4.42	4.83	3.90
排名	52	44	25	17	62	16	69	53	30	100
上年排名	38	48	18	16	66	24	76	55	29	115

① The Institute for Economics & Peace (IEP) : Global Terrorism Index 2017: Measuring and Understanding the Impact of Terrorism , http://visionofhumanity.org/app/uploads/2017/11/Global-Terrorism-Index-2017.pdf。《2017全球恐怖主义指数报告》由澳大利亚智库发布，包括163个国家和地区、涵盖全球99.7%人口的恐怖主义分析指数，总分最高为10，而指数为0则被认为未受恐怖主义影响，共有30个国家。表格由作者自制。

② Crime Index for Country 2018，https://www.numbeo.com/crime/rankings_by_country.jsp。该报告反映了2017年全球115个国家和地区犯罪与安全指数，犯罪指数最高值82.59、最低值13.10，安全指数最高值86.9、最低值17.41。表格由作者自制。

③ 表中数据是根据世界经济论坛《2017—2018年全球竞争力报告》相关内容摘录汇编。2017—2018年度共137个经济体参与排名，最高得分5.86、最低得分2.87；2016—2017年度共138个经济体。详情参阅World Economic Forum: *The Global Competitiveness Report 2017-2018*，September 26, 2017, P.ix, PP.32-33, http://www3.weforum.org/docs/GCR2017-2018/05FullReport/TheGlobalCompetitivenessReport2017%E2%80%932018.pdf/. 登录时间：2017年12月26日。

二、2017年海湾五国的经济形势

2017年全球石油市场趋于平衡，尽管仍较为脆弱，但油气价格的回暖却给海湾五国总体上带来了相对利好的经济发展机遇。有着较为丰厚的主权财富基金，加上外来投资建设力度不减，以及迎接2020年迪拜世博会和2022年多哈世界杯等重大活动产生的集聚效应等有利因素，海湾五国以拓展油气以外行业为特征的经济多元化继续推进，总的经济增长率虽然不高，但逐渐摆脱了前两年发展的困境时期。

（一）阿联酋

阿联酋已探明的石油和天然气储量均居世界第七位，以石油化工产业为主，农业不发达，外贸在经济中占据重要地位。2017年阿联酋金融业表现突出，多项核心指标达到或超过世界领先水平。为迎接2020年世博会，迪拜将新建15公里长的铁路线，推进国际机场附近公路改善工程，改善世博会场馆周边道路设施，引入625辆新公交车、900辆新出租车和14个公交车站，并与迪拜现有交通基础设施接轨，迪拜环球港务集团（DP World）也将开发新技术以配合即将到来的航运新需求。[①] 根据阿布扎比统计中心（SCAD）2017年12月发布的数据，阿联酋工业生产指数（IPI）较上个季度增长了6%，其中基本金属制造业为主要动力；居民消费价格指数（CPI）只是温和上涨了1.6%。[②] 尽管2018年1月1日开征的5%增值税将对阿布扎比的消费价格指数有进一步影响，但为了维持和扩大公共服务供给所必需的开支，为避免过度依赖石油收入的经济多样化提供资金，这种做法也是无可非议的。在迪拜，基础设施投资的强劲增长则拉动了2017年的经济增长。截至2017年11月底，迪拜发售与2020年世博会相关的建筑合同价值已达约29亿美元，创造了较大的项目投资通道；旅游业成为经济增长的引擎之一，2017年前9个月的国际过夜游客就增长了7.5%；外贸水平的提高也刺激了迪拜的经济增长，据迪拜商业与旅游业推广局（DTCM）2017年11月统计数据，第三季度非石油部门对外贸易同比

① 驻阿拉伯联合酋长国使馆经商处：《2020世博会促进迪拜基础设施与物流能力建设》，雷蕾编译，http://ae.mofcom.gov.cn/article/sqfb/201711/20171102678535.shtml。登陆时间：2018年2月5日。

② 相关数据参见*Abu Dhabi: Year In Review 2017*，https://oxfordbusinessgroup.com/news/abu-dhabi-year-review-2017 f。登录时间：2018年1月28日。

增加了13%，达到937亿美元。[①]

（二）阿曼

阿曼的经济发展一直得益于其大型石油和天然气储备，石油、天然气产业是其支柱产业，油气收入占国家财政收入的68%，占国内生产总值的41%，其中2017年后期开始投产的卡赞（Khazzan）天然气田，将可使阿曼天然气产量提高约三分之一。阿曼毗邻主要国际航运路线为主要特征的优越地理位置也使其成为天然的区域物流和制造业枢纽，特别是2017年卡塔尔受到制裁后，阿曼港口越来越多地用于向卡塔尔出口。但根据世界银行的展望数据，阿曼2017年的经济增长率将由2016年的2.8%放缓至0.1%，主要起因是其作为非成员国要遵守和石油输出国组织（OPEC）达成的减产协议，由于石油减产并造成连锁反应，公共开支下降导致相关投资和消费减少，非石油GDP增长率由2016年的3.4%继续放缓至2017年的2.5%。[②]

同时，国际油价相对2014年年中以来的走高则一定程度上抵消了阿曼能源生产下降带来的影响，同时政府也在加快财政改革和扩大收入基础的步伐。根据阿曼国家统计与信息中心（NCSI）的数据，截至2017年10月，油价升高使其石油收入增长了32%、天然气收入增加了10.7%，同期预算赤字则由上一年的125亿美元缩减至83亿美元，油气运输以及水电价格即使有所上涨，政府也能将通胀率控制在1.6%的低水平。[③] 阿曼拓宽收入基础的主要措施之一是于2017年开始推行新修订的企业所得税法。2月26日，关于阿曼企业所得税法修订的法令出台，包括将标准公司税率由12%增至15%、废止3万里亚尔（约合7.8万美元）的免税门槛、某些小规模纳税人实行3%的较低税率等，所有税率自2017年1月1日生效，政府则希望通过此手段每财年增收3.25亿至6.5亿美元。[④] 为吸引投资，阿曼政府还在2017年推出了一系列旨在改善营商环境并促进私营部门发展的措施，包括升级进出口在线单窗系统（online single-window

① 相关数据参见Dubai: Year in Review 2017，https://oxfordbusinessgroup.com/news/dubai-year-review-2017。登录时间：2018年1月28日。

② 相关数据参见Oman's Economic Outlook - October 2017，http://pubdocs.worldbank.org/en/261771507055178589/MEM-Oct2017-Oman-ENG.pdf。登录时间：2018年1月28日。

③ 相关数据参见*Oman: Year in Review 2017*，https://oxfordbusinessgroup.com/news/oman-year-review-2017。登录时间：2018年2月10日。

④ 相关数据参见国家税务总局国际税务司国别投资税收指南课题组：《中国居民赴阿曼投资税收指南》，http://www.chinatax.gov.cn/n810219/n810744/n1671176/n1671206/c3317882/content.html。登录时间：2018年3月1日。

system），从而缩短时间、改进流程、加快注册等。世界银行有关报告显示，阿曼的这项改革举措帮助其在全球190个经济体的经商便利度中排名第71位，总得分67.2，远高于西亚北非经济体平均值的56.7。[①]

（三）巴林

2017年巴林经济呈现的主要特点是持续的财政整顿和改革以及稳定的增长。巴林经济发展委员会（EDB）2017年11月公布的数据显示，巴林经济增长速度超过预期，上半年同比增速为3.4%，其中非石油经济增长4.7%，石油部门则收缩1.9%。国际货币基金组织预计其2017年全年增长率为2.3%，2018年则放缓至1.6%。促进增长的动力之一是外国投资流入量大幅增加。根据巴林中央银行（CBB）发布的数据，截至2017年10月底，巴林外国直接投资（FDI）达到6.95亿美元，比2016年年底的2.8亿美元增长了一倍多。11月中旬，该银行还取消了对巴林房地产投资信托基金（B-REITs）的限制，允许所有类型的投资者存在。[②] 而制约2017年巴林经济更快增长的一个因素是财政赤字。12月初，标准普尔将其长期外币和本币主权信用评级从“BB-”下调至“B +”，评级下调反映了巴林的财务风险增加。在此前的6月，惠誉（Fitch）将巴林主权BB+评级的展望由稳定调为负面，原因是政府债务的控制速度缓慢。巴林银行业在2017年保持稳固的地位，流动性和资本化水平强劲。几十年来，巴林一直是海湾金融中心之一。尽管该地区新兴金融中心的竞争日益激烈，但其先进的监管架构，受过良好教育的员工和相对低成本的环境意味着它仍然是一个有着更广泛吸引力的平台。

（四）卡塔尔

2017年卡塔尔经济遭受的最大困境是沙特等国对其实行的外交和经济封锁，但总体上这一年其经济还是保持了稳定增长，除了既有的发展规划措施外，油气价格回暖是主要动力之一，而推动关键部门自给自足的努力也取得积极效果。但毫无疑问的是，沙特、阿联酋、埃及和巴林等地区国家的封锁迫使卡塔尔加速推进经济多元化战略，增加“自力更生”能力。由于边境封锁后牛

---

① World Bank: *Doing business 2018: Reforming to Create Jobs*, p.184, http://www.doingbusiness.org/~/media/WBG/DoingBusiness/Documents/Annual-Reports/English/DB2018-Full-Report.pdf. 登录时间：2018年1月28日。

② 相关数据参见Bahrain: *Year In Review 2017*, https://oxfordbusinessgroup.com/news/bahrain-year-review-2017. 登录时间：2018年2月10日。

奶奇缺，在2017年6月中旬，卡塔尔空运了4000头奶牛以解决牛奶供应不足的问题，而更长远的计划是购入14000头奶牛并自建一个奶牛场，以摆脱对乳制品的进口依赖。12月初，卡塔尔政府发起“72小时拥有你的工厂”倡议，目的是为在卡制造企业和工厂的设立提供快轨审批注册服务，并为该倡议拨付了约7亿美元资金，并划拨了50多万平方米卡经济区公司（Manateq）管理的经济特区和新工业区的土地。[①] 由于受断交危机的影响，外国投资者一度从卡塔尔抽走资金，卡政府则迅速采取措施预防这类金融风险，通过从卡塔尔投资局（QIA）转移资金来缓解外界对流动性危机的担忧，使得当地银行获得海湾地区以外的亚洲和欧洲的可靠资金来源，至10月末卡塔尔的存款规模已经超过危机前的1月水平。随着油气价格的回暖，卡塔尔也紧抓机遇启动了于2005年暂停的北部气田（North Field）南部区块的进一步开发，既能提升其收入，也能平抑全球需求，避免受到沙特等国制裁的影响。据悉，卡塔尔政府已制定了2018年预算草案，该草案是基于国际油价在45美元/桶的保守预计制定的，预算重点是支持2022世界杯建设的相关行业和项目，继续着力提升非油气行业的收入，并将为本地经济发展投入更多资源，采取更多促进私营行业发展的措施。

（五）科威特

根据科威特中央统计局发布的数据，2017年科威特名义国内生产总值同比增长8.7%。一方面不断上涨的油价帮助抵消了2017年科威特石油减产带来的影响，另一方面推进基础设施等非石油项目建设则为其全年经济的健康增长奠定了基础。尽管2017年石油减产和抑制公共部门开支导致科威特经济受到影响，但对非石油部门支持带来的增长却相对可观。科威特遵守了石油输出国组织石油减产协议延长执行的约定，2017年的石油产量低于生产能力，不过考虑到全球能源需求有望增加，科威特已开启了提升石油产能长期计划中上游和下游等关键环节的项目。在非石油项目领域，加快推进拟于2018年竣工的南北铁路网、阿布达里发电站、北祖尔发电及海水淡化厂以及谢赫·贾比尔·艾哈迈德堤道等工程。为实现“2035愿景”，建成文化中心，科威特于2017年投入10亿美元专款，开辟专区建设剧院、艺术场所和博物馆等。鉴于该国稳健的资产负债表、高收入水准和能源储备，穆迪在2017年5月底将其评级确定为“AA2”，前景展望由负面调为稳定；惠誉则于10月依据其主权财富基金肯定

① 《卡塔尔将加大对战略性产业的补贴支持》，驻卡塔尔使馆经商处编译，http://qa.mofcom.gov.cn/article/sqfb/201712/20171202681848.shtml。登录时间：2018年2月7日。

其稳健前景并评级为“AA”，同时警告福利性开支和占据主导地位的公共部门仍然会在未来给其带来挑战。据科威特公民信息管理局(Public Authority For Civil Information)，大约80%的劳动力中的科威特人为公共部门工作，私营部门的科威特本国人数不到9万人，占该国企业雇佣的220万人中的4%。①

表4　海湾五国2017年主权财富基金（SWFs）一览表②

单位：亿美元

国名	基金名称	成立时间	资产总额	国别小计	基金类别
科威特	科威特投资局	1953年	5240	5240	石油基金
巴林	塔拉卡特控股公司	2006年	106	106	非商品基金
卡塔尔	卡塔尔投资局	2005年	3200	3200	油气基金
阿联酋	阿布扎比投资局	1976年	8280	11965	石油基金
	迪拜投资公司	2006年	2095		非商品基金
	阿布扎比穆巴达拉投资公司	2002年	1250		石油基金
	阿布扎比投资委员会	2007年	1100		石油基金
	联邦储备基金	2007年	340		石油基金
阿曼	国家总储备基金	1980年	180	240	油气基金
	阿曼投资基金	2006年	60		石油基金
海湾五国10家主权财富基金			20751	其中油气基金20702	
全球主权财富基金			75776.6	其中油气基金42667.6	

三、2017年海湾五国的对外关系

2017年，海湾地区曾一度成为国际问题的焦点，沙特、阿联酋、巴林等国以支持恐怖主义和干涉地区国家内政等为由与卡塔尔断交，并对卡塔尔进行海陆空立体封锁，引起伊朗、土耳其等其他地区大国高度警觉，而同为海合会成员的六国则分化为实施制裁的国家（沙特、阿联酋和巴林）、居中斡旋或中立平衡的国家（科威特和阿曼）和被制裁并努力取消制裁的国家（卡塔尔）三

① “Employment By Occupation and Sector,” http://stat.paci.gov.kw/englishreports/staticResource. 登录时间：2018年1月29日。

② 本表根据美国主权财富基金研究所2017年12月更新的预测数据整理而成，原始数据参见其官网，http://www.swfinstitute.org/sovereign-wealth-fund-rankings/。登录时间：2018年1月14日。

个阵营。美国特朗普政府在海湾危机爆发后左右逢源，而中国则一直稳步地以“一带一路”建设为抓手推进与海湾五国的正常双边贸易交往。

（一）阿联酋

2017年12月5日，阿联酋宣布将与沙特建立海合会框架外的新联盟，旨在促进两国在军事、政治、经贸和文化领域以及其他双方关心问题的合作。这一情况发生在海合会峰会召开前夕，某种程度上体现了阿联酋2017年度对外关系的基本特征，一是不受海合会这一区域组织限制发展对外关系，二是紧跟沙特与卡塔尔断交并对其制裁。2017年阿联酋与美国关系基调是以合作为主。5月16日，阿布扎比王储兼阿联酋武装部队副总司令谢赫·穆罕默德·本·扎耶德·阿勒纳哈扬访问美国，与美国国防部长马蒂斯会晤并签订两国防务合作协议。此前的1月19日，王储与美国总统特朗普通话时也就双边合作共同打击恐怖主义等达成共识。但当特朗普当局宣布承认耶路撒冷为以色列首都后，阿联酋则表示了遗憾和谴责。2017年阿中关系继续向好发展，两国各领域合作富有成效，阿联酋继续保持着中国在阿拉伯世界的最大出口市场和第二大贸易伙伴。2月，中国企业获得阿联酋阿布扎比陆上石油区块12%特许经营权益；4月，《习近平谈治国理政》一书首次在海湾国家出版发行；12月，双方达成互免持普通护照公民签证安排。

（二）阿曼

阿曼的多元化外交和平衡外交在2017年继续得以体现。阿曼没有加入沙特主导的与卡塔尔断交国家行列，也没有像科威特一样成为积极斡旋者，它既保持着沙特领衔的反恐军事联盟的成员身份，又未改变与卡塔尔和伊朗相对密切的经济合作关系。阿曼主要采取支持科威特、美国和其他方面努力来解决争端的做法，如2017年7月21日，在美国国务卿蒂勒森“穿梭外交”无果后，派外交事务主管大臣阿拉维访问美国并与蒂勒森商谈；12月，阿曼还希望在科威特召开的海合会峰会上取得成果，只是卡布斯苏丹最后未能成行，峰会也未给卡塔尔危机带来转圜。为展示平衡的一面，2017年9月，阿曼还驱逐1名公开抨击沙特对美政策的印度教士。

阿曼与中国经贸合作顺利，文化交流活跃。2017年4月19日，中国—阿曼杜库姆产业园奠基典礼暨签约仪式在阿曼杜库姆经济特区举行，共有10家中国企业签约入驻产业园，意向投资总计约32亿美元，该产业园是中阿“一带一路”合作的重要项目，也是单一国家在阿曼杜库姆经济特区投资建设的唯

一、最大、综合园区项目。2017年3月17日，宁夏职业技术学院迎来了为建设该园区进行培训的首批阿曼留学生，计划未来8年将总计达到千人的规模。

（三）巴林

2017年巴林的对外关系具有延续性，首先是坚决追随沙特对卡塔尔进行地面和海空的封锁；其次是作为美国第五舰队驻守地，强调与美国的特殊关系；再次是与中国加强合作关系。2017年10月30日，巴林外交大臣突然要求冻结卡塔尔的海合会成员资格，虽然最后未果但态度立场是相当明确的。据悉，2017年巴林内政部共开展105次安全保卫行动，突袭恐怖分子窝点42个，抓获恐怖分子357名，挫败恐怖图谋19次。巴林政府指责恐怖组织的幕后支持者主要是伊朗革命卫队及其在巴扶持的“巴林真主党”成员。[①] 2017年，各方关注的年度麦纳麦对话会如期举行，因为其在推动应对地区风险挑战中发挥了重要作用，而主办方英国国际战略研究所（IISS）还在9月16—17日召开了第二届“巴林湾论坛”（Bahrain Bay Forum），聚焦的议题之一是中国的“一带一路”倡议，因此，某种程度上巴林也成为这一倡议的直接受益者。随着“一带一路”倡议和“巴林2030经济发展愿景”密切对接，中巴两国各领域务实合作全面展开。4月27日，中巴经贸论坛开幕。

（四）卡塔尔

自2017年6月5日卡塔尔危机爆发以来，所谓的反恐四方（Anti-Terror Quartet--ATQ）——沙特、埃及、巴林、阿联酋一直都在连篇累牍地发文攻击卡塔尔，沙特、阿联酋甚至将同情卡塔尔的本国人士入罪。加上实际受到的陆海空围堵，卡塔尔选择了坚决不调整外交政策的强硬回应做法，甚至允许土耳其在其境内驻军3000人。卡塔尔不仅建有美国的乌代德空军基地（美军驻军1万人），而且是美中央司令部的前沿总部，是美国掌控伊拉克、叙利亚境内反恐局势、与俄罗斯争夺制空权的关键基地之一，因此，特朗普政府有理由妥善处理与卡塔尔的外交关系。无论如何回溯或分析这场危机的起源，卡塔尔支持穆兄会等政治伊斯兰的立场倾向以及其下一代领导人的雄心抱负，都是阿联酋、沙特等国保持高度戒备和维持打压态势的理由，这也是美国难以轻易主导处置这场危机的主要因素。危机爆发不久后的7月，美国就与卡塔尔签署了反

---

① 中华人民共和国驻巴林大使馆:《巴林新闻》，2018/1/22，http://bh.china-embassy.org/chn/blxw/t1527689.htm。登陆时间：2018年2月5日。

恐合作备忘录，其目的就是想尽力缩减反恐四方与卡塔尔的政治分歧，而将共同反恐作为其努力的方向。2017年，卡塔尔与中国的关系平稳发展，经贸合作发展顺利，贸易总额和进出口都有较大幅度增加，文化、金融、航空等领域合作成果丰硕。

（五）科威特

2017年，科威特一如既往地想在海合会内部充当外交平衡手的角色，一是卡塔尔危机爆发后数次创造机会以弥合对垒双方的分歧，二是借重年度的海合会首脑峰会场合劝和促谈。尽管实际效果有限，但给国际社会和地区国家留下了更多斡旋的空间，客观上令分歧双方没有采取更极端的后续行动，也维持了海合会这一区域组织没有因此次事件而直接解体或实际分裂。科威特一直与美国保持紧密合作关系。2017年9月7日，科威特埃米尔访问美国并与特朗普总统会见，会后特朗普宣布科威特已于当年接收了10架美国制造的波音777商用客机；9月8日，科美举行第二次“战略对话会”，双方签订备忘录以鼓励投资，科威特还向受卡特里娜飓风影响的美国州县提供价值5亿美元的石油。科威特与中国友好合作关系继续巩固和发展，2017年8月，中共中央政治局常委、国务院副总理张高丽访科，科威特是中国第8大原油进口来源国（以进口额计算）。双方认为，科威特“2035愿景”与中方“一带一路”倡议高度契合，科方希望对其未来发展意义重大的“丝绸城和五岛”项目能得到中国的帮助，帮助“科威特梦”早日实现。截至2017年，中资企业在科威特的在建项目有80个，合同总额148.58亿美元，其中当年新签合同总额31.5亿美元，同比增长40%。①

表5　2017年中国与海湾五国双边贸易额一览表（单位：亿美元）

序号	国家	贸易额	增幅（%）	中国进口	中国出口
1	阿联酋	409.8	2.3	122.4	287.4
2	阿曼	155.24	9.6	132.17	17.94
3	巴林	10.27	20.3	1.24	9.03
4	卡塔尔	80.8	46.2	64	16.8
5	科威特	120.4	28.5	89.27	31.13

数据来源：外交部网站。表格由作者自制

① 张而驰：《科威特金融有愿景 中国机会闪现》，财新网，http://companies.caixin.com/2018-03-24/101225871.html。登录时间：2018年3月27日。

表6　2017年中国自海湾五国进口原油数据一览表

序号	国家	原油量（万吨）	增幅（%）
1	科威特	1824	11.6
2	巴林	未统计	未统计
3	卡塔尔	101.41	111.5
4	阿联酋	1016	-16.6
5	阿曼	3100	-11.6

数据来源：外交部网站、驻外经商处网站。表格由作者自制。

四、结语

2017年，海湾五国国内政局总体稳定，在王权交接和内部权力平衡方面未出现突变，五国均强调世袭政权稳定、管控内部异见以及防范外部威胁的基本面依旧，提高就业和民生改善仍是各政府努力的方向，削减补贴和改进工作效率考验着执政者的水平。随着石油限产和国际油价的缓慢复苏，海湾五国经济多元化、提升非油气产业比重等方面的措施进一步提升，适应经济“新常态”的能力在加强，吸引外资、推进国内基础建设和逐步实施增值税等多管齐下，各国经济形势有望进一步向好。卡塔尔断交危机为五国的对外关系带来重大挑战，地区形势也因此更加复杂多变，“五国三阵营”使得其与地区大国和域外大国的关系走向难以恒定。中国坚守既有的对外关系准则，以推进“一带一路”建设为抓手，与五国保持着较为顺畅的政经关系。同时，受沙特等国与卡塔尔断交危机影响，中海自贸区谈判进程实际已陷入停滞，能源安全和海外利益保护也面临巨大挑战。

2017年埃及的政治、经济与对外关系

李 意[①]

摘要：2017年是埃及塞西总统第一任期的最后一年，埃及国内政局进一步稳定。在政治方面，塞西政府不断巩固统治集团内部的权力，通过了《司法权力法》修正案，修改了《宪法》第37条，进一步打压体制外对手穆兄会势力，使得政治反对派基本失去社会动员能力；在国家安全方面，埃及先后开启四次紧急状态令并成立"全国反恐怖主义和反极端主义委员会"来应对严峻的地区安全形势，统筹各机构力量和社会资源以应对恐怖主义威胁；在经济方面，塞西政府除了出台新的《投资法》、加大招商引资力度以外，还通过改善财政状况、建设大型工程来促进经济发展；在外交方面，塞西政府继续坚持务实政策，适当介入阿拉伯地区事务，埃美关系逐渐回暖，埃俄关系日益密切，埃中关系前景看好。

关键词：埃及；政治形势；经济形势；对外关系

2017年是中东剧变的第七个年头。一方面，影响地区局势的突发性事件频发，如沙特、阿联酋等国与卡塔尔断交、黎巴嫩总理哈里里在利雅得辞职（后收回辞呈）、也门胡塞武装向利雅得发射火箭弹等；另一方面，饱受战乱之苦的叙利亚和伊拉克迎来曙光，盘踞两国多年的"伊斯兰国"组织被各方联手在战场上击溃，国际反恐斗争取得重大胜利，流落他乡的民众有望重返家园。地区大国寻求变革自强，多数国家政府积极致力于稳定政局、发展经济、改善民生，取得了较好成果。土耳其举行并通过修宪公投，完成政治体制由议会制向总统制的转型，为现任总统埃尔多安继续握有实权奠定了法理基础。沙

① 李意，上海外国语大学中东研究所副研究员。

特进行政治、经济和社会等全方位改革，旨在打造一个由萨勒曼王储领导的、迈向后石油时代的全新沙特。埃及的经济竞争力部分恢复，有望成为地中海东部和北非地区经济增长最快的国家之一。

2017年是埃及塞西总统第一任期的最后一年，在政治形势、经济形势、对外关系等方面不乏亮点。一方面，埃及政府关注民生，加大推进保障住房工程、提高养老金标准、确保基本生活物资供应；为了减少财政开支，塞西政府先后宣布削减对面粉、燃油等物资的补贴；改善和扩建了许多旅游景点和设施，增加对外国游客的吸引力。另一方面，埃及高举反恐旗帜；支持叙利亚危机政治解决，加入叙“冲突降级区”担保国行列；促成了巴勒斯坦两大主要力量法塔赫和哈马斯达成和解协议；同特朗普举行会谈，重启埃美关系；加快与俄罗斯的紧密合作，两国军事关系重回“蜜月期”。2017年，埃及颁布的新《投资法》，确定了平等、透明、可持续发展等招商引资原则，在土地出让模式、所得税减免等方面提供优惠政策，为吸引外资开启方便之门。随着2018年4月埃及总统塞西以97%的高票赢得大选、成功连任，埃及社会政治、经济和社会发展又翻开了新的一页。

一、2017年埃及的政治形势

2017年以来，埃及国内政治进一步稳定，塞西总统通过修订法律，成功打破司法机构对行政权力的限制。与此同时，2017年也是埃及大规模恐怖袭击事件的多发之年，层出不穷的恐袭加剧了埃及国内安全形势的严峻性。“伊斯兰国”势力在叙利亚和伊拉克溃败后，其势力逐步向外渗透，使得恐怖主义活动在全球呈现多样化、分散化趋势，国际反恐任务依然艰巨。面对不断趋于恶化的安全形势，塞西政府武力反恐愈加强硬，多次开启全国紧急状态令，调集武装部队和警察以强大的力量维护和重建稳定，体现了埃及政府反恐维稳的决心。

（一）巩固权力，清除对手

2017年4月13日，塞西总统签发第166号总统令，签署了《司法权力法》修正案并任命了185名总检察长新助手，[①] 赋予埃及总统任命埃及司法系统高

① “Controversial Amendments Expand Sisi’s Powers over Egypt’s Judiciary,” *Middle East Monitor*, May 1, 2017.

层职务的权力，包括上诉法庭院长、国家委员会主席、武装部队参谋长、行政法庭院长和国家审判权力机构。对于每个职务，总统有权从国家司法委员会推举的三名候选人中任命其一。随后，塞西总统任命了司法委员会主席、国家审判权力机构主席、行政法庭院长、国家委员会主席以及总统战略计划和危机管理高级顾问等。经过一系列人事调配与罢免，塞西清除了军队内部对其有威胁的潜在对手。不仅如此，2017年6月21日，埃及议会修改并通过《宪法》第37条，决定在2024年废除司法机构对总统大选的监督，并成立国家选举委员会，其职责包括定期审查全国选民名单，确保他们没有任何违规行为，以及举行投票和公布结果。① 此举大大加强了塞西政府对各级选举结果的控制，为塞西总统的连任打下了基础。

除在统治集团内部不断巩固权力外，塞西总统还对体制外对手——穆兄会加大打压力度，严格限制穆兄会在埃及境内的活动。该组织领导人如今多处于被关押状态，其中许多人因各种指控被判处死刑或长期监禁。整体来说，穆兄会社会运动处于低潮，不足以对塞西政府构成威胁。此外，在历届埃及军人出身的统治者中，塞西是唯一对组建正式的政党不感兴趣的总统。自2014年6月执政以来，塞西政权通过打压、分化、瓦解、拉拢现存政党组织，造成政党支离破碎，影响力有限，群众基础差，不但使民众对政党政治失去信心，也使政治反对派丧失了反击能力。在穆兄会被解散、萨拉菲光明党转而支持塞西政权后，埃及政治反对派基本失去了强大的社会动员能力，从而为塞西总统的政治前途扫清了障碍。

（二）重拳出击，强力维稳

埃及社会和经济矛盾的积重难返为恐怖势力的渗透提供了土壤，2017年以来发生了多起严重恐怖袭击事件，安全形势较为严峻。2017年4月9日，埃及北部城市坦塔和亚历山大分别发生针对教堂的爆炸袭击，造成至少45人死亡，极端组织“伊斯兰国”宣称为该事件负责。② 埃及议会随后表决通过在全国范围内实施为期3个月的紧急状态，并于2017年7月和10月两次将紧急状态延长3个月。7月26日，塞西颁布总统令，宣布成立“全国反恐怖主义和反极端主义委员会”，以应对日益严峻的恐怖主义威胁。该委员会由塞西亲自挂帅，成员包括议长、总理、多名部长及爱资哈尔清真寺大教长等，通过制定

① “Egypt’s Sisi Ratifies Law Establishing National Electoral Commission,” *Al-Ahram*, August 7, 2017.

② 韩晓明、黄培昭:《埃及反恐形势依然严峻》，载《人民日报》2018年1月4日，第5版。

“全面的国家战略”打击恐怖主义并“完善现有立法”，[1] 旨在统筹各机构力量和社会资源，逐步消除产生恐怖主义的根源，应对恐怖主义的威胁。10月12日，埃及再次延长紧急状态令，赋予安全部队更大权力来应对武装袭击威胁，当局甚至可以采取特殊安全措施，包括更严密监视与审查网络通信内容、有权拘捕与羁押涉嫌危害国家安全的疑犯、向国家安全法院移交恐怖主义疑犯、实行宵禁等内容。

“伊斯兰国”西奈分支是埃及境内恐怖袭击的主要实施者。从袭击目标来看，它由从前单一的袭击油气管线、军事目标、政府官员、军人和普通游客，扩展至袭击科普特基督徒和穆斯林苏菲派的宗教场所。2017年11月24日，恐怖分子袭击了西奈省首府阿里什市以西偏僻的阿贝德镇一座苏菲派清真寺，造成300多人死亡，100多人受伤。[2] 这是自“9・11”事件以来埃及发生的伤亡最严重的恐怖袭击事件。由于埃及和以色列达成的《戴维营协定》中规定西奈半岛是“非军事化区域”，因此埃及政府难以用大规模安全部队清剿西奈半岛非法武装，导致该地区恐怖袭击活动频发。在国家安全局势日益恶化的情况下，塞西政府根据法律和行政法规赋予的权力，采取半军事化管理措施，加大对国内重要基础设施的保护，对北西奈省的“伊斯兰国”分支机构采取持续高压政策，并加大与国际社会反恐合作与情报交流。

2018年1月10日，埃及议会就塞西总统签署的2017年第647号总统令进行投票表决，最终以464票高票通过。新的紧急状态从2018年1月13日开始实施，顺延3个月。[3] 之前的紧急状态主要局限在西奈半岛，而此次通过的紧急状态覆盖到埃及全境。军队和警方被赋予更多的权力来实施全面反恐，从而加大了对恐怖主义的打击力度。塞西命令埃及军方和警方将采取一切必要手段对恐怖分子发动“无情打击”，并要求安全部队在三个月的时间内清除盘踞在西奈的恐怖分子，同时要断绝其财路，以维护国家安全与民众的人身和财产安全。此后，埃及军方在全境范围内展开代号为“西奈2018”的清剿行动。该行动被描述为大规模的反恐军事战役，除了彻底清除西奈半岛北部和中部以及尼罗河三角洲等地的恐怖分子和极端分子，埃及军方和警察部门还加强在西奈

---

① 包雪琳：《形势严峻出重拳 埃及设全国委员会加强反恐》，载《新华日报》2017年7月28日，第3版。

② 陈建利：《“伊斯兰国”战略转移 西奈半岛成为新目标》，载《南方都市报》2017年12月3日，第5版。

③ “Egypt’s Parliament Extends Nationwide State of Emergency for Three Months,” *Al-Ahram*, January 9, 2018.

各地政府设施、旅游目的地、水电设施和宗教场所周边的安保措施。

综合而言，尽管由于经济疲软、恐怖主义泛滥、“卖岛”事件、公务员改革以及宗教族群矛盾等问题使塞西的支持率一度有所起伏，但其一系列举措还是获得了民众的肯定与支持。2017年6月2日，埃及青年在各大社交网站、媒体发起“埃及1095”宣传运动，大力宣传塞西总统执政1095天的业绩。青年们列举了塞西总统创造的佳绩：如开凿新苏伊士运河、成功研发治疗C病毒的药物、实施社会宜居工程、开展基础设施建设、提供大量就业岗位等。特别是其主办的青年大会和宣布2017年为埃及妇女年，受到了埃及青年人和妇女的大力支持。从埃及的政治现实来看，随着埃及主要反对派对抗能力的渐弱，加之民众对塞西社会支持率的持续走高，塞西总统在2018年3月的大选中获得连任也在情理之中。

二、2017年埃及的经济形势

近年来，塞西政府把精力投入到国家经济建设上，一大批工程得以上马实施，经济改革的成果可圈可点。2017年8月，石油部斥资30亿美元，开始实施苏伊士运河世纪走廊上的石化城项目；9月，创建上埃及黄金三角洲工程，对5个矿业特许权进行招标；同月，埃及投资6.35亿美元新建11座太阳能电站，将建世界上最大的太阳能光伏发电站；10月，全面启动新行政首都工程，该工程被定位为埃及未来发展的“火车头”。基建领域的建设效果尤其明显，新建的桥梁和公路四通八达，为埃及整体经济的腾飞发挥了积极作用。

（一）改善财政状况，保持经济稳定

塞西总统第一任期的施政重点是改善财政、推进经济增长和吸引外国投资，2017年在经济上取得的成效尤其显著。财政向好得益于政府实施的一系列旨在提高收入、削减开支的经济改革举措，包括削减能源补贴以及获得国际货币基金组织的贷款。据悉，2017年初埃及国内通胀率激增，导致贫困人口比率预计超过33%。但随着经济改革深入推进，埃及的经济指标呈现出向好迹象，11月通胀率跌至26%，12月通胀率进一步跌至21.90%。埃及失业率从2017年初的12.5%下降到9月底的11.9%，为2011年以来的最低水平。旅游业在2017年有所回升，表现最好的部门包括通讯、建筑和交通运输，分别增长12.5%、9.5%和5.3%，而传统支柱产业农业和制造业也增长了3.2%和2.1%。2017—2018财年第一季度（2017年7—9月）埃及的税收形势良好，已实现

100%的增长。[①]

塞西政府的具体措施包括陆续征收新税、减少能源补贴、提高电力价格、举行经济发展会议（EEDC）并立法规定外资可自由撤离埃及以争取外国投资等。随着埃及对外贸易价格竞争能力的恢复，以及经济结构性竞争力的改善，埃及在世界经济论坛2017-2018年全球竞争力指数中的排名升至第100位，[②]这也使埃及成为中东地区进步最快的国家。这些成效将使更多的外国直接投资流入埃及，为该国重要的基础设施投资计划提供资金，从而带动埃及经济的进一步复苏。

（二）建设大型工程，促进经济发展

大项目建设是拉动经济增长的“引擎”，也是保障和改善民生的重要依托，具有拉动市场需求、解决就业问题之效果。塞西政府力推“国家工程”，不仅是加快经济发展的现实需要，更是改善民生的迫切要求。

截至2017年年底，耗资63亿埃镑的艾斯尤特尼罗河大坝(Asyut Barrage)历时4年，基本建成。此项工程和2015年开通的苏伊士运河新航道一样，是一项埃及人施工建造的史诗工程。参与该工程建设的所有承包方和供货商都曾参与过纳加哈马迪坝（Naga-Hammadi Barrage）的施工，打破了埃及人不能建造大型工程的断言。大坝的主要工程包括：超过33万立方米的钢筋混凝土浇筑量；超过220万立方米的开挖量；超过900万立方米的大坝填筑量；超过10万立方米的防渗墙施工量。[③]建成的大坝不仅可以调节尼罗河水量、服务农业生产，还可以发电，满足附近省份的用电需求，为工农业发展提供动力。

（三）吸引外资，推动经济增长

埃及政府十分重视同其他国家和地区保持良好的贸易关系，从而为国民经济发展创造稳定的宏观发展环境。为加强埃及在非洲地区的影响力，塞西总统先后到访坦桑尼亚、卢旺达等多个非洲国家，从而进一步促进与其他非洲国家在农业、矿业、旅游业等多领域的贸易、投资及其他经济合作。塞西政府努力

---

① 中国驻埃及使馆经商处：《埃及2016/17财年经济数据明显好转》，http://www.mofcom.gov.cn/article/i/jyjl/k/201801/20180102702796.shtml，登录时间：2018年1月23日。

② “Egypt 100th / 137:Global Competitiveness Index2017-2018,” http://reports.weforum.org/global-competitiveness-index-2017-2018/countryeconomy-profiles/#economy=EGY，登录时间：2018年1月12日。

③ ［德国］R.沃克等：《埃及新艾斯尤特坝规划建设方案》，郑毅、山松编译，载《水利水电快报》2013年第10期，第17页。

重塑埃及在非洲大陆的角色，积极修补与欧盟一度陷于停滞的外交关系，与欧盟领袖展开一系列会谈与交流。截至2017年5月，欧盟对埃及的经济援助总额已超过13亿欧元，其中有45%用于埃及的经济及社会发展。① 另外，双方还达成了一项联合协议，旨在促进两地间贸易并在两个市场间建立自贸区。

2017年5月，埃及议会通过新《投资法》并于10月25日发布实施细则，该法替代了1997年的《投资保障和鼓励法》，与现行法律并行使用。新《投资法》对投资范围、投资机制、外资审查、资本构成、外汇使用、国有化与征用、解决投资争议、刑事社会责任等内容进行了完善和更新，其中关于政策透明度和促进投资等条款体现了埃政府在吸引外资和鼓励私有部门发展方面的决心。新《投资法》的主要内容涉及行政管理，包括简化审批程序、缩短审批时间、畅通投诉渠道等，以及在不同地区的投资优惠政策。埃及政府将根据不同地区经济发达程度和产业发展情况来划分"自由区"、"投资区"和"技术区"，从而制定相应的减税、土地划拨等优惠政策，为埃及欠发达地区的投资提供一系列优惠条件，包括减税以及政府出资等工作。

此外，埃及政府通过结构性改革增加私营部门投资，提高生产产出和竞争，促进就业等也取得成效。2017年11月，国际评级机构"标准普尔"将埃及的主权评级定为B3，经济展望评级修正为"稳定"，向外界证明埃及经济拥有持续增长的能力。②2017年11月，国际货币基金组织（IMF）代表团在完成对埃及经济改革计划的第二次评估后，与埃方签署了继续提供新一批贷款的协议。代表团团长苏比尔·拉尔（Subir Lall）称："埃及经济持续向好，所实施的各项经济改革初现成效，宏观经济稳定，发展信心日益恢复。"③ 在南非兰德商业银行(Rand Merchant Bank)最新公布的2018年非洲投资指南中，由于埃及经济活力得分高，现已取代南非成为非洲排名第一的投资目的地国。④ 尽管埃及国内的紧张局势尚未得到缓解，但投资者对于埃及的未来充满信心，他们将希望寄托在埃及现政府出台的一系列经济改革措施以及国际货币基金组织对埃及的资助计划落地实施。特别是在埃及镑对美元汇率驶入上行通道之后，埃及所吸引的中长期海外直接投资和间接投资均呈现大幅上涨的势头。

---

① 王琳:《塞西连任埃及总统几无悬念，二位数通胀率是执政难题》，载《第一财经日报》2018年2月7日，第5版。

② 《外资流入埃及创7年高位，市场担优3月大选成最大障碍》，http://finance.ifeng.com/a/20180116/15928389_0.shtml，登录时间：2018年1月26日。

③ Subir Lall , Reza Baqir, "Egypt from Stabilisation to Growth, " *Al-Ahram*, February 15, 2018.

④ "Egypt Is Number One Investment Destination in Africa for 2018," *Al-Ahram*, September 18, 2017.

此外，塞西政府的国防实力也不断提升。“全球火力”网2017年对全球133个国家和地区进行的军事实力排行显示，埃及是阿拉伯世界和非洲地区军事实力最强的国家。其军事实力从全球范围来看，也高居第10位。[①] 2017年7月22日，埃及穆罕默德·纳吉布军事基地（Mohamed Naguib Military Base）的启用，进一步彰显了埃及现有的军事实力。新建基地拥有1155座建筑、72公里长的道路和72块用于训练的战斗场地。该军事基地的地理位置对埃及国防战略十分关键，是中东和非洲地区最大的军事基地，它兼具三大功能：一是抵御来自其他各国以及西奈半岛的恐怖分子袭击，保卫国土安全；二是守护埃及海上油气田，保护国家经济利益；三是作为埃及北部军区的中心枢纽，保障通道安全。[②] 可以说，纳吉布军事基地是一座真正意义上的“综合性”基地，它拥有完整的作战系统，它的启用说明埃及的军事水平已达到了一定的高度。

三、2017年埃及的对外关系

2017年埃及的对外关系继续延续塞西总统的务实外交政策，寻求外交多样化，维护阿拉伯国家的团结，强调避免地区动荡的重要性；进一步向俄罗斯靠拢，降低对美国的依赖度；与中国在“一带一路”倡议的推动下，互利合作取得进展。

（一）与非洲国家关系

近年来，埃及与埃塞俄比亚的争端围绕复兴大坝（Grand Ethiopian Renaissance Dam）展开。2017年11月12日，埃及、苏丹和埃塞俄比亚三方代表在开罗召开会议，就尼罗河水分配方案和复兴大坝可能给下游国家带来的影响的报告进行谈判。由于分歧较大，因互相都不能说服对方而使谈判陷入僵局。目前，埃塞俄比亚复兴大坝即将完工，这是在埃塞境内青尼罗河上兴建的一条重力坝，将成为非洲最大的水力发电站。由于位于尼罗河最下游的埃及担心大坝会减少流入埃及的尼罗河水量，部分政党和议员甚至主张动用武力解决，因此大坝争端有可能成为非洲地区的热点问题。

一直以来，埃及和苏丹关于哈拉伊卜三角区（Hala’ib Triangle）的主权存

① “2017 Egypt Military Strength,” https://www.globalfirepower.com/country-military-strength-detail.asp?country_id=egypt，登录时间：2018年1月23日。

② “Egypt’s Sisi Inaugurates Mohamed Naguib Military Base West of Alexandria,” *Al-Ahram*, August 7, 2017.

在争议，双方都宣称对这块土地拥有主权。2000年1月，苏丹撤回了驻扎在哈拉伊卜三角区的军队，放弃了对靠近埃及的这个地区的控制，从此埃及实际上占领并管理着这一区域。2004年苏丹总统又宣称，哈拉伊卜三角区仍然合法地属于苏丹。特别是在该区域发现新的石油储藏后，双方都迫切想拥有这一区域的主权。随着争执的不断升级，2018年1月4日，苏丹召回驻埃及大使，甚至因边界争端将埃及告上联合国安理会，双方矛盾有逐步激化的可能。

（二）与阿拉伯国家关系

塞西政府致力于加强阿拉伯国家的团结，维护地区安全与稳定。2017年6月5日，以卡塔尔支持恐怖主义活动为由，埃及宣布与卡塔尔断绝外交关系。2017年11月，沙特指认伊朗向也门胡塞武装提供弹道导弹攻击沙特，构成“公然侵略”和“针对沙特的战争”。而伊朗坚决否认并表示沙特不应轻视伊朗。与此同时，黎巴嫩总理萨阿德·哈里里在沙特首都利雅得宣布辞职，引发外界哗然。哈里里指认伊朗干涉黎巴嫩内部事务，称真主党是伊朗在黎巴嫩以及其他阿拉伯国家的羽翼。随着事态的发展，沙特最高反腐委员会主席穆罕默德·本·萨勒曼（Mohammed bin Salman）王储表达了其强硬态度，声称要与伊朗“硬碰硬”。在多起事件的相互作用下，外界猜测沙特与伊朗可能会直接军事对抗。在此形势下，塞西强调：“中东地区已有太多动荡，阿拉伯国家应该团结起来，避免对该地区的安全产生更多负面影响。”[①] 可见，海湾安全是埃及安全的组成部分，外部势力不可能跨越这条“红线”。

巴勒斯坦问题历来是埃及对外政策的重要内容。由于地缘政治和历史因素决定了埃及深受巴勒斯坦问题和巴以局势的影响，因此埃及一直对巴勒斯坦问题保持高度关注和深度介入。毫不夸张地说，埃及对巴勒斯坦的政策超越了传统的外交范畴，它不仅与埃及内政紧密相连，而且对埃及国内政局的走向产生重要的影响。[②] 2017年12月5日，美国白宫称特朗普将承认耶路撒冷为以色列首都，并将把美国驻以色列大使馆迁往耶路撒冷。对此，埃及总统府发言人巴萨姆·拉迪（Bassam Rady）在一份声明中说：“埃及坚定地与巴勒斯坦站在

① 安国章：《塞西强调海湾的安全是埃及的“红线”》，http://news.163.com/17/1109/09/D2PQ7E9D00018AOQ.html，登录时间：2018年1月28日。

② 姚惠娜：《塞西执政以来埃及对巴勒斯坦的政策》，载《阿拉伯世界研究》2017年第6期，第51页。

一起，支持巴勒斯坦人民的权益和建立以东耶路撒冷为首都的独立国家”。[①] 2018年1月20日，塞西总统在开罗与到访的美国副总统彭斯举行会晤时重申，埃及支持东耶路撒冷为巴勒斯坦国的首都。由于在解决巴以问题中的独特桥梁作用强化了埃及在中东地区的政治地位，因此，塞西政权对巴以问题的重要性不言而喻。

（三）与大国关系

自1979年签订《埃以和约》以来，埃及一直是美国在中东地区的重要战略伙伴，长期接受美国的经济和军事援助。但在埃及军方2013年7月解除总统穆尔西的职务后，美国暂停了对埃及的部分援助，导致美埃关系紧张。特朗普一改美国对埃及政策，表示坚决支持塞西政府。双方虽然存在一些分歧，但在多数问题上都保持一致的立场，特别是在携手打击恐怖主义方面。2017年4月3日，埃及总统塞西访美，这是塞西当选总统以来首次应邀访美并重启埃美关系。这次会晤被视为一次具有里程碑意义的历史性访问，双方的关系发生了质的变化。不仅如此，塞西之行还有助于吸引美国对埃投资，帮助埃及实现经济振兴。

近年来，埃及与俄罗斯越走越近。2017年12月11日，俄罗斯总统普京访问了埃及并签署了多项经济合作协定。两国签署了埃及—俄罗斯工业园区协议，它将深化两国在工业技术领域和经济方面合作；两国领导人就俄罗斯参与建立埃及国际粮食仓储物流中心的项目达成共识，一致同意埃及与欧亚经济联盟建立自贸区；俄方在埃及投资建设核电站，两国在军事领域的合作也日趋紧密，两国领导人共同出席了塔巴（Dabaa）核电站项目的签字仪式。该核电站是埃及首个核电项目，计划建设8个反应堆，分8期建成。俄方承担的项目一期将包括4个核反应堆建设，建设期为5—7年，将为埃方提供上万个工作岗位。[②] 该项目使埃及成为中东地区的技术领先者，同时也是该区域唯一一个拥有第3代核电站的国家。与此同时，埃及的电力生产能力将进一步加强，可节省大量油气资源，有效推动埃实现成为区域能源、电力交易中心的发展规划。此外，两国之间的军事合作得到进一步发展，如埃及签署了购买俄战斗机、直升机和其他武器的一系列新订单；埃俄还于2017年12月签订协议，允许两国战斗机互相使用对方空军基地等。

---

① 新华社：《埃及总统重申支持东耶路撒冷为巴勒斯坦国首都》，http://world.people.com.cn/n1/2018/0121/c1002-29777178.html，登录时间：2018年1月30日。

② 贺文萍：《埃俄走近，影响几何》，载《中国投资》（非洲版）2018年第2期，第27页。

（四）与中国关系

近年来，埃及经济在动荡中艰难前行。在这一过程中，中国投资发挥着重要作用，正是这些投资的活跃使北非保持着主要投资目的地的吸引力，一定程度上提振了国际市场对埃及的信心。[①] 在埃中政府高层推动和合作机制的引领下，埃中经贸合作在2017年延续良好发展态势，进入新的黄金发展期。多个双边经贸合作大项目陆续落地，包括埃及国家电网500千伏输电线路工程项目执行顺利、"斋月十日城"市郊铁路项目正式签约、埃及新行政首都中央商务区项目正式签约、巨石埃及年产20万吨玻纤生产基地已经全面建成、在开罗市郊建设与中企合作的轻轨项目初步达成共识、在萨达特市建立埃及最大的纺织服装城以及中国建筑中标埃及CBD中央商务区项目等。当然，埃及与中国的合作并非仅限于此。据中国商务部统计，截至2015年末，中国对埃及直接投资存量6.63亿美元；在埃及投资的中企超过1200家，直接创造1.1万多个就业岗位，[②] 而近两年的相关数据则远远超过这些。

"一带一路"引领埃中互利合作跃上新台阶。埃及贸工部长塔里克·卡比勒（Tarek Kabil）表示，在未来几年，中国将是埃及增长最快的投资伙伴，埃及将从中国的"一带一路"倡议中获益巨大。他认为，尽管目前欧盟国家是埃及最大的投资伙伴，但来自中国的投资将会快速增加。[③] 随着经济状况的逐步回升，埃及正在实施产业结构调整，其主要方向是致力于推进工业化和现代化。中东国家的产业调整正是中国"一带一路"所面临的合作新机遇之一。塞西总统在世界青年论坛上指出："中国是埃及的重要战略伙伴，两国围绕'一带一路'倡议开展的互利合作拥有广阔空间。"[④] 纺织工业和可再生能源是埃中两国经贸投资深化合作的重要领域。埃中经贸合作将为"一带一路"倡议的推进注入活力，同时也有望巩固苏伊士运河在亚欧贸易中的地位。未来两国可继续加强发展战略对接，充分利用两国金融合作成果，利用埃及的区位优势，共同开发更广阔的欧洲和非洲市场。

---

① 《埃及的发展需要像中国这样的可靠伙伴》，载《人民日报》2017年9月16日，第7版。

② 郑凯伦：《"一带一路"引领中埃互利合作跃上新台阶》，http://cnews.chinadaily.com.cn/2017-09/05/content_31588331.htm，登录时间：2017年10月30日。

③ "Egypt Exports Seen Up 10 Percent for Year, China Fastest Growing Investor," *Al-Ahram*, September 19, 2017.

④ 曾虎、郑凯伦：《埃及总统塞西：中国是埃及的重要战略伙伴》，http://news.xinhuanet.com/world/2017-11/09/c_1121932491.htm，登录时间：2017年12月16日。

四、结语

近年来，埃及已经逐渐摆脱“1·25”革命后的不利局面，重新融入国际社会，在国际合作特别是反恐领域中发挥着不可替代的重要作用，甚至被认为是中东地区稳定的压舱石。在经济上，除了推行大型国家项目，还积极吸引外资并重新开启私有化改革进程。因其改革成果显著，外国投资者信心高涨并踊跃购买埃及2017年发行的国库券，体现了他们对埃及经济前景的信心。在外交上，埃美关系翻开新的一页，埃俄关系日益密切。埃中关系自2014年建立全面战略伙伴关系以来，不断呈现新特点。两国发展战略的高度契合加速了双方在各个领域的合作。随着在埃及投资领域的不断扩大，中国已成为埃及强有力的工业和贸易伙伴，未来的合作之路将会越来越宽阔。

2017年约旦的政治、经济与对外关系

章　远[①]

摘要： 2017年约旦政治安全形势基本平稳，经济发展势头有所好转，外交有所建树，同时也存在未解的困局。政治方面，约旦政治现代化和民主化进程继续缓慢推进，国内的巴勒斯坦族裔群体与约以双边关系走势密切相关。受周边国家战争的影响，约旦被迫卷入其中。作为美国传统盟友，约旦在军事安全方面与美合作意愿更加强烈。经济方面，约旦呈现经济复苏的信号。中国通过参与约旦新能源开发、援助基础设施建设等项目对约旦进行多领域改善民生的援助。外交方面，约旦主持了第28届阿盟峰会，对地区稳定和联合反恐发挥了积极作用。未来，约旦在促进叙利亚和谈、推进巴以和平进程等议题上被国际社会寄予厚望。

关键词： 约旦；政治形势；经济形势；对外关系

约旦位于死海之滨，毗邻深陷动荡的叙利亚、伊拉克，却又因与战乱相对疏离，而被视作“安全绿洲”，是地缘政治意义上的缓冲带。得益于古丝绸之路的贸易联通，中国与约旦最早接触的记录可以追溯到中国西汉与约旦古代奈伯特王国时期。1977年4月7日，中国与约旦哈希姆王国（下文简称约旦）签署《联合公报》、建立外交关系。40年来中约两国保持着友好往来，双方在政治、经济、军事、文化等各方面关系都稳步发展。[②] 2013年，中国提出“一带

① 章远，上海外国语大学中东研究所副研究员。

② 《中国同约旦的关系》，中华人民共和国驻约旦哈希姆王国大使馆，2017年7月，http://www.fmprc.gov.cn/ce/cejo/chn/zygxs/gk/t6473.htm，登录时间：2018年2月12日。

一路”倡议以来，约旦积极参与，并成为亚投行创始成员国。[①] 2015年中约共同宣布建立中约战略伙伴关系。2017年的约旦政治安全形势基本平稳，经济局势有所好转，外交有所建树，但也存在未解的困局。

一、约旦的政治进程和安全政策偏好

在复杂的中东政治格局中，约旦的政治局势相对稳定，社会比较开放，民众生活水平较高，在国际社会中也有良好的国家形象，因此被视为“一带一路”沿线矛盾各方中的温和派。2017年约旦的政治现代化和民主化进程整体继续缓慢推进。

（一）国内继续推进政治民主化和国家现代化改革

约旦是世袭君主立宪制国家。哈希姆家族王室掌握国家政权，国王阿卜杜拉二世是国家元首，也是最高军事统帅。约旦国民普遍信任王室，王室被民众视为国家团结与统一的象征。国王保留了广泛的行政权和立法权，约旦的政治改革自上而下由约旦王室主持和推进。

约旦议会设参众两院，参议院议员由国王从知名人士中任命，众议院由选举产生。约旦自20世纪90年代初开始实行多党制，目前有43个经内政部批准的合法党派。[②] 约旦伊斯兰政党“伊斯兰行动阵线党”（The Islamic Action Front/IAF）主要由穆兄会组成，是约旦最大的反对党。与约旦积极开展中间外交、平衡外交的外部印象不同，伊斯兰行动阵线党一贯主张反对阿以、约以和谈。近年来，“伊斯兰行动阵线党”联合了国内少数族群共同组建“国家改革联盟”（National Coalition for Reform），在普选中为包括基督徒在内的少数群体争取更多的席位。应该说，尽管“伊斯兰行动阵线党”背后有穆兄会的影子，但是在政府干预和自我选择下，其政治表现总体是相对温和及中性的。

约旦另一重要政党是前身为泛阿拉伯民族主义政党“阿拉伯复兴党”的“约旦阿拉伯社会复兴党”（Jordanian Ba’ath Arab Socialist Party），该党于1991年10月约旦解除党禁后恢复活动，1993年获内政部批准。同年获得内政部批准的还有“约旦共产党”（The Jordanian Communist Party）。此外还有前众议

① “50 Countries Sign the Articles of Agreement for the Asian Infrastructure Investment Bank,” *Asian Infrastructure Investment Bank*, June 29, 2015, https://www.aiib.org/en/news-events/news/2015/20150629_001.html,Retrieved February 22, 2018.

② “Four New Political Parties Licensed,” *The Jordan Times*, Mar 21, 2016.

长阿卜杜·哈迪·马贾利（Abdul Hadi Majali）于2009年组建的“民族阵线党”（National Front Party）等。约旦的政党体制并不发达，大多数政治家参与政治选举并不倚靠政党，而是以独立身份参选。政党政治的羸弱导致约旦的议会力量很难通过单一政党组成政府，也很难对国王产生实际制衡。

约旦近几届的议会席位设置都注意到通过配额制兼顾女性和少数群体利益。2016年5月约旦国王下令解散众议院，9月20日约旦国民议会举行重新选举。新一届众议院有130个席位，其中5名女性因配额制而获得女性专属席位，使得女性在众议院总席位达到20个。而上一届国民议会中女性议员在150个席位中只占18席。其他享有配额专属席位的还有基督徒和少数民族，前者拥有9席，后者拥有3席。[①] 与2013年的众议院议会选举相比，本次选举的投票率和女性得票率事实上都有所降低，这与约旦新选举法规定约旦海外居民不再有权参与投票有关。

在政府改革层面，2016年9月28日亚喀巴经济特区前特首哈尼·穆勒吉担任首相组建内阁；2017年1月15日，穆勒吉第二次重组内阁，6月18日再次重组内阁。28位内阁成员中，旅游与古迹大臣和信息与通讯大臣兼公共部门发展大臣为女性。[②] 2017年8月15日，约旦举行市长、市议会和省议会三级地方选举，所有职位都有一定的女性配额。

2017年约旦国王阿卜杜拉二世主导的政治改革突出表现在对王室特权的改革，集中体现在削减王室成员在政军机构中担任的要职数量、取消部分王室成员在军队中的职位。2017年12月26日，约旦国王解除了几位王子在军队的高级职务。国王要求这些王室成员从军队中退出。此前阿卜杜拉国王的弟弟阿里王子、费萨尔王子和堂弟塔拉勒王子分别掌控皇家卫队、皇家空军司令和精英特种部队。国王阿卜杜拉认为解职行为是军队精简和重组改革的一部分，也是为了显示法律高于王室。[③]

在社会改革方面，2017年约旦因废除包庇强奸者的条款而在提高女性权益方面有了进步。尽管约旦青年女性识字率达到99.37%，高于约旦青年男性，

---

① Omar Obeidat, Khetam Malkawi, “IEC Chief Promises Flawless Parliamentary Polls; High-Tech Will Help,” *The Jordan Times*, June 15, 2016.

② “New Ministers Sworn in as PM Reshuffles Team,” *The Jordan Times*, June 19, 2017.

③ Suleiman Al-Khalidi, “Jordan Royal Palaces Denies Rumors about Dismissal of Princes,” *Reuters*, January 1, 2018, https://www.reuters.com/article/us-jordan-palace-princes/jordan-royal-palace-denies-rumors-about-dismissal-of-princes-idUSKBN1EQ0OT, Retrieved February 26, 2018.

也高于西亚北非地区女性平均水平，① 但是约旦仍然属于典型的传统父权社会。之前，约旦刑法的第308条规定，强奸者若娶被害人为妻，即可以免于刑事处罚，前提只是强奸者三年之内不得与该女子离婚。自2016年10月，在国王阿卜杜拉设立的司法改革委员会建议下，约旦内阁于2017年4月23日同意废除“强奸法”。8月1日，约旦议会通过表决废除刑法第308条规定，国王签署批准生效。

约旦取消对强奸者纵容的刑法条例是约旦人权、社会权益、妇女权力的生存状况改善的一个信号。但是约旦地方传统力量仍然强大，即便废除了刑法第308条，国内女性受害者的生存状态并没有获得根本改变，她们仍然可能面临保守力量的歧视乃至遭遇“荣誉谋杀”的危险。整体来看，中东地区现代化、工业化进程都远没有世界其他地区发展得完善。女性的社会地位始终受制于传统家族体系和宗教仪规，包括约旦在内的中东未来女权改善之路仍然任重而道远。

（二）国内巴勒斯坦裔的双向认同影响约旦政策调整

在约旦境内，巴勒斯坦民族主义和约旦民族主义并存。巴勒斯坦和约旦关系密切。巴勒斯坦问题对约旦而言不仅是外交和政治议题，也事关国内政局稳定、经济发展和民众对政府的满意度。约旦人口中60%是巴勒斯坦人。② 历史、地理和国民构成决定了约旦比其他阿拉伯国家更关注耶路撒冷问题，也更主张与以色列谈判，倾向于以和平的政治手段解决巴以问题。

约旦政府对国内的巴勒斯坦裔并没有持信任态度，巴勒斯坦裔常面临着政府和国内其他群体对其偏向巴勒斯坦认同还是约旦认同的质疑。当前巴勒斯坦裔在约旦有较高的经济地位。现任王后拉尼娅就是巴勒斯坦血统的巴难民后裔。造成巴勒斯坦裔在约旦的困境主要原因有三个方面：首先，约旦境内还生活着数量众多的巴勒斯坦难民，约旦资源有限，他们与其他约旦公民存在竞争关系。其次，那些具有巴勒斯坦民族主义倾向者给约旦政府常常带来外交危机，2017年在以色列驻约旦使馆发生的枪击事件就是一例。最后，巴勒

---

① “Country Profile: Jordan,” *UNESCO Institute for Lifelong*, September 5, 2017, http://litbase.uil.unesco.org/?menu=12&country=JO&programme=162, Retrieved February 26, 2018.

② 商贸部国际贸易经济合作研究院、中国驻约旦大使馆经济商务参赞处、商务部对外投资和经济合作司编:《对外投资合作国别（地区）指南：约旦（2017年版）》，中华人民共和国驻约旦哈希姆王国大使馆经济商贸参赞处，2018年2月11日，第9页，http://fec.mofcom.gov.cn/article/gbdqzn/upload/yuedan.pdf，登录时间：2018年2月23日。

斯坦裔约旦公民在约旦政治体制中并没有获得与人口结构匹配的政治地位，从2017年约旦的普选和地方选举结果来看，这种不匹配的状况仍然未得到改善。

“阿拉伯之春”以来，中东内战、恐怖主义热门事件众多，2017年的卡塔尔危机更是吸引了外界关注。在年底特朗普宣布承认耶路撒冷是以色列首都之前，分析者普遍认为中东地区传统安全议题的巴以问题已经面临边缘化的窘境。然而约旦和巴勒斯坦的交往却始终比较密切。如2017年5月阿巴斯赴美之前前往安曼进行“穿梭外交”，与国王阿卜杜拉二世会面，协调在巴以问题上的立场。8月7日，约旦国王五年来首次访问巴勒斯坦，巴解组织和约旦高级官员在拉姆安拉讨论了双方组成邦联的可能性。因此可以说，即便政治风向有变化，约旦仍然关心巴勒斯坦境遇，将巴勒斯坦问题视为中东问题的重中之重。

（三）维持亲美的军事与安全合作

约旦长期得到西方社会的积极评价，外界对约旦的政治和社会的印象基本都是比较正面的，并且还在不断改善。比如“透明国际”（Transparency International）历年都把约旦列为阿拉伯国家中腐败程度较低的国家，2017年位列全球第59位。[①] 2017年美国“自由之家”（Freedom House）的年报把约旦列为“部分自由”国家，在阿拉伯世界排名第三。[②]

约旦在军事安全领域与美国保持盟友关系。尽管2015年和2016年美国驻约旦军事基地附近都发生过零星美军士兵遇袭事件，但这些涉及美国人员的安全事件都没有升级为政治或外交危机。2017年美国向约旦提供军事安全方面的援助，帮助防止“伊斯兰国”渗透，帮助强化约旦的空军力量，充实打击“伊斯兰国”的国际联军。约旦还与北约开展安全合作，联合抗击跨境恐怖主义和极端主义。

特朗普在2017年5月访问沙特时提出打造“阿拉伯版北约”（Arab NATO）的新地区安全架构设想。[③] “阿拉伯版北约”的设想一直受到沙特的强力支持，计划中的创始国除沙特外还包括阿联酋、埃及和约旦，美国不直接参与联盟，

---

① “Corruption Perceptions Index 2017,” *Transparency International*, February 21, 2018, https://www.transparency.org/news/feature/corruption_perceptions_index_2017#table, Retrieved February 26, 2018.

② “Freedom in the World 2017,” *Freedom House,* January 31, 2017, p. 20, https://freedomhouse.org/sites/default/files/FH_FIW_2017_Report_Final.pdf, Retrieved February 27, 2018.

③ Hussein Ibish, “Trump’s Saudi Agenda: Advance Shared Goals and Change the Channel,” *AGSIW*, May 18, 2017, http://www.agsiw.org/trumps-saudi-agenda-advance-shared-goals-and-change-the-channel/, Retrieved February 10, 2018.

而是作联盟的组织者和支持者。① 事实上，美国2015年与埃及商谈建立类似北约指挥架构的"反应部队"（Response Force）② 时就把约旦列入组成该部队的成员国名单。尽管碍于复杂的地区利益分歧，"阿拉伯版北约"仍然只是个设想，但不可否认约旦始终位于美国支持下的阿拉伯世界军事同盟计划的核心地位。

二、约旦的经济格局和潜在危机

约旦属于发展中国家，经济形势总体向好，但增长缓慢。根据世界经济论坛（World Economic Forum）《全球竞争力报告（2016—2017）》的竞争力指数排名，约旦位列世界第63位，比上一年提升一个位次，但排名仍落后于菲律宾、越南等亚洲国家，却好于阿曼、伊朗等中东国家。中东国家中竞争力指数排名最高的是卡塔尔，列全球第18位。③ 在世界银行发布的《2018年营商环境报告：改革创造就业》中，约旦在全球190个经济体中营商环境排在103位，比上一年提高15个位次。④

（一）国民经济增长缓慢

按照中国驻约旦使馆经商处公布的数据，2015年约旦国民生产总值约为387亿美元，年增长率为2.3%。服务业占国民经济72%的比重，是约旦支柱产业。约旦财政状况长期不理想，以2014年为例，全年财政收入为102.7亿美元，其中旅游业44.5亿美元、侨汇36.7亿美元、外援17.5亿美元，三项合计超过财政总收入的96%。约旦外债比重高，2015年外债占GDP的34.1%。⑤ 据《约

① Josh Rogin, "Trump to Unveil Plans for an 'Arab NATO' in Saudi Arabia," *The Washington Post*, May 17, 2017, https://www.washingtonpost.com/news/josh-rogin/wp/2017/05/17/trump-to-unveil-plans-for-an-arab-nato-in-saudi-arabia/?utm_term=.9f0a0dbc0bf6, Retrieved February 26, 2018.

② James Stavridis, "The Arab NATO," *Foreign Policy*, April 9, 2015, http://foreignpolicy.com/2015/04/09/the-arab-nato-saudi-arabia-iraq-yemen-iran/, Retrieved February 27, 2018.

③ Klaus Schwab, World Economic Forum, eds., "The Global Competitiveness Report 2016-2017," *World Economic Forum*, p.16, http://www3.weforum.org/docs/GCR2016-2017/05FullReport/TheGlobalCompetitivenessReport2016-2017_FINAL.pdf, Retrieved February 16, 2018.

④ World Bank, "Doing Business 2018 – Reforming to Create Jobs," *World Bank*, October 31, 2017, http://www.worldbank.org/en/country/india/brief/doing-business-2018, 登录时间：2018年2月14日。

⑤ 中国驻约旦使馆经商处：《约旦经济近况》，中华人民共和国驻约旦哈希姆王国大使馆经济商贸参赞处，2016年月30日，http://jo.mofcom.gov.cn/article/ddgk/zwjingji/201606/20160601350553.shtml，登录时间：2018年2月13日。

旦时报》[①] 2017年11月4日的报道，约旦央行行长称约旦经济呈现恢复信号。2010—2016年，约旦GDP平均增速为2.6%，2016年为2.3%，2017年预计为2.6%。[②] 2017年约旦的旅游收入、外商直接投资、侨汇收入、出口量、资本性支出、私人信贷都有所增长，好过2016年。

约旦是中国在中东的重点援助国之一。中国向约旦的援助包括：民生改善、难民救助、教育卫生、基础设施建设、新能源开发、人力资源培训、人道主义无偿援助等各大领域。[③] 纵观2012年以来数据，中国对约旦的货物进出口总额在增加，且一直呈现贸易顺差的出超状态（见表1）。2016年以前，中方对约主要出口机电产品、通讯器材、纺织服装，从约旦主要进口钾肥。约旦国家统计局的数字显示，2016年，约旦自中国进口总额约26.98亿美元，中国是约旦第一大进口来源国，沙特以23.32亿美元位列第二，美国以13.45亿美元排在第三。而2015年，中国排在沙特之后，是约旦当年第二大贸易伙伴和第二大进口来源国。[④]

表1　2012—2016年中国同约旦海关货物进出口总额（单位：亿美元）

	中国出口	中国进口	差额
2012	29.6	3	26.6
2013	34.3	1.7	32.6
2014	33.7	2.63	31.07
2015	34.3	2.9	31.4
2016	29.6	2.1	27.5

数据来源：整理自中国海关《我国同各国（地区）海关货物进出口总额》及国家统计局网站。

随着中国与约旦贸易往来不断加深，2017中国的银联国际与约旦国际卡

① 约旦国内共有9份报纸，除英文的《约旦时报》(The Jordan Times)之外，其余都是阿拉伯语报纸。

② Andrea López-Tomàs, "Jordan's Economy to Witness Sustained, Yet Slight, Growth in 2017-2018 Report," *The Jordan Times*, November 4, 2017.

③ 商贸部国际贸易经济合作研究院、中国驻约旦大使馆经济商务参赞处、商务部对外投资和经济合作司编：《对外投资合作国别（地区）指南：约旦（2017年版）》，第31页。

④ 中国驻约旦使馆经商处：《2016年中国成为约旦第一大进口来源国》，中华人民共和国驻约旦哈希姆王国大使馆经济商务参赞处，2017年3月1日，http://jo.mofcom.gov.cn/article/zxhz/tjsj/201703/20170302525477.shtml，登录时间：2018年2月23日。

公司合作，首次在约旦当地发行银联卡，为当地用户提供银联全球网络的便利。[①] 银联合作是“一带一路”建设金融互联互通的体现，实现了中约双边互赢共赢。

（二）积极寻求新经济增长来源

约旦与土耳其、叙利亚、利比亚、阿尔及利亚、欧盟、美国等国家和国际组织已签署自贸协定。如前所述，约旦国家收入主要来源是钾肥、旅游、侨汇和外国援助。周边国家战乱和动荡不断，增加了约旦在军事投入和难民接收方面的开支，也严重缩减了旅游收入，使国家外债问题更加突出。

约旦油气资源匮乏，但低热值燃料油页岩资源比较丰富，油页岩燃烧发电是约重要能源来源，但只占约总能源需求不到5%，其余均依赖进口。阿塔拉特油页岩循环流化床矿电联合项目，是迄今为止中国在约旦最大的经济合作项目。该项目总投资约21亿美元，中方提供融资约16亿美元，预计三年后建成投产。[②] 2017年参与对约旦油页岩电站项目竞争的广东火电面临项目业主方不提供还款担保造成银行贷款意愿不高的融资困境。于是中国出口信用保险公司出具了承担政治、商业和政府违约风险的针对性承保方案，并在中国政策性保护的支持下，中国银行、工商银行、建设银行组成银团进行承贷，帮助广东火电获得融资方案上的优势，最终竞标成功。广东火电通过成功竞标，将中国电力施工标准写入合同，为之后打入英国核电建设市场奠定基础。[③] 2017年3月举行的阿塔拉特油页岩电站融资关闭仪式标志着该项目进入实施阶段，救活了原本陷入停滞的约旦油页岩发电项目。[④] 阿塔拉特油页岩电站项目是“一带一路”倡议提出以来约旦与中国合作共赢的成果。

约旦积极寻求与他国合作解决经济发展问题，如与俄罗斯签订核能合同，由俄罗斯国家原子能公司（Rosatom）建造两座核电站。2017年中国广核集团旗下的北京广利核系统工程有限公司受约旦原子能委员会和俄罗斯国家原子能公司的邀请，参与约旦VVER核电项目全长DCS方案投标。[⑤] 山东电力建设第三工程公司获得2017年约旦侯赛因项目所在地扎尔卡省哈什米尔市颁发的“社

---

① 王云松:《中国银联卡走俏中东》，载《人民日报》2017年3月27日，第21版。

② 韩晓明:《“一带一路”开辟中约合作新前景》，载《人民日报》2017年4月13日，第3版。

③ 王俊岭:《政策性保险护航中企“走出去”》载《人民日报海外版》2017年11月16日，第3版。

④ 中国驻约旦使馆经商处:《“一带一路”帮助约旦实现油页岩发电梦想》，中华人民共和国驻约旦哈希姆王国大使馆经济商务参赞处，2017年5月21日，http://jo.mofcom.gov.cn/article/zxhz/hzjj/201705/20170502579025.shtml，登录时间：2018年2月23日。

⑤ 李刚:《中广核拓宽“能源一带一路”》，载《人民日报》2017年5月17日，第14版。

会责任突出贡献奖”。[①] 2007年，该公司中标萨马瑞电厂二期项目，2016年又中标萨马瑞电厂四期循环电站和投资金额达到3.8亿美元的侯赛因电站。侯赛因电站为当地间接提供了千余就业机会。[②]

根据约旦《明日报》报道，约旦政府的“2025愿景”启动了数字经济战略，增加对信息产业的投入，计划把约旦打造成适宜投资、鼓励创业的国家。[③] 但是，目前看来，约旦的经济活力仍然不足。以经济移民数量作为比较指标，约旦十余年来不仅经济移民总数少于周边经济体，甚至出现连年减少的现象。（见表2）

表2　中东地区的国际经济移民统计表（单位：千人）[④]

	2005年	2010年	2015年
沙特	6261	8429	10186
阿联酋	3281	7316	8094
科威特	1332	1868	2865
以色列	1888	1920	1967
阿曼	666	816	1845
伊朗	1594	1686	1747
卡塔尔	646	1456	1687
黎巴嫩	350	356	457
约旦	480	270	258
埃及	174	186	241

（三）水资源短缺

水资源短缺是约旦发展的严重掣肘因素。该国有可能成为全世界第一个水

① 刘艳杰:《山东电建三公司:“走出去”十五年 创造就业机会》，载《光明日报》2017年6月20日，第7版。

② 韩晓明:《“一带一路”开辟中约合作新前景》，载《人民日报》2017年4月13日，第3版。

③ 韩晓明:《中东地区加大信息技术开发》，载《人民日报》2017年3月21日，第22版。

④ Philip Connor, “Middle East’s Migrant Population More Than Doubles Since 2005,”*Pew Research Center*, October 18, 2016, p.15, http://assets.pewresearch.org/wp-content/uploads/sites/2/2016/10/18092506/Middle-east-migrants_FINAL_PM.pdf, Retrieved February 21, 2018.

资源枯竭的国家。[①] 针对约旦河日渐枯竭（水量2000万—3000万立方米，不足历史上的1/40），且存在严重污染的问题，以色列和约旦的环保工程决定从加利利湖和约旦河最大支流耶尔穆克抽水注入约旦河。2018年初，以色列、约旦、巴勒斯坦三方在世界银行的资助下启动“红海—死海合流工程”即“引红入死”工程，淡化海水，解决三国民众的饮水问题和水力发电，为水源日渐枯竭的死海注入新的海水水源。[②] 但相比之下，以色列对引红海济死海工程并没有约旦积极，许多以色列国内媒体质疑工程的意义，引发约旦的不满和恐慌。[③] 以色列国内已经有很多海水淡化项目，与约旦进行海水淡化合作的热情不足。而仅靠约旦自己，其国家经济能力尚不足以独立完成庞大的海水淡化项目。约旦政府试图通过控制生育率、提高水的定价、推进农业改革等措施，自主、综合地解决缺水问题。可是，约旦经济状况多年来并不乐观，因此国家无法像邻国以色列一样靠自己开展昂贵的大规模海水淡化项目，也很难靠本国力量全面修复漏水的基础设施。水资源短缺还引发了不断膨胀的本国人口和涌入约旦境内的难民之间出现的矛盾和摩擦。

三、约旦的外交成就和不足

2017年是中约建交40周年。约旦是中国的友好国家，国王阿卜杜拉二世曾八次访华。2015年9月阿卜杜拉二世访华时，与中国共同宣布将两国关系提升为战略伙伴关系水平。约旦支持和配合“一带一路”倡议，两国的多领域合作不断扩大和深化。约旦临近长期内战的叙利亚，与以色列关系良好，因而在促进叙利亚和谈、推进巴以和平进程等议题上扮演着调解人的角色。约旦主持了第28届阿盟峰会，发表了《安曼宣言》，对地区稳定和联合反恐起着积极作用。

（一）支持“一带一路”倡议，开展与中国的多元合作

约旦国王阿卜杜拉二世在庆祝中约建交40周年的贺电中表示：“经贸合作

① Peter Schwartzstein,“What Will Happen If the World No Longer Has Water? Water Shortages in Jordan Pit Rich vs. Poor as the Country Scrambles to Serve a Booming Population,” *Newsweek*, December 1, 2017, http://www.newsweek.com/2017/12/01/what-happens-world-without-water-jordan-crisis-717365.html, Retrieved February 16, 2018.

② 刘怡:《单边主义归来：特朗普的耶路撒冷棋局》，载《三联生活周刊》2017年第51期，第91页。

③ 中国驻约旦使馆经商处:《约旦将继续推进“引红济死”工程》，中华人民共和国驻约旦哈希姆王国大使馆经济商务参赞处，2018年2月13日，http://jo.mofcom.gov.cn/article/jmxw/201802/20180202712462.shtml，登录时间：2018年2月14日。

是发展约中关系的优先方向。约方愿在‘一带一路’倡议下继续同中方开展合作，更好地造福两国人民。”[①] 在政治高层交往方面，2017年国务院副总理刘延东、外交部部长王毅、全国人大常委会副委员长向巴平措等访问约旦。2017年5月，约旦计划与国际合作大臣艾马德·法胡里访华，参加了中国政府主办的“一带一路”国际合作高峰论坛。

在改善民生方面，中国企业通过中约经贸合作巩固和促进着中约两国友好关系的不断发展。以中国地质工程集团公司中东分公司承建的中国援约旦供水网二期项目为例，6个月工期内，工程总共铺设了3.37千米、直径500毫米的输水管，平均水流量达到每小时520立方米，可以解决50万居民的用水问题。在输水管线路终点，竖着“中约两国友谊万岁”的石碑。[②]

2015年中阿技术转移中心成立之后，约旦等国科研机构与中阿科技转移中心达成协议、成立分中心。在2017年9月6日至9日宁夏银川举行的中国—阿拉伯国家博览会上，中阿技术转移综合服务信息平台正式启动。约旦代表对中国高铁表现出兴趣。约旦的“中阿农业技术转移分中心”使中国企业可以到境外开展农业开发，有助于中国优势农业技术“走出去”。[③] 2017年3月第五届中阿博览会的约旦系列活动共签署合作协议18个，项目总金额197.85亿元人民币。通过中阿博览会等平台，中国同沙特、阿曼、埃及、约旦等国的合作项目数量增长迅速。[④]

2017年10月23日，中国与约旦在安曼召开中约经济、贸易和技术联委会第七次会议。双方签署了《中华人民共和国商务部与约旦哈希姆王国计划国际合作部与发展、经济、技术合作谅解备忘录》（2018—2020年），确认双方在未来三年将进一步扩大和加强两国在发展援助合作机制、人力资源开发、大型项目、贸易和投资、传统能源和可再生能源领域的合作。[⑤]

在基础设施建设领域，2017年出席中约经济、贸易和技术联委会第七次会议的约旦公共工程与住房大臣萨米·哈拉萨与中方负责人签署了《约旦萨尔特公路升级改造项目自建模式会谈纪要》。“一带一路”也为现有的基础设施

---

① 《习近平同约旦国王阿卜杜拉二世互致贺电庆祝中约建交40周年》，载《人民日报》2017年4月18日，第1版。

② 韩晓明：《“一带一路”开辟中约合作新前景》，载《人民日报》2017年4月13日，第3版。

③ 王建宏、王丹：《宁夏成中阿国家技术转移通道》，载《光明日报》2017年9月10日，第3版。

④ 朱磊《宁夏打开中阿合作全新空间》，载《人民日报》2017年3月9日，第21版。

⑤ 中国驻约旦使馆经商处：《中约经贸联委会第七次会议在约旦首都安曼召开》，中华人民共和国驻约旦哈希姆王国大使馆经济商务参赞处，2017年10月25日，http://jo.mofcom.gov.cn/article/zxhz/hzjj/201710/20171002657916.shtml，登录时间：2018年2月23日。

建设计划提供了绝佳机遇。“地区和平之轨道”是以色列2016年开始修建的铁路计划。目前“地区和平之轨道”铁路完成从海法港口到贝特谢安阶段，最终会延伸入约旦境内，然后与沙特、阿联酋等国的铁路网接轨，从而实现连接地中海与海湾货运路程的计划，将6000公里海运缩短至2000公里陆运，强化了以色列与阿拉伯国家之间的经济战略联系。[①]“一带一路”是该计划实施的重要平台。

在中约文化合作领域，2017年1月20日的“意会中国”国际巡展第二站在安曼举行，展出中国文化部收藏的阿拉伯国家艺术家描绘华夏大地的精品画作。[②]画展是中约两国建交40周年的系列庆祝活动之一。浙江建德市婺剧团在安曼侯赛因文化中心演出精品折子戏。[③]丰富的文化交流活动增进了两国人民的相互了解。

在中约文化和教育合作领域，约中友好协会成立于1988年。约旦的第一所孔子学院“安曼格扎拉国际集团（TAG）孔子学院”建立于2008年，由沈阳师范大学和约旦塔勒利·阿布·格扎拉国际集团（TAG）合作，2009年正式运行。2011年9月，约旦第二所孔子学院费城大学孔子学院成立，山东聊城大学对口支持。[④]运行良好的孔子学院受到约旦的欢迎，增强着中国的文化软实力。

约旦与中国近两年签订的双边文化教育领域合作文件主要是2015年5月的《中华人民共和国教育部与约旦哈希姆王国高等教育与科研部关于合作建设中约大学的谅解备忘录》。依据此文件，2017年，中国地质大学与约旦合作在武汉东湖高新区围绕共建“中约大学”展开合作。另一份双边协议为2016年9月时任约旦文化大臣阿德尔·图韦西华出席首届丝绸之路（敦煌）国际文化博览会时，两国文化部签署的《关于在约旦建立中国文化中心的谅解备忘录》。[⑤]2017年约旦部长理事会批准了该协议。2018年两国深化了合作文本。1月8日，中国驻约旦大使潘伟芳和约旦文化大臣纳比·舒古姆在安曼共同签署了《中

---

① 王水平：《“一带一路”倡议惠及整个中东》，载《光明日报》2017年5月9日，第10版。

② 林晓蔚：《“意会中国”国际巡展在约旦举行》，新华网，2017年1月21日，http://www.xinhuanet.com/zgjx/2017-01/21/c_136001676.htm，登录时间：2018年2月23日。

③ 林晓蔚：《中国婺剧精品折子戏在约旦上演》，新华网，2017年1月21日，http://www.xinhuanet.com/zgjx/2017-01/21/c_136001677.htm登录时间：2018年2月23日。

④ 孙来麟：《约旦对外政策的演变及其成因分析》，载马昌前、孙来麟主编：《约旦研究》，中国地质大学出版社2016年版，第101页。

⑤ 吴兢、林治波、吴姗：《丝路文博会带来甘肃“三变”——专访中共甘肃省委副书记欧阳坚》，载《人民日报》2016年8月30日，第13版。

华人民共和国政府和约旦哈希姆王国政府关于在约旦设立中国文化中心的协定》。中国文化中心为中国政府派驻约旦的官方非营利文化机构，旨在促进两国文化交流合作。[①]

以“一带一路”框架下的文化项目“丝路书香出版工程”为依托，约旦出版方买下了众多中国优秀图书，经翻译和出版后在阿拉伯市场进行推广。[②] 此前，中国地质大学自2014年启动建设“约旦研究中心”，组织编写“丝绸之路系列学术著作”，其中编著《约旦研究》[③] 于2016年出版，是中国教育界与约旦教育系统合作的早期成果之一。

北京师范大学出版社与约旦安曼文化局合作出版的《文明的追随》，是与约旦本土机构开展的项目合作。[④]《文明的追随》作者是多次访华的约旦首都安曼市文化局局长、约旦著名学者和专栏作家。书中表达了一个观点：面临西方的阻碍，东方开启了大门，独立的阿拉伯世界如果想要实现阿拉伯的复兴，需要学习中国成功经验，学习先进民族的复兴之路。按照《文明的追随》的概括，中国主要在石油、投资和政治支持三个方面需要阿拉伯世界。书中认为即便阿拉伯世界能与中国通过建立紧密关系、实现以能源合作为轴心的经济合作，但在中国期待的政治支持方面，阿拉伯国家处于世界政治中的弱势地位，无法发挥足够的政治作用。[⑤] 2017年9月五洲传播出版社出版的中文和阿文两个版本《我们和你们：中国和约旦的故事》，[⑥] 通过中约关系的直接见证者、参与者和推动者的自述，展示着中约友好的历史和现实。

在中约新闻合作领域，约旦官方媒体佩特拉通讯社（Jordan News Agency / Petra）是约旦的国家通讯社，隶属于约旦新闻部，社长由国家首相任命，通讯社的全部经费由国家拨款。约旦佩特拉通讯社2010年与中国的新华社签订了新闻合作协议，2015年开始在中国派驻1名记者。[⑦]

---

① 林晓蔚：《中国与约旦签署在约设立中国文化中心的协定》，中华人民共和国中央人民政府（官方网站），2018年1月8日，http://www.gov.cn/xinwen/2018-01/08/content_5254520.htm，登录时间：2018年2月12日。

② 张贺、王云松：《“中国书香”赢得更多阿拉伯读者》，载《人民日报》2017年4月28日，第21版。

③ 马昌前、孙来麟主编：《约旦研究》，中国地质大学出版社2016年版，前言。

④ [约旦]萨米尔·艾哈迈德著：《文明的追随：中国的崛起与阿拉伯人的未来》，刘欣路、吴晓琴译，北京：北京师范大学出版社2014版，第3、19、97页。

⑤ [约旦]萨米尔·艾哈迈德著：《文明的追随：中国的崛起与阿拉伯人的未来》，第129、136页。

⑥ 刘宝莱主编：《我们和你们：中国和约旦的故事》，北京：五洲传播出版社2017年版。

⑦《海外传媒观察 带你走进约旦新闻界》，中国记协网，2016年8月15日，http://www.xinhuanet.com/zgjx/2016-08/15/c_135598134.htm，登录时间：2018年2月23日。

（二）积极参与周边外交活动，强调与美盟友关系

约旦是阿拉伯世界中外交活跃国家，在阿拉伯世界和欧美国家之间开展平衡外交，在众多中东问题上发挥特殊作用。约旦和摩洛哥2011年被海合会接纳加入。2017年卡塔尔危机中，约旦宣布降低与卡塔尔的外交级别，收回半岛电视台在约旦的运营许可证，站在了沙特一边，但仍留有余地。在巴以问题上，埃及总统塞西和约旦国王阿卜杜拉二世都表达了为巴勒斯坦和以色列双方都提供保护的意愿。[①]

叙利亚局势与约旦息息相关，是近年约旦媒体和国民最关注的外部问题之一。2017年7月7日，美国、俄罗斯和约旦三方在安曼达成支持叙利亚西南部停火的协议，该地区靠近约旦的德拉、库奈特拉和苏伟达等省份。通过两日后第七轮叙利亚问题日内瓦和谈，协议生效。约旦政府发言人在声明中指出，停火协议的达成旨在叙南部冲突地区实现永久性降级。[②] 在反恐和反极端主义方面，约旦政府除了防范“伊斯兰国”的渗透外，还预防本土极端主义势力的滋生。约旦国内的圣战萨拉菲主义者拒绝遵从政党政治和正常的政治参与，不断制造恐怖袭击。[③]

约旦和以色列接壤，两国双边关系对以色列边境安全至关重要。自1994年约旦与以色列关系正常化以来，以色列与约旦之间的主要矛盾是边界问题、圣城问题和水资源问题。2017年约以之间的对立事件主要是以色列驻约旦大使馆枪击事件和抗议美国大使馆迁馆决定等。

2017年7月14日，三名以色列警察在圣殿山（穆斯林的“尊贵禁地”）外区遭遇枪击，其中两人身亡。之后，以色列在阿克萨清真寺入口加装金属探测门，周围区域安装摄像头，禁止50岁以下男子穆斯林前往阿克萨清真寺做礼拜。尽管7月16日以色列重新开放阿克萨清真寺，但巴勒斯坦人仍然认为安装安检设备是对圣地的亵渎。此次巴以圣殿山“装门”冲突事件在约旦升级。2017年7月21日，约旦多个城市爆发反以游行，要求以色列停止在耶路撒冷老城圣殿山放置安检设备的行动。游行群众要求以色列对所有巴勒斯坦人开放

---

① Dennis Ross, “Common Threats Offer New Opportunities for Israel-GCC Cooperation,” *AGSIW*, April 26, 2017, http://www.agsiw.org/common-threats-offer-new-opportunities-israel-gcc-cooperation/, Retrieved February 26, 2018.

② 王云松:《叙利亚和解出现新机遇》，载《人民日报》2017年7月11日，第21版。

③ 李茜、黄民兴:《约旦圣战萨拉菲主义基本思想与发展》，载《世界宗教研究》,2016年第1期，第175、178—179页。

阿克萨清真寺。7月23日，以色列驻约旦使馆发生枪击事件。据以色列媒体报道，约旦籍凶手和同伴被使馆安全官员击毙，一名以色列人受伤。外交危机使以色列和约旦双边关系一度紧张，枪击事件第二夜以色列驻约旦使馆所有人员回国,但约旦当局拒绝相关人员撤离。2018年初，枪击事件以以色列向约旦正式道歉、以色列驻约旦大使馆全面恢复工作而告终。①

2017年是六日战争五十周年。按照以色列和约旦签订的和平条约，约旦拥有耶路撒冷东部老城区的管辖权。美国宣布耶路撒冷为以色列首都引发包括约旦在内的多个中东国家发生示威抗议。约旦国王明确表示强烈反对美国将使馆迁到耶路撒冷。约旦国内民众普遍认为特朗普政府偏袒以色列的言行使巴以和谈更加艰难。

随着叙利亚和也门等多国战乱，大量阿拉伯难民涌入约旦。皮尤中东移民分析报告显示，自2005年以来，约旦、土耳其、黎巴嫩和伊朗是接收中东难民最多的国家（见表3）。以2015年为例，上述四个国家总共接收了85%的中东难民和寻求庇护者，其中，约旦一直高居榜首。② 难民的生存问题给约旦的经济带来了诸多考验。除了关心周边涌入的难民，约旦还表现出了对其他国际难民问题的关注。2017年10月23日王后拉尼娅访问孟加拉境内科克斯巴扎尔县库图巴朗（Kutupalong）难民营，要求国际介入罗兴亚难民问题。

表3　2005—2015年约旦、土耳其、黎巴嫩、伊朗四国接收中东难民和寻求庇护者统计表（单位：千人）

	2005	2006	2007	2008	2009	2010	2011	2012	2013	2014	2015
约旦	1845	2378	2404	2453	2435	2453	2436	2340	2717	2790	2854
土耳其	7	9	12	18	16	17	25	291	662	1694	2754
黎巴嫩	407	431	465	473	477	465	447	577	1306	1614	1541
伊朗	974	969	965	982	1072	1075	887	868	857	982	979

数据来源；联合国难民署。

① "Israel 'Deeply Regrets' Embassy Incident, Killing Judge," *The Jordan Times*, January 18, 2018, http://www.jordantimes.com/news/local/israel-deeply-regrets%E2%80%99-embassy-incident-killing-judge, Retrieved February 28, 2018.

② Philip Connor, "Middle East's Migrant Population More Than Doubles Since 2005," *Pew Research Center*, October 18, 2016, p.15, http://assets.pewresearch.org/wp-content/uploads/sites/2/2016/10/18092506/Middle-east-migrants_FINAL_PM.pdf, Retrieved February 21, 2018.

美国是约旦的重要盟友，是约旦最大的经济和军事援助来源国。约旦政府高度重视与美国的双边关系。约旦国王于2012年三次访美，2013年两次访美，2014年四次访美，2015年一次访美。[①] 2017年，国王阿卜杜拉二世分别于1月和4月访问美国，与美国续签了五年的合作谅解备忘录（U.S.-Jordan Memorandum of Understanding on Bilateral Foreign Assistance to Jordan），此次涉及的援助额超过奥巴马政府签订的合作谅解备忘录的规模。[②]

（三）主持阿盟峰会，凝聚阿拉伯共识

2017年3月29日，第二十八届阿拉伯国家联盟（阿盟）首脑会议在安曼召开。面临阿拉伯世界内部的分裂，此次阿盟峰会高度重视阿拉伯世界的团结与统一。阿盟首脑会议对包括巴勒斯坦问题、叙利亚危机问题在内的17项决议草案进行讨论和表决。会议闭幕宣读的《安曼宣言》（The Amman Declaration）共计15条，涉及巴勒斯坦问题、叙利亚问题、伊拉克问题、也门危机、利比亚问题、反恐问题、应对"伊斯兰恐惧症"、反对外部势力干预阿拉伯事务、阿联酋——伊朗岛屿争端、索马里重建等。[③] 在阿盟峰会开幕致辞中，阿卜杜拉二世提出阿拉伯国家当前面临的五大挑战：恐怖主义和极端主义、以色列持续扩张定居点、叙利亚危机及难民问题、伊拉克反恐战争、也门和利比亚危机。国王号召在所有的挑战面前，阿拉伯国家应主动寻找解决方案，防止地区事务遭受外部势力干涉。[④]

四、结论

2017年，约旦的政治现代化和民主化进程继续缓慢推进，国内的巴勒斯坦族裔群体的政治活动与约以双边关系走势密切相关。受周边国家战争影响的

---

① 商贸部国际贸易经济合作研究院、中国驻约旦大使馆经济商务参赞处、商务部对外投资和经济合作司编：《对外投资合作国别（地区）指南：约旦（2017年版）》，第8页。

② Jeremy M. Sharp, "Jordan: Background and U.S. Relations," *Congressional Research Service*, June 1, 2017, pp.15-16, https://securityassistance.org/sites/default/files/CRS_Jordan_2017.pdf, Retrieved February 28, 2018.

③ The Amman Declaration," *Arab Summit 2017*, March 30, 2017, https://www.arabsummit2017.jo/Documents/08502809-6ee1-4670-874f-9c81391bb1aa.pdf，登录时间：2018年2月17日。

④ "Speech of His Majesty King Abdullah II At the Opening of the 28th Ordinary Session of the Council of the League of Arab States at the Summit Level (Amman Summit),"*KING ABDULLAH II*, March 29, 2017, https://kingabdullah.jo/en/speeches/opening-28th-ordinary-session-council-league-arab-states-summit-level-amman-summit, 登录时间：2018年2月17日。

波及，约旦在安全领域开展与美国的进一步合作，更强烈地希望美国提供军事援助。虽然面临水资源匮乏、难民数量不断增加的挑战，2017年约旦经济仍然呈现恢复信号。2017年是中约建交40周年，两国均开展了丰富多彩的庆祝活动。在“一带一路”倡议下，中国参与约旦新能源开发、援助基础设施建设、提供人道主义援助，帮助约旦改善民生。约旦主持了第28届阿盟峰会，有助于地区稳定和联合反恐，对提升阿拉伯统一共识有一定的推进作用。虽然和周边国家偶有外交冲突，但总的来说，约旦在促进叙利亚和谈、推进巴以和平进程等议题上继续被国际社会寄予厚望。

2017年阿尔及利亚的政治、经济与对外关系

舒 梦[①]

摘要：2017年阿尔及利亚的局势整体稳定。在政治方面，该国总体形势可控，但由于民生危机频发、社会分裂加深、民主化进程缓慢、改革难以推进，国内不稳定因素正在不断增加。在经济方面，阿尔及利亚增长进一步变缓，危机隐患增加，而政府的应对措施并未有效缓解危机或改善经济环境，有长期动荡的风险。在安全方面，阿尔及利亚的安全局势依然受到复杂因素的影响，基本维持稳定。在对外关系方面，阿尔及利亚通过国际反恐合作机制、非洲联盟、阿拉伯马格里布联盟三个平台积极参与地区事务。由于受摩洛哥重返非盟的影响，阿尔及利亚的对外关系受到阿摩紧张关系的冲击。

关键词：阿尔及利亚；政治形势；经济形势；对外关系

一、2017年阿尔及利亚的政治形势

2017年阿尔及利亚政治形势基本保持稳定，国内形势总体可控。但由于经济低迷引发的社会不稳定因素日益增加，阿尔及利亚政局稳定仍面临考验。

2017年的阿尔及利亚政局主要出现了两次变化：5月4日，阿尔及利亚选举产生了新一届国民议会，民族解放阵线党和全国民主联盟分别获得164席和97席，占总席位的56%，再次形成执政联盟。8月16日，阿尔及利亚总统布特弗利卡（Abdelaziz Bouteflika）撤销原总理特本(Abdelmadjid Tebboune)的职务，

---

① 舒梦，上海外国语大学中东研究所助理研究员。

任命乌叶海亚（Ahmed Ouyahia）为新总理。

执政联盟数年来一直在国民议会中保持优势地位，乌叶海亚也曾四次担任阿尔及利亚总理，这两次变动表明阿尔及利亚未来的政策走向不会出现根本性变化，将依然坚持政治上巩固政府权力、经济上实行紧缩政策的主要方向。但在政局调整过程中，有两个趋势值得关注：

首先，民众的政治参与度不断下降。在2017年的国民议会选举中，阿尔及利亚民众的投票率仅为35.4%，[①] 较2012年下降了近八个百分点，跌至阿尔及利亚多党民主制度实行以来的最低值。民众政治参与度的下降一方面是因为国民议会在阿尔及利亚的影响力有限，另一方面则是由于民众对选举透明度的不信任。尽管阿尔及利亚政府在2016年已设立独立监管机构保证选举的公开透明，但仍有大量选民认为选举结果早已“内定”，不相信可以通过选举影响国家的政策走向。

从短期来看，民众的政治参与度下降对执政联盟与总统布特弗利卡有利，因为放弃投票的主要人群是青年人群体，该群体饱受失业压力，对现政府政策并不满意。而年长者由于经历过1992年阿尔及利亚动乱，再接受周边国家“阿拉伯之春”的教训，多倾向于维持现状，依然支持现有政府执政。但长期来看，民众的政治参与度下降反而会削弱政府的执政合法性，且不利于阿尔及利亚民主政治的发展。

其次，政府的公信力有所下降。尽管执政联盟一直在议会中保持优势地位，但它的支持率不断降低，由2012年的63%下降至2017年的56%。此次议会选举前，前总理阿里·本弗利斯领导的新一代党等反对党就开始抵制选举。政权合法性的下降主要源于反对派与部分民众对总统布特弗利卡长期控制政坛的不满。其自1999年开始担任阿尔及利亚总统，迄今已当选四任。在2013年4月中风后，布特弗利卡很少出总统府露面，少有的数次出行中需要依靠轮椅助步。2017年9月6日，布特弗利卡在国家电视台现身102秒来证实自己的健康状况，但在随后会见俄罗斯总理梅德韦杰夫时依然状态萎靡，引起了反对派的抗议。2019年是总统换届选举年，是否支持布特弗利卡第五次连任是阿尔及利亚党派间的主要政治分歧所在。总统派系坚持称布特弗利卡依然有能力引领国家发展，而反对派认为在总统没有能力履职、甚至无法说话的情况下，他

① “Algeria – Legislative Election Results Maintain Status Quo,” PROSHARE Nigeria, July 5, 2017, https://www.proshareng.com/news/Politics/Algeria-—-Legislative-Election-Results-Maintain-Status-Quo/35399.

的连任将给国家带来未知的风险。[①]

从民众的政治参与度不断下降、政府的执政合法性不断下降这两个趋势来看，阿尔及利亚政治局势的不稳定性在不断增加，这种不稳定性主要来源于三方面：

第一，民生危机。自2014年油价下跌以来，阿尔及利亚政府的可支配收入一直受到限制。为增加收入，政府提高了税率并开始限制进口。政府计划提高3G互联网服务增值税，适度增加柴油、汽油和电力价格，上涨10%的烟草税，上涨25%的速溶咖啡、LED照明、杏仁和干果的税率。政府还批准了限制进口商品计划，水果、电子产品和车辆等商品的进口关税将上升，高价值消费品和建筑材料的关税将大幅提高，导致国内基本商品的价格上浮，引发民众对政府的不满情绪。2018年2月，阿尔及利亚公共服务部门举行罢工要求政府"紧急加薪"，一度导致教育、卫生和电信行业瘫痪。[②]

此外，由于政府财政紧缩，大量就业岗位被裁撤，阿尔及利亚社会失业率达到新高。2017年的失业率为11.7%，较2016年增加了1.2个百分点。其中15—24岁青年的失业率为25.2%，男性青年失业率为22.1%，女性青年失业率高达41.5%，毕业生失业率为32%。青年失业率的攀升极大地增加了社会不稳定因素。面对这种情况，阿尔及利亚劳动、就业与社会安全部称将为毕业生创造50万个工作机会，增加对青年相关部门和项目的投入以促进就业。2017年，逾294万名学生得到了就业补贴。在2018年的财政预算中，近10亿的预算用于提升年轻人的就业能力。[③] 然而能源企业受油价低迷影响严重，能帮助政府提供就业岗位的大部分非能源企业都是低效率且冗员多的国有企业，对青年就业问题的帮助能力有限。

第二，社会分裂。阿尔及利亚的社会分裂情况愈加严重，主要在于两方面：族群之间的矛盾以及移民与非移民之间的矛盾。

在族群矛盾方面，主要是柏柏尔人与阿拉伯人之间的矛盾。2017年12月，由于议会拒绝了一项普及塔马齐格特语言（柏柏尔语言）的预算案，柏柏人在阿尔及利亚北部贝贾亚、布依拉、布迈德斯等地举行抗议活动，抗议阿尔及利

① "Algerian opposition warns of holding on to President in light of his health," Middle East Monitor, October13, 2017, http://noozz.com/algerian-opposition-warns-of-holding-on-to-president-in-light-of-his-health/.

② "General strike in public services paralyzes Algeria," Associated News, February 14, 2018, https://www.news24.com/Africa/News/general-strike-in-public-services-paralyzes-algeria-20180214.

③ "Algeria promises half a million new jobs for graduates," Middle East Monitor, January 26, 2018, http://noozz.com/algeria-promises-half-a-million-new-jobs-for-graduates/.

亚政府不认可柏柏尔人作为阿尔及利亚公民的身份且不尊重其语言。2017年底，为缓解矛盾，政府最终同意承认柏柏尔新年（1月12日），并叫停部分地方政府禁止学校内使用柏柏尔语的举措。

在移民问题上，阿尔及利亚的反移民倾向愈加严重。2016年，一名阿尔及利亚妇女在西部地区比查尔被绑架，民众认为绑架案是移民所为，爆发了反移民的骚乱。随后网上反移民活动不断出现，2017年6月网民发动了一场针对“在阿尔及利亚的非洲人”的种族主义网络运动。① 此外，数名阿尔及利亚官员曾公开表示非法移民是“毒品贩运和有组织犯罪的源头”、“危害国土安全”。大赦国际的阿尔及利亚代表谴责这几位官员的言行带有种族主义偏见，② 并敦促阿尔及利亚政府尽快采取措施保护非洲移民的安全。

族群间矛盾与移民问题将加深社会的分裂。在民生问题频现、经济环境低迷的情况下，这些矛盾很容易成为其他社会矛盾爆发的导火索，影响阿尔及利亚的稳定。

第三，民主进程缓慢。2017年，阿尔及利亚在人权、妇女地位和政治透明度等方面都进展不佳。

在人权方面，欧盟2017年人权与民主年度报告显示，阿尔及利亚在人权、言论自由等很多方面是失败的，因为在阿尔及利亚，有时民众无法行使如集会自由、言论自由等基本权力，“集会申请通常会被拒绝”。③ 在媒体自由层面，由于经济危机，媒体得不到足够的资金支持，有时还会因批评政府或领导而面临新闻罪指控。在少数派层面，2017年6月，阿尔及利亚人权捍卫联盟谴责政府对穆斯林少数派阿赫迈底亚人的镇压活动。在经济自由层面，根据《世界经济自由2017年度报告》，阿尔及利亚在中东地区排名最末位。④

在妇女地位方面，阿尔及利亚2017年议会选举中，462个席位中有118个是女性议员，在阿拉伯国家中处于较高水平。但整体来讲，阿尔及利亚社会在

---

① “US Department of State praises political reforms in Algeria,” NOOZZ.com, March 5, 2017, http://noozz.com/us-department-of-state-praises-political-reforms-in-algeria.

② “Algeria says illegal migrants threaten national security,” Xinhua.net, July 11, 2017, http://www.xinhuanet.com/english/2017-07/11/c_136433163.htm.

③ “Algeria ‘fails’ on human rights and freedom of expression, says EU,” Middle East Monitor, October 19, 2017, https://www.middleeastmonitor.com/20171019-algeria-fails-on-human-rights-and-freedom-of-expression-says-eu/amp/.

④ “Algeria ranked lowest in MENA for economic freedom,” Middle East Monitor, October 17, 2017, https://www.middleeastmonitor.com/20171017-algeria-lowest-ranked-country-in-mena-for-economic-freedom/.

女性地位问题上相对保守。在议会选举中，阿尔及利亚政府不允许参选妇女的照片出现在海报上。阿尔及利亚人权理事会报告显示，一些阿尔及利亚电视节目中还存在“公开煽动对妇女的暴力行为”现象。

在政治透明度方面，尽管政府自2016年修宪以来一直在提升选举程序与监督机制的透明度，2017年的议会选举依然受到众多质疑。在财政透明度方面，根据美国国务院2017年关于政府财政透明度的报告，阿尔及利亚依然处于“不透明”国家行列，与伊拉克、马里、尼日尔、尼日利亚、马尔代夫、莱索托、尼加拉瓜、巴基斯坦、苏丹、津巴布韦和也门在一个等级中，原因是虽然阿尔及利亚公开了大部分国家预算，但国有企业拨款、年终决算等方面的信息一直缺乏透明度。

在上述不稳定因素的影响下，政府亟需推进改革来缓解矛盾。但目前阿尔及利亚政府的改革推进非常缓慢，这主要有主观与客观两方面原因：主观上来说，即将到来的2019年是阿尔及利亚的总统大选年。在2017-2018年的关键时期，为了保障布特弗利卡总统继续连任国家总统，政府将避免产生社会动荡、谨慎对待大规模改革。客观上来说，由于受经济低迷的影响，政府对资源的调度能力有限，无力推进改革的发展。因此，阿尔及利亚政府正处于不敢改变现状、而现状不可持续的艰难时期。

综上所述，尽管阿尔及利亚的政治局势依然保持稳定，但在民生危机频发、社会分裂加深、民主化进程缓慢、改革难以推进的情况下，国内不稳定因素正在不断增加。阿尔及利亚政治局势之所以能在诸多问题中保持稳定，主要基于三点原因：其一，由于1992年军方镇压“伊斯兰拯救阵线”后连续动乱十年的阴影和周边国家“阿拉伯之春”的借鉴作用，阿尔及利亚民众不会轻易爆发大规模动乱。其二，阿尔及利亚反对派的综合实力较弱，在执政联盟内部也没有其他强有力的政治精英有实力取代布特弗利卡总统。其三，尽管阿尔及利亚反对派一再呼吁军方出面，但军队并没有表现出介入政治局势的意愿。

从短期来看，如果布特弗利卡总统能够保持现有健康状况并顺利连任，且在油价未大幅度下跌的情况下，阿尔及利亚政治局势依然能在短期内保持稳定。等到油价恢复上涨趋势，政府就有能力改善民生并推进改革。因此，2019年大选对于阿尔及利亚的发展至关重要。从长期来看，由于“老人政治”、不透明的政治运作体系、缓慢发展的民主化进程以及迟迟难以实现的政治改革，阿尔及利亚仍然面临着中期及长期的政治动荡风险。

二、2017年阿尔及利亚的经济形势

2017年的阿尔及利亚经济形势依然不容乐观。2014年油价下跌导致财政收入大幅度减少后，阿尔及利亚经济一直处于低迷状态。2017年的经济增长进一步放缓，年增长率降至2.2%，较前一年降低3.3%。第二季度的国内生产总值同比增速降至几年来的最低点，第四季度增长率降至0.6%。[①] 阿尔及利亚对2019年的经济增长预期为2.7%，为2009年以来的最低值。2017年的阿尔及利亚经济主要面临以下困难：

首先，经济结构失衡状态依然持续。阿尔及利亚产业单一，贸易结构稳定，能源出口在总出口中占绝对比重。97%的出口额来自碳氢化合物产品（石油组成物），[②] 约占国民生产总值的30%、预算收入的60%以及出口总收入的近95%。2017年阿尔及利亚油气出口额为294.7亿美元，非油气出口仅为17.2亿美元。[③] 国际货币基金组织在2017年6月对阿尔及利亚发出警告，称目前阿尔及利亚"非常有必要"进行促进经济多样化和私营企业发展的结构性改革。[④] 为促进经济多样化，阿尔及利亚政府自2015年就开始限制进口并鼓励非石油和天然气工业的国内生产，大力发展水产养殖业，开发丰富的页岩气。尽管如此，经济多样化的成效依然甚微，石油收入依然占政府收入的三分之一以上。而且受到国内官僚主义和国外资金进入不足的限制，国内私营企业很难获取先进技术，发展也达不到政府预期。因此，阿尔及利亚的经济结构依然没有摆脱对石油出口的严重依赖，处于失衡状态。

其次，石油价格依然处于低位。2017年1月，石油输出国组织（欧佩克）开始减产，执行后一个月内油价上涨约10美元、布伦特油价一度逼近60美元/桶。2017年5月减产协议延期，但减产力度未超市场预期，且由于主要国家原油库存依然富余，导致油价再次下跌，减产延期协议公布当天油价跌幅达

① "Algeria Economic Outlook," Focus Economics, May 8, 2018, https://www.focus-economics.com/countries/algeria.

② 中国商务部网站："阿尔及利亚2017年上半年宏观经济数据"，2017年7月4日，http://www.mofcom.gov.cn/article/i/jyjl/k/201707/20170702604114.shtml。

③ 中国驻阿尔及利亚大使馆经济商务参赞处："阿尔及利亚进出口逆差减少"，2017年12月26日，http://dz.mofcom.gov.cn/article/jmxw/201712/20171202690465.shtml。

④ "IMF Executive Board Concludes 2017 Article IV Consultation with Algeria," International Monetary Fund, June 1, 2017, http://www.imf.org/en/news/articles/2017/06/01/pr17201-imf-executive-board-concludes-2017-article-iv-consultation-with-algeria.

5%。[①] 随后虽然原油价格预期值在不断上涨，但与2014年油价大幅度下跌前相比仍有很大差距。WTI原油指数在2018年3月1日回升至64.76美元/桶，但这一指数在2014年7月曾高达105.44美元/桶。石油收入减少，使严重依赖石油出口的阿尔及利亚政府面临财政困难。国际货币基金组织在2017年10月15日再次呼吁阿尔及利亚推动进口多样化，因为油价若继续走低将给国家带来重要影响，甚至可能引发经济危机。

再次，财政赤字依然处于高位。2017年10月，阿尔及利亚议会批准了2018年度财政预算案，根据预算案，2018年财政赤字预算为1330亿美元，预算赤字占国内生产总值的9%。[②] 在财政收入方面，2017年阿尔及利亚财政收入较前一年有所增加，为17,600亿美元，但其中一半均用于社会补贴性拨款。[③] 在财政支出方面，连续两年削减支出后，2018年的政府支出预算增加了25%，为补齐这一支出，政府批准公共财政部门从中央银行贷款。2017年6月阿尔及利亚外汇储备为1141亿美元，外债余额为38.49亿美元。[④] 至2017年年底，外汇储备进一步降至973亿美元，外债余额依然高达38.5亿美元。[⑤] 虽然与其他国家相比，阿尔及利亚的外汇储备依然相对较高，但与2014年石油价格下跌前相比，下降幅度已达40%。阿尔及利亚石油稳定基金也从2013年底的750亿美元降到2017年的70亿美元，达到了最低限额。[⑥]

最后，石油产量进一步下降。阿尔及利亚石油产量自2007年达到峰值138万桶/天后持续下降，2015年为111万桶/天。2017年以来，降幅更加明显，从年初114.9万桶/天降至十月份的99.7万桶/天。据埃及媒体推测，阿尔及利亚

① “2017年国际油价走势分析”，中国产业信息网，2017年8月21日，http://www.chyxx.com/industry/201708/552661.html。

② “Algeria plans to increase budget spending by 25 pct in 2018,” *Reuters*,October 6, 2017, http://noozz.com/algeria-plans-to-increase-budget-spending-by-25-pct-in-2018/.

③ “Algerian cabinet approves 2018 budget of 133 billion USD,” Xinhua.net, May 10, 2017, http://www.xinhuanet.com/english/2017-10/05/c_136659257.htm.

④ 中国商务部网站：“阿尔及利亚2017年上半年宏观经济数据”，2017年7月4日，http://www.mofcom.gov.cn/article/i/jyjl/k/201707/20170702604114.shtml。

⑤ “Foreign exchange reserves of Algeria at $ 98 billion at the end of November,” Algeria Press Service, December 22, 2017, http://noozz.com/foreign-exchange-reserves-of-algeria-at-98-billion-at-the-end-of-november/; “Algeria struggling to solve economic crisis, say experts”, Middle East Monitor, March 16, 2018, https://www.middleeastmonitor.com/20180316-algeria-struggling-to-solve-economic-crisis-say-experts/amp/.

⑥ “Algeria Economy – overview,” Mundi Index, last updated on January 20, 2018, https://www.indexmundi.com/algeria/economy_overview.html.

油气产量在2018年有望增长6.5%。[①] 但根据国际能源署发布的《2017石油市场预测报告》，阿尔及利亚未来几年石油产量还会有小幅下降，2022年平均产油量可能下降到105万桶/天。[②] 石油减产的主要原因是阿尔及利亚作为欧佩克成员国，需要遵守欧佩克2016年年底签订的减产协议。石油产量的减少导致政府财政收入的减少。目前的阿尔及利亚石油生产面临两难的境地，一方面，政府迫切希望通过欧佩克联合减产来推高油价；另一方面，石油产量的减少导致政府可支配收入降低。

根据预期，油价短期和中期不会出现大幅回升，因此，阿尔及利亚政府在未来一段时间内依然难以摆脱财政困境。在此情况下，阿尔及利亚政府开始对经济政策做出调整。2017年6月，新政府组建后的首次内阁会议通过了新政府的行动纲领，指出新政府将推行公共财政和银行系统现代化，改善经济环境、鼓励投资，加大开发国家各种资源。此外，总统要求政府落实2016年7月制定的"新经济增长模式"改革文件，计划通过鼓励大众创业、推动私人投资、改革工业发展政策、重组和整合工业土地资源、实施国家能源转型和建立新的国家体系等六个对策，实现国民生产总值（油气领域除外）年增长率达6.5%、人均国民生产总值达过去的2.3倍、制造工业附加产值翻一番、实现粮食安全和多元出口、国内能源消费增长率减半、以多元化出口促进经济快速发展的六大目标。[③] 新政府的政策主要集中在五个领域：

第一，限制进口。此前，阿尔及利亚坚持自由贸易原则，除涉及安全秩序、人畜健康、环境、动植物和文化遗产保护的情况外，大部分关于进口审批和外汇管制的规定均被取消，基本实现了贸易进出口的自由化。[④] 但2017年以来，阿尔及利亚的进口管制不断升级。2017年3月20日，阿尔及利亚贸易部发出官方通知，将对所有最终产品的进口采取许可证制度，进口商需在20日前提交相关材料和申请，获批后方可继续开展进口业务。[⑤] 许可证制度推行后，对国内经济的推动作用并未达到预期。由于阿尔及利亚非能源产业并不发

① "Algeria Expects Production to Increase by 6.5% in 2018," Egypt Oil and Gas Newspaper, November 7, 2017, http://egyptoil-gas.com/news/algeria-expects-oil-gas-output-to-increase-6-5-in-2018/.

② 中国商务部网站："阿未来几年石油产量将有所减少"，2017年3月19日，http://www.mofcom.gov.cn/article/i/jyjl/k/201703/20170302530688.shtml。

③ 中国商务部网站："阿尔及利亚内阁会议通过新政府行动纲领"，2017年6月18日，http://www.mofcom.gov.cn/article/i/jyjl/k/201706/20170602594771.shtml。

④ "新官上任三把火：严查进口、配额下调"，《东方纺织》周刊，2017年8月3日。

⑤ 中国驻阿尔及利亚大使馆经济商务参赞处："阿将对所有最终产品进口采取许可证制度"，2017年3月23日，http://dz.mofcom.gov.cn/article/ddfg/201703/20170302539744.shtml。

达，大部分商品依赖进口，因此进口限制带来的原材料短缺也同时限制了国内企业的发展，导致国产商品的价格上涨，民生危机不断加深。

第二，紧缩政策。在油价走低的背景下，阿尔及利亚政府推行紧缩政策并大幅度削减开支，而政府开支的多度削减、税收的过度增加很容易引发民众的不满。2017年，阿尔及利亚政府在阿尔及利亚南部地区上调电价，引发了大规模示威活动；随后布特弗利卡总统宣布养老金上调2.5%，也引发了类似的抗议活动。[①] 且单靠削减开支并不足以挽救低迷的经济，削减公共支出影响着资本支出，增加税收会削弱公民购买力，高进口关税不利于投资和消费，这些反而会影响脆弱的经济环境，形成恶性循环。因此，阿尔及利亚政府必须在削减开支、增加税收与保持国内政治、经济稳定之间取得适度平衡。在紧缩政策的同时，阿尔及利亚政府还为减少财政赤字而大量印钞，导致通货膨胀率的持续增加。阿尔及利亚的通胀率从2015年的4.8%增加到2016年的6.4%，2017年为5.5%，处于不断攀升的趋势中。2017年4月，阿尔及利亚通胀率曾高达7%，导致物价进一步上涨。

第三，从中央银行借款。为保证国家经济主权，布特弗利卡总统要求政府坚持对外不举债的政策，并着力减少进口支出，避免外汇储备继续减少。为弥补政府的财政不足，政府批准公共财政部门从中央银行借款。然而，尽管从央行借款有助于保证债务可控，却并非长期的解决方案。借款后的货币可能被抛售，导致本币快速贬值、通胀率升高、物价上浮、政治危机加深，可谓饮鸩止渴。

第四，研究补贴体系改革。阿尔及利亚政府每年花费约300亿美元的资金用于补贴基本食品、燃料、医药、住房和教育等开支。在财政宽裕的情况下，补贴制度有助于维持阿尔及利亚社会稳定，而在财政收入锐减的情况下，阿尔及利亚政府开始寻求削减开支并对补贴制度进行改革。此项改革涉及民众的切身利益，很容易引发民众的不满情绪，因此目前补贴制度改革一直处于研究阶段。2019年总统大选后，阿尔及利亚政府或着手推进补贴制度改革，以削减庞大的补贴支出，减少政府的财政赤字。

第五，引入伊斯兰金融。为了缓解未来几年的财政压力，阿尔及利亚政府在预算案中计划加强银行产品的供应，包括启动伊斯兰金融服务的计划，以吸引非正规市场的资金和反对支付利息的宗教保守派。

① "Algeria: Unorthodox Financing Plan Will Raise Political Risk," BMI Research, November 13, 2017, https://www.proshareng.com/news/Global-Market-/Algeria--Unorthodox-Financing-Plan-Will-/37272.

综上所述，阿尔及利亚经济在2017年增长进一步变缓、危机隐患增加，而政府的应对措施并未有效缓解危机或改善经济环境。除非油价大幅度上扬，否则该国在2018年将依然面临财政困难。但与此同时，财政困难也给国内私营企业的发展带来了机遇。由于阿尔及利亚对外国投资的诸多限制，私营企业成为经济发展的主要推动力，反而促进了该国的经济多样化发展。短期来看，阿尔及利亚经济将依然受制于油价波动。长期来看，阿尔及利亚能否取得长期经济增长取决于该国的经济结构改革能否切实推进。

三、2017年阿尔及利亚的安全形势与对外关系

（一）2017年阿尔及利亚的安全形势

2017年阿尔及利亚周边的地区安全形势依然复杂。在打击恐怖主义和人口贩卖方面，阿尔及利亚已取得了一定进展，而边界的不稳定及与摩洛哥边界的紧张局势依然威胁着阿安全形势。在上述几方面，阿尔及利亚的安全形势出现了如下变化：

首先，恐怖主义。2017年4月11日，“基地”组织策划的三重爆炸案在阿尔及尔造成33人死亡。在2017年议会选举中，基地组织马格里布分支呼吁阿尔及利亚人抵制选举，并将选举形容为“一场闹剧”。2017年8月31日，一名携带枪支和炸药的恐怖分子袭击了提亚雷特省安全部门的门口。这些袭击事件说明阿尔及利亚依然面临着恐怖主义威胁。然而值得注意的是，2017年，阿尔及利亚总共击毙90名恐怖分子，其中63名于上半年被击毙。而2016年，阿尔及利亚击毙的恐怖分子数量为125人。击毙人数的减少并非因为阿尔及利亚反恐能力的削弱，而是由于恐怖袭击及恐怖活动数量的减少。2017年，“伊斯兰国”在阿尔及利亚境内的活动报道非常少，“基地”组织马格里布分支的活动也较此前大幅度减少。[①] 目前阿尔及利亚的国内反恐压力相对减弱，主要压力集中于边境地区。2018年1月24日，在阿尔及利亚—突尼斯边界地区三个恐怖组织自制炸弹被摧毁；2018年1月22日，在阿尔及利亚—突尼斯边界三名恐怖分子被逮捕。目前被发现在阿尔及利亚—突尼斯边界的恐怖分子多活动在靠近边境的突尼斯境内，这也从侧面体现了阿尔及利亚的反恐能力增强。

其次，人口贩卖。阿尔及利亚打击人口贩卖取得了一定成效。2017年，

① “Algeria: Peaceful Enough For A Good Frack,” *Strategy Page*, January 29, 2018, https://www.strategypage.com/qnd/algeria/articles/20180129.aspx.

阿部队共进行了32次海上人员救援行动，逮捕了908名走私犯与5449名非法移民。[①] 2016年9月，布特弗利卡总统发布总统令，设立打击人口贩卖的部际委员会，并为打击人口贩卖项目设立专门预算。在2017年的政府报告中，阿重申2016年9月的总统令及打击人口贩卖的重要性。在上述努力下，根据美国国务院关于人口贩卖的报告，阿尔及利亚已从人口贩卖的第三类国家升为第二类国家。[②] 阿尔及利亚在打击国内人口贩卖问题的同时也打击了西非人口贩卖网络，并打击了以人口贩卖获取资金的恐怖组织的经济来源。

再次，边界安全。阿尔及利亚的边界安全主要受到马里与利比亚两个邻国国内动荡的影响。2017年，马里呈现暴力冲突增多的趋势，2017年3月，马里再次进入“紧急状态”；2017年6月，针对平民及军队的恐袭事件更加频发；2017年11月，阿尔及利亚军队在阿尔及利亚—马里边界发现大批武器。利比亚的安全局势也同样动荡，据“阿拉伯观察家”网援引利比亚全国人权委员会的年度报告称，2017年利比亚因暴力事件造成433人死亡，近40万人流离失所。[③] 马里与利比亚两国严峻的安全形势威胁着阿尔及利亚的边界安全。阿尔及利亚内政部长警告说：“阿尔及利亚周边正面临一系列安全风险，这些风险不仅来源于国内，还源于邻国和区域国家不稳定的安全局势导致了武器的非法持有与非法传播”。[④]

最后，与摩洛哥边界局势紧张。2017年，阿尔及利亚展开了军事演习，遭到摩洛哥的强烈谴责，摩洛哥称演习让阿尔及利亚在人权理事会和整个非洲都失去了信誉。随后两国军队在边界地区针锋相对。2017年10月，在摩洛哥宣布发射侦察卫星后，阿尔及利亚宣布在摩洛哥—阿尔及利亚边界地区建立边境墙。2018年2月，摩洛哥皇家武装部队宣布计划在摩洛哥—阿尔及利亚边界建立10个新监测站，以保卫东部省份的安全。与此同时，阿尔及利亚也在几个靠近摩洛哥城市的边界地区建立监测站。双方都加强了在边界地区的军事存在，这给阿尔及利亚的安全形势带来消极影响。

目前来看，邻国利比亚与马里的动荡不会扩散至阿尔及利亚，与摩洛哥在边界问题上的矛盾也尚处于可控范围内。因此，尽管阿尔及利亚的安全局势依

---

① “63 terrorists killed in Algeria this year,” Middle East Monitor, July 4, 2017, http://noozz.com/63-terrorists-killed-in-algeria-this-year/.

② “US promotes Algeria in global human trafficking ranking,” Middle East Monitor, June 29, 2017, http://noozz.com/us-promotes-algeria-in-global-human-trafficking-ranking/.

③ 《利比亚安全局势持续恶化》，载《人民日报》2018年1月25日，第22版。

④ “Interior minister: Algeria facing security threats,” Middle East Monitor, December 4, 2017, http://noozz.com/interior-minister-algeria-facing-security-threats/.

然受到复杂因素的影响，但基本维持稳定。

（二）2017年阿尔及利亚的对外关系

2017年的阿尔及利亚外交基本延续了以往的外交政策。在与大国关系稳步发展的同时，阿尔及利亚还积极参与非洲与中东事务。2017年阿尔及利亚对外政策主要依托三个平台：

第一，反恐合作平台。以反恐作为外交抓手扩大地区影响力是阿尔及利亚一贯的外交方针。阿尔及利亚独立以来，已为65,000多名非洲官员提供反恐训练，同时帮助马里、尼日尔等国进行相关培训。① 在2010—2017年间，阿尔及利亚为周边国家提供了逾1亿美元的反恐资金。② 2017年2月，阿尔及利亚和马里就加强安全合作、打击恐怖主义等问题进行部长级会谈。阿尔及利亚还与美国商定于2018年6月在阿尔及利亚召开第五届美阿战略对话，议题包括共同打击恐怖主义。通过与地区国家共同打击恐怖主义并传授反恐经验，阿尔及利亚的地区影响力得到提升。

第二，非洲联盟平台。1984年，非洲统一组织承认阿拉伯撒哈拉民主共和国（西撒哈拉）独立并允许西撒哈拉作为成员国出席首脑会议，摩洛哥退出该组织。在此后的30余年中，阿尔及利亚一直将非盟作为反摩洛哥宣传的重要平台。在2017年第30届非盟首脑会议上，阿尔及利亚递交了关于西撒哈拉问题的报告，要求非盟向摩洛哥施压、让非盟代表团返回摩洛哥南部，遭到摩洛哥的强烈谴责。近年来，阿尔及利亚对“非洲国家”的认同感增强，积极介入非洲事务，强化自身作为非洲大国的国际形象。随着2017年摩洛哥重返非盟，非盟成为阿尔及利亚与摩洛哥竞争的重要平台。

第三，阿拉伯马格里布联盟平台。阿拉伯马格里布联盟自建立以来在推动地区经济与政治一体化方面成效甚微，其主要原因是阿尔及利亚与摩洛哥均通过争夺联盟领导权来争取地区领导地位。③ 在摩洛哥表示马格里布联盟已失去其作用的数月后，阿尔及利亚总统称希望该组织恢复活力，并决定帮助其进行基础设施建设，推动地区一体化。阿尔及利亚还指责摩洛哥阻碍了联盟的发

---

① “‘Algeria has its own peace and security doctrine,’ says Messahel,” Algeria Press Service, January 28, 2018, http://noozz.com/algeria-has-its-own-peace-and-security-doctrine-says-messahel/.

② 张楚楚:《回顾阿尔及利亚2017：危机四伏，前景堪忧》，搜狐网，2018年1月3日，http://www.sohu.com/a/214473879_100033236。

③ “Algeria accuses Morocco of preventing Maghreb Union growth,” Middle East Monitor, February 21, 2018, https://www.middleeastmonitor.com/20180221-algeria-accuses-morocco-of-preventing-maghreb-union-growth/.

展，导致马格里布联盟近30年都没有取得重大进展。

整体来看，2017年的阿尔及利亚对外政策更加积极。不仅在马格里布地区、在非洲事务中积极参与，还介入了中东事务。2017年6月，沙特、阿联酋、埃及、巴林等国家以卡塔尔干涉别国内政和支持恐怖主义为由宣布与卡塔尔断绝外交关系后，阿尔及利亚即表示“深切关注”，呼吁有关国家通过对话解决分歧，并组建委员会声援卡塔尔。在利比亚问题上，阿尔及利亚依然积极发挥作用，呼吁政治解决内战问题，与利比亚高层分别对话，并提供平台供利比亚邻国之间进行会谈。①

但2017年阿尔及利亚的外交之路并不顺利。在非洲联盟，随着非盟和平与安全理事会领导人易主，阿尔及利亚在非盟的影响力已有所下降。在地区热点问题中，阿尔及利亚对利比亚和马里的调解未有显著效果。此外，阿尔及利亚将数百名非洲移民驱逐出境至马里和尼日尔边界的举措，进一步破坏了它在非洲地区的声誉，引来非盟现任主席、几内亚总统的抗议并召回大使。摩洛哥重返非盟给阿尔及利亚带来了很大的外交压力，在与有历史宿怨的邻国摩洛哥的竞争中，阿尔及利亚的“非洲优势”正逐渐消失。

四、结语

2017年阿尔及利亚在政治、经济与对外关系方面都保持着基本稳定的发展态势。2018年，阿尔及利亚将继续延续现有政策：政治方面，为保证在2019年总统大选中布特弗利卡顺利连任，政府不会进行大范围的政治改革；经济方面，政府将继续推进紧缩的经济政策，应对低油价造成的财政困难；对外关系方面，阿尔及利亚将继续积极介入中东与非洲事务，在各地区平台与摩洛哥竞争，并通过扩大反恐合作来提高其地区影响力。同时，在未来一段时间内，油价震荡与布特弗利卡总统的健康问题依然是影响阿尔及利亚发展的重要因素。

① “Algeria highlights political settlement to end war in Libya,” April 26, 2017, http://www.xinhuanet.com/english/2017-04/26/c_136235844.htm.

2017年苏丹的政治、经济与对外关系

姜恒昆[①]

摘要：在2017年，苏丹经历了许多挑战，也取得了显著成果，赢得了发展机遇。政治上，苏丹基本保持平稳，新的全国团结政府在经历多次难产后成功组建，但随着2020年大选日益临近，巴希尔总统是否再次连任成为苏丹的最大政治热点。在安全领域，虽然全国总体稳定，但西部和南部的部分地区仍因反叛运动的活动及联合国维和行动的规模缩减而局势堪忧；在经济方面苏丹的表现依旧差强人意，外债负担过重、本币不断贬值、通胀率居高不下、出口长期低迷等给苏丹经济带来了巨大的压力；2017年10月美国解除了对苏丹的经济制裁，这既是苏丹近期取得的重大外交成果之一，也是外界普遍看好苏丹发展潜力的重要原因。

关键词：苏丹；北非；“一带一路”；中国与苏丹

一、政治局势向好

2017年是苏丹开始落实全国对话成果的一年，而对话成果的落实随之为其带来了相对稳定的政治局势。全国对话是巴希尔总统为谋取和平解决国内冲突问题于2014年倡议并发起的协商会议，邀请反对党和反政府武装广泛参与，以谈判的方式解决苏丹旷日持久的一系列政治问题。经过各方的不懈努力，全国对话会议于2016年10月10日在首都喀土穆顺利闭幕，参加对话的各党派和武装团体代表就会议成果达成一致，并将会议的成果文件作为制定新宪法及治理国家的基础。按照巴希尔总统的讲话，在贯彻将被纳入2017—2020年全国

---

① 姜恒昆，浙江师范大学非洲研究院副教授。

战略规划的全国对话大会成果之后，苏丹的“治理体系”将发生重大变革。[①]

（一）努力推动修宪

修订宪法是落实全国对话成果的最重要的举措。为反映南苏丹分离后的现实情况和落实全国对话成果文件，并为制定永久宪法做准备，苏丹国家立法机构从2011年起便开始修订宪法，并取得了不小进展。2015年1月4日，苏丹议会通过了宪法修正案，授予总统直接任命包括州长在内的高级官员的权力，同时扩大了安全机构的权责范围。2016年10月10日，苏丹全国对话大会采纳了与会各方就苏丹国家政体、新宪法制定、经济发展、资源分享、外交关系等议题的994条建议，这些建议成为宪法修订的主要依据。[②]2016年12月28日，苏丹议会又通过了一份宪法修订草案，内容包括组建全国和解政府、设立总理职务、调整国家议会和州立法委员会成员人数、将总检察长和司法部的职位分开，授予总统在与总理协商后任命和罢免国家各部长的权力。[③]2017年4月25日，苏丹国家立法机构又批准一份有关妇女、家庭和婚姻、基本权利、安全机构的职责及地方行政等问题的宪法修订草案。[④]

当然，修宪工作也存在不少分歧和争议，主要原因是反对党认为修订草案未能真实和完全反映全国对话成果文件中的建议，争议的焦点主要有三：首先是总统权力问题。修订案授予总统直接任命州长的权力，但全国对话成果文件却提议建立联邦制治理体系，其中最主要的内容之一就是地方拥有自主选择官员的权利；其次是安全部门的权限问题。修正草案保留了安全部门的职责，授权其打击恐怖主义、洗钱、人口贩卖、跨国有组织犯罪等威胁国家安全行为的任务，而全国对话文件则建议国家情报与安全部门只应专注于情报搜集、分析和向相关部门提供建议；第三是公民自由问题。修正案取消了宪法中禁止限制公民自由权的表述，同时增加了遵守法律和法规的规定，这有悖于大部分反对党要求的言论、集会和出版自由等诉求。

---

① “Sudan’s “governance structure” to witness fundamental changes: Al-Bashir,” *Sudan Tribune,* April 4, 2017, http://www.sudantribune.com/spip.php?article62092.

② *Recommendations of the National Dialogue Conference,* October 10, 2016, http://hewarwatani.gov.sd/eng/images/Papers/Rec-en.pdf.

③ “Sudan Parliament ratifies constitutional amendments,” *Dabangasudan*, December 29, 2016, https://www.dabangasudan.org/en/all-news/article/sudan-parliament-ratifies-constitutional-amendments.

④ “Sudan’s legislature endorses constitutional amendments on freedoms,” *Radiotamazuj,* April 25, 2017, https://radiotamazuj.org/en/news/article/sudan-parliament-passes-constitutional-amendments-on-freedoms.

尽管存在诸多争议且进展并不顺畅，但苏丹政府一直努力推进修宪工作，并邀请所有政治力量加入修宪进程。由于巴希尔总统很可能谋求连任，苏丹政府可能会以宪法修订为契机，对总统任期条款进行修改，而最终的结果将会在2018年付诸表决的又一个宪法修订案中得到体现。

（二）组建全国团结政府

组建全国团结政府是落实全国对话成果的直接体现。经过多次协商，苏丹的主要政治力量于2017年5月组建了新的联合政府。新政府共任命了31名部长和41名国务部长（类似于我国的国务委员），并吸纳了参与全国对话的多个政治派别。此外，巴希尔总统还任命了参加对话大会党派的65名成员为议员，共同参与新宪法的制定。与上届政府相比，执政党全国大会党让出了12个职位（6个部长席位和6个国务部长席位），其执政伙伴民主联合党让出了1个国务部长职位。① 虽然全国大会党仍占据关键部门，但其他政治力量也获得了四分之一的部长席位，这表明新政府具有一定的政治包容性。不过，包括全国乌玛党和苏丹革命阵线在内的未参与“全国对话”的反对党和武装运动均拒绝加入新政府，也拒绝参与由新政府主导的和平进程。②

虽然全国团结政府是按照“全国对话”达成的共识建立的，这有利于打破执政党与反对派的对立，也有助于国内冲突的和平解决，但新政府中的几乎所有关键部门仍由执政党控制。不仅如此，2018年初巴希尔总统又下令成立了掌控政治、经济、外交等大权的五个总统委员会。③ 事实上，正是这些由总统直接领导的委员会的出现才引起了各方对巴希尔是否继续连任的关注和猜测，因为通过这五个委员会，巴希尔总统及全国大会党仍牢牢掌握着国家权力，这将为巴希尔的可能连任打下坚实基础。

（三）巴希尔或将连任

已连续执政近三十年的巴希尔总统将在2020年任期届满，而根据现行宪法，总统连任不得超过两届，这意味着巴希尔总统若要连任，必须修订现行宪

---

① “Sudan announces awaited national dialogue government,” *Sudan Tribune,* May 12, 2017, http://www.sudantribune.com/spip.php?article62437.

② “Sudan’s NUP, armed groups vow to coordinate efforts to topple regime,” *Sudan Tribune*, November 2, 2017, http://www.sudantribune.com/spip.php?article63896.

③ 这五个委员会分别是总统事务委员会、国家宏观经济委员会、国家信息委员会、全国外交政策委员会与和平统一委员会，成员包括第一副总统、副总统、总统助理及一些专家。

法，而修宪需要参加全国对话和全国团结政府的其他政党的认可。目前，苏丹最大的反对党民主联合党（DUP）已明确表示有意修改宪法，以使巴希尔能在2020年参加竞选。[①] 当然，按照全国大会党党章，巴希尔要成为总统候选人，须经党的相关机构正式通过，其中包括舒拉理事会和将于2018年10月举行的党的全国代表大会。虽然他本人在2016年表示过不再谋求连任，但从2017年底开始，全国大会党的许多高级官员及杰济腊、青尼罗等州的政府先后公开表态要支持巴希尔连任。此外，民间支持巴希尔总统连任的呼声也很高，甚至出现了支持其连任的全国倡议组织。由青年、公民社会组织、社会名流和一些已签署和平协议的武装运动共同组成的"全国倡议高级委员会"已在2017年12月发起提名巴希尔总统连任的倡议，并得到占全国人口60%的青年的支持。[②] 种种迹象表明，巴希尔总统在本届任满后很可能再次连任。

当然，苏丹政府内外也不乏反对巴希尔连任的声音。首先，全国大会党高层并非铁板一块。第一副总统兼总理巴克里·哈桑·萨利赫（Bakri Hassan Saleh）据说与巴希尔总统存在分歧，并有传言称其为美国和一些海湾国家青睐的继任总统，而苏丹外长伊卜拉欣·甘杜尔（Ibrahim Ghandour）曾在2018年1月向巴希尔提交过辞呈；一些退居二线的政要也重新活跃并在巴希尔总统连任问题上选边站，前副总统阿里·奥斯曼·塔哈（Ali Osman Taha）在设法帮助巴希尔赢得连任，而国家情报和安全局首任掌门及前总统助理纳菲·阿里·纳菲（Nafie Ali Nafie）则与萨利赫结盟以防止巴希尔连任。[③] 其次，苏丹的主要反对党也抵制巴希尔总统连任，包括人民大会党、乌玛党和苏丹共产党在内的"全国共识联盟"（NCC）在2018年3月26日发表声明，反对巴希尔再次连任，并拒绝与苏丹政府进行任何对话；[④] 此外，民间也不乏反对总统再次连任者，由民主联合党主办的《每日早报》在2017年10月所做的读者调查显

---

① 民主联合党强调支持巴希尔连任，是因为苏丹需要他的执政以进一步推行改革，因此会支持巴希尔连任的宪法修正案。参见"Al-Bashir wouldn't Stand for Sudan's 2020 Elections, Says NCP Leading Figure," *Sudan Tribune*, November 26, 2017, http://www.sudantribune.com/spip.php?article64096.

② "Sudan: National Initiative for Nomination of President Al-Bashir for New Presidential Term Launched", A*llafrica,* December19, 2017, http://allafrica.com/stories/201712200444.html.

③ "Without meaningful change Sudan will descend into chaos", *Al Jazeera,* February 14, 2018, https://www.aljazeera.com/indepth/opinion/meaningful-change-sudan-descent-chaos-180214090216308.html.

④ "Sudan's National Consensus Coalition: 'No dialogue with Al Bashir regime'," *Dabanga,* March 27, 2018, https://www.dabangasudan.org/en/all-news/article/sudan-s-national-consensus-coalition-no-dialogue-with-al-bashir-regime.

示，有76%的读者反对总统再次任职。[①] 可见，巴希尔总统能否在2020年再次连任仍存在一些阻挠和不确定因素。

总之，新政府的成立大大增强了苏丹中央政府的包容性，而五个总统委员会的设立则巩固了执政党的权力和地位。对反对派而言，在政府的拉拢或打压下，其联合阵营将进一步分化。短期来看，苏丹的“全国团结”政权比较稳固，而未参加全国对话及和平进程的反对派将逐渐被边缘化。虽然在是否修改宪法以使巴希尔总统再次连任问题上存在一些矛盾和斗争，但由于巴希尔拥有丰富的执政经验，且在执政党及民众中拥有很高的威望和支持率，因此两年后再次连任总统的可能性很大。

二、安全局势仍不乐观

2017年以来，苏丹政府在国家安全建设方面做出了许多努力，也取得了不少成果。为营造和平稳定的国内环境、推进全国对话，苏丹政府在年初就开始单方面宣布停火，这极大减少了武装冲突的次数。在达尔富尔地区，苏丹政府还在积极开展解除武装行动，强制收缴民间武器，并根据《快速支援部队法案》将支持政府的达尔富尔民兵组织纳入快速支援部队（RSF），利用其打击人口贩卖、非法迁移、武器走私和恐怖主义。在“两地区”（南科尔多凡州和青尼罗州），政府的和谈诚意至少使反政府武装苏丹人民解放运动—北方局（SPLM—N，以下简称“苏人运—北方局”）名义上宣布了停火协议。尽管苏丹政府采取了不少积极措施，但由于达尔富尔部分反叛组织的对抗、严重的族群冲突及“两地区”反叛组织的内部分裂，至少这三个地区的安全形势依旧十分严峻。

（一）达尔富尔地区

自2003年爆发危机以来，达尔富尔一直都是苏丹最不安全的地区之一，2017年也不例外。政府军及准军事组织快速支援部队，同两个主要反政府武装苏丹解放运动—米尼·米纳维派（SLM—MM）和苏丹解放运动—瓦希德派（SLM—AW）的冲突时有发生。冲突最严重的是5月份，根据苏丹和南苏丹政府达成的协议，南苏丹军队在2017年5月底命令苏丹解放运动—米纳维派武装

① “Sudan’s Al-Bashir to change constitution to run for a third term,” *Middle East Monitor,* October 5, 2017, https://www.middleeastmonitor.com/20171005-sudans-al-bashir-to-change-constitution-to-run-for-a-third-term/.

离开南苏丹，返回达尔富尔地区。政府军随后与米纳维派和瓦希德派的分支苏丹解放运动—过渡委员会（SLA—TC）在东达尔富尔州发生冲突。同时，苏丹解放运动—米纳维派的另一支武装从利比亚南部进入达尔富尔地区，政府军在北达尔富尔州将其击败。① 在态度上，以富尔人为主的瓦希德派以迈拉山区为据点，对政府军及其民兵盟友采取对抗立场，且拒绝谈判。更为令人担忧的是，政府方面的军事行动违背了其单方面停火的承诺，这进一步降低了其与达尔富尔反叛武装达成和平协议的可能性。

就冲突烈度及人员伤亡情况而言，达尔富尔地区的族群冲突的严重性要远高于政府与反叛组织之间的冲突。例如，南达尔富尔州的萨拉马特族（Salamat）在4月底与哈巴尼亚族（Habbaniya）因抢牛发生冲突，造成19人死亡；随后，哈巴尼亚人对萨拉马特人进行了报复性袭击，导致13人丧生。7月下旬，西达尔富尔州的马阿里亚族（Maaliya）和雷扎盖特族（Rizeigat）因争夺资源发生冲突，导致10人丧生。②

苏丹政府在达尔富尔开展的收缴武器行动也遭遇挑战。2017年7月，苏丹政府开始在西部的达尔富尔和科尔多凡两地区收集非法武器，但是该行动不仅遭到反叛武装的抵制，也导致边防警卫队（Border Guards）和快速支持部队关系紧张。由政府扶植起来的这两支达尔富尔民兵武装本来就存在竞争关系，后者的组建正是为了制衡前者。10月底，得到政府支持的快速支援部队与边防警卫队在阿米尔山（Amir）矿区发生激烈交火。③ 在派系关系复杂、安全没有保障的情况下，解除武装行动还将遭遇更大的阻力，在叛军控制区开展行动更是意味着放弃单边停火。

除上述三类武装冲突外，联合国对达尔富尔维和战略的转变也对达尔富尔安全局势产生了十分重要的影响。经审查，2017年6月14日，联合国认为达尔富尔冲突逐步降温，加之维和费用压力太大，因此决定减少联合国—非盟达尔富尔特派团的部队和警察人数，部队规模减少44%（减至8735人），维和警察人数减少30%（减至2360人）。④ 然而，达尔富尔地区的冲突事实上远未结

---

① "SLM-TC new rebel leader reiterates rejection for negotiations with Khartoum," *Sudan tribune*, October 1, 2017, http://www.sudantribune.com/spip.php?article63645.

② International Crisis Group, "Crisis Watch: Sudan," May 2017, https://www.crisisgroup.org/crisiswatch/may-2017#sudan and July 2017, https://www.crisisgroup.org/crisiswatch/july-2017#sudan.

③ "Clashes as RSF, Border Guards tensions erupt," *Dabangasudan*, November 10, 2017, https://www.dabangasudan.org/en/all-news/article/clashes-as-rsf-border-guards-tensions-erupt .

④ "Sudan FA Ministry: 'Reduction of UNAMID confirms stability in Darfur'," *Reliefweb*, https://reliefweb.int/report/sudan/sudan-fa-ministry-reduction-unamid-confirms-stability-darfur, July 4, 2017.

束，且当地三分之一的人口仍处于流离失所状态，维和部队的减少或撤离将使该地区失去国际监督。[①]

（二）“两地区”（南科尔多凡州和青尼罗州）

2017年初以来，苏人运—北方局的内部分裂及冲突一直是影响“两地区”安全局势的主要因素。曾作为苏丹南方反叛运动苏丹人民解放运动（现南苏丹执政党）北方分支的苏人运—北方局，是“两地区”最大的反叛运动，由主席马利克·阿加尔（Malik Aggar）领导的青尼罗州分支和副主席阿卜杜勒·阿齐兹·希鲁（Abdelaziz Al—Hilu）领导的南科尔多凡努巴山区分支组成，即在青尼罗河州活动的阿加尔派和努巴山区活动的希鲁派。2017年上半年，双方在努巴山区的自决权问题上产生分歧，[②]并正式分裂为希鲁派和阿加尔派。政治分裂导致希鲁派的主要支持者乌杜克人（Uduk）与阿加尔派的主要支持者因吉散纳人（Ingessana）从5月底开始发生冲突，双方在青尼罗州的对抗最为严重。[③]

北方局的分裂不仅拖延了和谈进程，也为将来的和谈增添了变数。由于军事实力较强，希鲁派不仅得到苏丹各反对派的认可，也成为政府看重的和谈对象。希鲁派也在2017年8月1日和2018年1月30日两次宣布进行4个月的单方面停火。不过，由于在停火和人道主义准入安排上存在严重分歧，希鲁派与苏丹政府的和谈一直裹足不前。阿加尔派有意和谈，但政府方面认为其缺乏执行和谈成果的能力，因此拒绝了他们的和谈请求。为打破这一尴尬局面，苏丹政府在2017年底表示要与统一的苏人运—北方局谈判，可后者的分裂已成定局，且短期内难以弥合。2018年2月1日—2日，苏丹政府与希鲁派在亚的斯亚贝巴举行自2016年10月以来的首次谈判，但是未能达成停止敌对协议，人道主义准入问题僵局未破，阿加尔派则仍然被排除在谈判之外。[④]

---

① “Nearly a third of Darfur’s people still displaced, despite drop in violence, Security Council told,” *UN News Centre,* November 15, 2017, http://www.un.org/apps/news/story.asp?NewsID=58099#.WkdJtTV97Dc.

② “SPLM-N leadership reiterates adherence to the group’s unity,” *Sudan Tribune*, April 31, 2017, http://www.sudantribune.com/spip.php?article62068, 2017.

③ “CrisisWatch: Sudan,” *International Crisis Group*, https://www.crisisgroup.org/crisiswatch/database?location%5B%5D=14&date_range=last_12_months&from_month=01&from_year=2017&to_month=01&to_year=2017.

④ “SPLM-N Agar reiterates calls for a new approach for peace in Sudan,” *Sudan Tribune,* February 2, 2018, http://www.sudantribune.com/spip.php?article64639.

（三）难民及边界问题

自南苏丹内战爆发以来，大量南苏丹难民涌入苏丹。2017年，大约有18.35万南苏丹人流入苏丹，使在苏丹的南苏丹难民总数达到46.1万人。① 为获取美苏（丹）关系改善的可能，同时也为修好与南苏丹关系，苏丹在南苏丹难民的安置和救助的问题上一直持积极立场，同意向南苏丹开放人道主义走廊。但是，不断涌入的难民不仅成为苏丹南部边界地区的不稳定因素，也给本就脆弱的苏丹经济带来了不小压力，对粮食安全的威胁尤为明显。

与邻国的领土争端也是影响苏丹安全局势的重要因素，这突出表现在与南苏丹的阿卜耶伊归属问题及与埃及的海拉伊卜边界争端。苏丹政府在2017年多次宣称阿卜耶伊地区属于苏丹，而南苏丹政府则屡屡否认并反对。阿卜耶伊地区的紧张局势还引起了美国、联合国和非盟的高度关注和积极介入。在非盟的推动下，苏丹和南苏丹在2017年年底决定重启阿卜耶伊问题谈判，但由于该地区拥有大量石油资源，而双方又缺乏基本共识，因此这一问题的解决尚需时日。苏丹还与埃及长期存在海拉伊卜边界争端，2017年5月，双方军队在该地区出现摩擦，2018年年初两国又陈兵于此，大有开战之势。

总之，由于巴希尔很可能谋求连任，为稳定国内局势，苏丹政府的单方面停火还将延续下去。不过，随着解除武装和收编民兵行动的深入展开，达尔富尔的安全形势可能会出现波动，而苏人运—北方局的分裂也会使“两地区”的和平进程更趋复杂和艰难。

三、经济持续低迷

在经过种种“考验”后，美国终于在2017年10月解除了对苏丹长达20年的经济制裁。与此同时，苏丹的黄金产量再创纪录，大大弥补了因南苏丹石油产量萎缩而造成的过境费损失。另外，外资对苏丹红海地区的开发表现出极大兴趣，卡塔尔已经与苏丹签订40亿美元的萨瓦金港口开发协议，俄罗斯、土耳其等也纷纷与苏丹签订各种贸易协定。不过，虽然各方都看好苏丹的发展潜力，但其经济发展却并不如人意，这主要表现在苏丹镑大幅贬值、通货膨胀率居高不下、出口低迷及外债沉重等方面。目前，苏丹政府正在通过招商引资、发展

① “Sudan Events of 2017,” *Human Rights Watch,* https://www.hrw.org/world-report/2018/country-chapters/sudan.

优势产业、开发红海地区等措施提振经济，以期缓解其持续的经济下行压力。

（一）财政压力巨大

2017年以来，经济形势的恶化给苏丹财政造成巨大的负面影响。首先是本币的大幅贬值和通货膨胀率的不断攀升。2017年初，苏丹镑兑美元汇率还徘徊在1美元兑16苏丹镑左右，[①] 但随着2017年10月美国解除对苏经济制裁，各大企业对苏丹前景看好，市场对美元的需求大增，美元供不应求，导致短时间内苏丹镑兑美元汇率大幅贬值。到2018年3月，苏丹镑的黑市汇率已跌破1美元兑35苏丹镑，贬值超过一倍。与此同时，苏丹的通货膨胀率持续增长。据苏丹统计局的统计，2018年1月的通货膨胀率为52.37%，2月已达到54.34%。[②]

其次，苏丹政府的外债和财政赤字也在不断增加。根据国际货币基金组织和世界银行的报告，苏丹的外债从2010年的395亿美元上升为2015年的高达500亿美元，占GDP的61%，人均债务达到1883美元；[③] 2016年的债务约510亿美元，占当年GDP的76%，其中到期债务达到80%以上；2017年年底，苏丹的外债已升至533.5亿美元。[④] 其中，苏丹的中国债务总额为100亿美元，约占苏丹外债的1/5。[⑤] 随着苏丹镑的持续贬值，外债占GDP的比重不断上升，这无疑使苏丹经济雪上加霜。在收入并未增加的情况下，政府的支出却持续增长，这也是外债增多的重要原因。2017年苏丹的财政赤字扩大了0.6%，达到GDP的2.4%，而国际货币基金组织认为苏丹的实际财政赤字情况更严重，可能已达到GDP的7.7%。[⑥]

更为重要的是，苏丹的经济增长速度自南苏丹分离后不断放缓，其经济

---

① "Lifted subsidies cause knock-on inflation hike in Sudan," *Dabangasudan*, January 19, 2017, https://www.dabangasudan.org/en/all-news/article/lifted-subsidies-cause-knock-on-inflation-hike-in-sudan.

② "Sudan's inflation rises to 54,34% in February: CBoS," *Sudan Tribune*, March 25, 2018, http://www.sudantribune.com/spip.php?article64955.

③ "The World Bank In Sudan," *World Bank*, October 12, 2017, http://www.worldbank.org/en/country/sudan/overview.

④ "SUDAN," *Central Intelligence Agency*, April 2, 2018, https://www.cia.gov/library/publications/the-world-factbook/geos/su.html.

⑤ "Sudan seeks additional delay for its debts to China," *Sudan tribune*, January 3, 2018, http://www.sudantribune.com/spip.php?article64417.

⑥ "African Economic Outlook (AEO) 2018," African Development Bank, January 2018, p.190, https://www.afdb.org/en/countries/east-africa/sudan/sudan-economic-outlook/.

增长率已从2000—2010年的7.1%下降到2011—2016年的3.3%。[①] 根据美国中情局的估计，2017年苏丹的经济的增长率为3.7%；[②] 非洲发展银行认为约为3.5%；[③] 国际货币基金组织（IMF）则估计为3.25%。[④] 从这几个机构的估算情况来看，2017年苏丹的经济增长速度与2016年的3.1%相差不大。根据2018年1月苏丹国民议会通过的2018年预算法案，苏丹为其预设的2018年经济增长率为4%，较之2017年的4.6%进一步放缓。[⑤] 可以期待的是，随着私人及公共消费的增长，特别是美国解除对苏经济制裁的经济效益逐渐显现，2018年和2019年苏丹的平均增长率应该会有所提高。

（二）出口增长缓慢

苏丹的经济结构比较单一，工业相对落后，其出口以油气资源和农牧产品为主。然而，苏丹的这两大出口支柱在2017年依旧呈现不同程度的疲软，这严重影响了其经济发展。2017年苏丹的出口总额约为39亿美元，比2016年的30亿美元有所提升，2018年苏丹将寻求将其出口额增加到61亿美元。[⑥] 与此同时，进口额也略有增加，从2016年的73亿美元增长到2017年的86亿美元，贸易赤字较为严重。[⑦]

南苏丹石油过境费也是苏丹的重要收入来源，按照2012年达成的协议，苏丹从南苏丹输往苏丹港出口的每桶石油中可获得25美元过境费，但由于南苏丹政局持续动荡导致石油产量下降及油价的下跌，苏丹政府收取的石油过境费大幅减少。南苏丹已拖欠苏丹13亿美元的石油债款，而苏丹要求南苏丹近

① "Sudan Economic Outlook," Africa Development Bank, https://www.afdb.org/en/countries/east-africa/sudan/, April 14, 2018.

② "Sudan," *Central Intelligence Agency,* https://www.cia.gov/library/publications/the-world-factbook/geos/su.html, April 14, 2018.

③ "Sudan Economic Outlook," *African Development Bank*, https://www.afdb.org/en/countries/east-africa/sudan/.

④ "Sudan Involves Foreign Investors in Budget Implementation," *Sudanese Media Centre*, January 6, 2018, http://smc.sd/en/sudan-involves-foreign-investors-budget-implementation/.

⑤ "Sudan Involves Foreign Investors in Budget Implementation," *Sudanese Media Centre*, January 6, 2018, http://smc.sd/en/sudan-involves-foreign-investors-budget-implementation/.

⑥ "Sudan Involves Foreign Investors in Budget Implementation," *Sudanese Media Centre*, January 6, 2018,,http://smc.sd/en/sudan-involves-foreign-investors-budget-implementation/.

⑦ "Sudan", *Central Intelligence Agency*, April 02, 2018, https://www.cia.gov/library/publications/the-world-factbook/geos/su.html.

期偿付的石油欠款金额为2.62亿美元。[①]

苏丹是非洲和阿拉伯世界的农业大国，一度曾被誉为阿拉伯世界的“面包篮子”，但由于自然条件的限制及在农业方面的投资不足，其农业生产“大”而“不强”，总体上仍处于“靠天吃饭”的低级阶段。虽然除南方分离前的十年以石油出口为主外，农牧业产品长期占苏丹出口的最大份额，但是由于缺乏现代农业加工技术，其出口的农牧产品多为低附加值商品。此外，近年来肆虐东非的干旱也严重影响了农牧业的产量和质量。

（三）发展优势产业

目前不断下滑的经济状况，苏丹政府近年来积极推出了包括大力发展以黄金生产为主的采矿业、振兴农牧业及开发红海地区在内的一系列改革措施。除油气资源外，苏丹还拥有丰富的黄金等贵金属资源。南苏丹独立后，苏丹政府大力推动黄金和其他非石油产品的生产和出口，希望通过出口贵金属来弥补财政缺口。2016年，苏丹的黄金产量突破100吨，成为南非和加纳之后的非洲第三大黄金生产国。2017年上半年，苏丹的黄金出口已占全国出口总量的37%，达到12亿美元。2017年，苏丹的黄金产量依旧超过100吨，并跃升为南非之后的非洲第二大黄金生产国。[②]美国解除对苏经济制裁后，加拿大、澳大利亚等国的矿业公司先后表示有意投资苏丹的金矿业。[③]不过，虽然前景看好，但苏丹的金矿均位于山区，黄金开采受地方局势的影响较大，能否长期稳定开采仍存变数。

农牧业是苏丹的重点振兴领域。农业和畜牧业是苏丹的传统优势产业，其目前产值占GDP的35%—40%，并提供了全国80%的就业岗位。南苏丹独立后，苏丹政府立即开始振兴农牧业，重点是加强国际合作。2016年9月，“中国—苏丹农业合作开发区”成立，中苏农业合作迈上新台阶。2017年以来，苏丹先后与俄罗斯、白俄罗斯、匈牙利等国签订了农业合作协议，并积极引进先进的农产品加工技术。[④]此外，苏丹还与土耳其等国联合建立农业公司，以

---

① “South Sudan still owes Khartoum $1.3 billion in oil debt: official,” *Sudan Tribune*, December 6, 2017, http://www.sudantribune.com/spip.php?article64184.

② “Sudan’s Gold Production Increased to Over 100 Tons in 2017,” *Sudan Tribune*, January 2, 2018, http://smc.sd/en/sudans-gold-production-increased-100-tons-2017-2/.

③ “Australian firms interested by Sudan’s gold mining,” *Sudan Tribune*, November 13, 2017, http://www.sudantribune.com/spip.php?article63979.

④ “Sudan’s FM to visit Hungary on Monday,” *Sudan Tribune*, October 29, 2017, http://www.sudantribune.com/spip.php?article63866.

开发其未开垦土地。2018年3月，苏丹和土耳其宣布建立土耳其—苏丹国际农畜产品公司，土耳其公司将投资开发苏丹五个地区的约78万公顷土地。[①]

由于南部地区冲突频发，加之邻国南苏丹局势持续动荡，苏丹政府近两年开始将经济开发重心转向东部的红海地区，并有意将苏丹港打造为重要的航运、油气、渔业和旅游城市。伴随美国解禁的“东风”，苏丹政府先后与美国、加拿大等国际石油公司签订了开发红海油气资源的合作协议，并与俄罗斯签订了在苏丹港建设核电站的协议。2018年3月26日，苏丹又与卡塔尔运输部门签署了价值40亿美元的合作协议，以开发和管理苏丹港以南的萨瓦金港，该项目包括一个自由贸易区和港口建设项目。[②] 此外，苏丹已开始研究修建乍得首都恩贾梅纳至苏丹港铁路的可行性。[③] 苏丹的红海地区的确具有很大的开发潜力，但港口开发的周期漫长，且苏丹港和萨瓦金港要面临苏伊士港和吉布提港的直接竞争，因此其前景仍取决于后续的实际开发和利用情况。

四、外交成果丰硕

苏丹近两年在外交领域获得了不少突破性进展，打开了对外关系的新局面。首先是苏丹经过长期的不懈努力，终于使美国解除了长达20年的经济制裁，这是苏丹外交的重大成果。其次，苏丹继续保持与中国的传统友好关系，并主动加强了与俄罗斯和英国等大国的合作关系，扩大了“朋友圈”。此外，在处理与邻国和地区国家的关系时，苏丹采取了更加灵活务实的立场和态度，并取得了显著成效。

（一）强化与大国关系

美国解除对苏经济制裁是2017年苏丹外交的最大亮点，尽管仍会出现不少困难，但美苏（丹）关系的正常化将由此出现转机。或许是为了抗衡美国仍保留的部分制裁，抑或是出于对美国不愿看到巴希尔总统再次连任的担心，但至少是为了吸引外资以提振经济，苏丹在美国解禁后迅速利用其地缘优势及传

---

① “Sudan, Turkey to found agriculture, livestock company,” *Sudanese Media Centre,* March 15, 201,8 http://smc.sd/en/turkey-sudan-found-agriculture-livestock-company/.

② “Sudan, Qatar to sign $4 billion deal to develop Suakin seaport,” *Sudan Tribune*, March 2, 2018, http://www.sudantribune.com/spip.php?article65026.

③ “Chinese firms to study feasibility of Chad Sudan railway,” *Sudan Tribune*, November 8, 2017, http://www.sudantribune.com/spip.php?article63949.

统关系，主动接近并积极发展与其他大国的关系，不仅取得了颇为显著的外交成果，也创造了苏丹全方位外交的新局面。

苏丹与美国关系出现实质性进展。为了解除美国的制裁，苏丹政府自2016年6月以来与美国进行“五轨机制”[①]合作，在反恐、地区稳定和安全方面取得了明显进展。鉴于苏丹在这些方面的积极表现，美国时任总统奥巴马在2017年1月13日发布总统令，决定减轻对苏丹的经济制裁，并进行为期6个月的最后审查，以决定是否全面解除对苏制裁。然而，在6个月审查期限即将到达的7月11日，美国政府发表声明称，美国总统特朗普将延期三月决定是否解除对苏制裁。2017年10月6日，美国政府最终决定永久解除对苏丹长达20年之久的经济制裁。[②]

美国解禁对苏丹有着重大意义：解禁不仅能让苏丹直接吸引外资，打消其他国家与苏丹合作的顾虑，也可使苏丹的外交空间大为扩展。不过，美国只解除了对苏丹的贸易制裁和金融制裁，而与苏丹“支持恐怖主义”和达尔富尔问题有关的定向制裁并未解除。美国政府认为两国关系正常化的前提是苏丹政府必须在各个领域“取得持续进展”，在此之前美国仍会保留对苏制裁手段。[③]自美方宣布解禁以来，苏丹的对美外交重点转移到如何将其从美国的“支持恐怖主义国家”名单上移除的谈判，而美国则继续将解除其他制裁与苏丹国内和平进程、宗教自由等问题挂钩。

迅速巩固与俄罗斯的合作关系。俄罗斯原本就是苏丹的传统政治和军事合作伙伴，而美国保留部分对苏制裁则促使苏丹主动寻求俄罗斯的更大支持。2017年11月23日，巴希尔总统访问俄罗斯，与俄方签署了一系列经贸和军事合作协议。在军事合作方面，巴希尔总统强调苏丹的陆军和空军要装备俄罗斯武器，并主张俄罗斯在红海地区建立军事基地；经济方面，苏丹希望俄罗斯在苏丹发展采矿业并建设核电站；外交方面，巴希尔总统请求普京总统保护苏丹免受美国在联合国安理会的反对，并提出要帮助俄罗斯发展与非洲国家的关

① 这五个方面分别是：反恐合作、打击“上帝抵抗军”（LRA）、结束两个地区和达尔富尔的敌对行动、改善人道主义准入及结束对南苏丹的负面干涉，涉及反恐、地区安全、苏丹国内安全三个层面。“五轨机制”包含一系列步骤和一个评估这些步骤是否被践行的程序，用以评估美国是否及何时解除对苏制裁。

② Heather Nauert, “Sanctions Revoked Following Sustained Positive Action by the Government of Sudan,” *U.S. Department of State*, October 6, 2017,https://www.state.gov/r/pa/prs/ps/2017/10/274659.htm.

③ “The Secretary’s Report on Whether the Government of Sudan Has Sustained the Positive Actions That Gave Rise to E.O. 13761 (2017),” *U.S. Department of State*, October 12, 2017, https://www.state.gov/p/af/rls/2017/274667.htm

系。[①] 巴希尔访俄不久，苏丹军方宣称有意购买俄制武器，并希望俄罗斯在苏丹港建立军事基地。[②] 2017年12月22日，俄罗斯原子能公司宣布与苏丹政府签订了建造苏丹第一座核电站的协议。[③] 显然，苏丹希望能够得到俄罗斯的支持来制衡美国制裁，俄罗斯则希望借助苏丹扩大其在阿拉伯世界和非洲的影响力，这也是双方合作的基础。

积极改善同英国的关系。虽然美国对苏制裁影响了苏丹与英国的关系，但作为苏丹的前宗主国，英国十分重视在苏丹的影响力及苏丹的市场潜力。政治上，两国在2016年启动战略对话，到2017年10月已举行四届战略对话会议。双方在对话框架内讨论了人权、文化、发展、贸易和投资、人口贩卖和非法移民、恐怖主义和暴力极端主义及国防合作等问题，两国关系取得了显著改善；[④] 安全方面，英国积极参与苏丹和平进程，继续通过与美国和挪威组成的“三驾马车”发挥作用。2017年11月，两国签署谅解备忘录，英国将参与在苏丹东部举行的东非和平部队演习，这是外国军队首次参加此类军事演习；[⑤] 在经贸领域，由于受限于美国对苏丹的经济制裁，英国一直以来积极支持美国解除对苏经济制裁。美国正式解除对苏制裁后，英联邦外交事务部随即表示希望英国能够获得优先投资的机会，并扩大其在苏丹的政治和经济影响力。两国还联合举办英国—苏丹投资论坛，为英国公司投资苏丹提供便利。[⑥] 此外，自2012年以来，英国国际发展部为世界粮食计划署在苏丹的援助行动累计捐赠超过8000万美元。[⑦]

进一步提升与中国的友好合作关系。南苏丹独立后，探索石油之外的合作增长点一直是中苏关系的共同努力方向，而两国关系也在2015年中苏签署建

---

① “U.S. caused troubles in Middle East region, Sudan’s Bashir tells Putin,” *Sudan Tribune*, November 24, 2017, http://www.sudantribune.com/spip.php?article64081.

② “Sudan Ready to Host Russian Military Base,” *Sudanese Media Centre,* November 29, 2017, http://smc.sd/en/sudan-ready-host-russian-military-base/.

③ “Russia to build nuclear power plant in Sudan,” *Sudan Tribune*, December 23, 2017, http://www.sudantribune.com /spip.php?article64323.

④ “Sudan-UK to hold fourth meeting of strategic dialogue in London,” *Sudan Tribune*, October 9, 2017, http://www.sudantribune.com/spip.php?article63715.

⑤ “Sudan, UK sign agreement over British army participation in regional drills,” *Sudan Tribune*, November 15, 2017, http://www.sudantribune.com/spip.php?article64002.

⑥ “Sudanese-British investment forum to kick off on Tuesday,” *Sudan Tribune,* December 10, 2017, http://www.sudantribune.com/spip.php?article64224 .

⑦ “UK contributes $43,5 million to WFP operations in Sudan,” *Sudan Tribune,* December 28, 2017, http://www.sudantribune.com/spip.php?article64357,

立战略伙伴关系的联合声明后进入了新阶段。中国提出的“一带一路”倡议为中苏合作注入了新的活力，中苏双方就共建“一带一路”进行了广泛对接。作为重要的非洲国家和阿拉伯国家，且拥有苏丹港等有利条件，苏丹在对接“一带一路”建设上具有独特的地缘和区位优势。2017年3月，苏丹加入了中国发起的亚洲投资银行，成为继埃及和南非之后的又一非洲成员国。[①] 苏方派出高级官员赴华出席2017年5月14日举行的“一带一路”国际合作高峰论坛。2017年8月25日，国务院副总理张高丽访问苏丹，中苏签署共建“一带一路”、经济技术合作等文件，表明了中国政府对中苏合作的高度重视。[②]

（二）平衡与中东大国的关系

2013年以来，苏丹对其中东外交做了重大调整，并从伊朗阵营转向沙特阵营。在2017年发生的沙特与卡塔尔“断交”风波中，沙特曾逼迫苏丹选边站队，但苏丹采取了平衡外交策略，最终既强化了与卡塔尔的关系，也稳定了同沙特的关系。此外，苏丹与土耳其的关系也得到了迅速提升。

有效平衡与沙特和卡塔尔的关系。苏丹与沙特和卡塔尔两国均有着密切关系，因此“断交”事件是对苏丹外交的严峻考验。自2014年两国关系彻底改善以来，苏丹和沙特两国领导人互访不断，多次举行联合军事演习，且苏丹积极响应沙特号召，派遣军队参与沙特领导的对也门胡塞武装的联合军事行动。同样，苏丹与卡塔尔一直保持友好关系，卡塔尔在苏丹被国际孤立的情况下给予其重要的政治和经济支持，并主持了苏丹政府与达尔富尔叛军之间的多轮和谈。在2017年6月中东六国宣布与卡塔尔断交后，苏丹顶住沙特的压力未同卡塔尔断交，这引起沙特的不满，并影响到沙特对苏丹的援助。[③] 苏丹坚持中立立场，积极与沙特接触和交流并居中调停，从而保持了两国关系的稳定。与此同时，苏丹与卡塔尔领导人频繁互访，两国关系突飞猛进。卡塔尔也投桃报李，加大对苏丹的投资力度，承诺向苏丹投资20亿美元。[④]

与土耳其关系迅速升温。虽然同为伊斯兰国家，但在美国宣布要将其驻以

---

① “AIIB Welcomes New Prospective Members,” *Asian Infrastructure Investment Bank*, March 23, 2017, https://www.aiib.org/en/news-events/news/2017/20170323_001.html.

② 《张高丽访问苏丹》，中国驻苏丹大使馆，2017年8月26日，详见：http://sd.china-embassy.org/chn/xwdt/t1487872.htm.

③ “Former Yemeni president calls on al-Bashir to withdraw Sudanese troops,” *Sudan Tribune*, November 29. 2017, http://www.sudantribune.com/spip.php?article64140
November.

④ “Qatar finance minister to visit Khartoum on Sunday,” *Sudan Tribune*, November 12, 2017, http://www.sudantribune.com/spip.php?article63971.

色列使馆迁往耶路撒冷前，苏丹与土耳其的关系一直不温不火。2017年12月6日，美国总统特朗普宣布承认耶路撒冷为以色列首都，并签署了将美国使馆从特拉维夫迁至耶路撒冷的文件。随后，先是巴希尔受土耳其总统埃尔多安的邀请参加了在耶路撒冷召开的紧急会议，① 接着是埃尔多安在圣诞节期间访问了苏丹，成为土耳其自独立以来首位访问苏丹的总统。② 会晤期间，两国总统达成了众多经贸合作协议，并发表了一系列高调宣言。双方同意在一年内将两国贸易额提升至10亿美元，之后将逐步提升到100亿美元。③ 值得注意的是，两国的合作协议和宣言均与耶路撒冷事件没有多大联系，但土耳其显然意在借反对以色列的旗帜扩大在阿拉伯国家的影响力和号召力，而耶路撒冷问题也不是苏丹外交的关注重点，苏丹更多的是借此吸引土耳其的投资。

（三）改善与邻国关系

在苏丹的对外关系中，与周边国家的关系最为复杂，其中又以南面的南苏丹和北面的埃及为甚。在2017年，虽然同南苏丹的关系比较平稳，但苏丹与埃及的关系曾一度跌入谷底。

与南苏丹的关系总体平稳。南苏丹独立后，苏丹与南苏丹遗留了一系列未决问题，2013年年底，南苏丹爆发内战，有关两国未决问题的谈判被迫中断。苏丹对南苏丹内战持中立立场，并积极参与伊加特（IGAD，即东非政府间发展组织）主持的和平进程，派代表全程参与调停。由于内战导致部分油田停产，加之国际油价迅速下跌，南苏丹无力按照协议向苏丹支付石油过境费，两国政府多次就此展开谈判。苏丹政府承诺支持和帮助南苏丹增加石油产量，恢复团结州油井生产，并愿意重新审议原油过境费协议。南苏丹政府也同意及时清偿拖欠苏丹的石油款项，以避免双方重新谈判石油合作协议。2017年11月初，南苏丹总统基尔访问苏丹，与巴希尔总统进行了卓有成效的会谈。两位总统在会谈中相互释放积极信号，并就石油欠款、难民问题和叛军问题达成一系列共识。④ 会后不久，苏丹与南苏丹联合边界委员会开始讨论两国的边界划分

---

① "Sudan's al-Bashir to attend Islamic meeting in Turkey over Jerusalem," *Sudan Tribune*, December 12, 2017, http://www.sudantribune.com/spip.php?article64230 .

② "Sudan, Turkey agree to increase trade exchange to $1 billion," *Sudan Tribune*, December 25, 2017 http://www.sudantribune.com/spip.php?article64340.

③ "Sudan, Turkey agree to increase trade exchange to $1 billion," *Sudan Tribune,* December 24, 2017, http://www.sudantribune.com/spip.php?article64340.

④ "Juba and Khartoum hold political and security committee meeting," *Sudan Tribune,* November 1, 2017. http://www.sudantribune.com/spip.php?article63889.

问题。[①] 由于美国的压力以及巴希尔总统可能谋求连任，苏丹方面将会继续其对南苏丹国内冲突的中立立场，以便创造和平稳定的周边环境。

与埃及关系微妙。近年来，尼罗河水资源分配问题因埃塞俄比亚在青尼罗河上修建复兴大坝而被激化。由于苏丹在复兴大坝修建问题上的态度由最初的质疑转变为后来的默认，苏丹与埃及的同盟关系出现了裂痕，一度沉寂的海拉伊卜归属问题也随之升温。2016年，埃及与沙特签署了海上划界协议，海拉伊卜和萨拉丁三角地带被表述为埃及领土，当年4月，埃及拒绝了苏丹政府提出的就争议领土进行直接谈判或交由国际法庭仲裁的要求。2016年10月和2017年12月，苏丹先后两次向联合国安理会提交申诉，抗议埃及与沙特之间的协议。在埃及拒绝了苏丹的申诉后，苏丹外交部在2018年1月初宣布召回其驻埃及大使。更为严重的是，2017年年底，埃及向厄立特里亚境内靠近苏丹的一处军事基地派送了数百名士兵，而苏丹随后在与厄立特里亚接壤的卡萨拉州实行紧急状态，关闭与厄立特里亚的边境，并在边境部署了数千名士兵。[②] 至此，两国关系跌入谷底。

为了缓和关系，两国元首于2018年1月底在埃塞俄比亚举行的非盟首脑会议期间会晤，重申两国友好关系，同意成立部长级联合委员会，处理两国间悬而未决的问题。2月4日，两国外长和情报部门负责人举行会谈，制定恢复两国关系的路线图，并表示两国媒体今后要尊重两国神圣的关系。2月底，苏丹外交部长宣布驻埃及大使返回埃及，紧张关系得到缓和。[③] 随着复兴大坝的完工日益临近，埃及不可避免的将失去尼罗河水资源分配的绝对主导权，而苏丹与埃及的领土纠纷也可能导致苏丹倒向埃塞俄比亚一边。一旦大坝开始蓄水，埃及、苏丹和埃塞的关系将会更加微妙。

五、结语

苏丹局势在近两年发生了显著变化，全国对话成果的落实，特别是新的联合政府的成立，既为苏丹政局的稳定打下了基础，也使苏丹旷日持久的和平

① “Juba and Khartoum discuss border demarcation,” *Radiotamazuj*, November 24, 2017, https://radiotamazuj.org/en/news/article/juba-and--discuss-border-demarcation.

② “Sudan declares popular mobilization on Eritrean border,” *Sudan Tribune,* January 8, 2018, http://www.sudantribune.com/spip.php?article64450.

③ “Sudan’s ambassador to Egypt to return to Cairo after withdrawal,” *Sudanese Media Centre,* February 25, 2018, http://smc.sd/en/sudans-ambassador-egypt-return-cairo-withdrawal/.

与和解进程出现了转机。尽管如此，在可预见的未来，达尔富尔问题及“两地区”问题仍将是苏丹政府面临的严峻挑战。苏丹政府将会继续寻求与反对派和反叛运动的和解，以实现全国的和平与稳定，成功修改宪法，并推动巴希尔总统再次连任。当然，经济下行问题是影响苏丹总体稳定的最大挑战。2018年，苏丹政府将会不断加大改革开放的力度，以吸引外国资本投资其优势产业。此外，苏丹会继续采取灵活务实的外交政策，以减小甚至消除来自美国的压力，并积极吸引其他国家的援助和投资。

2017年伊朗的政治、经济与对外关系

韩建伟①

摘要： 2017年以来伊朗政治基本稳定，但也面临严重危机。在上半年的总统大选中，鲁哈尼成功连任，确保了政治的稳定性和继续推动渐进的改革，但是鲁哈尼第二任期面临诸多挑战。2017年年底，伊朗突然发生一场大规模骚乱，打破了国内政治的稳定，暴露出一些深层次问题。伊朗经济在疲软中缓慢发展，经济增长率放缓，通货膨胀率与上一年持平，货币从下半年开始又有所贬值，就业状况没有明显的改善，财政赤字有所扩大，经济改革的效果尚不明显。伊朗外交面临来自美国特朗普政府更大的压力，尤其是特朗普退出核协议和重新加强制裁的威胁。伊朗还面临沙特与以色列更多的安全挑战。为化解压力，伊朗外交主动出击，加强了与俄罗斯的准联盟关系，协调与土耳其的立场，与欧盟各国加强联系，积极介入叙利亚和谈等地区重大问题，全方位发展与欧、亚、非各国间关系。这些努力为伊朗赢得了外交空间，使得美国的遏制政策没有全然奏效。但是，美国最终退出伊核协议使伊朗未来的发展遭遇了严峻的挑战。

关键词： 伊朗；政治；经济；外交

2017年以来，伊朗政治总体上维持了稳定，但也受到一定的挑战。提振民众信心、加快经济发展，依然是鲁哈尼第二任期的主要工作目标，但是经济增长速度和经济改革成效低于预期。在对外关系上，来自美国的威胁增大。随着特朗普的上台及对伊朗态度的变化，美伊关系重新走向紧张，也使得伊朗面临的地缘政治环境更加复杂。2017年也是伊朗积极发挥影响力、介入周边热点问题的一年，在国内及国际两个层面都产生了复杂的影响。

---

① 韩建伟，上海外国语大学中东研究所副教授。

一、政治稳定中蕴含着危机

2017年以来，尽管面临特朗普上台后美方越来越大的压力，但是寻求稳定与发展却是伊朗政府的主要目标。最高领袖哈梅内伊在伊历1396年的新年讲话里，没有像以往一样将重点放在抨击美国上，而是主要谈及两个问题：一是2017年5月举行的总统大选，他号召“所有拥有选举权的人都要参与投票，这是首要的也是最重要的要求”；① 二是经济问题，他号召继续建设“抵抗经济”，提高经济发展速度，增加就业，关注年轻人问题等。②

对于2017年的伊朗来说，上半年最大任务莫过于每四年一届的总统大选。这次总统大选受到了民众的高度关注，投票参与度也很高。统计结果显示，大约有4000万人参与了投票，占总人口的70%。③ 鉴于鲁哈尼第一任期的治理政绩富有成效，他成功连任的可能性比较大，外界对他连任的预期也普遍看好。但是，从竞选过程本身来看，却依然充满了较多变数和不确定因素。国际社会也一度担忧“黑天鹅”现象在伊朗上演。

总统大选过程反映了伊朗国内复杂的派系斗争及伊核协议、经济问题对政局走向的影响。虽然伊核协议及经济形势有所好转是鲁哈尼寻求连任的重要政治资产，但也是其软肋。一方面，伊核协议的实际效果并不尽如人意，甚至强硬保守派认为核协议并没有给伊朗带来太多实际的好处，协议本身还给伊朗造成了诸多限制。而特朗普一上台就试图撕毁核协议，以各种借口打压伊朗，使得协议带来的红利正在消失，也对鲁哈尼寻求连任造成了较大压力。另一方面，经济形势虽部分改善，但受长期结构性病症和既得利益集团阻挠改革的影响，伊朗经济体制未得到较大改观，经济增长的基础依然十分脆弱，民众感受到的实惠尚不多，因此经济问题也是鲁哈尼寻求连任的短板。

与此同时，鲁哈尼遭遇了强有力的竞争对手——伊布拉欣·莱西的挑战。莱西是伊朗最重要的什叶派宗教圣地——礼萨伊玛目圣陵的守护者及“礼萨伊玛目陵寝基金”的负责人，长期在司法部门工作，是宗教保守派的代表人物。

---

① Islamic Republic News Agency, “Supreme Leader: IR Has Offered Outstanding Services to Iranian Nation,” March 21, 2017, http://www.irna.ir/en/News/82470736, 登录时间：2018年2月15日。

② Islamic Republic News Agency, “Supreme Leader Wishes Govt. Success in New Year,” March 21, 2017, http://www.irna.ir/en/News/82470226，登录时间：2018年2月15日。

③ 中国商务部网站:《伊朗内政部估计将有4000万人在周五选举中投票》, http://ir.mofcom.gov.cn/article/jmxw/201705/20170502576358.shtml, 登录时间：2018年2月17日。

最高领袖哈梅内伊对莱西也比较重视。而一些下层民众担心如果鲁哈尼成功连任，很可能会削减补贴，从而影响基本的生活保障；而莱西在竞选中提出了一些带有民粹主义倾向的治国纲领，得到了不少下层民众的支持。鲁哈尼则主要得到了城市中产阶级、青年人的支持。在竞选前夕，哈梅内伊曾不点名指责“某些候选人在竞选辩论中恶意攻击对手”，被外界大多解读为是对鲁哈尼的批评而更倾向于莱西。①

2017年5月20日，伊朗内政部宣布鲁哈尼以57%的得票率当选为第12届伊朗伊斯兰共和国总统，而莱西的得票率为38.5%。② 鲁哈尼有惊无险地成功连任，反映出国内尽管矛盾重重，但是从上至下都希望维持稳定、温和的发展道路。鲁哈尼的连任确保了政权的平稳过渡，也有助于伊朗在不断增加的国内外压力下尽可能实现渐进式改革。实际上，对哈梅内伊来说，不论是鲁哈尼还是莱西，都是不错的选择。哈梅内伊主要运用了平衡策略干预大选，并没有明确的指向性。他对民意的重视也反映了他更注重寻求政权的稳定性，而不是蓄意扶持某位候选人。尤其是当前任总统内贾德宣布参加竞选时，这一行为遭到了哈梅内伊的强烈反对，内贾德的候选人资格也被取消。事件本身也反映出哈梅内伊并不愿意看到一个对西方强硬、激进的总统再次出现。

鲁哈尼在2017年8月就职典礼上公布了新的内阁成员名单，从内阁成员的任命上也体现出稳定性与连续性是该届政府的主要出发点。上届内阁的主要成员如第一副总统贾汉基里、外交部长扎里夫、石油部长赞加内、内务部长法兹里都继续担任原职，而经济部、工业部、教育部的部长则进行了相应的调整。贾汉基里、扎里夫都是主张改革、缓和与西方关系的关键人物。因此，鲁哈尼第二任期的内外政策不会有太大变化。

但毫无疑问的是，鲁哈尼第二届任期将会面临更严峻的挑战。与第一任期主要致力于解除制裁的明确目标相比，第二任期的主要任务是发展经济、改善民生，带有长期性、复杂性及分散性的特点。伊朗经济面临的最迫切问题是提高经济增长率，解决好就业问题并继续降低通货膨胀。提高经济增长率一方面需要拓展融资渠道；另一方面需要切实推进经济体制改革，如私有化改革、补

---

① 新华网：《哈梅内伊要求下届总统“自力更生”》，http://www.xinhuanet.com/world/2017-04/27/c_129575065.htm；央视新闻网，《伊朗最高领袖指责总统大选“某些候选人”或暗示不满现总统》，http://m.news.cctv.com/2017/05/18/ARTIUMgAAYUsTBQAYIekwaUB170518.shtml，登录时间：2018年2月16日。

② 新华网：《鲁哈尼连任总统》，http://www.xinhuanet.com/local/2017-05/21/c_129610620.htm，登录时间：2018年2月16日。

贴制度改革及银行制度改革等。资金问题因为面临国际制裁没有完全解除甚至重新加强的威胁，导致许多外国资本仍然不愿意冒风险进入伊朗。而经济体制改革主要涉及既得利益集团，因此会遭到伊斯兰革命卫队、基金会等特权组织的干扰和阻碍，补贴改革则涉及下层民众的切身利益。因此，经济改革的难度可想而知。鲁哈尼还将继续面临来自强硬保守派的挑战。大选的尘埃落定不仅未使部分强硬保守派人物妥协，他们甚至寻机报复。2017年7月16日，鲁哈尼的弟弟侯赛因·费雷敦被以“经济指控”为名逮捕。[①] 费雷敦是伊核谈判的重要人物之一，也是鲁哈尼的高级顾问。此次事件被认为是强硬保守派控制的司法机构向总统发难的表现。

2017年年底突然爆发的大规模骚乱，打破了伊朗政治稳定的表象。这次骚乱从2017年12月28日持续到2018年1月4日，骚乱从伊朗第二大城市马什哈德迅速扩展至包括德黑兰在内的十几个大中城市，甚至部分农村地区也发生了当地村民攻击政府的事件。面对此次骚乱，伊朗政府的态度及转化反映了派系斗争及外部因素的复杂影响。鲁哈尼政府一度指责骚乱是宗教保守派挑唆民众所为，因为暴乱并非始于有着游行传统的首都德黑兰，而是发生在非政治中心城市马什哈德。马什哈德则被视为宗教保守派的重镇。但是在事件发生后的第四天（2018年1月2日），哈梅内伊明确地将骚乱的根源指向外部势力。[②] 此后，伊朗政府众口一词，指责美国、以色列和沙特等国是此次骚乱的幕后真凶。骚乱发生后，美国总统特朗普频发推文煽风点火，以色列总理内塔尼亚胡公开声援伊朗人民，还有一些境外情报机构人员涉嫌参与其中，都反映出外部势力所发挥的作用。但不论是因败选而心怀不满的保守派的挑唆，还是外部因素的破坏，都不是引发此次骚乱的主要原因。问题的根源还在于内部。民众最初是因不满鸡蛋涨价而引发抗议，也与鲁哈尼政府试图削减补贴的改革计划有关。因此，此次事件的根源是民生与经济问题。骚乱也反映出严峻的经济形势已经成为威胁伊朗政治稳定的主要因素。而骚乱中出现的一些标语也很值得关注，尤其是出现了反对现任最高领袖哈梅内伊的标语，将矛头直指神权政治体制本身。

在鲁哈尼高票连任的同一年，伊朗就发生了大规模骚乱，其中深意值得深思。骚乱反映了民众对当局的不满与失望。当前不少伊朗人存在悲观心理，认

---

① 新华网:《眼中钉？伊朗总统之弟涉经济犯罪被捕》，http://www.xinhuanet.com/world/2017-07/18/c_129657429.htm，登录时间：2018年2月16日。

② 朱梦颖:《伊朗最高领袖哈梅内伊首发声 斥敌人幕后制造动乱》，环球网，http://world.huanqiu.com/exclusive/2018-01/11492093.html，登录时间：2018年2月17日。

为在现有政治体制下，不论哪位领导人上台，哪个派系执政，伊朗都不可能有理想的发展前景。骚乱在持续一周之后终于平息下来。总的来说，这是一场没有明确目标、没有领导人、缺乏组织和周密计划、带有自发性的“草根”抗议活动，发生得十分突然，消逝得也十分迅速，也无法撼动伊朗政治的统治基础。但是，它的警示意义远大于骚乱本身。若是伊朗政府仍然把过多精力放在外部争雄博弈，而无力推动国内经济建设及惠及民生的大事，伊朗很可能再次面临民众的抗议风暴。

二、伊朗经济在疲软中缓慢发展

虽然鲁哈尼执政之后，伊朗经济总体上有所改善，但起伏波动大是明显特征。图1显示，自2013年以来，伊朗经济总体上增长乏力，甚至在某些年份（如2013年和2015年）是负增长，但2016/2017年度表现异常突出，按基本价格计算的GDP增长率达到12.5%，也是自1991年以来时隔20多年后伊朗又一

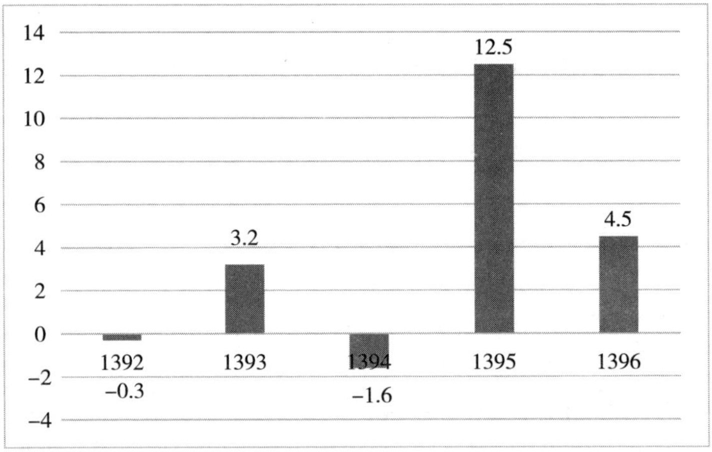

图1　伊历1392—1396年经济增长率（%）

数据来源：Central Bank of Islamic Republic of Iran (CBI), “Economic Trends”, 1396, Q2, p.3, https://www.cbi.ir/category/EconomicTrends_en.aspx，登录时间：2018年2月20日。

注：伊历1392年指的是公历2013年3月—2014年3月；伊历1393年即公历2014年3月—2015年3月；伊历1394年即公历2015年3月—2016年3月；伊历1395年即公历2016年3月—2017年3月；伊历1396年即2017年3月—2018年3月。截止完稿还无法获取伊历1396年的经济增长率，数据仅涵盖前两个季度。

次实现两位数的经济增长。但2017/2018年度的经济又重新表现出疲软状态，前两个季度仅增长4.5%。

伊朗经济的起伏性根本上是由其产油国经济的特征决定的。自2014年底以来，国际石油价格大幅度下跌，包括伊朗在内的产油国蒙受了巨大损失，经济增长速度明显下降。2015年，因制裁还未解除石油产量不能提高，而石油价格又十分低迷，导致石油收入大幅度减少，当年伊朗经济为负增长。自2016年制裁解除后，伊朗的石油战略是不惜一切代价夺回失去的市场份额，石油产量开始大幅度上升。伊朗石油产量在2016/17年度达到了376万桶/日，比上一年度提高了16.4%；同时出口达到222万桶/日，比上一年度提高41.3%。① 因此，石油是2016/2017年度GDP的最主要贡献者，而该年度非石油GDP仅增长了3.3%。② 但至2017年年初，伊朗的石油产量基本接近上限，意味着2017/2018年度石油产量不可能再有大幅度的提高。而2017年上半年，世界原油价格又一度跌至每桶50美元以下。但随着世界经济的复苏，尤其是发展中国家经济增长强劲对石油的需求增加，从2017年下半年开始石油价格逐渐走出低迷态势。至2018年1月份，世界原油价格已经持续上涨了5个月，每桶原油价格达到66.85美元。③ 但对伊朗来说，由于伊朗石油产量短期内不可能有突破性增长，石油对2017/2018年度的贡献率明显降低，从而拉低了伊朗的整体经济增长速度。2017/2018年度，伊朗非石油产出比往年增长略快，前两个季度（3/21—9/22）增长4.1%，比上一年度略高。④ 非石油产业依然是伊朗需要努力发展的重点领域，也是经济多元化、增加就业、改善民生的关键。

2017年，伊朗的通货膨胀总体上与上一年持平，没有大幅度的上涨，也没有明显的下降。但值得注意的是，自下半年开始，通胀率又有所上浮，一度突破10%。伊历1396年9月，⑤ 食品类消费价格上涨迅速，比上一年度同期上涨14.3%，其次上涨最快的是教育、住宿、水电等消费价格。⑥ 这也进一步佐证了2017年岁末骚乱的直接起因是基本消费品的价格上涨。

---

① CBI, “Economic Trends,” 1396, Q2, p.7. https://www.cbi.ir/category/EconomicTrends_en.aspx，登录时间：2018年2月21日。

② CBI, “Economic Trends,” 1396, Q2, p.3.

③ OPEC, “Monthly Oil Market Report,” February 12, 2018, p. 1. http://www.opec.org/opec_web/en/publications/338.htm,登录时间：2018年2月23日。

④ CBI, “Economic Trends,” 1396, Q2, p.3.

⑤ 伊历1396年9月即2017年11月22日-2017年12月21日。

⑥ CBI, “Consumer Price Index for All Urban Consumers,” Azar 1396, p.1. https://www.cbi.ir/category/1624.aspx,登录时间：2018年2月19日。

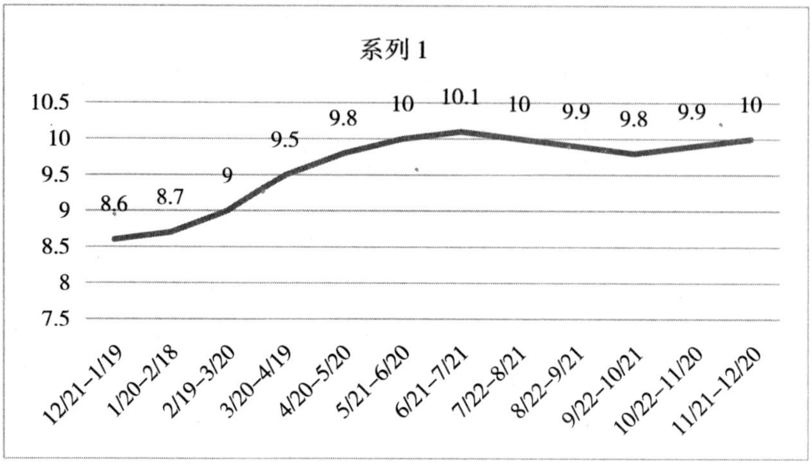

图2　2017年通货膨胀率（%）

数据来源：CBI, "CPI and Inflation", https://www.cbi.ir/Inflation/Inflation_en.aspx，登录时间：2018年2月20日。

维持汇率的稳定一直是伊朗政府的重要目标。伊朗汇率在2017年上半年基本维持了稳定，约合1美元兑32400里亚尔。但是自7月份以后，汇率又有所贬值，至2018年3月份，伊朗汇率约为1美元兑37400里亚尔。① 伊朗汇率的贬值明显受到了不利的国际形势及国内政治骚乱的影响，尤其是自7月以来美国加大了对伊朗的制裁，引发了对伊朗经济发展前景、外资引进及伊朗金融业与国际接轨等问题的担忧。

2017年，伊朗就业状况没有明显改善。表1显示，根据伊朗统计中心公布的该年前9个月的数据，伊朗全国失业率达12.3%，女性失业率超过20%。年轻人依旧是失业率最高的群体，失业人群集中在15—24岁的年龄段；15—29岁年龄段的失业率略有下降，但也仍然很高。全国就业率仅35.2%，女性就业率仅12.5%。女性失业率是男性的两倍，近一半的年轻妇女处于没有工作的状态。城市劳动参与率低于农村，而失业率高于农村。虽然政府近几年高度重视解决就业问题，但是效果不彰，主要根源还在于以石油为主导的产业结构无法容纳过多的劳动力，而非石油制造业发展严重不足。解决就业的关键是发展非

① CBI, "Foreign Exchange Rate," https://www.cbi.ir/ExRates/rates_en.aspx，登录时间：2018年2月19日。

石油产业链及创新型服务业等。这对伊朗政府来说是一个长期的任务，而如何解决失业群体的生活保障问题也是政府必须面对的难题，否则很难做到短期目标与长期改革相衔接。

表1 2016年12月21日—2017年9月21日伊朗主要劳动力指数（%）

劳动力指数	全国	男性	女性	城市	农村
劳动参与率（≥10）	40.5	64.5	15.7	39.5	42.2
失业率（≥10）	12.3	10.3	20.3	13.7	8.4
失业率（15–24）	28	24	42.9	31.5	20.8
失业率（15–29）	25.4	20.7	42	28	18.6
就业率（≥10）	35.2	57.8	12.5	34.1	38.6

数据来源：Statistical Center of Iran (SCI), "A Selection of Labor Force Survey Results", Winter 1395, p.5; Spring 1396, p.5; Summer 1396, p.5，https://www.amar.org.ir/english/Statistics-by-Topic/Labor-force, 登录时间：2018年2月19日。笔者根据三季度数据核算得出。

引进外资是发展经济的必要手段，这在伊朗高层已经基本形成了共识。2017年，除了在石油产业领域继续落实“新石油合同”外，其他产业也相继通过了引进外资的雄伟计划，如中小制造业、矿业、废物处理、基础设施建设等产业。2017年9月，伊朗第一副总统贾汉基里称，自伊核协议签署以来，伊朗已吸引了140亿美元的外来投资。① 2017年11月，“伊朗投资、经济与技术支持组织”（OIEAI）批准了31个价值7.1亿美元的外来投资项目。② 2018年2月，“伊朗小工业和产业园组织”称大约有37个项目在建设之中，共计接受外来投资20亿美元。③ 但伊朗吸引外来投资的障碍和困难依然很多，最大的障碍还是伊核协议生变引起的美国制裁重新加强的问题。外来投资商对伊朗的投资环境仍然保持高度谨慎的态度。而2017年的年底骚乱，为吸引外来投资蒙上

① Tehran Times, "$ 14b of FDI Absorbed after JCPOA Implementation," Sep. 24, 2017, http://www.tehrantimes.com/news/417081/14b-of-FDI-absorbed-after-JCPOA-implementation，登录时间：2018年2月19日。

② Tehran Times, "$ 712m of Foreign Investment Projects Ratified," November 5, 2017, http://www.tehrantimes.com/news/418240/712m-of-foreign-investment-projects-ratified，登录时间：2018年2月19日。

③ Tehran Times, "$2b Worth of Foreign-Funded Projects Underway in Industrial Parks," Feb. 26, 2018, http://www.tehrantimes.com/news/421565/2b-worth-of-foreign-funded-projects-underway-in-industrial-parks，登录时间：2018年3月1日。

更厚重的阴影。国际投资者出于对伊朗政局稳定性的担忧，观望态度增强。

2017年2月一份国际货币基金组织的伊朗常务理事报告，较为全面地阐述了伊朗的经济政策与目标：第一，财政政策：提高石油收入、降低财政赤字、实现预算平衡；第二，货币与汇率政策：维持通胀个位数水平，稳定并力图统一汇率；第三，金融改革：改革政府拖欠银行贷款、扭曲的信贷政策、虚弱的风险管理和不充分的监督等问题；第四，经济结构改革：为了持续的发展和创造就业，需要经济多元化、基础设施投资、发展私有部门、改善营商环境、激活就业市场等。①

尽管政府设立了宏伟目标，但是2017/2018年度伊朗的财政赤字预计比上一年度增长23%。② 在当前伊朗需要大量投资的背景下，缩小赤字几乎是不现实的。而银行改革步履维艰。2017年11月，伊朗开始整治银行的非银行业务，新任财政部长马苏德·卡尔巴塞命令所有银行需在2018年6月21日之前停止所有非银行业务。③ 银行私有化改革也将进一步实施。但是，改革势必遭到既得利益集团的反对，因而不会快速推进。

三、制裁阴影下的外交政策

2017年伊朗外交面临的最大挑战莫过于来自特朗普撕毁伊核协议的威胁。与美国的博弈成为伊朗该年度最重要的外交任务。在美国压力之下，伊朗采取了主动出击战略，与俄罗斯进一步协调了行动，关系愈加亲密，并积极介入中东事务，谋求扩大地区影响力。与此同时，伊朗积极发展与多国外交关系，尽最大可能对冲美国新的孤立与遏制政策带来的不利影响，并取得了一定的效果。

第一，特朗普对伊朗政策的改变及美伊关系的恶化。

还在竞选时期，特朗普就放出豪言，声称伊核协议是一个“糟糕的协议”，若当选总统，定会撕毁这一协议。2017年2月3日，特朗普入主白宫的几天之

---

① IMF Country Report, “2016 Article IV Consultation-Statement by the Executive Director for the Islamic Republic of Iran,” pp.3-6, Feb. 2017, http://www.imf.org/en/Publications/CR/Issues/2017/02/27/Islamic-Republic-of-Iran-2016-Article-IV-Consultation-Press-Release-Staff-Report-and-44707，登录时间：2018年2月19日。

② CBI, “Economic Trends”, 1396, Q2, p. 24.

③ 搜狐网:《伊朗开始整治金融机构的非银行业务》，http://www.sohu.com/a/201951563_99916697，登录时间：2018年3月1日。

后，就宣布了对伊朗发射弹道导弹的制裁法令。[①] 但他也是谨慎的，没有马上撕毁或者退出该协议，而是在一步步破坏协议的实际效力。

2017年4月19日，美国国务卿蒂勒森表示，特朗普政府正在全面审查对伊朗的政策。特朗普已指示国家安全委员会主导一项针对伊核协议的全面审查，评估终止对伊制裁是否符合美国国家安全利益。[②] 5月19日，特朗普首次出访选在中东，依次访问了沙特阿拉伯、以色列、巴勒斯坦三国。特朗普的外交首秀主要有三个目的：第一，重新改善奥巴马时期与之恶化疏远的沙特、以色列关系；第二，重新强调美国在解决阿以冲突中的主导性地位；第三，与沙特、以色列建立遏制伊朗的联盟。特朗普首访中东之后，美伊关系日趋紧张。7月份，美国连续通过了两次加大对伊朗制裁的法令，将制裁矛头对准以伊斯兰革命卫队为代表的伊朗军方强硬派。第一次发生在7月18日，美国财政部和国防部宣布对18个伊朗个体和实体实施制裁，理由是他们支持伊朗的弹道导弹计划和跨国犯罪等行为。[③] 伊朗强硬回击了美国的制裁，并发射导弹进行抗议。这使得美国于同月28日又一次宣布制裁伊朗，称这是对伊朗发射“神鸟”号运载火箭的回应。[④] 而就在前一日（27日），美国参议院通过了一项针对俄罗斯、伊朗和朝鲜三国的制裁案。面对美国的敌视与制裁，伊朗采取两手策略，双管齐下。一方面据理力争，强硬面对美国的挑衅；另一方面努力争取其他国家尤其是欧盟的支持，分化反伊同盟。

自2017年下半年以来，美伊博弈主要体现在伊核协议的存废上。在9月份联合国大会期间，特朗普演讲炮轰多国，并将伊朗称之为独裁政权、流氓政府，再次指责伊朗支持真主党等恐怖主义组织，而伊核协议是“美国历史上最糟糕的、最单边受益的协议”，[⑤] 并暗示会退出该协议。伊朗总统鲁哈尼则给予了强硬回击。特朗普的言论进一步刺激了伊朗试射导弹计划。

从美国方面来讲，短时间内单方面撕毁核协议将会面临国际社会，尤其是

---

① 中国日报网：《特朗普将对伊朗实施新制裁 美伊紧张局势升级》，http://world.chinadaily.com.cn/2017-02/03/content_28093061.htm，登录时间：2018年3月1日。

② 环球网：《美国务卿：特朗普政府正在全面审查对伊朗政策》，http://world.huanqiu.com/hot/2017-04/10509633.htmi，登录时间：2018年3月1日。

③ 新华社：《美国宣布对伊朗实施新制裁，理由是……》，http://www.xinhuanet.com/world/2017-07/19/c_129659331.htm，登录时间：2018年2月20日。

④ 环球网：《美国宣布对伊朗实施新制裁》，http://world.huanqiu.com/article/2017-07/11051564.html，登录时间：2018年2月21日。

⑤ The Times of Israel, “Full Text of UN President Trump’s UN Speech”, Sep. 19, 2017, http://www.timesofisrael.com/full-text-of-us-president-trumps-un-speech/，登录时间：2018年2月21日。

核协议签署方的强大压力。伊核协议本质上是多边协议，并非美国与伊朗的双边协议。伊核协议是在经过了十余年长期艰苦的谈判之后才达成的，“堪称一份高质量的文本，内容充实而严密”，另外，“核协议是七国间的多边协议，还有联合国安理会的‘加持’”。[①] 而欧盟从伊核协议中获益良多，他们也担心一旦协议失效，将会重新引发中东地缘政治的动荡。因此，虽然特朗普大放厥词，却在伊核问题上一再犹豫，在2017年10月中旬不再承认伊朗遵守核协议，2018年1月中旬又提出要修改该协议，却没有直接宣布退出。而伊朗的强硬姿态却是基于对特朗普自身个性及行为的深刻洞察。伊朗保守派认为，特朗普的商人个性带有虚张声势、恫吓的惯用伎俩，因此不能示弱只能示强。但伊朗同时也认为没有必要主动“招惹”特朗普。[②]

总的来说，2017年美伊矛盾朝着尖锐化的方向发展，但由于特朗普还未退出伊核协议，美国对伊朗的全面制裁也未启动，双边关系还不至于全面对抗。

第二，2017年是伊朗在中东地区扩大影响力的重要一年，也给伊朗内政外交带来复杂影响。

伊朗面临的地缘政治环境极其复杂。伊核协议的签署，虽然总体上有利于伊朗国际环境的改善，但同时引起了宿敌沙特、以色列的仇视和不满。出于对抗共同的敌人——伊朗的需要，2017年中东国际关系一个重要的变化是沙特与以色列在美国的牵线搭桥下关系大为改善。虽然沙特迫于舆论压力不敢公开承认与以色列暗通款曲，但是两国关系走近是明显的事实。在面对美国、沙特、以色列的多边围攻和弹压下，伊朗外交出击的主动性大大增强。

首先，伊朗积极介入叙利亚危机，力图在叙利亚战后重建问题上发挥更显著的作用。对于一直支持巴沙尔政府的伊朗来说，自从俄罗斯积极介入叙利亚危机并取得了主导权后，伊朗寻找到了更多的机会。2017年，俄罗斯、土耳其、伊朗结成了解决叙利亚问题的志愿者同盟关系，尤其是主导了力促叙利亚和谈的阿斯塔纳进程，并获得了国际社会的广泛认可。

其次，利用海湾国家的矛盾，在卡塔尔断交危机中寻找契机。2017年6月5日，沙特、巴林、埃及、阿联酋、也门、利比亚六国以卡塔尔支持恐怖主义为由，宣布与卡断交，一时酿成了严重的外交危机。这次危机的起因是多方面的，但伊朗是一个不容忽视的因素。沙特等国对卡塔尔的独立外交政策不满已久，尤其不能容忍卡塔尔同情及亲伊朗的倾向。事件发生后，卡塔尔陷入严重

① 秦天：《伊核协议：正在走向慢性消亡？》，载《世界知识》2017年第22期，第16页。
② 李国富：《展望伊朗总统鲁哈尼第二任的内外政策》，载《当代世界》2017年第7期，第53页。

的外交孤立状态，而伊朗则向卡塔尔伸出援手。到6月11日，伊朗向卡塔尔空运了90吨食品。英国《每日电讯报》报道称，在卡塔尔的海陆邻国沙特、巴林、阿联酋宣布对卡塔尔关闭领空后，伊朗向卡塔尔增开了100架次航班。[①]随着危机进入僵持阶段，卡塔尔对伊朗伸出的橄榄枝作出了回应，正式宣布自8月24日起与伊朗全面恢复外交关系。[②]这无疑是伊朗外交的胜利，而沙特等国则陷入了尴尬的境地。

再次，高调介入打击“伊斯兰国”的行动。伊朗打击“伊斯兰国”的立场一直是坚定而明确的。2017年6月，伊朗本土遭遇恐怖袭击，“伊斯兰国”组织宣布负责。在此之后，伊朗通过支持叙利亚巴沙尔政府打击“伊斯兰国”的行动更加公开。2017年9月，叙利亚总统阿萨德给伊朗最高领袖哈梅内伊写了一封感谢信，感谢伊朗在东叙利亚代尔祖尔省打击伊斯兰国所做出的贡献。[③]在多国部队打击“伊斯兰国”的行动接近尾声时，鲁哈尼于11月21日迫不及待地宣布“伊斯兰国”组织已经被剿灭。[④]这次声明也表明伊朗试图获得国际社会对伊朗在打击恐怖主义方面更多的认可。2018年3月5日，伊朗《今日老兵》总主编吉姆声称，“伊朗在帮助叙利亚抗击恐怖主义方面发挥了关键作用”。[⑤]

此外，伊朗在伊拉克库尔德人公投事件中积极发挥作用。2017年9月25日，伊拉克库尔德人自治区在巴尔扎尼领导下发起了一场独立公投运动，目的是希望库尔德人从伊拉克中央政府获得更多的自主权甚至最后走向独立。伊朗与土耳其、叙利亚及伊拉克政府一起明确反对此次公投，导致公投结果失去效力。虽然伊朗没有从这次事件中直接获益，但在一定程度上有助于强化由其主导的什叶派阵营，扩大地区的发言权。

第三，与俄罗斯结为更亲密的准联盟体系，同时加强了与土耳其的合作。

自2015年以来，伊朗与俄罗斯逐渐在军事政治领域结成了密切合作的关系。2017年两国关系进一步增强。7月27日，俄罗斯与伊朗共同面临来自美国

---

① 环球网:《援助！伊朗紧急向卡塔尔提供90吨食品，包括水果和蔬菜》,http://world.huanqiu.com/exclusive/2017-06/10820515.html,登录时间：2018年2月21日。

② 环球网:《卡塔尔不顾地区危机，全面修复与伊朗外交关系》，http://world.huanqiu.com/exclusive/2017-08/11172631.html，登录时间：2018年2月22日。

③ Islamic Republic News Agency, “Syria Hails Iran Support for Sweeping Victory over Terrorists,” September 14, 2017, http://www.irna.ir/en/News/82664895，登录时间：2018年2月22日。

④ 新华社:《伊朗总统宣布伊斯兰组织被剿灭》,2017年11月22日,http://home.xinhua-news.com/rss/newsdetail/b5bd2567e8518868a88587df2a24f820/1511314308620，登录时间：2018年2月24日。

⑤ Tehran Times, “Iran’s Role in Syria Critical: Expert,” March 5, 2018, http://www.tehrantimes.com/news/421771/Iran-s-role-in-Syria-critical-expert，登录时间：2018年3月8日。

的制裁威胁，两国决定继续深化在军事领域的合作。在伊核协议问题上，俄罗斯是伊朗坚定的支持者。在特朗普试图撕毁核协议的两次主要尝试中，俄罗斯普京都发声力挺伊核协议，并承认伊朗严格遵守了核协议。这对伊朗来说无疑是最有力的支持。在叙利亚和谈问题上，伊朗与俄罗斯立场高度一致。[①] 但在支持巴沙尔政府的问题上，出于教派及地缘政治利益考虑，伊朗要比俄罗斯更加坚决。俄罗斯更倾向于平衡策略，对巴沙尔政府的去留问题完全出于实用主义的考量。另外，俄罗斯并不希望伊朗在叙利亚过度扩张势力。

2017年伊朗与俄罗斯加强了投资、技术转让、经贸领域的合作与往来。2017年2月，俄罗斯出资12亿欧元资助伊朗建设1400兆瓦发电厂的项目成功签约。[②] 同月底，俄罗斯与伊朗达成石油购买协议，伊朗将向俄罗斯每日供应10万桶石油。[③] 3月28日，伊朗与俄罗斯高级代表团签署了包括政治、经济、司法、科技、文化等领域的14个合作文件，并在开发天然气领域达成了合作备忘录。[④] 根据伊朗方面报道，至2017年10月，伊朗与俄罗斯贸易在过去一年里增长了70%。[⑤] 2018年3月7日，伊朗—俄罗斯联合经济委员会第14次会议召开，双方签署了在石油天然气、交通通信、地质勘探及采矿、地下资源开发、火力发电等领域的项目合作协议。截至目前，伊朗共有11个油田天然气田移交到俄罗斯公司手里。[⑥] 两国经济领域的合作，既是双方发展经济的客观需要，也是联合对抗美国的政治需要。

2017年，伊朗与土耳其的关系更加密切。伊土关系并非一帆风顺，甚至从长远战略角度来看，两国都认为对方是强有力的竞争对手，两国外交都带有

---

① Tehran Times, “Moscow, Tehran Coordinate Steps to Bolster Syria Security: Russia,” Aug. 1, 2017, http://www.tehrantimes.com/news/415607/Moscow-Tehran-coordinate-steps-to-bolster-Syria-security-Russia，登录时间：2018年2月23日。

② Tehran Times, “Ground Broken for Russian-financed 1.4GW Power Plant,” Feb. 21, 2017, http://www.tehrantimes.com/news/411324/Ground-broken-for-Russian-financed-1-4GW-power-plant，登录时间：2018年2月23日。

③ Tehran Times, “Russia Says Ties with Iran Based on National Interests,” March 4, 2017, http://www.tehrantimes.com/news/411599/Russia-says-ties-with-Iran-based-on-national-interests，登录时间：2018年2月20日。

④ Tehran Times, “Iran, Russia Sign MOU on Gas Co-op,” March 28, 2017, http://www.tehrantimes.com/news/412208/Iran-Russia-sign-MOU-on-gas-co-op，登录时间：2018年2月23日。

⑤ Tehran Times, “Trade between Iran, Russia Rise 70% in a Year,” Nov. 1, 2017, http://www.tehrantimes.com/news/418132/Trade-between-Iran-Russia-rise-70-in-a-year，登录时间：2018年2月23日。

⑥ Tehran Times, “Tehran, Moscow Set to Broaden Economic Co-op,” March 7, 2018, http://www.tehrantimes.com/news/421871/Tehran-Moscow-set-to-broaden-economic-co-op，登录时间：2018年3月8日。

极强的独立性。但是，伊土关系的改善主要得益于2016年土耳其在未遂政变之后与美国关系的疏远，使得土耳其开始向俄罗斯、伊朗靠拢。2017年，伊朗与土耳其在卡塔尔断交危机、叙利亚和谈进程、伊拉克库尔德人独立公投事件等问题上能够达成共识，而两国在经贸合作领域也有着广阔的发展前景。2017年3月6日，伊朗《德黑兰时报》发表了《无论如何伊朗与土耳其都要像兄弟一样相处》的文章，回顾了土伊友好关系的历史，并强调加强两国关系的必要性。[①] 但是，土耳其与伊朗之间也存在矛盾，尤其在叙利亚问题上，埃尔多安政府并不支持巴沙尔政府，与伊朗的立场恰好相反。而在2018年1月20日土耳其出兵叙利亚阿夫林以来，土耳其与俄罗斯、伊朗之间的分歧也十分明显。因此，伊朗与土耳其的关系还可能有波动。

第四，冲破制裁，打造全方位外交格局。

虽然面临美国接二连三的制裁，但是伊朗并不孤立。鲁哈尼执政以来，其稳健、务实的外交手腕扩大了伊朗的朋友圈，使得外交孤立的局面得到了较大的缓解。2017年，伊朗充分利用了两个重要的外交机遇：第一次是8月5日鲁哈尼总统的就职典礼，大约超过100个国家的政要出席了这次典礼仪式，盛况空前。就职典礼是在7月份美国连番制裁之后举行的，伊朗这场盛大的外交活动也显示了美国制裁的失效与无力。第二次是9月份的联大，鲁哈尼总统借联大之际广泛会晤欧亚非及南美洲代表，收获颇丰。

2017年，伊朗与欧盟的关系稳步发展，没有受到美伊关系交恶的影响。从欧盟各国来看，伊核协议蕴含着许多国家的心血，他们希望看到一个稳定而不是激进的伊朗出现在中东。伊朗对欧洲来说也是一个重要的能源供应国和极富吸引力的投资和贸易市场。因此，维护伊核协议符合欧盟各国的利益。在特朗普试图撕毁伊核协议之际，欧盟多国发声维护核协议，认可伊朗遵守协议。而鲁哈尼政府非常重视与欧盟各国加强政治联系、强化经济合作。2017年英国、法国、德国、意大利、瑞士等国都与伊朗保持着良好的沟通关系，人员往来也十分频繁。2017年法国与伊朗还加强了议会方面的沟通，在伊拉克库区公投问题上也交换意见。[②]

---

① Tehran Times, "Iran and Turkey will Stay as Brothers no Matter What," March 6, 2017, http://www.tehrantimes.com/news/411686/Iran-and-Turkey-will-stay-as-brothers-no-matter-what，登录时间：2018年2月25日。

② Islamic Republic News Agency, "Iran, France Discuss Parliamentary Ties," Sep. 20, 2017, http://www.irna.ir/en/News/82671664; Islamic Republic News Agency, "Iran, France Envoys Discuss Iraqi Kurdistan Referendum," Sep. 18, 2017, http://www.irna.ir/en/News/82668804,登录时间：2018年2月25日。

2017年，伊朗与中国的关系稳定发展。伊朗对中国提出的“一带一路”倡议高度关注，并派出代表参加5月份的“一带一路”高峰论坛。2018年2月21日，《德黑兰时报》发表长篇文章《新丝绸之路的文化考量：一带一路一种文化》，对习近平主席提出的“一带一路”倡议进行了充分的阐释和赞扬。[①]中伊关系的亮点在于两国经贸关系一扭过去两年的下降趋势，获得了较大的增长。中国海关发布数据显示，2017年中伊贸易额为371.8亿美元，较上年增长19%。中国对伊出口185.99亿美元，同比增长13.3%；中国自伊朗进口货物185.79亿美元，同比增长25%。[②]

2017年，伊朗与印度互动显著增强，与印度的高层互访、经贸往来都比较频繁。为了化解地缘政治困境，伊朗特别注意发展与邻国关系，如与伊拉克、巴基斯坦、阿富汗、阿塞拜疆、阿曼等国的关系都比较良好，尤其是伊拉克和巴基斯坦，是伊朗重点争取的对象。伊朗与非洲、南美众多国家也保持着友好往来。2017年，伊朗在缅甸罗兴亚人问题上勇敢发声，支持罗兴亚人的生存权利，谴责昂山素季政府的政策，引起了广泛的关注。因此，伊朗外交已经形成全方位的发展格局，远远超出了内贾德时期备受国际制裁孤立的局面。

尽管如此，伊朗在地区层面仍然面临许多挑战。伊朗越是扩张势力，与沙特为首的海湾君主国的矛盾就越尖锐。伊朗不会放弃对哈马斯、真主党等地方势力的支持，不会放弃扩大什叶派阵营的既定目标。

2018年以来，伊朗形势朝着愈发不利的方向发展。特朗普为了履行竞选时期的承诺，提高国内支持率，经过了一年多的思量，终于在退出伊核问题上下定了决心。虽然众所周知特朗普做出决定的时间是5月份，但是受撕毁协议的预期影响，伊朗经济开始表现出极大的不稳定性。自4月份起，伊朗本币里亚尔开始大幅度贬值，至4月8日，里亚尔对美元汇率已经跌破55200关口，六个月内贬值了近1/3。[③] 为了抑制里亚尔的继续下跌，政府决定取消长期存在的官方汇率与平行市场汇率的差异，自4月10日起，伊朗汇率固定在1美元兑

---

① Vahid Pourtairishi, Elaheh Shirvani, “Cultural Considering New Silk Road: One Belt One Road One Culture,” Feb. 21, 2018, Tehran Times, http://www.tehrantimes.com/news/421446/Cultural-considering-New-Silk-Road-One-Belt-One-Road-One-Culture，登录时间：2018年2月25日。

② 中国商务部网站:《2017中伊贸易增长19%》，http://ir.mofcom.gov.cn/article/jmxw/201802/20180202713401.shtml，登录时间：2018年2月26日。

③ Al-Arabiya, “Iran’s Rial Hits New Record-low on Trump Fears,” April 8, 2018, https://english.alarabiya.net/en/business/economy/2018/04/08/Iran-s-rial-hits-new-record-low-on-Trump-fears-.html，登录时间：2018年5月10日。

42000里亚尔，与此同时不再允许民间以其他的汇率标准私自兑换外币。[①] 但这种方式并没有从根本上解决外汇短缺的问题。4月18日，伊朗政府决定将欧元替代美元作为外汇交易货币。[②]

里亚尔的疯狂贬值预示着伊朗经济的困境正在加深。与此同时，伊朗的外部地缘政治环境不断恶化。4月30日，以色列总统内塔尼亚胡突然抛出了大量"证据"，公开电视讲话证明伊朗并没有遵守核协议，还在秘密发展核武器。[③] 特朗普积极回应了内塔尼亚胡，并于5月8日不顾国际社会反对之声，一意孤行地退出了伊核协议。经过数十年的艰苦谈判才达成的伊核协议，顷刻间化为泡影。

美国退出伊核协议对伊朗国内外形势产生了重大影响：第一，伊朗经济发展前景受阻。在伊核协议签署之后，伊朗经济总体上向良性发展，但是根基依然十分脆弱。鲁哈尼政府发展经济的主要抓手还是依靠吸引外资和技术。但在美国重新制裁的阴影下，伊朗不仅在未来很难获得新的融资，现有的不少在伊企业恐怕会担忧制裁而最终选择撤离伊朗。伊朗经济发展如果破局，将是一个很大的难题。第二，可能导致未来几年伊朗政局的重大变化。如果美伊矛盾继续恶化，强硬保守派代表人物有可能重新获得执政机会，将会再一次改写伊朗国家发展的方向。第三，伊朗面临的地缘政治环境更加不利。伊朗与以色列关系持续紧张，以沙特为首的海湾君主国可能会加紧对伊朗的围堵，伊朗的地区扩张战略有可能收缩。

四、结语

以美国退出伊核协议和重启对伊朗制裁为标志，自特朗普上台以来遏制伊朗崛起的战略达到了一定的目的。为了抵制美国，伊朗也做了多方面的努力，但是从现实条件来看，伊朗的弱势地位是不言而喻的，而其不妥协的姿态将使其未来的发展变得更加艰辛。令人欣慰的是，在美国单独退出后，伊朗承诺不退出伊核协议，而伊核协议其他五个签字国也纷纷表态要将协议维持下去。这

---

① 财经报社：《40年梦想终于实现，伊朗里亚尔实现汇率统一》，2018年4月11日，http://forex.fx168.com/1804/2491962.shtml，登录时间：2018年5月10日。

② Xinhua net, "Iran Replaces USD with Euro in Foreign Transactions," April 18, 2018, http://www.xinhuanet.com/english/2018-04/18/c_137120510.htm，登录时间：2018年5月10日。

③ Xinhua net, "Israel's Netanyahu to Divulge 'Significant' Intelligence on Iran's Nuclear Program," April 30, 2018, http://www.xinhuanet.com/english/2018-04/30/c_137147656.htm，登录时间：2018年5月10日。

对伊朗来说无疑是雪中送炭。但是，在美国对伊朗的制裁完全开启后，所有在伊企业都将面临被制裁的风险。欧洲各国及俄罗斯、中国如何抵制美国的经济和金融霸权对伊朗来说才是至关重要的。而围绕着伊朗问题，有可能是国际经济及政治格局变革的一次重要机遇。

2017年土耳其的政治、经济与对外关系

邹志强[①]

摘要：在2017年，土耳其内政外交继续经历重大变化。政治上，土耳其通过了总统制修宪公投，多次延长和持续实行国内紧急状态，并在国内外继续打压“居伦运动”及其支持者，埃尔多安总统的强人地位更加巩固。经济上，土耳其宏观经济出现好转，经济增速显著回升，但脆弱性依然十分突出。对外关系上，土耳其与欧盟、美国之间矛盾重重，因为修宪公投、人权、库尔德问题、签证危机等摩擦不断；与俄罗斯继续缓和关系，加大了在安全与地区事务中的合作力度；在库尔德问题上与其他各方矛盾明显，面对叙利亚库尔德人势力壮大、伊拉克库尔德人独立公投的挑战，土耳其采取了更为直接和积极的打击行动。

关键词：土耳其；政治形势；经济形势；对外关系

2017年土耳其国内政治形势依然紧张，持续延长紧急状态，继续肃清国内外“居伦运动”势力，同时推动总统制修宪公投，加剧了国内的政治与社会对立。土耳其的经济形势出现好转，增长率显著超越了过去五年来的平均水平，为土耳其民众注入了发展信心。在对外关系上，土耳其与西方特别是欧盟之间的矛盾继续积累，并呈现出公开化趋势；与俄罗斯的关系继续升温，并在叙利亚问题上加大务实合作；同时强势打压叙利亚库尔德人势力，遏制伊拉克库尔德人的独立冲动，由此延续了对中东地区事务的强硬介入政策。

---

① 邹志强，上海外国语大学中东研究所副研究员。

一、土耳其国内政治与安全形势

2017年，土耳其通过总统制修宪公投、连续实行紧急状态、肃清“居伦运动”以及打击库尔德人势力，总统埃尔多安与正义与发展党（以下简称正发党）政府的独大地位更趋稳固，反对党及其他反对势力遭到更大程度的分化和削弱。埃尔多安的威权化治理更加明显，但国内民意分裂和对立加剧，安全形势也蕴藏着巨大风险。

2017年4月16日举行的总统制修宪公投成为影响土耳其国内政治发展的重大事件。2017年1月21日，土耳其大国民议会就投票通过了正发党提出的新宪法修正案，但由于支持票未达到修正案可以直接生效所需的2/3票数，需举行全民公投以决定是否生效实施。之后，正发党频频举行大规模集会宣传总统制，所投放的宣传广告与埃尔多安的巨幅海报遍布街头，总统埃尔多安、总理耶尔德勒姆以及多名部长纷纷参与公投造势，宣传总统制在稳定政治环境、促进土经济发展、维护国家安全等方面的优势，并前往欧洲多国进行演讲宣传，争取海外土耳其选民的选票。最终在2017年4月16日举行的全民公投中，宪法修正案获得51.41%的支持率，以微弱优势获得通过。根据该宪法修正案，土耳其政体将从议会制改为总统制，从宪法上赋予总统实权，从2019年总统选举和议会选举后开始正式实施总统制，将废除总理职位，总统直接掌控政府和行政权，总统可以直接任命副总统与各部部长，同时将有权发布行政命令并解散议会，且能更加容易地宣布紧急状态，接管一切权力机关。埃尔多安将掌握土耳其最高权力，如能成功连任可连续执政至2029年。此外，新宪法还允许土耳其总统担任党内职务，2017年5月，埃尔多安重新回归正发党并当选党主席，加强了对执政党的掌控力度。由此，土耳其政治体制与政治格局发生重大变化，带来深远影响。

同时，正发党政府继续利用国家紧急状态，对各种反对势力加大打击力度，反对埃尔多安的力量纷纷被贴上“政变分子”或“恐怖分子”的标签，也导致对埃尔多安和现政府的不满情绪上升。一方面，土耳其政府对国内的“居伦运动”成员开展更大范围的清理行动，并将之延伸到国外，打击“居伦运动”及其支持者成为土耳其的重要外交目标。另一方面，正发党以及政府内部也逐步开展了大规模的整顿行动。埃尔多安希望打造一支更本土化、更少受制于美国、更忠诚于他的新精英队伍，以便实施更独立于美国和欧洲的内外政策。[①]埃尔多安认为，正发党与政府内部思想未能统一，决策和执行能力受到影响，因此必须进行整顿和清理。伊斯坦布尔等多名市长宣布辞职，正发党各级领导层也出现了调整。

由于埃尔多安已经是土耳其事实上的实权总统，修宪公投通过只是在形式上赋予其总统实权，使之名正言顺地掌握国家最高权力，对于目前的土耳其政局影响有限。相对于公投的结果，外界更关心的是此次公投对土耳其内外政策与未来发展方向的影响。

第一，公投通过改变土耳其国内的政治权力架构，进一步提升了埃尔多安的权力，巩固了正发党的独大地位。全民公投的结果确认并巩固了自埃尔多安当选总统以来一直存在的事实上的总统制。[②]修宪后现有的国内权力制衡机制被大幅削弱，行政、立法、司法权力趋于集中，对土耳其的未来发展影响深远。总统制修宪彻底改变了现代土耳其长期以来实行的议会制政体，政治权力与资源进一步向执政党与埃尔多安手中集中，而且总统来自于并控制议会多数党派的现实也使多党竞争、权力分立的民主政治体制面临重大危机，反对党的生存空间进一步被挤压，甚至大国民议会也可能成为“橡皮图章”。改行总统制使议会权力大幅缩水，司法体系也受到行政权的更大制约。[③]修宪改变大国民议会地位，导致立法机构职能弱化，强化了总统的行政和立法权力，改变司法机构组成和权威，[④]改变了土耳其的国内权力架构，将埃尔多安的威权化统治推向新的巅峰，加剧了国内外对土耳其民主倒退的担忧。

第二，土耳其国内政治社会的分裂与极化现象加剧。近年来，土耳其国内围绕埃尔多安与国家发展方向的分裂日益显著，支持与反对总统制的两派在修宪公投前后的对峙是最新的明证。对宪法修正案的争议是土耳其国内矛盾激化的缩影。[⑤]公投前很多人以为修宪草案将会以压倒性优势通过，而“涉险过关”的结果凸显了土耳其社会内部的严重分裂。埃尔多安的支持者大多来自民族主义者、宗教团体和乡村地区民众，中东部地区和底层民众多数赞成修宪，但

① 郭长刚：《土耳其修宪公投背后的政治追求》，载《文汇报》2017年4月17日，第4版。

② Bulent Aliriza and ZeynepYekeler, “After the Referendum,” *CSIS*, May 8, 2017.https://www.csis.org/analysis/after-referendum，登录时间：2017年9月20日。

③ 李亚男：《“靴子落地”：土耳其公投通过宪法修正案》，载《世界知识》2017年第9期，第34页。

④ 李艳枝：《试论正义与发展党执政以来的土耳其修宪公投》，载《外国问题研究》2017年第9期，第39—40页。

⑤ 韩晓明：《土耳其向总统制迈出关键一步》，载《人民日报》2017年1月23日，第21版。

在伊斯坦布尔、安卡拉、伊兹密尔等大城市和西部沿海地区，大多数人反对修宪，在城市高收入和高学历人群、世俗主义者和库尔德人中大多数对埃尔多安和正发党缺乏好感。公投之后，反对党领导人一度要求取消投票结果和重新计票，称近一半的国民反对修宪，新宪法并没有成为社会共识，并认为在紧急状态下举行公投不具备充分的合法性。投票结果突显了土耳其日益上升的极化现象，也削弱了埃尔多安一直宣称的全国民众对其及其政策的压倒性支持。[①] 未来，如何有效修补社会裂痕、消除民众对立，将是埃尔多安及正发党面临的严峻挑战。

第三，修宪公投对土耳其的经济与安全形势造成一定的冲击。在国内政治纷争加剧、安全压力增大、经济较为脆弱的背景下，总统制修宪公投带来的负面影响也进一步冲击到国内安全与经济形势，使土耳其政府面临维持国内稳定的艰巨挑战。2017年，土耳其击毙库尔德工人党武装分子、逮捕“居伦组织”成员的报道不断见诸报端，这有利于巩固国内民众支持，也不可避免地引起相关势力的反弹。土耳其发生恐怖袭击事件的风险一直趋高，国内安全形势令人担忧。2017新年以伊斯坦布尔的恐袭事件开始，39人死亡、69人受伤，而零星的恐怖袭击事件时有发生。2017年仅伊斯坦布尔就逮捕了1447名与“伊斯兰国”组织有关的嫌疑人，阻止了多起恐袭事件。[②] 进入2018年，土耳其发动对叙利亚库尔德人的军事行动之后，东南部地区遭到了一定袭击，安全形势更加紧张。

第四，在后修宪时代，2019年的总统大选逐步成为土耳其国内政治争夺的焦点。正发党与埃尔多安对于新的总统大选势在必得，早已经开始为选举进行布局，主要包括拉拢与分化其他政党，进一步打击主要反对党共和人民党，与民族行动党通过谈判结成联盟；在东南部库尔德人为主的省区争夺因人民民主党影响衰落后留下的真空，新吸收来自东南部地区、有影响力的人士进入正发党领导层就反映了这一目的。而反对党依然软弱无力，共和人民党的支持率依然没有起色，民族行动党将继续依附正发党，新组建政党的影响力还有待观察。2017年7月，前内政部长、民族行动党副主席梅拉尔·阿克夏奈尔筹建了新政党，党名几经延宕之后才定为“好党”（İyİ Partisi）。好党与正发党一样

① Bulent Aliriza and ZeynepYekeler, “After the Referendum,” *CSIS*, May 8, 2017. https://www.csis.org/analysis/after-referendum，登录时间：2017年9月20日。

② “Nearly 1,500 ISIL Suspects Detained in Istanbul in 2017,” *Hürriyet Daily News*, January 8, 2018. http://www.hurriyetdailynews.com/nearly-1-500-isil-suspects-detained-in-istanbul-in-2017-125124，登录时间：2018年2月27日。

以中间偏右选民为基础，直言将与正发党开展竞争，该党及阿克夏奈尔有可能成为汇聚各反正发党与埃尔多安势力的代表，成为正发党未来的主要对手。甚至有西方媒体称，阿克夏奈尔是“最有可能击败埃尔多安的女人”，但目前尚未能体现出挑战正发党与埃尔多安的能力，未来发展有待观察。2018年4月，土耳其总统埃尔多安宣布将原定于2019年11月的大选大幅提前至2018年6月24日举行，正发党和各反对党迅速展开了竞选活动。

二、土耳其的经济形势

2017年，在内部政策刺激和外部有利条件下，土耳其经济增速出现大幅回升，一改此前数年的疲弱态势，甚至出现经济过热迹象。但通货膨胀和失业率高企、经常账户赤字扩大、货币贬值等反映出经济脆弱性依然突出，可持续增长的前景并不明朗。

国际货币基金组织的报告说，受到政府担保的信贷扩张刺激和财政政策支持，土耳其国内需求大增，同时由于里拉贬值和外部需求增长，出口也大幅增加，2017年经济增长强劲，有可能达到7%，远远超过了之前预期和过去五年的经济增长率。① 土耳其国家统计局发布的数据显示，2017年土耳其经济第一季度增长5.4%；第二季度增长5.4%；第三季度增长11.3%；第四季度增长7.3%；全年增长率为7.4%。② 特别是第三季度11.1%的增长率创2011年以来季度增长新高，远远超出市场预期，其中服务业和建筑业产值对整体经济增长贡献最大。此外，土耳其旅游业增长明显。2017年旅游业收入增长了18.9%，达到约262.8亿美元，其中77.4%来自于外国游客；游客数量增长了23.1%，达到了3862万人，其中国外游客3279万人，占83.1%。③

土耳其政府一直对经济增长表示乐观。2017年7月埃尔多安曾表示，土耳其经济表现积极，国内生产总值增长远高于预期，央行外汇储备正在上升。9月土耳其政府发布了《中期经济规划（2018—2020年）》，预计未来三年年均

① IMF, “Turkey: Staff Concluding Statement of the 2018 Article IV Mission,” February 16, 2018. http://www.imf.org/en/News/Articles/2018/02/15/ms021618-turkey-staff-concluding-statement-of-the-2018-article-iv-mission. 登录时间：2018年3月2日。

② Turkish Statistical Institute, “Quarterly Gross Domestic Product, Quarter IV: October-December, 2017,” March 29, 2018. http://www.turkstat.gov.tr/HbGetirHTML.do?id=27825. 登录时间：2018年4月28日。

③ Turkish Statistical Institute, “Tourism Statistics, Quarter IV: October-December and Annual, 2017,” January 31, 2018. http://www.turkstat.gov.tr/PreHaberBultenleri.do?id=27612. 登录时间：2018年2月28日。

经济增速为5.5%。土耳其副总理穆罕默德·希姆谢克表示，即使面临内部政治和外部安全压力，土耳其经济在过去14年间仍实现了年均超过5.6%的快速增长；计划未来3年深化结构性改革、实施从紧的货币政策，力求经济实现平衡、持续和包容性增长。他指出，土耳其经济政策的首要任务是控制通货膨胀和财政赤字，地缘政治风险和不断抬头的贸易保护主义也是土耳其经济面临的挑战。①

土耳其经济在通货膨胀率、失业率和汇率等方面的指标并没有出现好转，脆弱性依然十分突出，民众满意度也出现下降。国际货币基金组织认为，土耳其经济的脆弱性包括大量的外部融资需求、有限的外汇储备、对短期资本流入的过度依赖，以及企业对外汇风险的高敞口，建筑部门可能供过于求的迹象也正在出现。虽然风险触发因素本质上难以预测，但它们可能来自国内事态发展或区域地缘政治发展，或投资者对新兴市场的情绪变化。② 国际评级机构标准普尔表示，土耳其经济对强劲的财政刺激政策反应积极，但如果不能遏制通胀和货币贬值压力，会干扰经济稳定性。经常账户赤字、大量外债、房价高企、政治风险都可能损害土耳其经济稳定的根基。③ 2017年11月，标准普尔将土耳其、阿根廷、巴基斯坦、埃及和卡塔尔评为新的“脆弱五国”，而土耳其为五国之首，指出土耳其在所选用的七个指标上都十分脆弱，是唯一最脆弱的主权国家。④ 同时，土耳其政府的有关调查显示，对生活感觉满意的民众比例从2016年的61.3%下降至2017年的58%；同期表示不满意的民众从10.4%上升至11.1%，另有30.9%的人未做明确选择。⑤

第一，土耳其通货膨胀率继续攀升，失业率依然居高不下。受到里拉大幅贬值、需求强劲、成本上升以及预期因素的影响，2017年土耳其通货膨胀率持续攀升，远超既定目标，如不采取提高利率等政策措施，仍将保持较高水平。土耳其国家统计局的数据显示，2017年1—12月同比CPI分别为：9.22%、

---

① “土耳其发布三年中期经济规划”，环球网，2017年9月28日。http://world.huanqiu.com/hot/2017-09/11294486.html. 登录时间：2017年12月25日。

② IMF, “Turkey: Staff Concluding Statement of the 2018 Article IV Mission,” February 16, 2018. http://www.imf.org/en/News/Articles/2018/02/15/ms021618-turkey-staff-concluding-statement-of-the-2018-article-iv-mission. 登录时间：2018年2月28日。

③ “土耳其总统批评央行路径错误暗示降息里拉和债市暴跌，”华尔街见闻，2017-11-18。https://wallstreetcn.com/articles/3041912. 登录时间：2018年2月28日。

④ “土耳其位列全球经济新‘脆弱五国’之首中泰俄弹性最高”，凤凰网，2017年11月7日。http://finance.ifeng.com/a/20171107/15772131_0.shtml. 登录时间：2018年2月27日。

⑤ Turkish Statistical Institute, Life Satisfaction Survey, 2017, http://www.turkstat.gov.tr/PreHaberBultenleri.do?id=27590. 登录时间：2018年3月2日。

10.13%、11.29%、11.87%、11.72%、10.90%、9.79%、10.68%、11.20%、11.90%、12.98%和11.92%，全年通货膨胀率达到11.92%，[①] 是六年来年度通胀率首次突破两位数，并达到了2004年以来最高水平。其中交通类产品价格上涨最高，达到18.24%。根据国际货币基金组织的数据，通货膨胀率同样高达10.9%的两位数，实际国内生产总值增长率为5.1%。[②] 以油价为代表的大宗商品价格上涨也推升了通货膨胀率，增加了土耳其的经济负担。另外，受到生产率提高有限、外资流入下降、劳动力技能差距、难民冲击等因素的影响，土耳其的失业率也高达10%以上。

第二，土耳其货币里拉贬值依然严重。由于全球各国特别是发达国家央行纷纷改变量化宽松计划，甚至提高了基准利率，引起新兴国家资本外流和货币贬值。2017年土耳其里拉兑美元、欧元汇率屡次出现大跌和破出新低，成为当年表现最糟糕的货币之一，并已连续第五年贬值。如11月土耳其里拉兑美元汇率曾跌至盘中新低的0.2532，土耳其央行虽然通过降低准备金率等手段出手救市，但效果不佳。受到全球美元回流和国内高通胀等因素的影响，土耳其政府依然面临政策窘境和巨大压力。

第三，土耳其经常账户赤字较高，外资流入处于低水平，外汇储备下降。虽然2017年土耳其出口表现良好，但由于燃料价格上涨、国内需求强劲和黄金进口增加导致经常账户赤字进一步扩大，大约占到国内生产总值的5%以上。[③] 其中，土耳其能源依赖度高，每年进口原油约2500万吨，随着国际油价出现了明显回升，石油进口支出也出现暴涨，占到外贸逆差增量的50%以上。尽管贸易伙伴经济增长加快，旅游业正在复苏，但国内需求持续强劲和油价上涨，导致经常账户赤字进一步扩大。国内所需资金主要来自欧洲债券发行、其他证券投资流入和储备提取，外国直接投资流入量仍低于理想水平。外部融资需求很大，外汇储备相对较低，仅占土耳其外部融资总额的一半左右。[④]

纠结的经济状况使土耳其政府与央行之间的政策分歧重新加剧。埃尔多安认为，高利率带来了高通胀，抑制投资、拖累经济增速，正是由于政府没有干涉才导致了目前利率高企的局面。2017年11月，埃尔多安发表讲话批评

① Turkish Statistical Institute, Consumer Price Index, January 2018, http://www.turkstat.gov.tr/PreHaberBultenleri.do?id=27758. 登录时间：2018年2月27日。

② IMF, "Turkey and the IMF," http://www.imf.org/en/Countries/TUR，登录时间：2018年2月28日。

③ IMF, "Turkey: Staff Concluding Statement of the 2018 Article IV Mission," February 16, 2018. http://www.imf.org/en/News/Articles/2018/02/15/ms021618-turkey-staff-concluding-statement-of-the-2018-article-iv-mission. 登录时间：2018年3月1日。

④ Ibid.

央行“选择错误的政策路径”，表达了对借贷成本高企的担忧，引发金融市场震荡。而土耳其央行主要着眼于抑制高通胀，表示如有必要将进一步收紧货币政策。这与国际金融机构和金融市场的普遍看法一致，认为土耳其利率还不够高，货币政策一直较为宽松，不利于遏制通胀。高通胀依然是2018年土耳其经济面临的首要问题。[①] 针对土耳其的经济现状，抑制通货膨胀仍然是货币政策面临的最重要挑战，需求拉动、成本推动和汇率贬值这三种渠道都对通胀产生了上行压力。为抑制内外部失衡，国际货币基金组织建议重新调整政策组合，进一步收紧货币政策，实行必要的财政和准财政政策以及相关或有负债的谨慎管理，宏观审慎政策必须以维护金融稳定和充足缓冲为重点，有针对性地开展结构改革，以支撑经济增长。[②]

三、土耳其的对外关系

2017年，面临各种挑战的土耳其外交务实与激进并存。土耳其与欧盟、美国之间矛盾重重，因修宪公投、人权、库尔德、“居伦运动”等问题摩擦不断；与俄罗斯继续缓和关系，务实合作不断推进；在中东地区，面对伊拉克库尔德人的独立公投、叙利亚库尔德人势力的壮大而深感威胁，采取了更为直接和积极的打压行动，同时游走于美俄两大力量之间以最大限度地维护自身利益，也推动地区格局发生微妙变化。

（一）与美国关系高开低走

美国总统特朗普上台以后，波折不断的美土关系一度显现出峰回路转的态势，埃尔多安对特朗普时代的美土关系曾表达了高度期待。2017年4月土耳其修宪公投通过后，特朗普还特意打电话祝贺埃尔多安在公投中获胜。5月埃尔多安对美国进行了正式访问，双方都称两国之间的盟友关系十分坚固，埃尔多安甚至称他的访问“标志着一个历史性的转折”。9月特朗普与埃尔多安在联合国大会期间“相谈甚欢”，特朗普还表示美土关系“一如既往地良好”。但

---

① BarçınYinanç, “Inflation the Most Important Issue Facing Turkey’s Economy in 2018: Journalist CüneytToros,” *Hürriyet Daily News*, February 8, 2018. http://www.hurriyetdailynews.com/inflation-the-most-important-issue-facing-turkeys-economy-in-2018-journalist-cuneyt-toros-125373. 登录时间：2018年3月1日。

② IMF, “Turkey: Staff Concluding Statement of the 2018 Article IV Mission,” February 16, 2018. http://www.imf.org/en/News/Articles/2018/02/15/ms021618-turkey-staff-concluding-statement-of-the-2018-article-iv-mission. 登录时间：2018年3月3日。

美土领导人之间貌似亲密的互动难掩两国之间的利益与政策分歧，在相互关心的核心议题上未取得任何进展。特别是10月的签证危机骤然恶化了美土关系，而2018年初叙利亚库尔德问题的激化更让两国之间的分歧与矛盾暴露无遗。

10月8日，由于不满土耳其政府以涉嫌与“居伦运动”有牵连为由逮捕一名曾为美国领馆工作的土耳其人，美国驻土耳其大使馆宣布，暂停土耳其所有非移民签证服务；同一天土耳其驻美大使馆也发表类似声明，两国爆发“签证危机”。2018年1月，由于美国宣布将在叙利亚库尔德地区组建3万人的“边境安全部队”，土耳其发动“橄榄枝行动”，直接出兵打击叙利亚北部阿夫林地区的库尔德武装，再次引爆美土矛盾。“签证危机”和土耳其出兵叙利亚反映出两国之间难以调和的深层次矛盾和结构性冲突。

第一，“居伦运动”问题依然是影响美土关系的重要变量，两国信任危机不断加剧。美土之间在引渡居伦问题上的分歧很难弥合，因该问题而导致的相互猜忌、指责及报复恶化了双边关系，特别是土耳其无法理解美国对“居伦运动”的支持和纵容，两国之间的互信度持续受到侵蚀。[①]“签证危机”即与土耳其在国内持续打击“居伦运动”有直接关系。而伊朗裔土耳其商人扎拉布在美国受审一案不断发酵，背后也牵涉到土耳其政府与“居伦运动”之间的国际争斗，并加剧了双方在引渡居伦问题上的矛盾，对美土关系造成了一定冲击。

第二，由于国家利益与政策目标差异，美土两国在库尔德问题上的矛盾日益激化。土耳其多次明确谴责美国对叙利亚库尔德民主联盟党（PYD）及其所属的“人民保卫部队”（YPG）提供援助，认为这威胁其国家安全。[②] 西方盟友没有理解土耳其对国家安全的关注，明显是执行双重标准。[③] 特朗普上台后对叙利亚库尔德人的支持有增无减。5月，特朗普授权向叙库尔德武装提供重武器，以确保能顺利攻下拉卡等地，引起土耳其强烈不满。10月拉卡解放之后，特朗普曾向土方承诺，不再给叙库尔德武装提供武器装备，但2018年1月美国宣布协助叙利亚库尔德人建立“边境安全部队”，觉得忍无可忍的土耳其愤而直接出兵阿夫林。土耳其总理耶尔德勒姆强调出兵的目的是打击恐怖组织，对

---

① Adam McConnel, “New Balance in Turkish-American Relations,” *Anadolu Agency*, November 7, 2017. https://aa.com.tr/en/analysis-news/new-balance-in-turkish-american-relations/958993. 登录时间：2018年2月25日。

② “US Support to YPG Imperils Turkey’s Security: Çavuşoğlu,” *Hürriyet Daily News*, Feburary13, 2018. http://www.hurriyetdailynews.com/us-support-to-ypg-imperils-turkeys-security-cavusoglu-126731. 登录时间：2018年3月2日。

③ Nuray Mert, “US, Kurds and Turkey,” *Hürriyet Daily News*, January 15, 2018.http://www.hurriyetdailynews.com/opinion/nuray-mert/us-kurds-and-turkey-125714. 登录时间：2018年2月28日。

美国大规模援助“人民保卫部队”的政策再次进行谴责。[①] 埃尔多安明确要求美国应与“人民保卫部队”划清界限，并威胁说要给美国一记“奥斯曼耳光”。[②]

第三，土耳其“亲俄疏美”的政策转变触动了美国的敏感神经与现实利益。2017年，土耳其进一步向俄罗斯靠拢，与俄罗斯、伊朗联手重塑叙利亚局势，并达成了购买俄罗斯S–400防空导弹系统的协议，俄土安全合作取得重大突破。土耳其的政策转变导致美俄在中东地区的地缘政治博弈发生微妙变化，削弱了美国在中东地区的影响力和在北约中的盟主地位，无疑触动了美国的敏感神经与现实利益，加剧了两国之间的信任危机与政策冲突。美土关系中的诸多风波背后都有美俄博弈的影子，土耳其与俄罗斯逐步升级安全合作是重要原因，美国对土耳其的不满和敲打也在急剧增大。

打击“居伦运动”和库尔德人事关土耳其的国内政治稳定、国家安全和领土完整，而土耳其非但未能得到所期待的来自盟友的实质性支持，反而受到持续指责和反向政策的掣肘与压力。因此，美土之间的战略互信持续下降，土耳其对美国的不满甚至怨愤不断累积，双方爆发外交摩擦与危机的风险随之增大。虽然美国国务卿等高官多次访土进行协调，签证危机也在2017年底得以解决，但两国关系并没有根本好转。面临众多矛盾，土耳其急需遏制渐行渐远的土美关系，重建信任和稳固的伙伴关系。[③] 但在核心利益与政策目标存在结构性冲突的背景下，美土之间很难重回亲密的盟友关系，未来摩擦不断的盟友关系成为两国关系的新常态。[④] 2018年4月，美国以叙利亚化武危机为借口空袭叙境内目标，土耳其埃尔多安政府表示支持；土耳其在叙利亚北部阿夫林地区建立缓冲地带，特朗普政府采取默许态度，表明美土关系斗而不破，又出现了回暖迹象。

（二）与欧盟关系不断恶化

2017年，土耳其与欧盟之间在国内修宪、难民危机、“居伦运动”、库尔

---

① “Turkish PM’s Three Key Messages on Syria,” *Hürriyet Daily News*, January 29, 2018. http://www.hurriyetdailynews.com/opinion/murat-yetkin/turkish-pms-three-key-messages-on-syria-126421. 登录时间：2018年2月26日。

② “US Troops Should Stay Clear of YPG: Erdoğan,” *Hürriyet Daily News*, February 13, 2018.http://www.hurriyetdailynews.com/us-troops-should-stay-clear-of-ypg-erdogan-127225. 登录时间：2018年2月27日。

③ Aylin Unver Noi, “Turkish-US relations: Is There Still a Way Forward?” *Anadolu Agency*, December 7, 2017. https://aa.com.tr/en/analysis-news/opinion-turkish-us-relations-is-there-still-a-way-forward/994756. 登录时间：2018年1月24日。

④ 邹志强:《只是一场签证危机？》，载《环球》2017年第22期，第43页。

德和入盟等一系列问题上矛盾重重，土欧关系更趋复杂化并渐行渐远。

首先，总统制修宪显著恶化了土耳其与欧盟的关系。修宪公投前的3月份，土耳其政府派出多位部长到德国、荷兰等欧洲国家为修宪公投造势但遭到强势阻拦，引发了土欧之间的外交风波，反映了欧盟对土耳其开“民主倒车”的严重不满。土耳其官方对入欧宣传造势受阻反应强烈，埃尔多安称德国为“纳粹”，称荷兰是“纳粹残余”、“法西斯主义者”；土耳其外长恰武什奥卢在法国演讲时称荷兰是“法西斯主义之都”。土耳其与欧盟的激烈冲突可以说前所未有。从深层次来看，欧盟对土耳其国内的威权化甚或独裁倾向的担忧与反感不断加剧。欧洲国家普遍认为总统制修宪改革是“民主的倒退”，并将发展为埃尔多安个人的独裁统治，对土耳其的民主化期待落空，从而批评与反制加剧。而土耳其国内的反西方情绪也显著上升，对欧洲国家的民主说教日益反感，反应也趋向激烈。埃尔多安几乎将欧洲国家的所有指责都视为居高临下的教训，并以充满感性的激烈言辞加以反击。在8月和9月德国大选前的隔空对峙中，埃尔多安认为德国外长加布里尔“试图教训我们”，怒而说出“你以为你是谁”之类的激烈言辞。土耳其入盟进程更是严重受挫，对欧盟怨言日增，双边关系的内在基础受到冲击。

其次，在难民危机冲击导致欧洲移民困境加剧的背景下，土耳其政府极力争取欧洲土耳其裔民众政治支持的举动影响到欧洲国家社会稳定。长期以来，高达数百万土耳其裔移民是维系土欧关系的重要纽带，在新的条件下却成为导致双边关系紧张的催化剂，这一问题在欧洲变得日益敏感。土耳其官员执意前往欧洲国家开展造势活动，将原本局限于其国内的政治纷争延伸到了欧洲国家，挑起了本就反感土耳其威权化改革和遭受移民困境的欧洲国家的敏感神经。荷兰就认为土耳其官员执意在欧洲举行政治活动是“不负责任的行为”，反映了欧洲国家对于国内稳定的担忧。7月15日，土耳其纪念未遂政变一周年之际，奥地利、荷兰等国再次拒绝了土耳其官员入境参加侨民纪念活动的要求。埃尔多安曾号召欧洲的穆斯林移民多生孩子。9月，埃尔多安关于德国大选的表态，再次利用土裔德国人群体挑起事端，引起德国的极大反感，并对两国关系造成伤害。德土纠纷也折射出德国社会移民之困。[①]

第三，土耳其与欧盟在“居伦运动”、库尔德问题上也存在明显的矛盾。2016年的土耳其未遂政变后，不少土耳其人在欧洲国家申请政治避难。5月，德国批准了414名土耳其人的避难申请，土耳其指责德国等庇护参与未遂政变

① 陈弢:《土耳其修宪公投背景下的德土关系》，载《中国社会科学报》2017年5月11日，第3版。

的人员和“恐怖分子”。6月，埃尔多安表示，德国是一个为恐怖分子提供庇护的国家，除非德国交出所有居伦支持者和其他被土政府指控犯有罪行的人。7月，土耳其列出了数百家被怀疑支持恐怖主义的德国公司，而德国警方拒绝应土方要求进行调查。9月，德国还正式拒绝了土耳其要求冻结“居伦运动”成员在德资产的要求。

库尔德问题也是影响土欧关系的一大因素。欧盟一直要求土耳其与库尔德人恢复和谈，并出于反恐需要为叙、伊两国的库尔德武装提供援助，而德国也成为库尔德人在海外开展活动的主要基地，两国为此多次爆发外交争端。埃尔多安曾严厉指责德国允许“库尔德恐怖分子”在德国公开集会，却不允许土耳其政府官员参加土裔德国人集会，这是明显的“双重标准”。2018年2月，捷克逮捕了叙利亚库尔德民主联盟党前领导人萨利赫·穆斯林，土耳其要求引渡却终未成功，也反映了土欧在该问题上的矛盾。

在欧洲与土耳其关系中，德土关系具有风向标和示范作用，而两年来德土关系一直面临严峻挑战。① 2017年的德土关系因公投造势、引渡政变人员、库尔德人、驻军探视等问题上的矛盾而骤然紧张，相互指责加剧。② 5月至8月，土耳其多次禁止德国议员或官方代表访问位于土耳其的军事基地探视德国驻军，而德国最终决定从7月9日正式撤离因吉尔利克空军基地，转而驻扎约旦。2月至9月，土耳其先后逮捕了多名德国籍公民，理由均为与库尔德工人党或“居伦运动”有牵连、涉嫌恐怖主义等。而德国认为这都是出于政治目的，两国关系由此快速降温。8月至9月，埃尔多安在德国大选前号召土耳其裔德国选民不要支持默克尔的表态又将土德关系推向风口浪尖，两国领导人之间爆发激烈的言辞冲突。随着关系持续紧张，德国领导人多次表示要重新评估和定位德土关系，推动终止土耳其的入盟进程；考虑限制对土投资与贸易、减少甚或冻结欧盟框架下的对土经济援助以及发布旅游禁令；逐步取消和暂停对土军售，冻结所有预定交付和正在交付的武器，并审查土耳其的军购申请，事实上暂停了对土军售，两国安全合作出现倒退。③

土欧关系呈现出螺旋式持续紧张与恶化的态势，且摩擦正在从政治领域向经济、安全领域扩散，由言辞冲突向更具现实破坏性的制裁方向演进。欧盟已经在2018年预算中再次削减了对土耳其的援助，并冻结了7000万欧元的既

① 陈功、昝涛：《德国与土耳其“互撕”的背后》，载《世界知识》2017年第7期，第44页。

② “Berlin Offers New Model for Turkey, EU,” *Hürriyet Daily News*, December 26, 2017. http://www.hurriyetdailynews.com/berlin-offers-new-model-for-turkey-eu-124796. 登录时间：2018年2月20日。

③ 邹志强：《德土关系：从口水仗走向实质制裁？》，载《世界知识》2017年第19期，第55页。

定援助；欧盟承诺在2014年至2020年为土耳其提供44.5亿欧元的“预提升援助资金”也仅到位3.6亿欧元。[①] 土欧纠纷不断暴露出双边关系中诸多深层次矛盾。

（三）与俄罗斯关系继续升温

2017年，土耳其与俄罗斯持续改善关系，务实合作力度不断加大。土俄两国总统互访频繁，多次举行双边会谈，并就叙利亚局势等国际议题保持经常性沟通和务实合作。2017年3月、5月和11月，埃尔多安三次访俄；9月俄罗斯总统普京访土，两国总统一年内四次互访会谈，就多项国际议题交换意见，重点讨论了叙利亚局势、改善并重整双边关系，迅速恢复和提升了两国关系。两国领导人多次重申双边关系完全正常化，同时加强经济、安全务实合作。俄方撤销了对土耳其的所有经贸限制，扩大两国贸易和投资额。特别是两国在叙利亚问题上表现出紧密合作的态势，表达了共同管理和解决叙利亚和中东地区问题的意愿。俄土关系达到了历史新高度。[②]

在土耳其与俄罗斯、伊朗就解决叙利亚问题形成的三国协调机制框架下，2017年1月三国共同发起并举行了阿斯塔纳和谈，5月初达成并先后设立了四个“冲突降级区”的协议，对叙利亚问题及地区国际关系产生了重大影响。在阿斯塔纳和谈中，三国多次表达了合作打击恐怖主义、推动叙利亚停火与和解的意愿，向外界传递出团结协作的形象。[③] 在俄土两国领导人的多次会谈中，叙利亚都是关键议题，并达成了诸多共识。埃尔多安表示，“冲突降级区”将首先在伊德利卜地区实施，其落实将引领叙利亚迈出积极一步，并表示相信两国共同采取的措施将改变整个地区的命运。普京和埃尔多安强调，叙利亚冲突必须透过政治及外交手段解决，并协调推动两国和伊朗牵头的叙利亚问题阿斯塔纳和谈。

土俄已成为战略伙伴关系，俄罗斯对于土耳其实现在叙利亚利益来说发挥

---

① 项梦曦：《土耳其央行救市效果不佳》，载《金融时报》2017年11月23日，第8版。

② Salih Yılmaz, “Historic High in Turkish-Russian Relations,” *Anadolu Agency*, November 15, 2017. https://aa.com.tr/en/analysis-news/analysis-historic-high-in-turkish-russian-relations/966409. 登录时间：2018年2月25日。

③ 参见 “Joint statement by Iran, Russia and Turkey on the International Meeting on Syria in Astana, 21-22 December 2017,” Ministry of Foreign Affairs of Turkey, http://www.mfa.gov.tr/astanada-duzenlenen-suriye-konulu-uluslararasi-toplanti-hk-ortak-aciklama_en.en.mfa. 登录时间：2018年3月1日。

着决定性的平衡角色。[①] 在与美欧关系疏远、国内通过修宪公投的背景下，土耳其希望借助俄罗斯平衡外部关系，以凸显本国重要地位，通过获取更大国际支持、向西方盟友施压等实现其在打击“居伦运动”、反恐、叙利亚问题等方面的利益诉求。从合作成效看，2017年土耳其与俄罗斯在经济、反恐与叙利亚问题上均有不少合作收获，特别是在叙利亚问题上，俄罗斯同意设立“冲突降级区”，被土耳其认为是重大突破。在关系加速改善的背景下，土俄提升了能源与经贸合作，2月俄罗斯批准了“土耳其流”天然气管道铺设协议，计划从2018年3月起开始施工；7月土耳其与俄罗斯就购买S–400导弹防御系统签署了相关协议，土将斥资25亿美元购买4套俄S–400反导系统。这也被认为是土耳其受到与美国关系恶化的刺激。[②] 对于俄罗斯来说，在俄美关系未能如期转好、土耳其地区政策调整的背景下，通过进一步提升双边关系、加强务实合作以及在叙利亚问题上有限度地满足土耳其的诉求，有利于掌握在中东事务特别是叙利亚问题上的主动权，稳定叙利亚既有局面与和谈进程，增强后续与美国博弈的支撑力量。

（四）对中东伊斯兰地区事务的参与力度上升

第一，以多种方式继续卷入叙利亚内战。叙利亚库尔德武装力量的壮大一直是土耳其的心腹大患，被视为对其国家安全的重大威胁。2017年年初，通过军事行动在叙利亚北部建立“安全区”的基础上，土耳其与美国、德国等国进行了商讨。3月，土耳其宣布结束在叙北部开展半年多的“幼发拉底河之盾”军事行动，实际控制的地区面积约2000平方公里，但并未撤出军队，依然伺机而动。

同时，土耳其与俄罗斯、伊朗三国推动建立叙利亚问题阿斯塔纳和谈机制，并在2017年相继举行了八轮会谈，达成了在叙建立四个“冲突降级区”等重大协议，扩大了土耳其介入叙利亚事务的渠道和契机。10月，土耳其军队以监督设立“冲突降级区”为名派兵进入伊德利卜地区，防范和打击库尔德人的意图明显。

---

① MitatCelikpala, “Strategic Partnership in New Century: Turkey and Russia,” *Anadolu Agency*, October 4, 2017. https://aa.com.tr/en/analysis-news/strategic-partnership-in-new-century-turkey-and-russia/926572. 登录时间：2017年12月26日。

② Murat Yetkin, “Turkey Buys Russian Missiles Thanks to the US,” *Hürriyet Daily News*, December 29, 2017. http://www.hurriyetdailynews.com/opinion/murat-yetkin/turkey-buys-russian-missiles-thanks-to-the-us-124925. 登录时间：2018年2月10日。

2018年1月，土耳其对叙利亚北部阿夫林地区发起代号为“橄榄枝”的军事行动，以叙境内库尔德武装“人民保护部队”为打击目标。① 埃尔多安甚至表示下一步就是曼比季，并一直推进到伊拉克边境。经过一个多月的军事行动，土方控制了阿夫林的部分边境区域，但总体来看进展缓慢，直到3月18日才最终成功控制了阿夫林地区。同时土耳其的叙利亚政策继续经历调整，土耳其总理耶尔德勒姆表示，无法回避与巴沙尔政府接触，未来叙利亚政治安排中没有恐怖组织的位置。②

第二，联手打压伊拉克库尔德人的独立冲动。2017年，伊拉克库尔德人的独立公投一度给土耳其造成严重挑战，土耳其与叙、伊两国政府及库尔德势力之间的关系更加复杂化。6月，伊拉克库尔德自治区就宣布将举行独立公投，在9月25日最终举行的独立公投中获得93%的支持率，但最终在各方压力下不得不取消独立计划。对库尔德问题最为敏感的土耳其对伊拉克库尔德地区的独立公投持强烈反对态度，公投前后土耳其多次发出强硬警告，并与伊拉克、伊朗迅速调整和拉近了关系。公投前夕，土耳其和伊朗、伊拉克三国外长还在联合国发表了一份联合声明，发出了合作打击“伊斯兰国”组织、反对库尔德人独立的强硬声音。③ 三国在联合打压伊拉克库尔德人独立问题上结成了联合阵线，并联手浇灭了库尔德人独立的梦想。

第三，高调介入卡塔尔危机，力图发挥大国作用。2017年6月5日，卡塔尔断交危机发生后，土耳其表现十分活跃，一方面积极参与危机调解，另一方面又明显支持卡塔尔。7月下旬，埃尔多安先后访问沙特、科威特、卡塔尔三国，斡旋调停卡塔尔断交危机。土耳其表示，海湾国家不应以指责支持恐怖行为和极端组织为由，切断与卡塔尔的关系，向卡塔尔施加制裁无法解决任何问题，土耳其将继续发展与卡塔尔的关系。在多次呼吁各方进行对话和解的同时，土耳其明确支持卡塔尔，两国关系进一步拉近，不仅通过空运向卡塔尔开展食品等物质援助，还宣布向卡塔尔的军事基地增派军队，举行联合军事演习

① “Why is the Afrin Situation a Threat to Turkey?” *Anadolu Agency*, January 17, 2018. https://aa.com.tr/en/analysis-news/why-is-the-afrin-situation-a-threat-to-turkey/1033281. 登录时间：2018年2月26日。

② “Turkish PM’s Three Key Messages on Syria,” *Hürriyet Daily News*, January 29, 2018.http://www.hurriyetdailynews.com/opinion/murat-yetkin/turkish-pms-three-key-messages-on-syria-126421. 登录时间：2018年2月28日。

③ 参见 “Joint Communiqué of the Meeting of Foreign Ministers of the Republic of Iraq, the Islamic Republic of Iran and the Republic of Turkey, 20 September 2017, New York”, Ministry of Foreign Affairs of Turkey, http://www.mfa.gov.tr/joint-communique-of-the-meeting-of-foreign-ministers-of-the-iraq-iran-and-turkey_en.en.mfa. 登录时间：2018年2月28日。

等。土耳其的偏袒举动及其军事介入动作遭到沙特等国的反对，土耳其与沙特、阿联酋、埃及等国的关系更趋紧张和对立。

第四，对伊斯兰地区事务加大了参与力度，通过多种途径提高国际影响力。利用担任伊斯兰合作组织主席国的机会，土耳其在缅甸罗兴亚人问题、巴以问题、卡塔尔危机、非洲发展等议题上高调进行了斡旋和介入。特别是面对美国总统特朗普公开宣布耶路撒冷为以色列首都的冲击，在埃尔多安的强烈呼吁下，2017年12月13日伊斯兰合作组织在土耳其伊斯坦布尔召开特别峰会，发表了前所未有的联合声明。[①] 埃尔多安宣布以色列是“恐怖主义占领国”、呼吁承认东耶路撒冷为巴勒斯坦首都，努力塑造伊斯兰国家领导人的形象。土耳其还加强了对非洲的经营，4月在安塔利亚召开了土耳其—非洲农业部长会议和农商论坛，加大对非洲的援助力度；12月埃尔多安访问了非洲多国；在索马里建立的海外最大军事基地于9月底投入使用，并与苏丹、索马里加大安全合作，引起了其他国家的警惕。

四、结语

2017年，土耳其完成了总统制修宪进程，进入了从议会制到总统制的过渡期，国内局势在看似稳定的同时存在脆弱性。正发党的独大地位进一步增强却也不敢掉以轻心，同时反对党一直在酝酿着新的动作，各方紧盯原本定于2019年11月但已经宣布提前至2018年6月举行的总统大选，过渡期蕴含高度的不确定性。正发党与埃尔多安总统为确保赢得即将到来的总统大选，将进一步通过内外行动激起民族主义情绪，利用紧急状态打压反对势力，在经济发展领域做出更多承诺。此次大选对于国内各个政党和土耳其的内外走向均具有重要的导向意义，总统大选最为关键，但议会选举的重要性也不应忽视。

近年来，土耳其完成了“中东化”和“本土化”的重组过程，战略重心也从美欧向中东转移，“回归中东”的趋势和称霸地区的野心不会改变，战略方向大体稳定。[②] 土耳其不仅将本国安全稳定与地区形势紧密联系起来，也试图通过积极参与地区热点问题提升大国地位，从而不断加大对中东地区事务的介入力度，继续在大国之间游走纵横。在库尔德问题成为其核心关注的背景下，

---

① “OIC Extraordinary Summit Istanbul Declaration on ‘Freedom for Al Quds’,” Ministry of Foreign Affairs of Turkey, http://www.mfa.gov.tr/site_media/html/oic-extraordinary-summit-istanbul-declaration-on-freedom-for-al-quds.pdf. 登录时间：2018年2月25日。

② 李亚男：《转向的土耳其：雄心与困境》，载《现代国际关系》2017年第7期，第13页。

土耳其不顾美国的不满甚或警告，与俄罗斯深化务实合作，直接出兵叙利亚打击库尔德人武装。埃尔多安在2017年年终的致辞中表示，如果不能解决地区冲突，土耳其也无法获得安全，并将叙利亚、伊拉克和巴勒斯坦作为例证；2018年土耳其将实行更为积极、更加大胆和如有必要更具风险的外交政策。[①]这也总结和预示了当前土耳其的外交政策特点。

① "Turkey Will Continue 'Active and Bold' Foreign Policy in 2018: Erdoğan," *Hürriyet Daily News*, December 31, 2017. http://www.hurriyetdailynews.com/erdogan-hails-turkish-nations-firm-stance-on-jerusalem-in-new-years-message-125015. 登录时间：2018年2月20日。

2017年以色列的
政治、经济与对外关系

钮 松[1]

摘要：2017年以色列内政外交总体平稳，但面临的内外压力有所增加。在政治方面，以色列总理内塔尼亚胡长期丑闻缠身，深受腐败案困扰；而以色列政府遣返非洲难民的决定受到国内外舆论批评。在安全方面，以色列总体安全环境改善，国内恐袭案件数量较2016年减少。在经济方面，2017年以色列经济保持平稳增长。在外交方面，巴以问题被继续边缘化；在大国关系方面，中以签订“全面创新伙伴关系”协议；美国总统特朗普上台后，美以关系改善，特朗普在2017年年底宣布承认耶路撒冷为以色列首都，并决定2018年5月将美国驻以色列大使馆搬迁至耶路撒冷，引发了世界各国震动。

关键词：以色列；内塔尼亚胡；难民遣返；政治形势；经济形势；对外关系

从政治、经济和外交关系来看，2017年以色列总体发展较为顺利，略有起伏。内塔尼亚胡总理深陷一系列腐败丑闻，对以色列政坛产生较大影响，但其本人和联合政府仍在努力维持执政现状。以色列国内恐袭次数与2016年相当，内部安全环境有所改善。2017年以色列经济增长势头保持平稳，在外交上大势向好，但年末美国宣布承认耶路撒冷为以色列首都的决定使得以色列面临的国际压力有所增加。2018年年初首次出现以色列战机在叙利亚坠毁个案，表明以色列与伊朗在叙利亚的争夺将日益激烈。

---

① 钮松，上海外国语大学中东研究所研究员。

一、以色列的政治形势

（一）2017年以色列的政局情况

2017年，以色列政坛最大的新闻是总理内塔尼亚胡的一系列涉嫌贪污受贿案件，对整个以色列政坛造成震动。在多个案件中，以色列警方对总理及其密友圈子调查已达数年，新的证据与信息不断出现，导致针对总理贪污受贿丑闻的报道出现井喷。以色列警方自2017年1月开始，对内塔尼亚胡及其家庭成员和多个政治亲信、商界伙伴进行多次问话。以色列总理的涉嫌受贿案件从目前曝光的涉案人员名单来看，牵连甚广，震惊朝野。《国土报》还给出内塔尼亚胡是否会因此下台的预测专题。

内塔尼亚胡总理自身牵涉四起案件，而其妻子和亲信也牵涉另外两起案件。"1000号案件"涉及内塔尼亚胡及其家庭成员涉嫌在2007—2016年间收受多名富商的贵重礼物，而内塔尼亚胡则被怀疑直接或间接向富商们提供好处，涉嫌行贿受贿。内塔尼亚胡虽强调礼物只是友谊的象征，自己并未向富商们提供任何帮助，因此不属于贿赂，但以色列检方仍怀疑涉及钱权交易。

2017年8月，被以色列警方起诉的内塔尼亚胡前幕僚长阿里·哈若表示，将正式作为内塔尼亚胡腐败案"2000号案件"的污点证人，指证总理贪污受贿。[①] 以色列警方发现阿里·哈若握有总理与以色列国内畅销报纸《新消息报》老板阿尔农·摩泽斯谈话内容的录音。[②] 在录音中，内塔尼亚胡涉嫌与阿尔农·摩泽斯"交易"，利用打压《新消息报》的最大竞争对手《今日以色列》，来换取此前一直对内塔尼亚胡持批评立场的《新消息报》的正面报道。2018年2月，以色列警方正式建议检察机关起诉总理。[③] 起诉总理的决定由以色列总检察长做出，然而有报道指出，司法部长和总检察长在立案调查总理腐败案这一事件上受到压力，一方面总理与联合政府的右翼政策与作风，一直受到以左翼与中间翼的批评与不满，若内塔尼亚胡因腐败案下台，其打造的脆弱联合政府也将分崩离析，政府将重新洗牌；另一方面，右翼联合政府成员曾明确表

---

① 王晋:《以色列腐败网有多大？总理亲信都快被一网打尽了吧》，2017年8月14日，http: //www.guancha.cn/WangJin/2017_08_14_422725_2.shtml

② Judy Maltz, "All the Scandals Involving Netanyahu, and Where They Stand," *Haaretz*, January 18, 2018.

③ 拉乌尔·乌特利夫、亚历山大·福布赖特:《以色列警方建议以受贿与背信罪起诉内塔尼亚胡》，载《以色列时报》2018年2月14日，http://cn.timesofisrael.com/以色列警方建议以受贿与背信罪起诉内塔尼亚胡/。

示，不希望总检察长做出起诉的决定，同样是因为担心现在右翼政府终结的命运。

2017年7月，“3000号案件”德国潜艇采购案出现新进展。2017年9月，以色列警方扣押了6名嫌疑人，即内塔尼亚胡三名亲信，前办公室主任、前海军司令和一名前国家安全委员会高官赫然在列。[①] 虽然在2017年2月的正式立案调查中，以色列司法部确认内塔尼亚胡不是嫌疑人，但他仍深受影响。“潜艇事件”是迄今波及内塔尼亚胡最严重的丑闻，前国防部长亚阿隆对警方说，内塔尼亚胡2011年积极推动与德国兵工厂蒂森克虏伯（ThyssenKrup）的潜艇交易，购进一艘可实现“二次核打击”的潜艇，但军方高层都认为以色列不需要购买。据警方调查显示，该兵工厂律师大卫·希姆龙（David Shimron）是内塔尼亚胡的私人法律顾问，在此案中有利益冲突，其中可能存在腐败行为。[②]

2017年7月，以色列一份特别审计报告披露了“贝泽克（Bezeq）腐败事件”，认为以色利通信部与电信巨头贝泽克间的关系存在问题，这成为“4000号案件”。贝泽克前董事会主席沙乌勒·埃洛维奇（Shaul Elovitch）是“Walla新闻网”的持有人，内塔尼亚胡涉嫌通过其内阁通信部长菲尔伯（Shlomo Filber）向其承诺巨大利益，以换取其旗下新闻网站对内塔尼亚胡夫妇的正面报道。菲尔伯在与以色列检方达成协议成为控方证人后作证时表示，内塔尼亚胡向他下达了清晰的命令，要求其配合并协助贝泽克获取利益。[③] 目前，多名与内塔尼亚胡关系密切的涉案人员被以色列警方扣留，包括沙乌勒·埃洛维奇和多名公司高官。

2017年年底至2018年年初，以色列媒体曝出，内塔尼亚胡总理前发言人尼尔·海费茨（Nir Hefetz）涉嫌以总检察长的职位贿赂检察官盖斯特尔（Hila Gerstl），使其放弃针对内塔尼亚胡妻子的案件调查，此后海费茨被捕候审但否认控罪。[④] 盖斯特尔此前向其友人，当时的以色列最高法院首席大法官以斯帖·哈尤特（Esther Hayut）讲述了事件经过却没有正式上报，两人现时都因

---

① 杜鹃:《以色列追查潜艇采购“猫腻”6人涉腐被捕》, 2017年9月6日, http://www.xin huanet.com/world/2017-09/06/c_129696573.htm。

② “Report: Netanyahu’s Lawyer Foiled Competing South Korean Bid in Allegedly Corrupt Submarine Purchase,” *Haaretz*, January 2, 2018.

③ Revital Hovel, “Netanyahu Confidant Tells Police Prime Minister Instructed Him to Assist Telecom Giant,” *Haaretz*, February 21, 2018.

④ Barak Ravid, “Netanyahu Confidant Suspected of Offering Judge Top Post to Nix Case Against Sara Netanyahu,” *Haaretz*, February 20, 2018.

与此案有联系而处于风口浪尖。[①] 内塔尼亚胡的妻子莎拉·内塔尼亚胡被控诈骗与挪用公款，涉嫌使用政府资金，以超过法律允许的额度为其宅邸餐饮服务及私人活动买单；在另一起调查中，莎拉·内塔尼亚胡涉嫌利用政府资金支付其父的护理费用，但以色列检方最后以证据不足为由撤销检控。[②]

在联合政府中，内塔尼亚胡也得到一部分内阁成员的支持。沙斯党主席、内政部长阿里耶·德里（Aryeh Deri）在2018年初接受以色列电台访问时，首次表明了对内塔尼亚胡的支持态度，他表示不能因为一次警察调查动摇整个国家，以色列与政府需要内塔尼亚胡的坐镇。[③] 2017年12月，以色列议会通过了一项法律，禁止警方向检方建议起诉包括总理在内政府官员的法案。虽然该法适用于以色列所有的官员，但在内塔尼亚胡腐败案的背景下，外媒称这是以政府试图保护总理举动。这项法案由内塔尼亚胡在政府内的盟友们推动通过，但他并没有对法案表示反对或阻止通过，这引起以色列民众的不满与猛烈抨击，多地民众举行游行集会要求其下台，并表达对此法案的批评态度。[④] 截至2017年12月31日，特拉维夫民众已连续举行五次周六晚示威游行，但新上任的利库德集团主席大卫·阿姆萨勒姆（David Amsalem）指责示威者的做法已越过红线，称这是一场“左翼运动”，指抗议者意图不通过选举而取代本届政府。[⑤]

尽管内塔尼亚胡受到来自于以色列左翼、右翼和中间翼的批评，但当前以色列政坛似乎很难找到一个合适的替代者。当前以色列国内各个潜在的总理候选人，无论在政治资历上，还是在分化的以色列政治阵营中组建政府的经验上，均无人能出内塔尼亚胡之右。此次腐败调查案牵扯到以色列政治、经济、军事等多个领域，如果内塔尼亚胡最终被起诉并定罪的话，以色列无疑将有一场政治地震；即便内塔尼亚胡能够摆脱以上所有指控并全身而退，丑闻也将严重消耗其政治能力并影响其政治前途。

除深陷贪腐指责以外，2018年2月，内塔尼亚胡总理在内阁会议上要求国

---

① Yonah Jeremy Bob, “Is Israel’s Chief Justice in Hot Water over Bibi Probes?” *Jerusalem Post*, February 20, 2018.

② 郭倩:《涉嫌公款吃喝？以色列总理之妻或将被起诉》，2017年9月10日，http://www.xinhuanet.com/world/2017-09/10/c_129700152.htm。

③ David Israel, “Minister Deri: We Shouldn’t Fold a Government over Police Investigations,” February 25, 2018, http://www.jewishpress.com/news/politics/minister-deri-we-shouldnt-fold-a-g overnment-over-police-investigations/2018/02/25/.

④ “Israeli Govt Aims to Protect PM From Corruption Charges,” November 27, 2017, https://news.antiwar.com/2017/11/27/israeli-govt-aims-to-protect-pm-from-corruption-charges/.

⑤ 《特拉维夫上演第五次反腐示威抨击总理为“叛徒”》，2017年12月31日，http://cn.timesofisrael.com/特拉维夫上演第五次反腐示威—抨击总理为叛徒/。

家安全顾问梅尔·本·沙巴特起草一项方案，旨在4月开始强制驱逐非法居留以色列的避难者。此外，内阁各部长亦通过了一项方案，以经济手段补偿选择离开的移民，自愿离开的移民将获得3500美元的资助，拒绝“自愿”离开的非法移民将受到监禁。[①]目前该法规暂不适用于妇女、儿童及其父母等人口贩卖的受害者，但例外情况将不会持续很久。据悉，此次驱逐方案是应以色列公共安全部长吉拉德·埃尔丹（Gilad Erdan）的请求，他指出无限期拘留非法移民将对以色列监狱系统造成压力，给国家带来巨大成本，还应寻求途径强迫非法移民登上飞机，并遣送至第三国。[②]

从2005年开始，大批因逃避国内种族清洗、政局瘫痪与战乱、经济崩溃的非洲难民从埃及西奈半岛进入以色列寻找庇护与避难。据以色列内政部的数据，目前以色列境内约有38000名成年非洲难民与4000名难民儿童，其中72%来自厄立特里亚，20%来自苏丹，还有8%来自数个非洲动荡国家。[③] 2013年，以色列政府在以色列南部建立霍洛特（Holot）拘留所，收容在以色列寻求避难的非洲难民。以色列政府多数官员将非洲难民称为“渗透者”而非政治难民，并视其为非法经济移民。在数千份避难申请中，以色列政府只给予了11位申请者合法的难民身份。以色列政府多名内阁部长对接收非洲难民持否定态度，司法部长和其他多名部长都表示，难民过多将削弱以色列的犹太属性，而且将增加以国内的经济压力、危害社会治安。

2017年8月，以色列最高法院做出裁决，支持以色列政府将非法移民驱逐至第三国，而2018年2月总理内塔尼亚胡下令出台具体驱逐方案并得到内阁成员支持，被认为是内阁各部长对最高法院裁决的最新响应。但最高法院裁决也规定，由于驱逐活动仅在得到移民同意下才可进行，因此拒绝离开以色列不能被视作不合作行为，现时政府的做法与最高法院法令有冲突。2017年11月，以色列出台一项新法律，对非法移民进行严格限制，并要求在2018年3月中旬关闭以色列南部的霍洛特拘留所，而在以色列南部的内盖夫沙漠开设新的拘留所。[④]

---

① 《以色列今年四月前或将强制遣返非法非洲移民》，载《以色列时报》2018年1月7日，http://cn.timesofisrael.com/以色列今年4月前或将强制遣返非法非洲移民/。

② IlanLior, “Israeli Ministers Want Asylum Seekers to Choose: Jail or Deportation,” *Haaretz*, November 17, 2017.

③ Dina Kraft, “Everything You Need to Know About Israel's Mass Deportation of Asylum Seekers,” *Haaretz*, February 7, 2018.

④ Jillian Kestler-D’Amours, “Israel pushes to deport asylum seekers to Rwanda”, *Al Jazeera*, November 22, 2017.

以色列国内对遣返非洲难民态度不一，阵营分化。联合政府内部对难民的强硬态度更多是迎合右翼阵营的犹太民族主义。而以色列政府遣返非洲难民的做法不仅招致国际社会的批评，以色列国内的草根社会活动人士、海外犹太人以及犹太宗教领袖均反对政府的遣返行为。有以色列媒体指出，政府对待非洲难民的态度引起大众对多个世纪以来犹太民族自身作为难民的历史遭遇的反思。如今在以色列国内外有多场请愿活动请求政府取消遣返非洲难民。[①]

（二）以色列国内安全形势

2017年，以色列国内安全形势总体平稳，与2016年相比国内安全袭击案件无明显增长。2017年年底因美国总统特朗普宣布承认耶路撒冷为以色列首都，并即将进行大使馆搬迁事宜，巴勒斯坦出现持续游行示威及民众与以色列军方的冲突，甚至爆发流血事件。随着叙利亚境内“伊斯兰国”有形存在的“日薄西山”，以色列周边安全情况相对稳定。

2017年12月24日，负责以色列国内安全事务的国家安全机构辛贝特（Shin Bet）总负责人阿格曼（Dav Argaman ）在以色列议会外交事务与国防委员会的闭门会议上指出，2017年恐袭的规模与前一年相比有所下降，被挫败的恐袭活动数量上升。以色列2017年成功挫败约400起恐袭，其中包括13起自杀式袭击、8宗绑架案件与94宗殉道者袭击，成功阻止超过1100起“独狼式”恐袭。与2016年共108起“独狼式”袭击发生相比，2017年只有54起。[②]阿格曼还表示，他反对国防部长利伯曼提出的容许以色列法官对被捕恐怖分子判处死刑的倡议，其与锡安主义联盟党议员利夫尼均认为，该法案对以色列的安全情况不利，也无法有效震慑恐怖分子。[③] 在挫败“独狼式”袭击上，2017年6月，阿格曼曾在特拉维夫一次安全网络安全会议上表示，以色列利用最新信息安全技术，在打击网络犯罪和“独狼”行动中取得卓越成效，辛贝特通过与信息技术部门和国防安全部门合作，有效追踪因为“独狼”缺少与外界交流

---

① 雅各布·马基德、马尔西·奥斯特:《以民众反对驱逐非洲移民卢旺达总统称需按国际法处理》，载《以色列时报》2018年1月25日，http://cn.timesofisrael.com/以民众反对驱逐非洲移民卢旺达总统称需按国际法处理/。

② Jonathan Lis, YanivKubovich, “Israel Foiled 400 Major Terror Attacks in 2017, Shin Bet Chief Says,” *Haaretz*, 2017, December 24, 2017.

③ Anna Ahronheim, Yonah Jeremy Bob, “Shin Bet Chief Tells Knesset: Over 400 Attacks Thwarted in 2017,” *Jerusalem Post*, December 24, 2017.

而甚少留下的踪迹，在“独狼”发动袭击前将其缉拿并阻止行动。[①]

阿格曼也向外交事务与国防委员会发出警告，称2017年底以色列安全形势的相对平静是“带有误导性的”，“在平静的表面之下暗流涌动”。[②] 他表示，即使哈马斯和法塔赫在2017年10月达成和解，哈马斯仍然尽全力在约旦河西岸地区实施恐袭，破坏地区稳定，加沙地区情况也比以往更具有挑战性。[③]

阿格曼还提到，自美国总统特朗普宣布了承认耶路撒冷为以色列首都的决定之后，约旦河西岸与加沙地带的安全情况在未来六个月将变得极其不稳定。[④] 辛贝特发布的数据也显示，自特朗普宣布决定后，以色列境内及约旦河西岸的恐袭数量增加了三倍。据《以色列时报》报道，在特朗普宣布决定之后，有巴勒斯坦团体号召对以色列发动新一轮的“因提法达”起义行动。该决定之后的每周五，约旦河西岸城市和加沙地带边界都有上千名巴勒斯坦人走上街头与以色列军警发生冲突，数百名示威者死伤。2017年年末的数周内，从加沙地区向以色列发射的火箭弹数量持续上升，一方面是加沙地带极端主义分子对特朗普承认耶路撒冷的决定表示抗议，另一方面也是因为加沙地带武装分子的地下秘密通道早前被以军摧毁，而且对哈马斯与法塔赫的和谈不满。2017年最后一个月，为报复杰哈德的空袭[⑤] 和哈马斯的火箭弹袭击，[⑥] 以色列军队两次对加沙地带进行轰炸与军事打击。

除以色列总体安全以外，针对以色列政府成员的恐袭活动也得到了辛贝特的有效挫败。2018年2月，辛贝特发表声明，成功阻止一项针对国防部长利伯曼的刺杀行动，六名怀疑与伊斯兰圣战组织有关的参与者被捕，辛贝特称他们

---

① “Shin Bet Chief: Israel Successfully Combating Cyber-Terror, ‘Lone Wolf’ Attacks,” June 27, 2017, http://www.thetower.org/5136-shin-bet-chief-israel-successfully-combating-cyber-terror-lon e-wolf-attacks/.

② “Shin Bet Chief: We Foiled 400 Hamas Strikes in Judea and Samaria in 2017,” December 24, 2017, http://www.jewishpress.com/news/eye-on-palestine/hamas/shin-bet-chief-we-foiled-400-ha mas-strikes-in-judea-and-samaria-in-2017/2017/12/24/.

③ Judah Ari Gross, “Shin Bet warns Hamas may be plotting West Bank takeover”, *The Times of Israel*, December 24, 2017.

④ Judah Ari Gross, “Shin Bet Chief: After Trump Declaration, Palestinian Unrest Could Last 6 Months,” *The Times of Israel,* December 24, 2017.

⑤ 陈文仙、杜震：《以色列军方地空两路轰炸加沙地带》，2017年12月1日，http://www.xinhuanet.com/world/2017-12/01/c_1122042377.htm。

⑥ 陈文仙、杜震：《以色列轰炸加沙地带南部一观察哨所》，2017年12月31日，http://www.xinhuanet.com/world/2017-12/31/c_1122191497.html。

还计划在利伯曼居住地附近对士兵和平民展开射杀。①

虽然周边的区域战事告一段落，但在2018年初，以色列与伊朗有短暂交手。2018年2月10日，一架伊朗无人机从叙利亚进入以色列北部领空，被以军击落，以色列方面称伊朗此举是对以国家主权的严重侵犯。随后以色列空军袭击了在叙利亚的提亚斯军事空军基地，叙使用防空炮火反击，一架以军战斗机被击中，两名以色列飞行员在弹射逃生时受伤。② 数小时后，以色列攻击了12处在叙利亚的伊朗军事设施。本次事件是自2011年叙利亚内战以来以色列和伊朗之间最紧张的对峙。以色列总理内塔尼亚胡表示，“以色列需要和平，但我们也会继续坚定捍卫自己，以应对针对我们的任何袭击和伊朗以武力确立其在叙利亚或任何其他地方存在的任何企图。”③

二、以色列的经济形势

2017年以色列经济发展状况良好，稳步增长。2017年底，据以色列官方最新统计数据，2017年以色列经济增长3%，比2016年下降1个百分点。2017年以色列人均国内生产总值为14.5万新谢克尔（约合4万美元），1%的增幅比2016年下降0.9个百分点。虽然个人消费是拉动以色列经济增长的重要因素，2017年以色列的个人消费支出增长3%，但远低于2016年6.1%的增速。数据还显示，2017年以色列政府部门赤字为80亿新谢克尔（约合23亿美元），占该国GDP的1.1%。2016年政府部门赤字为156亿新谢克尔（约合45亿美元），占GDP的1.8%。④

按季度比较，据以色列中央统计局在2017年5月的首次评估数据，一季度以色列经济增长1.4%，远低于以色列中央银行3.7%的预期。从GDP的构成看，一季度固定资产投资下降6%；私人消费下降了1.6%；出口虽受本地货币

① “Shin Bet Foils Assassination Attempt against Defense Minister Liberman,” February 18, 2018, http://www.jewishpress.com/news/eye-on-palestine/shin-bet-foils-assassination-attempt-against-defense-minister-liberman/2018/02/18/.

② Judah Ari Gross, “Iranian UAV that Entered Israeli Airspace Seems to be American Stealth Knock-off,” *Time of Israel*, February 10, 2018.

③ Judah Ari Gross, “IDF: We ‘Will Not Allow’ Iranian Entrenchment in Syria,” *Time of Israel*, February 11, 2018.

④ 陈文仙、杜震:《以色列2017年经济增速放缓》, 2018年1月1日, http://www.xinhuanet.com/world/2018-01/01/c_1122194559.htm。

升值的影响，但依然增长8%。[①] 下半年，以色列央行在2017年10月份预计，个人消费作为以色列经济增长最重要的引擎，2017和2018年增速将分别为3%和3.5%，低于2016年的增速。[②]

国际货币基金组织在2017年10月对全球经济展望的预测中，在调高对全球经济增长预期的同时，也调高了对以色列在2017年和2018年的国内生产总值增长的预期，分别为3.1%和3.4%，这一预计比2016年的4%稍有降低。以色列2017年四个季度的国内生产总值增长率分别为0.3%、0.8%、1.0%和0.9%；第四季度失业率与通货膨胀率分别为4%和0.1%。[③] 2017以色列的消费者物价指数增长率，据国际货币基金组织在2017年10月的预测是0.2%，以色列2018年消费者物价指数将有0.5%的增长，涨幅较小，物价将保持平稳。[④] 国际货币基金组织在2017年3月份对以色列的经济统计报告中，赞扬以色列的经济表现、强劲的经济增长率与低失业率，以色列工资水平达到平均3%的上升。[⑤]

以色列央行在2017年10月发布的数据显示，以色列外汇储备再创新高，达1113亿美元，同比增长133亿美元，外汇储备占该国国内生产总值的比重高达33.4%。[⑥] 外汇储备量攀升的一个重要原因就是以色列的高科技产业迅速发展，以色列已成为世界重要的科技产品和服务出口国，这为其带来巨额外汇收入。一方面，以色列高科技领域的诸多初创公司陆续被跨国企业高价收购，也为该国创造了大量外汇收入。另一方面，面对以色列货币新谢克尔持续升值给经济带来的压力，以央行采取了“灵活干预”的外汇政策，即通过购入外汇来缓解本币升值。

外汇储备量平稳增加的同时，以色列货币汇率也保持稳定。根据以色列央行的数据显示，2018年上半年，谢克尔对美元、欧元等主要货币汇率基本保持平稳上升势头。以美元为例，2018年1月和2月，新谢克尔对美元汇率分别

① 中国商务部：《以色列一季度经济增长低于预期》，2018年5月18日，http://www.mofcom.gov.cn/article/i/jyjl/k/201705/20170502577694.shtml。

② Bank of Israel, “Research Department Staff Forecast, October 2017,” October 19, 2017, http://www.boi.org.il/en/NewsAndPublications/PressReleases/Pages/19-10-2017.aspx/.

③ “Israel GDP,” https://countryeconomy.com/gdp/israel.

④ IMF, “Israel,” http://www.imf.org/en/Countries/ISR.

⑤ DrorHalavy, “IMF Report Praises Israel’s Economic Performance,” March 29, 2017, https://hamodia.com/2017/03/29/imf/.

⑥ Bank of Israel, “Foreign Exchange Reserves in the Bank of Israel, October 2017,” November 17, 2017, http://www.boi.org.il/en/NewsAndPublications/PressReleases/Pages/07-11-2017.aspx/.

上升2%[①] 和2.9%[②]，其他月份也呈现微幅上升之势。以色列著名经济学家什洛莫·毛兹在接受采访时表示，外汇储备越多，本币汇率越稳定。他建议以政府在充实外储的同时，也需在国内基础设施、教育和服务等方面投入更多资金，提高本国劳动生产率，多途径增加外汇储备和稳定该国货币走势。[③]

国际市场的变化也影响着以色列经济政策的出台。2017年11月，美国国会众议院共和党宣布了减税计划，即将大幅降低企业所得税并简化收入所得税级数的税改议案。美国的减税也对以色列的经济预期造成影响。以色列政府担心，美国减税政策很有可能会导致跨国公司减少在以色列的投资，而那些将美国视为主要市场的以色列高科技初创公司也可能转向进驻美国，减少在以色列本地的投入。从长期来看，美国减税政策将给以色列经济带来风险，为此，以色列不得不根据美国税改方案来调整本国税收政策。内塔尼亚胡总理在2017年11月曾表示，以色列将进一步实施减税政策，为该国居民和企业尤其是中小企业减负。然而分析人士指出，以色列的减税计划未必能在短期内起到刺激经济增长的作用。以色列央行行长卡尔尼特·弗卢格支持以增加个人消费来拉动经济增长。[④]

2017年12月，有消息指以色列央行正考虑2019年发行“数字谢克尔”，以减少现金使用，进而打击繁荣的地下经济，作为解决严重逃税问题的一个手段。以色列金融网站*The Marker*报道，以色列财政部正计划为《2019年计划法案》引入新规定，届时将与2019年预算一起公布。新规定将减少现金的使用，以避免逃税行为，可以保障工人获得最低工资。但在财政部做出决定之前，以色列阿拉伯议员和极端正统犹太议员曾反对两年前的一项减少现金使用的宽松法律。以色列阿拉伯人和极端正统犹太人群往往为以色列的贫穷人群，日常交易大多使用现金。发行数字货币将在一定程度上影响中下层贫困人口的日常生活。[⑤]

---

① Bank of Israel, “Israel’s Foreign Currency Market in January 2017,” February 8, 2017, http://www.boi.org.il/en/NewsAndPublications/PressReleases/Pages/ForeignCurrencyMarket8-2-17.aspx/.

② Bank of Israel, “Israel’s Foreign Currency Market in February 2017,” March 8, 2017, http://www.boi.org.il/en/NewsAndPublications/PressReleases/Pages/8-3-17ForeignCurrencyMarket.aspx/.

③ 陈文仙:《财经观察：以色列外储稳步上升本币汇率趋于稳定》，2017年11月17日，http://www.xinhuanet.com/fortune/2017-11/17/c_1121972335.htm。

④ 陈文仙:《综述：以色列减税刺激经济计划短期恐难奏效》，2017年11月8日，http://m.xinhuanet.com/2017-11/08/c_1121924031.htm。

⑤ 索珊娜·所罗门:《报道称以色列央行正考虑发行数字货币》，载《以色列时报》2017年12月26日，http://cn.timesofisrael.com/报道称以色列央行正考虑发行数字货币/。

世界银行2017年“经商便利指数”报告显示，以色列的排名从去年49位下滑至52位。世界银行的这一指数评估了10项影响经商的因素，包括商业开放度、财产登记制度、税收政策，以及对中小投资者的保护程度等。与2016年相比，以色列在“创业”这项的分数提高了9分，然而在其他因素方面均有失分。分析人士指出，过度的官僚作风、政府管制和缺乏鼓励创业的监管环境等，使得在这里创业和经营企业越来越难成为以色列排名下降的重要原因。在一份2017年6月提交给内塔尼亚胡总理的报告中，经济部首席科学家艾维·哈桑表示，技术人才的缺乏、政府对研发投入不够以及经合组织（OECD）对跨国公司的新税收政策，都对以色列的商业活动产生了消极影响。①

此外，与邻国关系紧张的地缘环境也对以色列经济产生负面影响。2017年6月，世界银行发展经济学部门高级顾问奥古斯托·洛佩斯–克拉罗斯表示，尽管以色列具有巨大的经济发展潜力，但其安全问题的影响未被足够重视，因而发展后劲不足，也未达到应有水平。因以色列政府没能与周边国家达成永久和平协议，以色列经济正为此付出代价。世行官员指出，由于以色列所处的地区市场潜力巨大，对以色列技术、农业与天然气有很高的需求，因此永久解决安全问题在很大程度上有助于促进地区贸易与投资。②

三、以色列的对外关系

2017年以色列的外交关系取得进展。美国总统特朗普上台后，美以关系在奥巴马时候的低迷状态得到改善，内塔尼亚胡总理在2017年出访多个国家，取得丰硕的合作成果。但以色列外交仍面临诸多问题，包括与部分国家在政治、经济事务上出现摩擦。

（一）巴以关系

2017年巴以问题在中东地区继续被边缘化，叙利亚内战跌宕起伏，“伊斯兰国”控制区逐步缩小，卡塔尔断交事件、沙特王储易位与反腐风暴等热点事件，占据着世人的视线；而以色列在国际事务中也力图摆脱巴以冲突主角的单一形象，积极与其他国家开展政治、经济、安全等事务的合作，国际舆论对巴

① 《世界银行：企业在以色列经商难度加大》，载《以色列时报》2018年1月24日，http://cn.timesofisrael.com/世界银行：企业在以色列经商难度加大/。

② 索珊娜·所罗门:《世界银行官员：以色列经济正因地区安全问题付出代价》，载《以色列时报》2017年6月23日，http://cn.timesofisrael.com/世界银行官员：以色列经济正因地区安全问题付出/。

以问题的关注度持续下降。2017年年末，特朗普宣布承认耶路撒冷为以色列首都，使巴以问题再次受到国际社会的高度关注。

2017年7月14日，两名以色列警察在耶路撒冷圣殿山被枪杀，以色列政府随后出于安全理由，在阿克萨清真寺入口处加装金属安检门，遭大批巴勒斯坦人的抗议并引发大规模游行示威。7月23日，一名约旦驻以使馆的以色列警卫，涉嫌开枪打死一名约旦少年及其约旦房东，被约旦大使馆扣留。这两起事件引发约旦、埃及和土耳其等国对以发出严重警告，要求其尽快拆除金属安检门，严肃处理涉事以色列警卫，一时间以色列面临多方压力，与仅有的两个阿拉伯建交国关系紧张，甚至迫使美国的介入。7月25日，以色列宣布拆除金属安检门。[①]

2017年10月12日，哈马斯与法塔赫的领导人在开罗达成和解协议，正式结束长达10年的巴勒斯坦分裂状态，今后将以统一的巴勒斯坦名义与以色列开展和谈。以色列安全内阁一周后发表声明，拒绝与包括未解除武装的哈马斯在内的巴勒斯坦和解政府进行谈判。[②] 以色列表示，除非巴勒斯坦能满足包括哈马斯承认以色列国、解除哈马斯位于加沙地带的武装等要求，否则将不会与吸纳了一个被以色列列为恐怖组织的巴勒斯坦政府开展谈判。

2017年12月，美国宣布承认耶路撒冷为以色列首都并搬迁大使馆的决定，并向巴勒斯坦领导人阿巴斯进行通报，阿巴斯随即发表电视讲话表示强烈反对，称美国此举“违背了国际社会共识，也违反了所有相关的国际和双边协议”。[③] 2018年2月，联合国特别召开的中东会议上，巴勒斯坦总统阿巴斯在以色列代表发言前，起身离场，以示对美国承认耶路撒冷事件的抗议。

（二）美以关系

自特朗普2017年1月正式就任美国总统以来，美以关系开始出现回暖。特朗普总统在内塔尼亚胡总理访美时，称美以之间存在“牢不可破”的特殊关系，而美国在2017年有关以色列的外交事务上，都体现了对以支持。

特朗普上任两月后，内塔尼亚胡便前往华盛顿与其会面，成为特朗普就任

---

① 范小林：《以色列决定拆除耶路撒冷圣殿山安检门》，2017年7月25日，http://www.xinhuanet.com/world/2017-07/25/c_1121375252.htm。

② 杜震、陈文仙：《以色列拒绝与巴勒斯坦和解政府举行谈判》，2017年10月18日，http://www.xinhuanet.com/world/2017-10/18/c_1121820048.htm。

③ 《美国承认耶路撒冷为以色列首都，这些国家炸锅了》，2017年12日7日，http://www.yicai.com/news/5380998.html。

后接待的第四位外国领导人。双方谈到恢复和缓和两国在奥巴马时期降低至冰点的关系，在安全、政治、经贸、军事等方面积极推进合作，会面释放出乐观积极的前景。会面时特朗普提到将搬迁美国大使馆到耶路撒冷，并呼吁以色列在定居点问题上保持克制，而内塔尼亚胡并未给出明确回应。双方重申，在面对伊朗的地区扩张势头时，坚定合作。①

2017年5月，美国总统特朗普访以，成为第一位任内参访犹太圣地“哭墙”的美国总统。考虑到特朗普在竞选期间对解决巴以问题和中东事务的雄心壮志，外界普遍猜测特朗普上任后的首次访以将积极推动巴以和谈的恢复，但特朗普表示，此行的首要目的在于巩固美以两国持久的友谊，② 并再次抛出针对伊朗核协议的抨击言论。在特朗普访问犹太圣地“哭墙”时，美方人员拒绝内塔尼亚胡的陪同，引致以色列方面不快。以色列政府和媒体对此次访问表示期待不高，一方面因为以色列联合政府内部的右翼人士对特朗普政府似乎仍在坚持美国长期以来的巴以政策而感到失望，另一方面特朗普对推进中东和平进程的支持似乎还没有任何具体细节。③

2017年9月，特朗普和内塔尼亚胡再次在纽约举行的联合国大会前会面，双方讨论了伊朗核问题、叙利亚战争以及巴以和平前景等美以两国关注的地区热点问题。就在会面当天，美国宣布在以色列内盖夫沙漠中建设在以首座永久军事设施。以色列空军防御指挥官茨维卡·哈伊莫维奇在宣布当天，称其是“历史性事件”，显示了“美以多年来的同盟关系”。④

2017年10月12日，美国宣布决定退出联合国教科文组织。美国国务院在声明中说，做出这一决定的主要考虑包括不断增加的欠费，以及对该组织“针对以色列的持续偏见”的关切。以色列立刻发表声明表示赞赏并跟进。2017年12月底，内塔尼亚胡宣布，以色列将于2018年底退出联合国教科文组织。⑤ 以色列外交部发言人称，这个决定是基于该组织“试图将犹太人的历史与以色列

① 《以色列总理访问美国特朗普：以巴和平不限于“两国方案”》，2017年2月16日，http://www.xinhuanet.com/video/2017-02/16/c_129482056.htm。

② 《特朗普访问以色列巩固友谊成首要目的》，2017年5月23日，http://www.chinanews.com/gj/2017/05-23/8231239.shtml。

③ 盛媛：《特朗普旋风式访问以色列，做巴以“和事佬”好难》，2017年5月22日，http://www.yicai.com/news/5289368.html。

④ 《内塔尼亚胡特朗普讨论伊朗核问题与巴以和平》，载《以色列时报》2017年9月19日，http://cn.timesofisrael.com/内塔尼亚胡特朗普纽约讨论伊朗核问题与巴以和平/。

⑤ 王博闻：《以色列将退出联合国教科文组织》，2017年12月24日，http://www.xinhuanet.com/world/2017-12/24/c_1122159262.htm。

土地相分离”。[①] 在美国高调表现支持的背景下，以色列这一举动是对2016年联合国教科文组织拒绝承认犹太人与圣殿山之间联系的回应。

2017年12月6日，特朗普宣布承认耶路撒冷为以色列首都，并将启动美国驻以大使馆从特拉维夫搬迁到耶路撒冷的进程。此声明引发轩然大波，以色列政坛也上下震动。以色列对美国总统的决定表示支持和欢迎，右翼对此鼓舞欢欣，而左翼表示，此举不利于巴以之间最终达成和平。2018年年初，美国副总统彭斯访以时，宣布将于2019年年底前将驻以大使馆搬迁至耶路撒冷。2018年1月底，特朗普和内塔尼亚胡在瑞士达沃斯经济论坛再次会面，美国重申对以色列的坚定承诺。美国国务院随即表示，特朗普政府将于2018年5月14日，即以色列建国70周年纪念日当天，正式将美国驻以大使馆迁至耶路撒冷。美国承认耶路撒冷为以色列首都并决意搬迁大使馆的决定，在阿拉伯—伊斯兰世界招致强烈反对，并使以色列面临更多国际压力。国际社会普遍不承认以色列对整个耶路撒冷拥有主权，在美国宣布其决定后，目前仅捷克共和国承认西耶路撒冷为以色列首都；危地马拉宣布将跟随美国将大使馆迁至耶路撒冷。

（三）中以关系

随着“一带一路”倡议的推进，中以关系取得了重大突破，双边经贸、科技、教育、人文等领域合作迅速发展，以色列成为“一带一路”倡议沿线的重要合作国家。2016年3月，国务院副总理刘延东访以。2017年3月，内塔尼亚胡总理携五名内阁部长，以及包括90名各领域商界人士在内的商务团队访华，庆祝中以建交25周年。这是继2013年访华后，内塔尼亚胡任期内第二次出访中国。以色列代表团受到李克强总理和刘延东副总理的会见，并出席以中500余各界人士参加的商业论坛。在3月20日举行的商业论坛上，以色列总理内塔尼亚胡还称中以两国合作是“天作之合”，[②] 他还与阿里巴巴董事长马云等多家中国企业负责人会面。以色列代表团还在北京天安门广场向人民英雄纪念碑敬献花圈。

经贸合作是此次访问的重点，中以双方共签署经济、航天、教育、科研、环保、人员交流等领域的21项商业合作协议。访问期间，中以创新合作联合

① 《以色列宣布明年底退出联合国教科文组织，4年前已丧失投票权》，2017年12月23日，http://www.thepaper.cn/newsDetail_forward_1918347。

② 王自励：《以色列总理访华称中以合作是“天作之合”》，2017年3月20日，http://international.caixin.com/2017-03-20/101067975.html。

委员会第三次会议在北京召开，由国务院副总理刘延东与内塔尼亚胡总理共同主持，双方签订10项双边政府协议；[①] 其中最为重要的是，中以为加强双方关系而签订协议，建设“全面创新伙伴关系”。除商业合作，中以两国还签署了一系列学术交流合作协议；成立于2016年12月、由以色列理工大学与广东汕头大学合办的广东以色列理工学院也在2017年首次对外招生。此次访问扩大了双方经济合作的基础，给中以提供了进一步加深双边关系的机会。

除政府层次的合作项目全面开花外，中以私营企业的合作也取得了成绩，包括深圳光启集团和广东美的集团等多家中国企业在以色列布点并投资产业，推进在高新科技行业的全面合作。深圳光启集团通过其全球创新共同体基金（GCI），到2017年为止已投资以色列三家高新技术企业，未来也将继续扩大投资范围和提升投资水平，吸引更多中国资本投资以色列技术。[②] 美的集团在2017年2月与以色列自动化解决方案公司高创（Servotronix）达成战略合作，收购其逾50%的股份，美的集团总裁方洪波视这次收购为“美的在拓展自动化和智能制造产业上的又一个里程碑”。[③]

2016年中以双边10年多次往返签证的生效与特拉维夫-北京直飞航线的开通，使得2017年到达以色列的中国旅客人数大幅攀升。2017年到以色列旅游的中国游客较2016年同期增长了41%，超过11.3万人。以色列国家旅游部预计，2018年到以色列旅游的中国游客将超过15万人。[④]

2018年1月15日，中国移动支付平台支付宝正式宣布进入以色列，以色列知名珠宝店钻石矿和卡普里斯，以及护肤品牌阿哈瓦（Ahava）都是第一批接入支付宝扫码付款的商户。随着到以色列旅游的中国游客数量的逐步增加，号称中国“新四大发明”之一的支付宝将进一步便利中国游客在以购物体验。与此同时，中国共享单车企业——摩拜单车在2018年2月也宣布将与以色列企业Car2go试点合作运营，成为继中国OFO共享单车在2017年10月进入以色列市场后第二家与以色列合作开展共享行业的中国公司。

除经贸合作外，中国也积极推动巴以和平进程。2017年12月21日，巴以

---

① 王卓伦:《刘延东主持中以创新合作联合委员会第三次会议》, 2017年3月21日，http://www.xinhuanet.com/politics/2017-03/21/c_1120668544.html。

② 索珊娜·所罗门:《光启在特拉维夫设点欲投资更大型企业》，载《以色列时报》2017年1月13日，http://cn.timesofisrael.com/光启在特拉维夫设点-欲投资更大型企业/。

③ 《美的借力以色列技术拓展自动化和智能制造产业》，载《以色列时报》2017年2月16日，http://cn.timesofisrael.com/美的借力以色列技术拓展自动化和智能制造产业/。

④ 《2017年赴以色列中国游客超11.3万人较去年同期增41%》，2018年1月22日，http://www.chinanews.com/life/2018/01-22/8430433.shtml。

和平人士研讨会在北京举行，与会的巴以双方代表包括以色列议会副议长耶希埃尔·希利克·巴尔和巴勒斯坦民族权力机构主席国际关系顾问纳比勒·沙阿斯，双方深入讨论，并达成两国方案是巴以问题唯一可行愿景的共识。此次会议得到了中国和巴以双方的重视，展示中国在参与解决巴以问题上的意愿和投入。[①]

（四）以色列与其他国家的关系

2017年，以色列除与美国、中国保持并继续深化友好关系外，还积极在世界范围内开展多边外交，拓宽在国际舞台的影响力。在中东地区，以色列与沙特因各取所需而逐渐走近；而在中东以外，以色列外交也取得新成绩。

随着沙特与伊朗地区博弈日益激烈，同样有对抗和遏制伊朗崛起意愿的以色列与昔日的敌人——沙特走到了一起。早在2002年，沙特在黎巴嫩首都贝鲁特举行的阿拉伯国家联盟峰会上提出"承认以色列"，以此换取以色列外交让步，"建立以东耶路撒冷为首都的巴勒斯坦国"。2002年沙特的和平倡议，得到了来自于阿盟和伊斯兰合作组织成员国的广泛赞成，也成为巴以和谈重要的外部激励措施。[②] 2017年以色列与沙特互动频繁，关系逐步发展。以色列总参谋长接受沙特媒体采访时称，伊朗是以沙的共同敌人。两国还首次共同在联合国提交谴责叙利亚的提案。以色列愿意与沙特共享情报，以遏制伊朗的地区扩张。[③] 以色列能源部长公开表示，以色列与沙特之间存在秘密联系，但只不过考虑到沙特意愿，以方先前一直未对外公开这一情况。以色列与沙特走近，不仅使双边关系发生变化，还会产生地区影响。双方不仅在反对伊朗的立场上结成统一战线，还将在巴以问题上进一步削弱巴勒斯坦人的权益。[④] 在美国宣布承认耶路撒冷为以色列首都并做出搬迁大使馆的决定以后，沙特的反对相对低调，除提出严正抗议外，沙特未做出任何实质性的举动。与沙特的关系升温，既可以缓解以色列的地区政治压力，又可以在对抗伊朗的阵线上更为强硬。随着沙特对以色列态度缓和，巴以冲突在阿拉伯世界被边缘化的势头更为突出。

---

① 《中国外交部：巴以代表在京达成冲突解决共识文件》，载《以色列时报》2017年12月23日，http://cn.timesofisrael.com/中国外交部：巴以代表在京达成冲突解决共识文件/。

② 王晋：《沙特杠上伊朗，却为巴以问题提供新契机？》，2017年11月22日，http://www.guancha.cn/WangJin/2017_11_22_435882_2.shtml。

③ 郑东超：《沙特和以色列关系似现"融冰"迹象》，2017年11月25日，http://opinion.china.com.cn/opinion_77_174977.html。

④ 唐见瑞：《沙以公开走近，巴勒斯坦最受伤》，载《文汇报》2017年12月19日。

2017年9月，在参加于纽约举行的联大会议前，内塔尼亚胡总理访问阿根廷、墨西哥与哥伦比亚三国，30名以色列商界代表随同前往。内塔尼亚胡称此次拉美之行将推动以色列与拉美国家的双边关系进入新阶段。此前由于拉美一些国家在二战前后曾对纳粹战犯提供帮助和庇护等原因，以色列与拉美国家一直心存芥蒂。而这次访问，可谓消除隔阂之旅。阿根廷总统马克里在内塔尼亚胡访问期间，向其提供了在二战期间数万份官方文件的电子版。在加强经贸关系方面，以色列致力于与拉美国家深化合作，签订了一系列经济合作协议，开展在农业、水资源等多个领域内合作。[①]

2017年，以色列与印度关系出现诸多转折，双方在军事交易、经济合作等方面时有反复。2017年3月，印度和以色列重启将耗资25亿美元的中程地空导弹（MR-SAM）项目，此前该项目进展多有阻滞，印度曾经单方面取消。2017年7月，莫迪访以，成为首位访以的印度总理。莫迪2014年就任总理后，两国在防务、反恐等方面合作扩大，莫迪访以被认为将对印以之间的经济、防务合作起到促进作用。而2017年11月，印度再次单方面收回采购以色列“长钉”反坦克导弹合同。2018年1月，内塔尼亚胡总理率领庞大的商务团队访问印度，[②]有消息称内塔尼亚胡除期望在网络安全、能源、太空等领域签署合作协议，还希望挽回被取消的“长钉”反坦克导弹的军售大单，期望印以双方关系能够在2018年实现开局胜利。

2018年年初，以色列与中东欧国家波兰因波兰新法案发生外交冲突。波兰众议院在2018年1月26日通过一项法案，禁止任何人以“波兰死亡集中营”一类词汇形容纳粹德国占领期间在波兰的犹太人屠杀场所，违令者可被视作涉嫌诽谤“波兰国”，将被判处最长达三年的监禁或罚款。[③]以色列对此反应强烈，并谴责波兰法案的通过。总理内塔尼亚胡抨击此法案，并立即召见波兰驻以色列副大使，表达以色列的反对意见，并希望波兰修改。

---

① 颜旭：《内塔尼亚胡首次拉美之行推动双边关系进入新阶段》，2017年9月16日，http://news.cri.cn/20170916/ef0dcc80-fb9c-bf71-d906-e1e261baf53a.html。

② 杜鹏：《以色列总理“历史性”访印欲挽回军售大单》，2018年1月16日，http://www.xinhuanet.com/mil/2018-01/16/c_129791640.htm。

③ 《波兰新法案禁提“波兰死亡集中营”以色列提出抗议》，载《以色列时报》2018年1月29日，http://cn.timesofisrael.com/波兰新法案禁提“波兰死亡集中营”以色列提出抗议/。

四、结语

综合而言，尽管以色列因巴以冲突和耶路撒冷问题在2017年年底成为国际问题焦点，但以色列在中东地区的地缘环境并未向复杂的方向发展，随着地区战事逐渐趋于平缓，以色列的外部压力有所下降，2017年以色列实现了相对稳健的发展。

2017年，以色列在内政外交上总体顺利，略有起伏，虽然内塔尼亚胡总理的腐败丑闻依旧引人持续关注，但当前总体政局平稳，恐袭数量下降，经济平稳增长，外交情况稳中向好。然而气氛平静的同时，以色列也面临较大挑战，一方面内塔尼亚胡总理仍有下台的可能，以色列政府或将面临提前大选和重组的风险，而美国承认耶路撒冷为以色列首都并即将于5月14日落实搬迁大使馆的决定，对以色列来说是福也是祸，未来也将影响巴以问题的最终解决。

Abstract

Reports on Middle East Development(2017–2018), building on the keynote report "The Risks of Belt & Road Construction in the Middle East and Countermeasures", first examines possible political and security risks in promoting "The Belt and Road" initiative in the Middle East and relative countermeasures from a macro perspective then looks deeper into the risks in promoting the initiative in six key regional countries, namely, Iran, Saudi Arabia, Egypt, Israel, the United Arab Emirates and Oman, and countermeasures. At the macro level, the main report focuses on relative political and security risks in the Middle East. In terms of political risks, the report probes mainly into the gaming among major powers, overall regional politics and domestic politics in countries along "The Belt and Road", suggesting that China should enhance the mutual understanding and strategic interaction between China and the USA, avoid getting involved in the geopolitical confrontation between regional powers and adopt countermeasures such as making targeted policies according to the different political risks in different countries. In terms of security risks, the main report concentrates on regional conflicts and terrorism, suggesting that China should adopt such countermeasures as making an objective and precise evaluation of security risks in the Middle East, understanding the security in the Middle East through new security outlook, promoting political resolutions of Middle East issues by exercising the principle of no intervention in domestic affairs of other nations in a creative manner, helping Middle East countries with their security capability building and strengthening China's appropriate military presence in the Middle East. In terms of specific countries, the *Reports* make special studies of Iran, Saudi Arabia, Egypt, Israel, the United Arab Emirates and Oman, six relatively stable countries with desirable conditions for the promotion of "the Belt and Road" initiative. In general, these countries, with a relatively stable political situation, stand ready to respond to "the Belt and Road" initiative although there are more or less risks in the political, economic, social and legal fields. Specific countermeasures for the different risks in different countries are also provided in the special reports.

The special report "Hot Issues in the Middle East" mainly explores significant issues concerning the regional pattern of the Middle East since 2017, including hot issues like the reason and impact of the diplomatic crisis between Saudi Arabia and Qatar, new development of the Kurdish issue in the Middle East, new changes in the relation between the USA and Iran since Donald Trump came into power and international counter terrorism in the "post-ISIS" era.

The special report "The Middle East in the Eyes of Ambassadors" mainly observes the Middle East situations from the unique perspective of former Chinese ambassadors to the Middle East. The report "Complicated and Changeable Regional Situations in the Middle East" lays emphasis on the development of issues like transformation of Middle East countries and other regional hot issues. The report "Qatar Diplomatic Crisis and Its Impact on the Regional Situations" makes in-depth analysis of the evolution, root causes and impact of this hot issue of the year.

The special report "Regional Situations in the Middle East and China's Diplomacy for the Middle East", a standing program of this Development Report, showcases the attention this report attaches to the macro regional and sub-regional situations in the Middle East. From the perspective of the tendency of "cold war" of the regional pattern in the Middle East, the report first discusses the development, main manifestation and impact of the confrontation between Saudi Arabia and Iran then sums up and analyzes the politica!, economic and security situations in the two major sub-regions in the Middle East, West Asia and North Africa before making a summary of China's diplomacy in the Middle East and looking ahead into future opportunities and challenges of China's diplomacy in the Middle East.

The special report "Development Reports on Major Middle East Countries" is also a standing and characteristic program of this Development Report, highlighting this Report's emphasis on situations in major Middle East countries. The special report makes a systematic study of the development and changes of the political and economic situations and foreign relations of major regional countries such as the six Gulf States, Egypt, Jordan, Algeria, Sudan, Iran, Turkey and Israel.

Key Words: The Middle East; "The Belt and Road" Initiative; Hot issues; Regional Situations; National Situations

Contents

Keynote Report:

Risks in Advancing "The Belt and Road Initiative" in the Middle East and Countermeasures

Political and Security Risks in Promoting "The Belt and Road Initiative" in the Middle East and Countermeasures (LIU Zhongmin)

Abstract: This article probes into the political and security risks in promoting "The Belt and Road Initiative" in the Middle East and sheds light on possible countermeasures. In regard to political risks, this article mainly focuses on three aspects, i.e., gaming among major powers, regional politics and domestic politics in related regional countries, suggesting that China should enhance the mutual understanding and strategic interaction between China and the USA, avoid getting involved in the geopolitical confrontation between regional powers and adopt countermeasures such as making targeted policies according to the different political risks in different countries. In regard to security risks, the report concentrates on regional conflicts and terrorism, suggesting that China should adopt such countermeasures as making an objective and precise evaluation of security risks in the Middle East, understanding the security in the Middle East through new security outlook, promoting political resolutions of Middle East issues by exercising the principle of no intervention in domestic affairs of other nations in a creative manner, helping Middle East countries with their security capability building and strengthening China's appropriate military presence in the Middle East.

Key Words: The Middle East; "The Belt and Road"; Political Risks; Security Risks; Possible Countermeasures

Risks in Promoting "The Belt and Road Initiative" in Iran and Countermeasures (HAN Jianwei)

Abstract: Ever since the signing of the Obama-era *Iran Nuclear Deal*, the Sino-Iran economic ties have been deepening while the Chinese interests increasing in Iran, which, however, has also led to greater security risks. Although the domestic political situation in Iran is largely stable, there are at least four factors undermining such stability: the public protests from the end of 2017 to the beginning of 2018 in different regions of Iran foreshadowed another wave of upheaval in the future; the geopolitical crisis caused by the rise of Iran resulted in a new Cold War pattern in the Middle East featuring the confrontation between the Sunnis, led by Saudi Arabia, and the Shias, led by Iran; the slight Iranian economic recovery remains extremely fragile; and the Iranian investment and import and export laws are not sound enough yet. All that increase China's risks in advancing "The Belt and Road Initiative" in Iran. To better serve the building of "The Belt and Road Initiative" in Iran and facilitate the development of the Sino-Iran economic and trade cooperation, China must take effective countermeasures against possible risks in Iran. Relative governmental institutes must provide further legal protection for and policy support to Chinese-funded enterprises while the Chinese-funded enterprises must also have a deeper understanding of Iranian institutions and environment so as to defuse possible security risks.

Key Words: Iran; "The Belt and Road"; risk evaluation; policy proposals

Risks in Promoting "The Belt and Road Initiative" in Saudi Arabia and Countermeasures (BAO Chengzhang)

Abstract: Saudi Arabia is an important cooperation partner for China to promote "The Belt and Road Initiative" in the Middle East. In recent years, the two countries have been deepening their strategic partner relationship and practical cooperation by relying on various bilateral and multilateral mechanisms. Meanwhile, the significant changes in Saudi domestic and foreign policies brought about numerous potential risks to Saudi Arabia. In terms of politics, the changes of the power structure of the Saudi royal family and the individualized decision-making style of King Crown Muhammad both inject uncertainty in Saudi politics. In terms of economy, many factors such as its uncertain policies, defects in Saudi institutions and the tense regional situations impose limitations on the sustainable development of the Saudi economy. In terms of security, homegrown terrorism, "return" of terrorists overseas and the cross-border attacks of Houthi militants all pose a serious threat to the domestic security of Saudi Arabia. In terms of religion, the aggravation of sectarian conflicts, conservative religious forces' hindrance to the reform and the surge in religious extremism have been a threat to the Saudi social security. To cope with the above-mentioned risks, China may adopt such measures as establishing China-Saudi Arabia 2+2 ministerial consultations, upgrading patterns of China-Saudi Arabia modern vocational education cooperation and enhancing the Chinese evaluation system for domestic security of Saudi Arabia.

Key Words: Saudi Arabia; "The Belt and Road"; Political Risks; Economic Risks; Religious Risks

Risks in Promoting "The Belt and Road Initiative" in Egypt and Countermeasures (ZHAO Jun)

Abstract: Ever since Sisi came into power, Egyptian political and social situations have entered a period of stability. Stability and development has become the most common consensus in the Egyptian society. Pursuing changes in stability, pursuing progress in changes and pursuing effectiveness in progress has become the guideline by which the Egyptian government carries forward the effective governance of the country. However, the sagging economy, contradictions in the Egyptian social structure and rampant terrorism all have had an impact on the national stability and the overall social development. China and Egypt have established a "comprehensive strategic partnership". Both sides enjoy a long-term and solid historical basis for cooperation and Egypt has been one most active responder to "The Belt and Road" initiative. Nevertheless, the special geopolitical environment around Egypt and the accumulated domestic problems after the upheaval in 2011 suggest China face various political, economic, security and legal risks in its promoting "The Belt and Road" initiative in Egypt. In the long run, if China can realize the strategic integration of "The Belt and Road" initiative with Egypt's "Vision 2030",it will not only help solve some of China's overcapacity problems but also set an example of the effective implementation of "The Belt and Road" initiative in Egypt or even Africa. In the short run, given the numerous tough problems, both the Chinese government and domestic investors must make sound judgment and response on the basis of comprehensive and careful evaluation.

Key Words: Egypt; "The Belt and Road"; Risks; policy proposals

Risks in Promoting "The Belt and Road Initiative" in Israel and Countermeasures (LIU Zhongmin, WANG Jin)

Abstract: Along with the advancement of "The Belt and Road", China and Israel have made brilliant achievements in multiple fields of cooperation concerning "The Belt and Road" initiative. In particular, the bilateral economic and trade relations and capital cooperation have become even closer; the bilateral cooperation in infrastructure construction has been considerably enhanced; the bilateral agricultural cooperation continues to grow; and, with the ever expanding of the "People-to-People Bonds", relevant mechanisms have become increasingly mature. The complicated security environment of Israel, the permanent Israeli-Palestinian conflict, the aggravation of the Syrian crisis since 2011 and the serious upheaval in the Sinai Peninsula, Egypt all pose a threat to the national security of Israel. Besides, potential security hazards in Israeli politics, economy and society shall not be underestimated. In view of the security risks in China's promotion of "The Belt and Road" initiative in Israel, China must have a clear understanding of the problems in China and Israel's joint construction of "The Belt and Road". China must further expand its social interactions in Israel, enhance its organization and coordination of Chinese personnel in Israel and strengthen the studies of various industries and institutes of Israel by integrating domestic and foreign resources.

Key Words: Israel; "The Belt and Road"; Risk Assessment; Policy Proposals

Risks in Promoting "The Belt and Road" Initiative in the United Arabic Emirates and Countermeasures (YU Zhen)

Abstract: Judging from the domestic politics, economy and geopolitics, although the risks in promoting "The Belt and Road" initiative in the United Arabic Emirates are not huge as a whole, there are certain potential risks and specific operation risks involved. At present, despite the numerous common grounds established by the Chinese government and the government of the United Arabic Emirates in their promoting "The Belt and Road" initiative, both sides should strengthen their strategic connectivity, policy communication and institution construction, hopefully, building the United Arabic Emirates a strategic pivot for China to promote "The Belt and Road" in the Gulf area by making use of the advantages of the United Arabic Emirates in location, energy, ports, and intermediary trade.

Key Words: The United Arabic Emirates; "The Belt and Road"; Risk Assessment; Policy Proposals

Risks in Promoting "The Belt and Road" Initiative in Oman and Countermeasures (YU Yong)

Abstract: Stability in the countries along "The Belt and Road" is an essential precondition for the smooth promotion of the initiative. Among the relatively high investment risks in the areas along "The Belt and Road", the relative political risks are the largest potential risks of all. In recent years, the political and security situations of Oman have been largely stable while its economic and social development is being pushed forward step by step as planned. As of 2017, the construction of "The Belt and Road" has made considerable achievements in Oman. Generally speaking, the risks that China faces in promoting "The Belt and Road" are relatively small, yet further studies and precaution are necessary against the potential security risks and uncertainty.

Key Words: Oman; "The Belt and Road"; Risk Assessment; Countermeasures

Special Report No.1:
Hot Issues in the Middle East

The Dynamics and Implications of Saudi-Qatar Diplomatic Discord (SUN Degang)

Abstract: The severing of diplomatic relations between Saudi Arabia and Qatar in June 2017 originated from the patterns of the Middle East, changes of the Trump administration's Middle East policy, and the structural contradiction of Saudi-Qatari security orientations. The Kingdom of Saudi Arabia cannot tolerate Qatar's ambition of drifting away into a neutral third party in face of Saudi-Iranian rivalry; Qatar's support of the Muslim Brotherhood and Hamas, her usage of Al-Jazeera as a political tool, and her close ties with Iran are regarded as a threat to Saudi security interests; President Trump, whose first international visit was to the Middle East, openly appealed for the Saudi-led Sunni countries to contain Iran and build an "Middle East-Version NATO" and struck arms deal worth 110 billion dollars with Saudi Arabia, which resulted in imbalance of military power between Saudi Arabia and Iran and imbalance of political power between Saudi Arabia and Qatar. It must be noted that the Saudi-Qatar discord is driven by their homogeneous features: their similar economic patterns and political objectives, their divergent threat perceptions and various alliance options. Such structural contradictions can hardly be mitigated in spite of their shared cultural legacies and political systems.

Key words: Saudi Arabia; Qatar; the Gulf Cooperation Council; the League of Arab States; Severing of Diplomatic Relations

New Development of the Kurdish Issue in the Middle East (WANG Bo, XU Chao)

Abstract: The new development of the Kurdish issue in the Middle East since 2007 mainly lies in three aspects: firstly, in the efforts of fighting against the "ISIS", both the Kurdish militants in Iraq and Syria played an important role in the final recapture of the two most important cities previously controlled by the "ISIS", namely, Iraq's Mosul and Syria's Raqqa; secondly, given the "independence referendum" held in Iraq's autonomous Kurdistan region and the establishment of an autonomous Kurdistan region in Syria, the Kurds have made remarkable progress in their pursuit of national rights; finally, the ever growing of the Kurds in the fight against the "ISIS", together with the increase of their inclination to assert independence and autonomy, has also intensified their contradictions with the mainstream ethnic groups of Iraq and Syria and the neighboring countries where the Kurdish issue also exists and may even trigger another round of armed conflict.

Key Words: The Kurdish Issue; "ISIS"; Syria; Iraq

The US-Iran Relation under the Trump Administration (QIAN Xuming)

Abstract: Ever since Donald Trump assumed presidency, his administration has been imposing greater pressure on Iran by taking such measures as prolonging its sanctions against Iran and imposing restrictions on Iranians to enter the USA. Seeing the increase of Iran's influence in the Middle East, on the one hand, the Trump administration strengthened its financial sanctions against Iran so as to curb Iran's influence in the Middle East, on the other hand, it curbed Iran from developing its missile technology so as to prevent Iran from obtaining nuclear weapons. Faced with the tough policies of the USA, on the one hand, the Rouhani administration responded fiercely by developing its missile technology, on the other hand, it continued to enhance its cooperation with the IAEA, strictly perform its duties provided in the Iran Nuclear Deal and actively developing its relations with the EU and Russia so as to alleviate the pressure from the USA.

Key Words: Trump; Iran; The Iran Nuclear Deal; US-Iran Relationship

International Anti-terrorism in the Post-"ISIS" Era (WANG Zhen)

Abstract: Upon the military defeat of "ISIS" in Iraq and Syria, the global anti-terrorism has entered a post-"ISIS" era. It doesn't mean the "ISIS" and its influence has died out or the global "Jihad" represented by the "ISIS" has died down. Instead, it means the "ISIS" has come to end as a super multinational military and political entity. In terms of international anti-terrorism, the dawn of the post-"ISIS" era means the global anti-terror war mainly targeted the "ISIS" has entered a new stage. The fall of the "ISIS" in Iraq and Syria was not only because of its cruelty, extremity and strategic blunders but also closely related to the policy changes of Turkey, Russia and the USA since 2015. In the future, this organization may sustain by splitting up, switching allegiances or going underground or even launch another wave of anti-terrorism by those Jihadist veterans who have returned to their home countries. Meanwhile, the extremist ideology and assault tactics advocated by the "ISIS" may stimulate more followers around the world. To cope with terrorism in the post-"ISIS" era, the international community not only need to take more targeted counterterror measures but also need to join hands so as to reduce the "counterterrorism marshlands" across the world. Meanwhile, the international community should take the initiative to open up new counterterrorism fronts, reduce or completely eradicate the possibility that international terrorist forces do harm to mankind by using new technology.

Key Words: "ISIS"; Global Jihad; Global Counterterrorism; International Terrorism

Special Report No.2:
The Middle East in the Eyes of Ambassadors

A New Maintaining Sustainable Start of Sino-Arab Relations — Comments on the 8th CASCF Ministerial Meeting (LI Chengwen)

Abstract: The 8th ministerial meeting of China-Arab States Cooperation Forum (CASCF) was held in Beijing, July 10, 2018. No matter the level of Arab attendance or the surrounding of the meeting, even the progress of the meeting reached a new spot than ever. With receiving positive feedback from all attendance sides, President Xi's speech is the guidance for the development of Sino-Arab relations in the new era. Being a complete success, this meeting marks a new beginning for Sino-Arab relations. The outstanding features of the forum can be summarized as four aspects: having a new look at Sino-Arab relations; pursuing Middle East peace with a new idea; co-developing by a new measure; promoting the cooperation between two sides to a higher level.

Key Words: CASCF; Sino-Arab Relations

The Complicated and Changeable Conditions in the Middle East (LIU Baolai)

Abstract: The situation in the Middle East was, overall, moving toward stability and order in 2017. The regional countries especially the people in this area have long regarded chaos as an abomination. Most of the people have been appealing for their governments to restore a normal social order, revitalize the economy and improve their livelihood. However, due to the impact of multiple factors, the Middle East remains an area stuck in continued upheavals and hot issues. New hot issues crop up here and there when old ones are not yet resolved: the Qatar diplomatic crisis continues to stir while Yemen and Libya are still in turmoil; although the "ISIS" has collapsed, it has not yet been eradicated completely; the traditional Kurdish issue continues, in particular, the Kurdish issues in Iraq and Syria have become more complicated; the Israeli-Palestinian Conflict was fueled up again after the statement of the American President, Donald Trump, recognizing Jerusalem as the capital of Israel; although the Syrian Crisis is stepping toward a political resolution, the Syrian civil war continues as serious disagreements remain between all parties; the increase of the U.S.-Russia competition, the tense U.S.-Iran relationship as well as the increase of the tension between Saudi Arabia and Iran all lead to constant restructuring of regional forces, making it the rebuilding of the regional order really difficult.

Key Words: Conditions in the Middle East; Regional Powers; Hot Issues; "ISIS"; US-Russia Competition

The Qatar Diplomatic Crisis and Its Impact on Regional Situations (GAO Youzhen)

Abstract: The year 2017 witnessed dramatic changes in the situations in the Gulf region, one of which was that Saudi Arabia, the United Arabic Emirates, Bahrain and Egypt severed diplomatic ties with Qatar. The main reasons behind include USA's fanning the flames, the deep-rooted rancor between Qatar and Saudi Arabia and their increasing conflicts over problems such as regional leadership and the treatment of the Muslim Brotherhood. The Qatar diplomatic crisis has an important impact on the regional patterns in the Middle East. Among others, it resulted in the increase of divisions within the Gulf Cooperation Council itself, more drastic realignment of regional forces, a heavy blow to the relationship between Qatar and political Islamic organizations and the fact major powers like the USA are attempting to reel in the profits. At present, both sides of the crisis are still in a confrontation and the mitigation of the crisis still needs time.

Key Words: Qatar; Diplomatic Crisis; Regional Pattern

Special Report No.3:

Regional Situation in the Middle East and China's Diplomacy for the Middle East

The Tendency of "Cold War" of the Current Regional Situation in the Middle East and Its Impact (LIU Zhongmin)

Abstract: The tendency of "Cold War" of the current regional situation in the Middle East mainly refers to the confrontation between two camps led by two regional powers, Saudi Arabia and Iran, respectively. To be specific, it refers to the camp confrontation between Middle Eastern countries, the sectarian contradictions in the Middle East and the proxy confrontation around regional hot issues. The tendency of "Cold War" of the regional situation in the Middle East has a rather negative impact on both the national transformation and regional order in the Middle East. First of all, it aggravated the fragmentation of the Middle East, making the division of Middle Eastern countries and the region even worse. Secondly, it heavily damaged and undermined the foundation of security and trust, making the rebuilding of the regional order more difficult. Thirdly, the mounting ideological confrontation with sectarianism at its core made sectarianism a unique expression of Cold War thinking in the Middle East. Finally, it created conditions for the intervention and infiltration of such outside powers as the USA and Russia while the confrontation between Saudi Arabia and Iran also created conditions for the "antagonistic infiltration" of the USA and Russia.

Key Words: The Middle East; Regional Pattern; The Tendency of "Cold War"; Negative Impact

The Situation of West Asia in 2017 (BAO Chengzhang)

Abstract: The 2017 regional situation in West Asia further indicated the basic characteristics of the overall regional situation, that is, profound changes, recurrent upheavals and the continuous advancement of national transformation. In regard to politics, the expansion of the proxy struggle between Saudi Arabia and Iran and the Trump administration's change of policy for the Middle East predestined the future development of the regional situation, increasing the differences in strength between regional countries as well as the speed of the changes and adjustment of the regional pattern. In regard to economy, due to such factors as crude oil production cuts agreements and the tense geopolitical situation, the economic growth in some regional countries has slowed down while oil revenues of oil producers reduced sharply, which not only means their economic growth would be flat but also their economic reform and transformation more difficult. In regard to security, although the collapse of the extremist organization "ISIS" meant that counterterrorism efforts have achieved a minor victory, the regional counterterrorism is still faced with a series of new challenges such as the divisions of terrorist forces, faster "returning to their home countries" of extremists and the spread of religious extremism.

Key Words: West Asia; Political Situation; Economic Situation; Security Situation

The Situation in North Africa in 2017 (ZHAO Jun)

Abstract: The situation of North Africa, as a whole, remained relatively stable in 2017 yet there were also some changes to be noted. In terms of politics, there were about two political tendencies in the North African countries, i.e., seeking stability while carrying out reform and strengthening centralization; in terms of economy, the North African countries are still in a period of economic recovery. Despite the pickup of their macro economy, the limited economic recovery, the prominent structural contradictions, the undesirable core economic indicators and underdevelopment are still the most noticeable problems facing these countries; in terms of security, various traditional and non-traditional security threats remain rather serious as various social contradictions, domestic power struggles, prevalent terrorism and territorial and diplomatic disputes among regional countries are still the main factors threatening the regional stability.

Key Words: North Africa; Political Situation; Economic Situation; Security Situation

China's Diplomacy in the Middle East in 2017 (LIU Shengxiang, KE Yanting)

Abstract: 2017 witnessed extraordinary achievements of China's diplomacy in the Middle East. Leaders of Middle Eastern countries visited China one after another and the political ties between China and the Middle East were further strengthened; the success of the Belt and Road Forum for International Cooperation, the Fourteenth Senior Official's Meeting of CASCF, China-Arab States Expo and the Fifth China-Arab Friendship Conference expanded the cooperation between China and the Middle East. The main reasons for the above success lie in the promotion of the "Belt and Road" Initiative, joint efforts of bilateral leaders, the ever enhancing strategic docking from both sides, etc. Although the strategic cooperation between China and the Middle Eastern countries has already made considerable progress, China's diplomacy in the Middle East still faces a series of challenges. As the Middle East plays a unique role in China's diplomacy strategy, the foundation for the cooperation between China and the Middle East is rather solid and China's plans, which highlight non-mechanism, soft constraints and tolerance, are popular in the Middle East, China's future diplomacy in the Middle East is really worth waiting for.

Key Words: China's Diplomacy in the Middle East; Diplomatic Achievements; China's Philosophy; Opportunities and Challenges

Special Report No.4:
Development Reports on Major Middle Eastern Countries

Politics, Economy and Foreign Relations of Saudi Arabia in 2017 (DING Jun)

Abstract: Since 2017 Saudi Arabia has been taking a series of domestic and foreign initiatives at a stunning pace, showing great ambitions of pushing forward its political and economic reform while expanding its ties with distant states and attacking those nearby. In regard to domestic political affairs, Saudi Arabia has successfully established a new center of leadership by taking significant political measures such as appointing Mohammad Bin al-Salman Crown Prince, heir apparent to the throne, and anti-corruption. In turn the new Crown Prince enacted a series of new "reforms", driving secularization, economic transformation and pluralistic development through multiple measures. In regard to foreign relations, Saudi Arabia conducted summit diplomacy between Saudi Arabia and such world powers as China, Russia and the U.S.A., pursuing more independent and balanced major-country diplomacy. Saudi Arabia attached much importance to its ties with Asian countries in its increasingly noticeable attempt of adopting a strategy of looking and going eastward. Nevertheless, in terms of its relations with neighboring countries, Saudi Arabia fell out with Qatar although it was still stuck in the chaos in Yemen and Syria, the consequent diplomatic crisis has an unknown impact on the regional situation but definitely a negative one on the security and stability of the Gulf area.

Key words: Saudi Arabia; Political Situation; Economic Situation; Foreign Relations

Politics, Economy and Foreign Relations of Five Monarchies in the Gulf Area in 2017 (YU Yong)

Abstract: In 2017 several countries, led by Saudi Arabia, abruptly cut off their diplomatic ties with Qatar and the situation in the Gulf area underwent drastic changes. As a result, both the domestic and foreign policies of the five Arabian monarchies in the Gulf area, namely, the United Arabic Emirates, Oman, Bahrain, Qatar and Kuwait, have aroused much concern. In regard to politics, they all continue to promote their transformation and development while striving to maintain social stability. In regard to economy, they all took measures to reduce the impact of the low oil and gas prices and increase non-oil and gas revenue. In terms of foreign relations, their policies became even more different and their relations with regional countries and outside powers are also undergoing profound changes. Over the past year, although the five countries achieved some stage achievements, their future development shows a trend of diversification while the integration prospect of the Gulf Cooperation Council seems to be more gloomy.

Key Words: Five Monarchies in the Gulf Area; Political Situation; Economic Situation; Foreign Relations

Politics, Economy and Foreign Relations of Egypt in 2017 (LI Yi)

Abstract: 2017, the last year of Egyptian President Abdel Fattah el-Sisi's first term in office, saw further stabilization of Egypt's domestic political situation. On the political front, the Sisi administration has been consolidating its power within the ruling group. By approving an amendment to the *Judicial Authority Law* and amending Article 37 of the Constitution of the Arabic Republic of Egypt, it further suppressed the power of the Muslim Brotherhood, the opponent outside the system, and almost deprived its political opposition of all their capacity of social mobilization. On the national security front, Egypt declared the state of emergency four times and established the National Council to Combat Terrorism and Extremism (NCCTE) to cope with the severe regional security situation and deal with the terrorism threat by coordinating the efforts of various institutions and social forces. On the economic front, to boost the economic growth of Egypt, the Sisi administration passed a new investment law, redoubled its efforts to attract foreign investment, improved the Egyptian fiscal conditions as well as building large-scale projects. On the diplomacy front, the Sisi administration held fast to a pragmatic policy featuring appropriate involvement in Arab affairs. In 2017, the Egypt-U.S. relation gradually picked up, the Egypt-Russia relation became even closer while the Egypt-China relation showed a rather promising prospect.

Key Word: Egypt; Political Situation; Economic Situation; Foreign Relations

Politics, Economy and Foreign Relations of Jordan in 2017 (ZHANG Yuan)

Abstract: In 2017, apart from some troublesome issues to be resolved, Jordan's political security situation was basically stable. In addition, Jordan also maintained a relatively sound momentum of economic growth and made remarkable diplomatic achievements. In regard to its domestic politics, political modernization and democratization proceeded, though slowly, in Jordan while the Palestinian groups in Jordan were more closely related to the Israel-Jordan relation. The ongoing war in the neighboring countries compelled Jordan to be a party involved. As a traditional ally of the U.S.A, Jordan showed a stronger desire to cooperate with the U.S.A in terms of military security. In regard to the economy of Jordan, an economic recovery was on the horizon. China assisted Jordan to improve its people's livelihood by participating in the new energy development and infrastructure construction in Jordan. In regard to foreign relations, the 28th Summit of the Arab League hosted by Jordan played a positive role in promoting regional stability and joint anti-terrorism. As far as the future is concerned, the international community has placed high hopes on Jordan for the promotion of such issues as Syrian peace talks and Palestine-Israel peace talks.

Key words: Jordan; Political Situation; Economic Situation; Foreign Relations

Politics, Economy and Foreign Relations of Algeria in 2017 (SHU Meng)

Abstract: The situation of Algeria in 2017 was basically stable. In regard to politics, although its overall situation is under control, there were an increasing number of domestic instability factors because of the frequent livelihood crises, the deepening social division, the slow process of democratization and the difficulty in carrying out reform. In regard to economy, although the economic growth of Algeria became even slower and potential crises were on the rise, the countermeasures taken by the Algerian government failed to alleviate or improve the economic environment and there was a risk of long-term instability. In regard to security, the security situation of Algeria remained basically stable against the influence of rather complicated factors. In regard to foreign relations, Algeria actively took part in regional affairs through three platforms, the international counterterrorism cooperation mechanisms, the African Union and the Union of the Arab Maghreb. Under the influence of Morocco's return to the African Union, Algeria's foreign relations were undermined by the tense Algeria-Morocco relationship.

Key Words: Algeria; Political Situation; Economic Situation; Foreign Relations

Politics, Economy and Foreign Relations of Sudan in 2017 (JIANG Hengkun)

Abstract: In 2017 Sudan experienced numerous challenges but also made considerable achievements and won many development opportunities. In regard to politics, Sudan remained basically stable; although the new Sudanese government of national unity was finally founded after overcoming countless difficulties, whether President Omar al-Bashir will be reelected as Sudanese president has become the hottest political topic in Sudan with the 2020 general election looming. In regard to security, although the country was, overall, stable, the situations in some areas in the western and southern parts of Sudan were really worrying because of the rebel activities there and the reduction of UN peacekeeping activities. The Sudanese economic growth remains barely satisfactory due to the excessively heavy burden of foreign debt, the continuous currency devaluation, the high inflation rate and the long-term economic recession, which imposed huge pressure on the Sudanese economy. In October,2017 the U.S.A lifted its economic sanctions on Sudan, which was both a significant diplomatic achievement that Sudan achieved in recent years and an important reason why the outside world is optimistic about the potential development of Sudan.

Key Words: Sudan; North Africa; “Belt and Road” Initiative; China and Sudan

Politics, Economy and Foreign Relations of Iran in 2017 (HAN Jianwei)

Abstract: In 2017 the political situation of Iran was basically stable but not without any crisis. Hassan Rouhani handily won re-election which took place in the first half of year, guaranteeing the political stability and further progressive reform. However, the beginning of his second term faced a number of challenges. The massive riot which happened at the end of the year not only disrupted Iran’s political stability but also revealed some deep-seated problems. The Iranian economy hobbled by the recession. Apart from a slowing economic growth rate, an inflation rate at last year’s level, another round of currency devaluation since the second half of the year, failure to considerably improve employment and somewhat larger financial deficits, the effect of Iran’s economic reform is not yet noticeable. In regard to diplomacy, Iran faced with greater pressure from the Trump administration especially Trump’s threat of ripping up the Iran Nuclear Deal and reimposing sanctions on Iran. In addition, Iran also faced with security challenges from Saudi Arabia and Israel. To cope with the pressure, Iran took such proactive diplomatic efforts as strengthening its quasi-alliance relationship with Russia, coordinating its standpoints with those of Turkey, enhancing its ties with the European Union, actively participate in significant regional issues like Syrian peace talks and establishing all-round relations with European, Asian and African countries. All these efforts generated more diplomatic space for Iran and, to some extent, neutralized the containment policies of the USA. However, USA's withdraw from the Iran Nuclear Deal posed a severe challenge to the future development of Iran.

Key Words: Iran; Politics; Economy; Diplomacy

Politics, Economy and Foreign Relations of Turkey in 2017 (ZOU Zhiqiang)

Abstract: 2017 witnessed more significant changes in both the domestic and foreign affairs of Turkey. In regard to politics, Recep Tayyip Erdogan's status as a political strongman was further consolidated because of Turkey's approval of the constitutional amendment package through a presidential referendum, repeated declaration and extension of state of emergency and more efforts to crack down on the "Gulen Movement" and its supporters inside and outside Turkey. In regard to economy, although the Turkish economy picked up at the macro level with a remarkable recovery of economic growth rate, the Turkish economy remains apparently fragile. In regard to foreign relations, apart from a lot of traditional contradictions, Turkey and the European Union and the USA also had continuous frictions over such issues as the constitutional referendum, human rights, the Kurdish issue and the visa crisis. Turkey continued to ease up its relation with Russia and strengthened its cooperation with Russia in security and other regional affairs. Apparently Turkey disagreed with other related parties on the Kurdish issue. Turkey felt deeply threatened by the expansion of Kurdish forces in Syria and the independence referendum of the Kurds in Iraq. The later Turkish crackdowns, which were more direct and more active, led to more changes of the regional pattern.

Key Words: Turkey; Political Situation; Economic Situation; Foreign Relations

Politics, Economy and Foreign Relations of Israel in 2017 (NIU Song)

Abstract: Although both the domestic and foreign affairs of Israel remained basically stable in 2017, the Israeli administration felt more strain from both inside and outside Israel. In regard to politics, the scandal hit Prime Minister Nethanyahu was plagued by a corruption case while Israel's decision of expelling African refugees sparked wide criticism from both inside and outside Israel. In regard to security, the overall security environment of Israel was improved and there less terrorist attacks in 2017 than 2016. In regard to economy, the Israeli economy maintained stable growth momentum in 2017. In regard to diplomacy, the Israel-Palestine issue continued to be marginalized. In regard to Israel's relations with major powers, Israel and China announced an innovative comprehensive partnership between the two countries. The Israel-US relation was improved after Donald Trump came into power. Trump's statement of recognizing Jerusalem as the capital of Israel at the end of 2017 and his decision of U.S. moving embassy to Jerusalem in May 2018 shook the whole world.

Key Words: Israel; Nethanyahu; Expelling Refugees; Political Situation; Economic Situation; Foreign Relations